영화, 담다 그리다 비추다

영화, 담다 그리다 비추다
이민, 인종주의 그리고 다문화 사회

초판 1쇄 인쇄일 2016년 11월 21일 **초판 1쇄 발행일** 2016년 11월 25일

기획 이주사학회 | **엮은이** 신동규
펴낸이 박재환 | **편집** 유은재 | **관리** 조영란
펴낸곳 에코리브르 | **주소** 서울시 마포구 동교로 15길 34 3층(04003) | **전화** 702-2530 | **팩스** 702-2532
이메일 ecolivres@hanmail.net | **블로그** http://blog.naver.com/ecolivres
출판등록 2001년 5월 7일 제10-2147호
종이 세종페이퍼 | **인쇄 · 제본** 상지사 P&B

ISBN 978-89-6263-153-1 93900

책값은 뒤표지에 있습니다. 잘못된 책은 구입한 곳에서 바꿔드립니다.

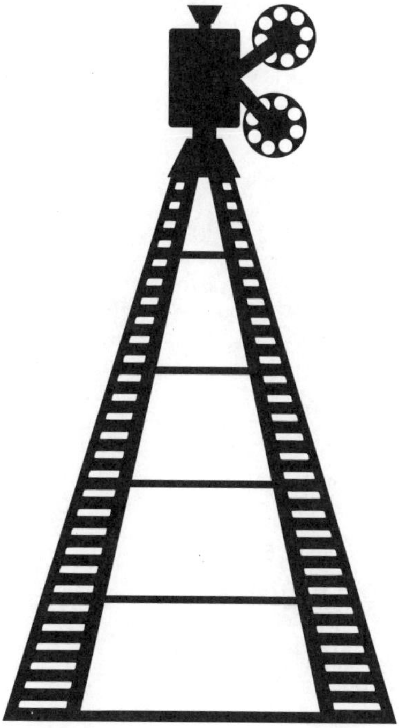

영화, 담다 그리다 비추다

이민, 인종주의 그리고 다문화 사회

이주사학회 기획 | 신동규 엮음

에코리브르

차례

5부 경계를 유랑하는 사람들

6부 새로운 국민 되기: 이민자의 정체성을 둘러싼 갈등

7부 유대인, 영원한 이방인인가

서문

제노사이드, 인종 분리 정책, 이민자의 도시 폭동 …… 20세기의 수많은 '사건'들은 인종주의 문제를 품고 있다. 게다가 최근 미국에서 벌어지고 있는 흑인들의 저항과 총격 사건, 프랑스에서 잊힐 만하면 일어나는 테러, 벨기에 공항의 폭탄 테러, 독일에서 발생한 도끼 테러와 총격 사건들은 모두 '이주'의 역사적 결과물이며 그 바탕에는 이민자들과 후손들의 소외와 차별이 깔려 있다. 이 사건들은 이주해온 '이방인'들이 일정한 공간을 점유함으로써 생기는 사회적·문화적 갈등 또는 지난 식민주의로 인한 서로 다른 종족(ethnic) 집단 간의 종교적·경제적 대립을 보여주고 있다. 타자를 보는 시선이 인간의 정치 행위와 결합되어 나타나는 이러한 사회현상은 계급, 젠더, 민족 문제 등과 뒤섞인 인종주의 문제로 형상화된다. 이러한 현상은 소위 '다문화' 사회라고 불리는 사회·정치·경제 공간에서 일상적으로 발생하고 있다. 통합과 공존을 목표로 하는 다문화 사회에서 발생하는 소외와 배제는 역설적인 현실이며 엄중한 경고를 던져주는 역사이다. 1943년 아우슈비츠의 유대인에서 2005년 파리 방리유의 북아프리카 출신 청소년에 이르기까지, 16세기 이래로 아메리카 대륙에 정착한 흑인 노예부터 21세기 유럽에 거주하면서 히잡을 쓴 무슬림 여성에 이르기까지, 다양한 개인적·역사적 맥락이 이주와 인종주의 문제를 더욱 복잡하게 만들고 있으며, 이것은 다문화 사회에서 풀리지 않은 숙제로 남아 있다.

우리는 다양한 매체를 통해 이러한 복잡한 문제를 일상에서 만난다. 그중에서도 수많은 영화가 이주와 인종주의 현상을 다루고 있다. 영화가 만들어내는 이미지와 이야기 구조는 현실의 재현이자 현실에 의미를 부여하는 일종의 기호 체계이다. 즉 이주와 이민 문제를 다루는 영화들은 이 복잡한 사회현상의 표상임과 동시에 이 현상에 개입하게 되는 상징 장치가 된다. 또한 담론을 지탱하는 이야깃거리를 제공하는 원천이 되기도 한다. 따라서 우리는 영화가 다루는 소재들에 대한 역사적·사회적 분석을 통해 이러한 이중성을 띠는 상징체계를 이해할 필요가 있을 것이다. 이를 통해 어떤 문제들이 어떤 방식으로 이 상징체계에 포섭되는지 살펴보면서, 다문화 사회로 요약되는 현대사회가 이민과 인종주의 문제를 표현하고 말하는 방식을 읽어낼 것을 제안한다. 이를 위해 이주사학회〔구(舊) 이민인종연구회〕는 이주와 인종차별을 다룬 15편의 다양한 영화와 홀로코스트를 다룬 영화를 통해 독자들과 함께 이 문제를 고민해보려 한다.

우선 1부에서는 이주와 인종주의를 다루는 영화적 상상력과 역사적 사실의 관계를 살펴본다. 홍용진의 글은 영화 〈킹덤 오브 헤븐〉에서 표현된 기독교 세력과 이슬람 세력의 갈등을 통해 역사적 '사실'과 구성된 '이야기'로 인해 빚어지는 문제를 지적한다. 결론적으로 홍용진은 "세세한 역사적 사건과 사실에 대한 실증주의적 대조가 아니라 사극이 어떠한 메시지를 던지는지, 또는 어떠한 역사적 의미를 환기하는지를 평가해야 한다"고 강조하면서 대중들이 역사를 소재로 한 영화에 다가갈 때 취해야 할 자세를 논하고 있다. 두 번째로 조원옥은 홀로코스트를 다룬 주요 영화들을 살펴보면서 영화라는 매체가 역사적 기억의 공간으로 작동하고 있다는 사실을 환기한다. 조원옥은 이 분석에서 "홀로코스트 영화는 이미 과잉기억된 이데올로기가 되어가고 있다. 홀로코스트는 본질적으로 과거에 대한 창조물이자 허구적 재구성물인 영화라는 필터를 통해 과잉기억되고 돈벌이 수단이 되고 권력화되었다"고 주장하며, 역사 영화의 현재적 정치성을 강조했다. 이 2편의 글은 십자군 원정과 홀로코스트에 대한 역사적 사실뿐만 아니라 독자들이 역사 영화에 어떻게 접근해야 하는가를 성찰하게 하는 근본적인 질문을 던진다.

2부에서는 영화에 재현된 이민자들의 삶과 그들이 직면한 차별의 실상을 다양한 각도에서 조명했다. 하영준은 〈나의 아름다운 세탁소〉를 통해 영국 런던의 빈민가에 정착한 파키스탄 이주민 가족의 삶을, 박단은 마티유 카소비츠의 〈증오〉를 통해 파리 외곽 방리유에서 살아가는 유대인·아랍인·검은 아프리카 출신 이민자들의 일상을, 이선희는 〈불안은 영혼을 잠식한다〉를 통해 평범한 독일 여성과 모로코 출신 이주 노동자의 사랑과 번뇌를 보여준다. 하영준, 박단, 이선희는 이 3편의 영화를 통해 각각 이민자들의 사회경제적 지위와, 차별과 편견으로 얼룩진 주류 사회의 시선을 가감 없이 보여준다. 특히 이선희는 외국인 노동력의 사회적·경제적 의미와 함께 이들이 독일 사회에서 경험하는 소외와 차별, 이로 인한 심리적 고통과 물리적인 상처 등을 드러내고 있으며, 박단은 방리유라는 사회적·경제적 공간의 특수성을 보여주면서 파리 밖에 거주하는 이민자 집단에 대한 파리지앵들의 차별 어린 시선에 담긴 역사적·사회적 의미를 전하고 있다. 그리고 하영준은 대처주의의 정치적·경제적 의미와 함께, 중간계급으로 성장해가는 파키스탄 이민자들과 영국 노동계급의 갈등 관계를 보여주고 있다. 이 분석들은 각각 1970년대 독일, 1980년대 영국, 1990~2000년대 프랑스 사회에 나타나는 이민자들과 주류 사회의 갈등 양상을 보여준다.

3부와 4부는 인종차별의 다양한 시선을 다룬다. 〈검은 비너스〉, 〈사기꾼〉, 〈갱스 오브 뉴욕〉, 〈폴링 다운〉은 유럽인들이 아프리카인과 아시아인을 바라보는, (전통적인 의미의) 제국주의와 오리엔탈리즘에 기반을 둔 시선뿐만 아니라, 백인 사이의 위계화된 인종적 질서에 담긴 의미를 보여주고 있다. 〈검은 비너스〉는 19세기 유럽인들이 흑인을 대표하는 표본으로 이용했던 실존 인물 사르키 바트만의 기구한 삶을 통해 흑인 여성의 육체를 바라보는 유럽인들의 혐오, 선망, 호기심 등을 보여주고 있으며, 〈사기꾼〉은 아시아계 유색 인종과 백인 남성의 관계를 그리면서 폭력적인 인종 통제를 지지하는 미국 사회의 백인우월주의 관점을 드러내고 있다. 문종현과 김정욱은 각각 〈검은 비너스〉와 〈사기꾼〉을 통해 유럽인들이 흑인 여성을 바라보는 시선의 시대적·역사적 의미와 백인 남성 중심의 미국 사회가 아시아계 남성을 인식하는 정치성을 명쾌하게 분석하고 있다.

오영인과 이찬행은 각각 〈갱스 오브 뉴욕〉과 〈폴링 다운〉을 통해 기존 관점과는 다르게 '인종 관계'에 접근하면서 인종주의 분석 지평을 넓히는데 기여하고 있다. 우선 오영인은 〈갱스 오브 뉴욕〉을 통해 역사 속에서 미국 내 인종 관계가 표출되고 변주되는 과정을 추적했다. 특히 보편적이고 일반적인 갈등의 중심축인 백인과 유색인의 분쟁을 백인들 내부의 분열로 옮겨 인종주의 문제의 본질을 파악했다. 이찬행 또한 〈폴링 다운〉을 통해 기존 방향과는 다르게 인종주의에 접근한다. 오영인과 마찬가지로 백인성이 무엇인가라는 질문을 던지면서 인종주의를 파악하려 한다. 즉 이찬행은 인종주의에 대한 이해를 돕기 위해, 사회적 표상으로 고정된 차별받는 흑인상이 아니라, 도시의 변화와 유색 인종의 급증으로 두려움과 불안에 떠는 백인들이 사회를 바라보는 시선을 보여준다.

5부에서 권은혜, 남옥정, 문경희의 글과 함께 독자들이 만나게 될 영화는 〈기품 있는 마리아〉, 〈칠판〉, 〈토끼 울타리〉이다. 이 영화들은 각기 다른 방식으로 경계를 떠도는 사람들의 모습을 그리고 있다. 권은혜가 소개하는 〈기품 있는 마리아〉는 마약 밀매에 가담하여 국경을 넘어 미국으로 향하는 콜롬비아 소녀의 이야기를 다루면서 소위 '마약노새'가 될 수밖에 없는 젊은 여성들의 이야기를 통해 이주 요소로 작용하는 빈곤과 범죄의 사슬이 형성되는 과정을 보여준다. 남옥정은 〈칠판〉을 소개한다. 이 영화는 이란-이라크 전쟁으로 피난길에 오른 쿠르드족 이야기다. 이 영화의 제목은 전쟁으로 학교가 폐쇄되자 칠판을 등에 메고 이란과 이라크 접경 지역으로 학생을 직접 찾아 나선 선생님들의 모습에서 따온 것이다. 즉 칠판은 소수민족 정체성을 보존하는 것이 얼마나 절박한 과제인지를 드러낸다. 이 2편의 영화가 물리적인 경계인 '국경'의 존재를 통해 국가·민족·노동·여성 등의 서로 다른 요소들이 어떻게 이주와 관련되는가를 보여준다면, 문경희가 준비한 〈토끼 울타리〉는 문화적 경계—혹은 백인들이 만들어낸 '인종적' 경계—와 물리적 경계의 중첩성을 보여준다. 실화를 바탕으로 만들어진 이 영화는 토끼 개체수의 확산을 막기 위해 울타리 건설에 동원된 오스트레일리아 백인 남성과 원주민 여성 사이에서 태어난 혼혈 아동들의 '백인화' 정책에 관한 이야기를 다룬다. 원주민들의 공간과 백인들의 공간을 나누고 있는 토끼 울타리는 백인들이 원주민을 토끼와 함께 확산되어서는 안 되는 존재로 인식하고 있음을 보여주는 상징적 장치이기도 하다. 이를 통해 영화는 문화적 경계와 공간적 경계의 상호성에 대해 말하고 있다.

6부에서는 봉인영과 신동규가 새로운 국가에서 인정받기를 갈망하는 이민자들의 정체성을 다룬다. 이 장에서 봉인영은 다큐멘터리 〈나는 중국인입니다〉를, 신동규는 〈영광의 날들〉을 소개한다. 〈나는 중국인입니다〉는 1917년 러시아혁명의 여파로 중국으로 망명한 백군파 러시아인들과 중국인 사이에서 태어난 후손들이 양국의 경계 지역에서 살고 있는 모습을 사실적으로 보여준다. 봉인영은 이 영화에서 보여주는 "러시안 디아스포라는 인종적·민족적 경계를 만들어내는 사회적 기제의 문제를 문화적으로 다루고, 인종이 위계적으로 구성되는 사회적 논리를 거부하는 측면을 드러낸다"고 평가하면서 경계인의 복잡한 정체성을 탐구하고 있다. 〈영광의 날들〉은 제2차 세계대전에 참전한 아프리카 출신 군인들이 '프랑스인 되기'와 '식민지인으로 머물기' 사이에서 고민하며 정체성 갈등을 겪는 내용을 다루고 있다. 실제 역사적 사건을 토대로 한 이 영화는 아프리카 출신 상이용사 연금 지급 문제 해결의 열쇠가 되기도 했다.

마지막 장에서는 인종주의 문제의 영원한 화두이자 영원히 이방인 정체성을 안고 살아가는 유대인 문제를 다루고 있다. 윤영휘는 〈불의 전차〉를 통해서 유대인이었던 실존 인물 해럴드 에이브러햄스와 유대인을 바라보는 영국 사회의 시선을 분석하면서 역사적 사실과 영화적 재현을 논하고 있다. 이를 통해 유대인으로서 지향해야 할 저항과 영국인으로서 받아들여야 할 동화 사이에서 빚어지는 갈등 관계의 의미를 파악하고 있다. 박지현은 〈라운드 업〉과 〈바르시와 왈츠를〉을 통해 새롭게 반유대주의의 역사성과 의미를 파악하려 한다. 박지현은 제2차 세계대전 동안 반유대주의의 희생자였던 유대인과 팔레스타인에서 폭력을 행사하는 유대인의 양면성을 두 영화를 통해 보여주면서 희생자 담론에 매몰되어 있는 유대인을 바라보는 고정관념을 탈피하고자 했다. 우리는 윤영휘와 박지현이 소개한 3편의 영화를 통해 유대인성과 희생자성을 양극단에 놓고 반유대주의 문제를 생각해볼 수 있을 것이다.

이 책에 담은 옥고들은 대부분 이미 학술적 검증을 받은 논문들을 대중과 소통하기 위해 새롭게 정리한 글들이다. 홍용진의 글은 《호모 미그란스》 제12호(2015)에 실린 〈영화 〈킹덤 오브 헤븐〉: 공존과 공생의 논리에 대한 역사적 탐구〉를 다시 정리한 것이며, 조원옥의 글은 2007년에 《대구사학》에 게재된 논문 〈영화로 불러낸 기억의 변화, 홀로코스트 영화〉를 토대로 한 것이다. 하영준은 《역사와 문화》(2015)에 실린 〈대처 시대 파키스탄 이주민의 '인정투쟁': 영화 〈나의 아름다운 세탁소〉를 중심으로〉를 독자들을 위해 다시 정리하는 수고를 아끼지 않았으며, 박단은 《프랑스사 연구》(2009)에 실린 〈영화 〈증오〉를 통해 본 프랑스의 이방인들〉을 토대로 삼아 이야기를 풀어냈다. 특히 박단의 글은 서강대학교출판부에서 2013년에 출간한 《프랑스공화국과 이방인들》 5부를 부분 수정한 글로, 이 책을 찾아 읽어보는 즐거움을 누릴 독자라면 조금은 다른 맥락에서 영화 〈증오〉를 만나볼 수 있을 것이다.

문종현은 2015년 《사림》에 실린 논문 〈영화 〈검은 비너스〉에 나타난 사르키 바트만의 삶〉에서 전개된 내용을 쉽게 풀어 썼으며, 김정욱은 이 책의 독자를 위해 2014년 《역사와 문화》에 게재된 논문 〈영화 〈사기꾼〉을 통해 본 욕망을 가진 타자의 구성과 백인 남성 가부장제의 안정화〉의 2부를 확장하여 새롭게 구성했다. 오영인과 이찬행은 2014년에 《서양사론》과 《미국학 논집》에 실린 논문인 〈미국 인종 이데올로기의 역사적 투영: 영화 〈갱스 오브 뉴욕〉〉과 〈〈폴링 다운〉과 분노한 백인 남성의 로스앤젤레스 오디세이〉를 중심으로 풀어 쓴 글을 통해 이 책이 독자에게 전달하려 한 인종주의에 대한 인식의 지평을 넓혀주었다.

권은혜의 글은 이 책을 기획하는 과정의 첫걸음이었다. 2013년 여름 이민인종연구회〔현(現) 이주사학회〕 여름 학술대회에서 발표한 글을 〈〈기품 있는 마리아〉: 콜롬비아, 미국, 그리고 '불법' 이민 여성의 신체〉라는 제목으로 《호모 미그란스》(2013)에 기고한 후 이민인종연구회가 주도한 단행본 출간을 위해 다시 원고를 작성해주었다. 문경희는 2012년 《민족 연구》에 발표한 논문 〈호주의 원주민 화해 정치: 공식 사죄와 실질적 화해 논의를 중심으로〉에 영화 〈토끼 울타리〉를 결합해 새롭게 정리하는 수고를 해주었다.

신동규와 윤영휘는 각각 2013년과 2014년에 《호모 미그란스》에 실린 〈〈영광의 날들〉에 나타난 북아프리카 출신 군인의 정체성: 프랑스와 식민지 사이에서 정체성 만들기〉와 〈〈불의 전차〉: 해럴드 에이브러햄스는 무엇을 위해 뛰었는가?〉를 이 책을 위해 다시 정리했다. 마지막으로 박지현은 2014년에 《한국 프랑스학 논집》에 실린 〈폭력의 역사에서 두 유대인: 영화 〈라운드업〉과 〈바시르와 왈츠를〉에서 나타난 학살 사건을 중심으로〉를 토대로 새로이 정리한 글로 독자들을 만났다.

이 중에서도 봉인영, 이선희, 남옥정의 미발표 원고는 특히 소중하다. 현재 학계에 만연해 있는 양적 평가의 압박 속에서 자신의 연구 성과를 '희생'하면서 이 책에 새로운 활력을 불어넣는 동시에 미발간 원고를 통해 '새로움'을 더해주었기 때문이다. 이 3편의 글을 제외하고 다른 원고들은 필자들이 이미 학술지를 통해 발표한 논문들이다. 심사와 수정을 거친 검증받은 글이라는 장점이 있겠지만, 혹시 대중과 만나는 자리를 마련하고 싶다는 생각과 노고가 '업적 늘리기'나 '이중 게재'라는 꼼수로 읽히는 오해를 받지 않았으면 한다. 또한 위에서 언급한 3편의 글이 학술지에 수록된 논문이 아니라는 이유로 학술적 가치에 대한 의구심을 품는 독자도 없었으면 한다. 이 3편의 글은 그동안 각자의 영역에서 뛰어난 연구 업적을 보여준 봉인영, 이선희, 남옥정의 '희생'의 산물임을 다시 한 번 강조한다.

영화를 보면서 이 책의 출간에 토대가 되었던 논문을 함께 읽어본다면 이민과 인종주의에 대한 지평을 넓혀가는 데 있어서 한걸음 더 나아갈 수 있을 것이다. 하지만 논문이 객관적인 내용을 차갑게 전달하는 데 반하여 인종주의 문제를 다루는 영화는 독자에 따라서 다소 불편할 수도 있다. 아마도 문종현이 소개하는 〈검은 비너스〉가 대표적일 것이다. 문종현은 논문을 쓰는 과정에서 이 영화가 주는 폭력성과 비인간성으로 인해 몇 번이나 분석을 포기하고 싶었다는 심경을 지인들에게 토로했을 뿐만 아니라 이 책을 위해 원고를 제공하는 것도 곤욕이었다고 이야기했다. 이어 문종현은 인종주의적 폭력을 소재로 하는 영화의 경우 무엇보다 이것의 실체를 드러내는 방식을 두고 충분한 윤리적 고민을 해야 하며, 무비판적으로 재현된 역사적 사실은 또 다른 폭력일 수 있다고 강조했다. 이러한 지적에 모든 필자가 동의하는 것은 아닐 테지만 그만큼 이 책의 필자들은 인종주의, 반인간주의 혹은 반인본주의적 이데올로기를 경계하며 학문적 성찰을 했으며 이에 따른 성과를 대중과 함께 나누고자 이 책을 썼다는 사실을 독자들에게 환기하고자 한다.

이 책의 출간을 처음 논의한 후 벌써 3년이라는 시간이 훌쩍 지나가 버렸다. 이 책을 기획하는 데 학회 차원의 지원을 아끼지 않은 이주사학회의 전 회장 박단 선생님과 기획의 실질적 책임을 맡고 이 책의 밑그림을 그린 염운옥 선생님의 노력이 없었다면 이러한 열매를 거둘 수 없었을 것이다. 또한 어려운 여건 속에서도 이 책의 출간에 힘써주신 에코리브르 박재환 대표님께 필자들과 이주사학회 회원들을 대신해 감사의 말을 전함으로써 이 책을 읽는 방법에 대한 길잡이를 갈무리한다.

2016년 가을, 필자들을 대신해

정병산 밑자락 곰팡이 냄새가 가시지 않는 연구실에서

신동규

1부

호모 미그란스의 역사와 영화

〈킹덤 오브 헤븐〉

공존과 공생의 논리

01 홍용진

공존의 가능성에 대한 질문

현재 한국 사회가 짊어지고 있는 문제들 중에서 빼놓을 수 없는 것이 바로 '다문화 사회'라는 용어로 대변되는 이민과 이주 문제다. 21세기 들어 가속화된 신자유주의와 경제 세계화의 물결은 이민자와 이주의 문제를 한국 사회에 더 선명하게 새겨놓고 있다. 사실 한국인들에게 이주는 낯선 문제가 아니다. 물론 외국인들의 국내 이주(immigration)가 아닌 한국인들의 해외 이주(emigration)를 가리키며 이는 해외 동포들이 겪는 서러움에 공감하는 방식으로 이해되어왔다. 이제 21세기 들어 이주는 한국에 정착한 외국인들과 관련된 국내 문제로, 한국 사회에 대한 공존과 통합의 문제로 인식되고 있다. 한국인의 해외 이주와 외국인의 국내 이주라는, 비교적 짧은 기간에 경험한 이중적 이주 경험, 즉 해외에서의 공존과 한국에서의 공존은 공히 '공존 가능성'이라는 문제틀로 수렴된다. 이러한 문제틀을 가장 잘 시각화하고 있는 영화들 중의 하나가 바로 12세기 말 제3차 십자군[1] 운동을 전후로 한 시기의 예루살렘 왕국을 배경으로 하는 리들리 스콧의 영화 〈킹덤 오브 헤븐(Kingdom Of Heaven)〉일 것이다.

사실 이 영화는 2005년 개봉 당시 수많은 찬사와 우려 섞인 비판을 함께 받았다. 12세기 말 십자군을 다루면서 기독교와 이슬람의 공존과 공생을 강조하지만 다른 한편으로는 2001년 9·11 사건 이후 공공연히 회자되는, 기독교에 기반을 둔 서유럽-미국 세계와 이슬람 세계의 갈등이라는 이분법 구도를 답습하고 있기 때문이다. 그렇다면 서유럽도 미국도 이슬람도 아닌 우리는 이 영화를 어떻게 읽어야 할까? 이 영화가 단순한 액션 스펙터클이 아니라면 현재 한국 사회에 무엇을 이야기해줄 수 있을까? 정답은 없지만, 역사적 사실을 소재로 했으되 창작이 가미된 허구(fiction)인 이 영화를 역사적 사실과 배경을 비교하면서 읽어나갈 때, 영화의 의미 작용은 더 풍성해질 것이다.

십자군 100년의 과정이 짧은 자막으로 소개된 후 영화는 "1184년 프랑스"라는 자막과 함께 시작된다. 눈발이 휘날리는 음울한 겨울 날씨를 통해 이곳이 노르망디나 피카르디, 또는 플랑드르 같은 북부 지역임을 알 수 있다. 아내의 자살로 실의에 빠진 젊은 대장장이 발리안은 자신의 재산을 가로챌 기회만 노리는 마을의 말단 사제인 이복동생을 우연한 일로 죽이고 만다. 때마침 이 마을에는 십자군 기사들이 들르게 되는데 이들의 수장은 바로 발리안의 아버지 고프리였다. 그는 고향땅에서 자신을 죽여서 예루살렘 영지를 상속받으려는 형의 아들이 거느린 군대와 충돌하여 깊은 상처를 입는다. 결국 자신의 서자 발리안과 함께 '성지'로 돌아가는 여정에 오르게 된다.

성지로 향하는 도중 정박한 항구 메시나에서 고프리는 죽게 된다. 죽기 전에 발리안에게 이슬람과 공존할 수 있다고 이야기하며 기사로 서임하고 자신의 뒤를 잇는 새로운 이벨린—예루살렘 왕국 내 영지 이름으로 현재 명칭은 야브네(Yavne)—의 영주로 임명했다. 성지로 가는 배가 난파 당해 모든 것을 잃은 발리안은 우여곡절 끝에 무슬림 현자 이마드의 도움으로 찬란하고 번성한 예루살렘 왕국에 당도하게 된다. 이벨린의 새로운 영주로 인정받은 그는 예루살렘 왕궁의 일원이 되어 정치 세계에 입문하게 된다. 세력을 넓혀가는 살라딘의 위협 앞에서 왕궁은 두 파로 분할되어 있었다. 살라딘과 벌이는 전쟁을 무모하다고 여겨 평화와 공존을 주장하는 티베리아스와 무조건 성전을 외치는 성전기사단의 수장 기 드 뤼지냥과 레이놀드 드 샤티용의 파벌이다. 그동안 발리안은 이벨린 영지를 새롭게 개간하여 살기 좋은 곳으로 만드는 한편 화평과 공존에 더 관심을 기울이는 볼드윈 4세의 신임을 얻는다. 또한 볼드윈 4세의 여동생 시빌라와 사랑하는 사이가 된다.

하지만 주화파들의 노력은 주전파들이 감행한 비무장 상태인 무슬림 카라반 대학살과 살라딘의 여동생이 살해된 일로 위기를 맞는다. 이들에 대한 처벌을 약속한 볼드윈 4세의 노력으로 큰 충돌을 피하긴 했지만 나병에 걸려 있던 왕은 얼마 못 가서 죽고 만다. 시빌라에게는 일찍이 사별한 남편과 낳은 아들이 있었는데 이 아이가 바로 볼드윈 5세가 된다. 하지만 볼드윈 5세 또한 나병으로 요절하고 왕위는 시빌라와 새 남편 뤼지냥에게로 돌아가게 된다. 주전파가 장악한 예루살렘 왕국은 1187년 하틴 전투에서 참패하고 살라딘은 예루살렘 공성전에 들어간다. 발리안은 전체 신민들을 이끌며 예루살렘 방어에 전력을 기울인다. 결국 예루살렘은 함락을 당하긴 하지만 살아남은 자들은 목숨을 구하고 살라딘으로부터 자신의 거처를 결정할 권리를 얻게 된다.

시빌라와 함께 프랑스의 고향으로 돌아온 발리안은 새로운 십자군의 대오와 마주치게 된다. 그리고 가장 웅장했으나 가장 초라한 결과를 낳을 제3차 십자군의 대오가, 가장 용맹하게 싸웠으나 살라딘 앞에서는 중과부적이었던 사자심왕 리처드 1세의 군사들이 멀어져간다. 결국 영화는 이곳에 여전히 평화가 오지 않고 있다는 메시지를 남기며 막을 내린다.

영화 속으로: 천상의 왕국은 어디에?

영화는 주인공이 프랑스에서 예루살렘으로 갔다가 다시 프랑스로 돌아오는 여정을 통해 성장해가는 전형적인 교양소설(Bildungsroman)의 흐름을 따른다. 이 험난한 여정을 통해 주인공은 새로운 삶의 가능성을 깨닫게 된다. 즉 영화는 세상을 비관하고 염세에 빠져 있던 한 개인이 드넓은 세상을 인식하고 다양한 사람들의 공존 가능성을 확신하며 이를 통해 세상에 열린 자아로 성장하는 과정을 보여주고 있다. 이러한 성장은 주인공이 본시 원했던 종교적 깨달음과는 상반된다. 그가 예루살렘에 간 이유는 애초에 종교적 의미의 구원을 바랐기 때문이다. 하지만 발리안은 골고다 언덕에서 어떠한 계시도 받지 못했고, 예루살렘 인근 영지 이벨린에서 보낸 일상이야말로 새로운 삶의 의미를 주었다. 위계가 없이 농민과 기사, 성직자들이 합심하여 황무지를 사람이 살 만한 땅으로 개간해 나가는 노동의 과정을 통해 발리안은 내세의 구원이 아닌 현세의 행복을 깨닫게 된다.

이러한 태도 변화는 이벨린 영지에 있는 저택에 들어섰을 때 거실 벽면에 걸려 있는 〈죽음의 무도(Danse Macabre)〉를 보는 장면을 통해 암시된다. 그림에는 "현재 우리의 모습은 너희들의 모습이 될 것이다(qoud sumus hoc eritis; what we are, you will be)"라는 문구가 적혀 있는데, 이는 해골로 표현된 망자들이 살아 있는 자들에게 하는 말로 죽음 앞에서는 누구나 동등한 인간이라는 점을 암시하며 동시에 죽음과 대비되는 인간의 삶을 강하게 부각시킨다. 발리안은 하이데거처럼 죽음을 선취하지만, 실존에 대한 각성이 아닌 연대를 통한 운명공동체 건설을 통해 이를 극복하려 한다. 나의 한계를 의미하는 죽음과 불안을, 추상적인 무엇이 아닌 타인들에게 관심을 기울이고 이들과 공존하기 위해 노력한다는, 실현 가능한 상태로—레비나스적 의미에서—초월한다.[2] 천상의 왕국, 천국은 이 세상 바깥 어딘가에 있지 않다. 다른 사람들과 공존 공생하는 가운데 여기에 만들어가는 것이다.

하지만 정작 예루살렘 왕궁은 이러한 공존과 공생과는 거리가 먼 분열과 배제, 대립의 도가니다. 살라딘이 십자군 제후국들을 압박하며 팽창해 들어오는 마당에 모든 이교도들에 대한 극단적인 항전을 앞세우는 주전파와 이들과 공존하고 평화를 구함으로써 십자군 제후국들을 유지하려는 주화파가 분열한다. 영화는 뤼지냥과 샤티용이 이끄는 주전파를 피에 굶주려 양민들까지 무차별 학살하는 살인귀처럼 그려낸다. 반면 티베리아스를 중심으로 한 후자를 온건하고도 충성스러운 합리주의자들로 제시한다. 그리고 나병에 걸린 가련한 왕 볼드윈과 주인공 발리안은 티베리아스를 지지한다.

광적인 주전파의 폭력성은 예루살렘 왕의 사후에 오만하고도 무모한 뤼지냥이 주도한 하틴 전투에서 파국을 맞이한다. 병력 대부분을 상실한 예루살렘 왕국의 운명은 불 보듯 뻔한 상태였다. 살라딘 군대가 밀려들어 짓밟아버릴 것이다. 하지만 예루살렘 거주민들의 삶의 조건을 최대한 확보하기 위해 발리안은 남아 있는 군사들과 백성들을 한데 끌어모아 방어 준비를 한다. 무조건 전쟁을 외치던 성직자가 돌연 비굴하게 굴종하는 장면은 발리안이 귀족도 아닌 평민 남성들을 모두 한 번에 기사로 서임하는 장면과 대비된다.

여기에서 발리안이 행한 기사 서임은 특별한 의미가 있다. 위기 상황에서 미봉책으로 실시한 회유책이 아니기 때문이다. 애초에 귀족의 서자로서 대장장이에 불과했던 발리안은 누구에게 예속당하는 것도 누구를 복속시키는 것도 싫어했던 자이기 때문이다. 이미 이방의 땅에서 처음으로 자신이 굴복시켰던 무슬림 현자 이마드에게 동일한 태도를 보인 바 있다. 한마음으로 뭉친 예루살렘 주민들과 발리안의 군대가 필사적으로 저항한 결과, 예루살렘을 어렵사리 정복한 살라딘은 발리안이 제시한 항복 조건인 주민들의 생명권과 이동권 보장을 수락한다.

지위고하를 막론하고 하나의 운명공동체가 되었던 예루살렘 공성전의 경험, 살라딘의 관대함, 그리고 영지에서 경험한 일로 인해 발리안은 한 단계 더 성숙해지게 된다. 발리안은 살라딘에게 묻는다, 예루살렘이 무엇인지, 도대체 무엇이기에 수많은 생명이 이곳을 차지하기 위해 스러져 갔는지……. 살라딘은 대답한다, "아무것도 아니다(Nothing)!"라고. 그렇지만 "모든 것이다(Everything)"라고. 이 대사를 이렇게 해석할 수 있을까? 예루살렘을 통해 내세우는 유일신교의 대의와 독단은 실상 아무것도 아니라고. 오직 이 도시에 거주하는 다양한 사람들이 진정 중요한 모든 것이라고……. (모든 요소들을 획일적으로 묶어내는 "All"이 아닌 단순한 집합을 의미하는 "Everything"이라는 말에 주목할 필요가 있다.)

영화는 천상의 왕국이 사람들이 서로 공존하고 공생하는 현실 속에 하나의 과정으로 존재한다는 사실을 다시 한 번 확인한다. 하지만 이 또한 불변하는 어떤 공간으로 확고하게 존재하는 것은 아니다. 이는 생존을 도모하면서 '함께하려는 열정', 즉 공감'을 피워 올리는 자들이 운명공동체를 만드는 경험을 통해서 건설된다. 그렇기 때문에 공존의 열정과 공생의 논리에 무지한 유럽의 봉건 기사들은 또다시 배제와 대립의 명분 아래 공존과 공생의 터전인 성지로 향한다. 잉글랜드 왕 리처드 1세와 같이…….

영화의 바깥에서: 역사적 사실들을 찾아

이제 영화에서 한 발짝만 물러서자. 이 영화는 과연 주제를 전달하기 위해 역사 현실을 어떻게 가공하고 있을까? 즉 역사적 사실(fact)은 영화적 허구(fiction)에 의해서 어떻게 팩션(faction)이 되고 있을까? 그전에 무엇이 역사적 사실인지 짚고 넘어가자.

일단 실제 예루살렘을 방어했던 발리안 개인에 대한 이야기가 전면 가공되었다는 사실을 이야기해야 할 것이다. 역사 속의 발리앙 디블린(Balian d'Ibelin)은 프랑크인의 후손이긴 했지만 프랑스 태생은 아니었다. 예루살렘에서 정당하게 이벨린 영주권을 계승한 십자군 제후국의 귀족이었으며 영화의 등장인물인 티베리아스와도 두세 살 차이밖에 안 난다. 따라서 아버지로 나오는 고프리라는 존재는 애초에 지어낸 인물이다. 1차 십자군의 영웅 고드프루아 드 부이용(Godefroy de Bouillon)을 연상시키기는 하지만 영화적 장치 차원에서는 주인공을 예루살렘으로 이끌고 갈 촉매제 역할을 충분히 하고 있다. 또한 주인공이 난파를 당한 후 이슬람 현자 이마드를 만났을 리도 없고 예루살렘 공주 시빌라와 사랑에 빠질 리도 없으며 그녀와 프랑스로 돌아왔을 리는 더더욱 없다. 또한 프랑스에 갔을지라도 리처드 1세를 만날 수는 없었는데, 당시 잉글랜드 십자군은 프랑스 내륙을 가로지른 게 아니라 배를 타고 이베리아 반도를 돌아 마르세유와 시칠리아의 메시나를 거쳐 갔기 때문이다. 마지막으로 그가 이벨린의 저택에서 본 〈죽음의 무도〉 테마는 12세기 말이 아닌 14~15세기에 등장하는 것이다.

둘째는 이 영화에서 가장 많은 논란을 일으키는 예루살렘 왕국 내 파벌 갈등이다. 트리폴리 백작 레몽 3세, 즉 티베리아스와 뤼지냥, 샤티용은 실제로 예루살렘 왕국 내에서 대립하는 두 파벌을 이끌고 있었지만 전자를 열린 마음의 주화파로만 또 후자를 편협한 주전파로만 이해할 수는 없다. 급박하고도 복잡하게 돌아가는 이 지역의 정세에서 공존과 평화의 이상 대 편협하고 배타적인 잔혹함이라는 이분법적 대립이란 없었다. 뒤에 살펴보겠지만 현대의 가치관에 따라 이렇게 의미가 부여되고 있을 뿐이다. 십자군 제후국들 내부에서 두 파벌이 정치투쟁을 벌였듯이 이슬람 세계 내부에서도 다양한 세력들이 각축을 벌이고 있었다. 실제로 티베리아스가 연합하려고 했던 무슬림들은 살라딘의 위협 앞에서 같은 압박을 느끼고 있던 시리아의 이슬람 세력들이었다.

당시 '시리아-팔레스타인'은 서로 다른 종교에 의한 흑백논리가 횡행한 곳이었다기보다는 지중해 무역의 핵심이자 지정학적 요충지로 여러 세력이 정치적으로 복잡하게 충돌하는 지역이었다. 이 지역의 다양한 정치세력들 중에, 이슬람 세계에서는 흔히 볼 수 있듯이, 다른 종교를 믿는 프랑크인들의 제후국들도 있었던 것이지, 오로지 기독교 대 이슬람이라는 이분법 구도로 판세가 정리되는 것은 아니었다.(참고로 유일하게 성공적이었던 제1차 십자군의 주역들은 모두 프랑스 왕국 출신의 봉건 대제후들이었다. 아민 말루프에 따르면 "아랍 사람들은 십자군이라는 말을 쓰지 않는다. 프랑크인들의 전쟁 내지는 침략이라고 말한다".[3])

셋째로 예루살렘 공성전에서도 영화와는 달리 그리 감동적인 장면이 연출되진 않았다. 실제로 발리안이 기사 서임을 한 자들은 60여 명에 불과했고 항복은 유럽인들과 이 지역 토박이 기독교 신자들이 서로 불화하는 가운데 실행되었다. 살라딘이 관대함을 베푼 이유도 발리안이 먼저 예루살렘의 백성들을 죽이고 건물을 무너뜨리겠다고 협박했기 때문이다. 기독교인들은 몸값을 지불해야만 해방되었고 몸값을 지불하지 못하면 노예가 되었다. 발리안과 시빌라는 이러한 상황에서 신성로마제국 황제 프리드리히 1세, 잉글랜드 왕 리처드 1세, 프랑스 왕 필리프 2세의 제3차 십자군을 기다리고 있었다.

그러나 세부 사건들이 아닌 역사적 상황과 일상생활 묘사를 보면 당대의 상황을 충실하게 고증하고 있다. 특히 우리가 주목해야 할 점은 십자군이 사실 12세기 후반에 이르러 라틴 기독교 세계에서 매우 독특하고도 낯선 존재들로 여겨지기 시작했다는 점이다. 영화가 시작할 무렵 자막에도 나오듯이 이미 초기 십자군 원정으로부터 100여 년이 지난 12세기 말에 십자군은 기독교 사회의 첨병이라기보다는 불편한 이방인들이었다. 세 위계와 봉건제라는 상상적-현실적 제도들을 기반으로 새로운 정치 질서를 정착시킨 서유럽 중세 사회에서 이들은 기이하기 짝이 없는 존재들이었다.

고프리의 형이 동생을 맞이하는 만찬 장면을 보자. 여기서 형은 고프리에게 "기사는 기사고 수도사는 수도사지, 둘 다 될 수는 없어(A knight should be a knight, a monk, a monk, not both)!"라고 일갈한다. 10세기 말 이래로 봉건사회가 정착되면서 "기도하는 자(oratores)", "싸우는 자(bellatores)", "일하는 자(laboratores)", 즉 성직자–수도사, 귀족 기사, 평민(농민, 상인, 수공업자)의 세 위계에 따른 구분은 기본적인 인간 질서라 여겨졌고 11세기 들어 이는 서로 넘나들 수 없는 위계로 정착되기 시작했다.[4] 이러한 관념이 약했을 때 조직된 '무장한 순례자'인 십자군은 수도원의 계율에 따르는 경건한 기사로서 수도사와 기사의 역할을 동시에 수행했다. 죽기 직전 고프리가 아들을 기사로 서임함과 더불어 병원기사단 기사에게 고해하는 장면에서 위계를 위반하는 모습을 볼 수 있다. 그러나 100여 년이 지난 서유럽에서 이렇게 위계를 넘나드는 존재는 너무도 이상한 존재로 여겨졌다.[5]

역사와 영화의 경계선에서: 공존과 공생의 문제

이처럼 이 영화에서 드러나는 역사적 사실들의 변형을 역사 왜곡으로 치부할 수 있을까? 감독은 오늘의 현실에 유효한 메시지를 분명히 전달하기 위해 이러한 변형을 가하지 않았을까?

이 작품에 대한 해석과 의미는 매우 다양하겠지만 먼저 위계의 위반과 공존의 논리라는 메시지를 중심으로 생각해보자. 영화에서 고프리는 운명하기 전에 새로운 땅인 성지에서 모두가 공존하는 "천상의 왕국"을 이룰 수 있다는 말을 남긴다. 모든 종교와 모든 종족이 공존할 수 있는 새로운 공동체가 바로 "천상의 왕국"이다. 이러한 공동체는 중세 유럽 사회의 2가지 전통적인 틀을 깰 것을 요구한다. 하나는 다른 종교에 배타적인 태도이며, 다른 하나는 봉건사회가 요구하는 위계의 틀이다. 전자가 외부와 내부를 가르는 장벽이라면 후자는 내부에서 층위를 구축한다. 이러한 이중장벽은 21세기에도 여전히 힘을 발휘하고 있는데 영화에서는 성전기사단장 뤼지냥과 샤티용이 대변하고 있다. 대장장이 출신의 발리안과 식탁에 함께 앉은 뤼지냥은 위계제와 문명을 동일시하며 말한다. "감히 내 테이블에 앉아 있군. (……) 못 먹겠군. 손님이 마음에 안 들어. 프랑스에서는 있을 수도 없는 일이지. 여기에는 문명화된 규범이 없어."

영화는 새로 영주가 된 발리안의 활동들을 통해 서로 다른 타인들이 공존 공생하려면 서로 긴밀히 접합된 두 기존 질서에서 벗어나야 한다고 주장한다. 발리안은 이벨린 영지에 도착한 후에 기사의 지위를 앞세우기보다는 노동하는 자로서 솔선수범하여 무슬림 주민들과 우물을 파고 물길을 내며 땅을 개척한다. 종교나 위계와 상관없이 모든 이들의 삶의 공동체를 건설하기 위한 노동이다. 이는 발리안이 서자 출신의 대장장이라는 설정과 무관하지 않다. 그는 이미 위계들의 경계선상—귀족과 평민 사이—에서 태어났으며 창조적 노동을 상징하는 대장장이 일에 종사했었다. 영화 속 발리안은 기존 질서들을 융해하여 새로운 질서를 창조할 수 있는 자로 묘사된다. 잉글랜드의 왕 앞에서 당당하게 대장장이라고 말할 수 있는 자이기도 하다.

그렇다 하더라도 공존과 공생이라는 문제의식 자체가 너무 현대적이지는 않은가? 사실 12~13세기에 십자군 제후국들에서 이는 너무나도 중요한 문제였다. 십자군 운동은 흔히 알려져 있듯이 단순한 침략과 정복에 머물지 않는다. 소수의 십자군은 이곳에 정착하고 뿌리내려 예루살렘을 지속적으로 기독교 세력이 장악하는 데 복무해야 했지만 현지의 토착민들이 기독교도가 아니라고 무작정 몰아낼 수만은 없는 상황이었다. 전쟁과 정복 이후에, 또 그것들에 앞서서 생산과 일상이 가능해야 했다. 장기 전망이 전혀 없이 무작정 밀고 들어온 폭력적이고 잔혹했던 제1차 십자군(1096~1099)의 성과가 향후 어떻게 남을지는 불투명했다. 단적으로 말해 정복이라는 외피를 걷어낸다면 200년 동안 이어진 십자군 제후국들의 역사는 프랑스인들을 필두로 한 서유럽인들이 시리아-팔레스타인 지역에 강압적으로 불법 이주한 역사다. 그러므로 이주의 핵심 문제인 공존과

통합의 문제가 제기된다.[6]

과연 십자군 제후국들에서 서유럽 출신의 이주 지배층과 토착민들의 관계는 어떠했을까? 기독교도와 무슬림이 지배층과 피지배층으로 명확히 구분되진 않았다. 십자군이 지배층이긴 했지만 제후국 내부의 피지배자들의 경우 라틴 기독교도, 동방정교도, 유대인, 무슬림을 비롯한 여러 종파들이 지역에 따라 다양한 공동체를 이루고 있었다. 이들 중 하나의 종교만으로 결집된 마을도 있었고 상업적으로 번화하여 여러 종교가 공존하는 곳도 있었다. 즉 기독교도와 비기독교도라는, 제1차 십자군의 단순하기 그지없는 구분법은 이 지역의 통치에 전혀 적용될 수 없었다.

또한 십자군 제후국들에 거주하는 주민들 다수는, 다양한 기독교인들이 지속적으로 유입되었음에도 불구하고, 유대인이거나 무슬림일 수밖에 없었다. 지배층은 정치적으로 주변의 왕이나 술탄들과 계속해서 투쟁했지만 그렇다고 사회적·문화적 차원의 접촉이 완전히 단절되진 않았다. 예를 들어 12세기에 예루살렘 왕국의 성직자인 기욤 드 티르(Guillaume de Tyr)[7]는 기독교 귀부인들이 동향의 의사들보다는 무슬림이나 유대인 의사들을 더 신뢰하고 있다며 한탄하기도 했다. 기독교 제후들은 서유럽 봉건사회의 틀을 이식하려 하면서도 무슬림들과 유대인들, 나아가 베두인들이 각자 자신들만의 생활방식과 사고방식, 통치 제도들을 유지해 나가는 현실을 받아들일 수밖에 없었다.

더군다나 서유럽의 라틴 기독교 세계를 떠나 멀리 십자군 제후국까지 이주하는 사람들이 모두 십자군이나 순례자는 아니었다. 농민들 중에서도 새로운 땅을 찾아온 자들이 있었고 지중해 교역이 발달함으로써 다양한 상인들이 유입되었다. 서유럽 기독교 세계라고는 하지만 이들의 출신지는 아이슬란드와 러시아까지 포괄하는 등 매우 다양했다. 다시 말해 배타적인 기독교적 가치나 서유럽 핵심부 귀족들이 앞세운 대의가 십자군 제후국 사회 전반을 완전히 장악한 것은 절대 아니었다. 오히려 십자군은 수적인 열세를 극복하지 못하고 현실에 적응해야만 했다. 무슬림이 아무리 싫어도 전처럼 마구 죽일 수는 없었으며 왕국을 유지하기 위해서는 이들과 공생해야만 했다. 서유럽 세계와 더불어 지중해를 둘러싼 다양한 문화권의 사람들이 이 시리아-팔레스타인 지역에 집결하게 되었다.[8]

구성원들의 혼종성, 이는 십자군 제후국들을 구성하는 다양한 개개인들의 공존을 의미하며 인종적·종교적 분리 정책, 즉 아파르트헤이트를 수행하기는 현실적으로 불가능했음을 의미한다. 그럼에도 이곳에서 공존은 공생이 되지 못했으며 접촉은 접변이 되기 힘들었다. 다양한 원자들이 혼합되었으나 융합으로 나아가지는 못했다. 비단 현대 연구자들만 이런 평가를 내리는 것이 아니다. 이미 14세기 초에 프랑스 왕이 주도하는 새로운 십자군 원정을 주장했던 피에르 뒤부아(Pierre Dubois)의 생각이기도 했다.[9] 새로운 십자군을 다시 주장하면서 뒤부아가 가장 중요하게 생각한 문제들 중의 하나는 정착을 위한 교육 문제였다. 즉 십자군 제후국이라는 전대미문의 삶의 공간에서 다양한 문화적 요소들이 공존했으나 이것이 역동적이고도 유기적으로 상호작용을 일으키지는 못했다. 기독교 내부에서도 라틴 기독교는 그리스정교회와 서로 생각을 나누었지만 교조주의에 매여 있어 서로의 입장차만을 거듭 확인할 뿐이었다. 현실적인 차원에서 종교적·문화적 배타성과 사회 위계는 꽤 강력하게 작동하고 있었다.[10]

이러한 공존과 공생의 문제들을 부각시키기 위해 영화는 발리안의 생애와 십자군 내부의 파벌 문제, 그리고 예루살렘 공성전의 몇몇 사실들을 의도적으로 변형시켰다고 볼 수 있을 것이다. 이러한 변형 또는 왜곡은 분명히 서유럽 중심의 십자군 서술을 교정하면서 기독교-이슬람의 이분법적 논리를 배타성·대립/공존·공생의 대결 문제로 전환하는 설득력 있는 장치일 가능성이 있다는 점에서 유의미한 허구적·상상적 전략이라고 할 수 있다.

특히 이러한 생각은 21세기에 재개된 서남아시아를 둘러싼 심각한 국제정세와 맞물린다. 영화가 허구적 서사 전개와 역사 왜곡을 무릅쓰고 주장하는 바는 더는 사태의 본질을 종교 문명권 간의 충돌이라는 단순한 논리로 해석하지 말자는 것이다. 어떠한 종교든, 민족이든, 국가든 적대적 배타성의 만용에서 빠져나와, 또 사회 내에서 위계적 차별의 편협함에서 벗어나 공존과 공생의 평화 공동체를 건설해야 한다는 당위명제를 주장하고 있다. 공성전이 끝난 후 발리안과 살라딘이 각자 자신의 언어로, 또 영화 막바지에 이마드와 발리안이 이번에는 상대방의 언어로 나눈 인사("평화가 그대와 함께 하기를")는 이러한 핵심 메시지에 의미심장한 방점을 찍는다. 이렇게 살라딘과 인사를 나누는 발리안의 시선과 표정을 영화 마지막 장면에서 리처드 1세와 대화할 때의 시선 및 표정과 비교해보는 것도 흥미롭다. 앞 장면의 경우 발리안은 정중하게 말에서 내린 살라딘과 대등한 시선에서 서로를 쳐다보지만 존중하는 빛을 내비친다. 뒷 장면의 경우 발리안은 말에 올라탄 리처드 1세를 올려다보고 리처드 1세는 권위적으로 발리안을 내려다보지만 발리안은 두 사람이 다를 바 없는 인간이라는 표정을 보인다. "나는 잉글랜드 왕이다(I'm the king of England)." "(그러신가?) 나는 대장장이오(I'm the blacksmith)."

역사와 영화

공존과 평화를 주장하는 영화임에도 불구하고 〈킹덤 오브 헤븐〉은 몇몇 역사학자들로부터 오히려 종교적 이분법에 입각한 적대감을 부추길 수 있다는 우려를 받았다. 특히 뤼지냥 등 십자군 일파는 과격하고 잔인하게 그린 데 비해 무슬림들과 살라딘은 너무나도 관대하게 그려졌다는 것이다. 즉 오늘날 관객의 입장에서 인도주의에 입각한 보편적 정당성을 기독교인들보다 무슬림에게 부여하고 있어서 오히려 "이슬람 근본주의에 기름을 붓고" 이를 정당화한다는 것이다. 또한 이들은 앞에서 언급한 영화에 나타난 역사적 부정확성, 즉 왜곡된 사실들을 지적하며 역사적 현실은 영화와 다르다고, 전문가들도 아닌 자들이 학술적으로 가치가 없는 내용을 영화를 통해 퍼뜨린다고 지적했다.[11] 토머스 F. 매든에 따르면 이들 십자군이 그렇게 난폭하거나 잔인하지 않았으며 당시에 무슬림 군대와 십자군은 비슷한 정도로 또 당대의 맥락에 맞게 교전했다.[12] 당대의 기록은 모두 과장일 뿐이라는 것이다. 또한 조너선 라일리스미스는 뤼지냥이 영화에서 나오는 것과 같은 불량배가 아니라고 통탄한다.

필자는 안타깝게도 이들이 인간의 삶을 이해하는 데 있어서 역사가 무엇이고 영화가 무엇인지 잘 알지 못한다는 인상을 받는다. 만약 당시 기독교 측 기록에서나 이슬람 측 기록에서나 십자군에 의한 학살이 과장되었다면 근거와 이유를 제시하고, 왜 제1차 십자군의 예루살렘 정복을 무슬림 군대에서는 찾아보기 힘든 잔혹한 대학살과 연결하는지 해명해야 할 것이다. 생각보다 많은 이들이 죽지는 않았다고 주장하는 매든은 난징 대학살 희생자 수를 축소하는 일본의 이른바 중도 및 우익 역사가들과 닮았다. 사실 잔혹함의 기억은 학살자의 수가 아니라 잔혹함의 폭력성에 기반을 두고 있는 경우가 많다. 부당한 죽음, 비인간적인 죽음 말이다. 다른 한편 라일리스미스의 경우에는 자국의 대문호 셰익스피어의 사극들을 읽어보라고 권해보고 싶다. 얼마나 많은 역사 왜곡이 있는지 말이다. 극과 역사학이라는 장르의 구분을 혼동해서는 안 될 것이다.

역사를 소재로 한 모든 창작물은 극적 구성 때문에 사실과 다를 수밖에 없고 우리는 이를 감수할 수밖에 없다. 문제는 세세한 역사적 사건과 사실에 대한 실증주의적 대조가 아니다. 우리는 사극이 어떠한 메시지를 던지는지, 또는 어떠한 역사적 의미를 환기하는지를 평가해야 한다. 역사를 둘러싼 담론의 장은 전문 역사학자들의 전유물이 아니다. 역사와 관련된 모든 표현이 역사를 둘러싼 정치문화적 투쟁의 장에서 의미가 있을 수 있다. 문제 제기는 실증적으로 증명되는 것이 아니다. 그리하여 때때로 영화는 실증적인 역사 서술에서는 찾아보기 힘든 역사적 문제의식을 제기하기도 한다. 이러한 점에서 변형과 왜곡에도 불구하고 리들리 스콧 감독의 〈킹덤 오브 헤븐〉은 역사적이다. 여전히 현재에도 유효한 문제를 지적하고 있다는 점에서, 또 역사가 언제나 현재의 역사라는 점에서 말이다.

부록

관련 연표

1096~1099년	제1차 십자군 원정으로 4개의 십자군 제후국(에데사 백작령, 안티오크 공작령, 트리폴리 백작령, 예루살렘 왕국)을 건설하다.
1144년	모술 태수 이마드 앗딘 장기(Imad ad-Din Zengi)가 에데사 백작령을 함락하다.
1147~1149년	제2차 십자군 원정이 실패로 끝나다.
1174년	살라딘이 아유브 왕조의 술탄으로 즉위하다(~1193). 보두앵 4세가 예루살렘 왕으로 즉위하다(~1185). 트리폴리 백작 레몽 3세가 섭정으로 임명되어 나병에 걸린 보두앵 4세를 보필하다.
1180년	시빌 드 예루살렘과 기 드 뤼지냥이 결혼하다.
1183년	보두앵 5세가 공동 왕으로 즉위(~1186)하다. 발리앙, 기 드 뤼지냥에 맞서 레몽 3세 및 보두앵 4세와 손을 잡다.
1186년	시빌이 예루살렘 여왕으로 즉위하다. 남편 기 드 뤼지냥도 왕으로 추대하다.
1187년	르노 드 샤티용이 무슬림 카라반을 공격하다. 하틴(Hattin) 전투(7월 4일)가 벌어지다. 예루살렘이 함락되다(10월 2일).

1189~1192년 제3차 십자군 원정(신성로마제국 황제 프리드리히 1세, 프랑스 왕 필리프 2세, 잉글랜드 왕 리처드 1세 참가)이 실패로 돌아가다.

개념어 설명

기욤 드 티르(Guillaume de Tyr, 1130~1184) 〈킹덤 오브 헤븐〉의 시대인 보두앵 4세 시기의 역사서를 작성한 티르(Tyr)의 대주교이다. 예루살렘 왕국에서 태어났으며 젊은 시절에는 파리를 비롯한 프랑스 각지에서 수학했다. '티르'라는 지역은 아랍어로는 "수르(Sour)"라 하고 동로마제국에서는 그리스어로 "Tyros"라 칭했다. 적어도 십자군 제후국 시기와 관련해서는 이곳에 정착했던 프랑크인들의 정체성을 고려하여 영어식 표기인 'Tyre(종종 '티레'라고 한국식으로 표기된다)'가 아닌 '티르(Tyr)'로 쓰는 것이 좋을 듯하다.

레몽 3세 제1차 십자군에 참가했던 대제후들 중 하나인 툴루즈 백작 레몽 4세의 직계 후손이다. 예루살렘 왕국 내에서 티베리아스 영지를 결혼으로 획득했다. 영화에서는 예루살렘 왕국 내 자신의 영지 이름에 따라 티베리아스라는 별칭으로 불린다.

살라흐 앗딘 유수프 이븐 아유브(1138~1193) 서양에서 '살라딘'이라고 부르는 쿠르드족 출신의 장군이자 시리아-이집트 지역 술탄이었다. 이슬람 세계가 수많은 세력들로 분할되었던 12세기 말, 그의 집안은 셀주크투르크 계 술탄이었던 장기와 누르 앗딘(누레딘) 휘하에서 혁혁한 공을 세워 나갔다. 그러다 1174년 누르 앗딘이 사망하자 이집트와 시리아 지역 패권을 잡았고 곧 아유브 왕조를 창건했다. 예루살렘을 함락시킨 업적과 이슬람의 가르침에 따른 겸소하고 관대한 삶의 태도로 당대는 물론 이후로도, 또 무슬림은 물론 많은 유럽인들에게도 깊은 감명을 주었다.

시리아-팔레스타인 유럽인들은 이곳을 흔히 유럽에서 가까운 동쪽 세상이라는 뜻으로 '근동(Near East, Proche Orient)'이라고 부른다. 그 너머에 사우디아라비아, 이란으로 이어지는 곳은 '중동(Middle East, Moyen Orient)', 아리아인의 '고향' 인도를 건너뛰어 저 너머에 있는 지역을 '극동(Far East, Extrême Orient)'이라고 칭한다. 이 '근동', '중동', '극동'이라는 명칭들은 동북아시아가 아니라 어디까지나 우리에게는 '극서(Far West)' 지역인 유럽을 중심으로 한 명칭이라는 점에 유의해야 할 것이다.

예루살렘 왕국 처음이자 마지막으로 성공했던 제1차 십자군 원정 결과로 시리아-팔레스타인 지역에 에데사 백작령, 안티오크 공작령, 트리폴리 백작령, 예루살렘 왕국이라는 4개의 십자군 제후국이 건설되었다. 당시 한창이었던 북부 프랑스의 전형적인 봉건제를 정치조직으로 채택했다. 이들 지역에 대한 십자군의 정복은 매우 잔혹했다고 알려져 있으며 특히 1099년의 예루살렘 함락의 잔혹함은 지중해 지역 전체에 엄청난 공포를 불러일으켰다. 1187년 기 드 뤼지냥 재위 당시 살라딘에 의해 함락당했으며 이후 잔존 세력이 생장다크레(Saint-Jean-d'Acre)에서 명맥을 이었으나 이 또한 1291년에 멸망했다.

제3차 십자군(1189~1192) 살라딘이 예루살렘을 함락한 후 서유럽 기독교 세계의 쟁쟁한 군주들을 중심으로 조직된 십자군이었다. 잉글랜드 왕 리처드 1세, 프랑스 왕 필리프 2세, 신성로마제국 황제 프리드리히 1세 등이 참전을 결의했다. 하지만 엄청난 대군을 이끌었음에도 불구하고 전과는 초라하기 짝이 없었다. 먼저 제국을 호령하던 프리드리히 1세는 용감하게 진격했으나 살렙 강을 건너다 익사했고 그의 부대는 철수했다. 앙숙이었던 리처드 1세와 필리프 2세는 원정 도중 다툼이 끊이질 않았고 결국 필리프 2세는 1191년 8월 리처드 1세만 두고 먼저 귀국했다. 남은 리처드 1세는 살라딘을 압박하며 여러 전투에서 승리했으나 결국 시간이 갈수록 불리해지는 상황 속에서 1192년 이슬람 세력의 예루살렘 통치를 인정하고 기독교인들의 방문을 허락한다는 내용의 조약을 체결했다. 이슬람은 본래 기독교인들의 방문을 금지하지 않았으므로 사실 성과라고 부를 만한 내용도 없는 조약이었다.

더 읽을거리

사이먼 시백 몬티피오리, 《예루살렘 전기》, 유달승 옮김(시공사, 2011).

웨인 B. 바틀릿, 《십자군전쟁 그것은 신의 뜻이었다!》, 서미석 옮김(한길사, 2004).

조르주 타트, 《십자군전쟁—성전 탈환의 시나리오》, 안정미 옮김(시공사, 1998).

주

1. 십자군 운동에 대한 최신 종합 개설서로는 Christopher Tyerman, *God's War—A New History of Crusades*(London: Penguin Books, 2007) 참조. 연구사 정리로는 미셸 발라, 〈십자군에 관한 20세기 역사 서술—프랑스 학계를 중심으로〉, 남종국 옮김 《서양 중세사 연구》 16(2005), 199~201쪽.
2. 엠마누엘 레비나스, 《시간과 타자》, 강영안 옮김(문예출판사, 1996); 강영안, 《타인의 얼굴—레비나스의 철학》(문학과지성사, 2011), 104~112쪽.
3. 아민 말루프, 《아랍인의 눈으로 본 십자군전쟁》, 김미선 옮김(아침이슬, 2002), 11쪽.
4. 조르주 뒤비, 《세 위계: 봉건제의 상상 세계》, 성백용 옮김(문학과지성사, 1997).
5. Sylvia Schein, "The Image of the Crusader Kingdom of Jerusalem in the Thrteenth Century", *Revue belge de philologie et d'histoire*, t.64, fasc.4(1986), pp. 704~717.
6. Ronnie Ellenblum, *Frankish Rural Settlement in the Latin Kingdom of Jerusalem*(Cambridge: Cambridge University Press, 1998); Christopher Tyerman, *God's War*, ch. 7, pp. 212~240.
7. Guillaume de Tyr, Paulin Paris, eds., *Guillaume de Tyr et ses continiateurs*(Paris: Firmin Didot, 1879).
8. Pierre Racine, "Une migration au temps des croisades: les voyages de pèlerinage", Michel Balard, Alain Ducellier(dir.), *Migrations et diasporas méditerranéennes (Xe-XVIe siècles)*(Paris: Publications de la Sorbonne, 2002). pp. 459~473; Pierre-Vincent Claverie, "Un exemple de transfert logistique lié à la défense de la Terre sainte: le passage en Orient de Guillaume de Roussillon(1275)", ibid., pp. 475~483; Mohamed Ouerfelli, "Les migrations liées aux plantations et à la production du sucre dans la Méditerranée à la fin du Moyen Âge", ibid., pp. 485~500.
9. Pierre Dubois, Ch.-V. Langlois, eds., *De Recuperatione terre sancte. Traité de politique générale par Pierre Dubois*(Paris: Alphonse Picard, 1891), pp. 47~92; Walther I. Brandt(trans.), *The Recovery of the Holy Land*(New York: Columbia

University Press, 1956).

10. Andrew Jotischky, "The Frankish encouter with the Greek Orthodox in the Crusader States—The case of Gerard of Nazareth and Mary Magdalene", Michael Gervers and James M. Powell, eds., *Tolerance and Intolerance: Social Conflict in the Age of the Crusades*(Syracuse, NY: Syracuse University Press, 2001), pp.100~114.
물론 소수이지만 당대 역사가이자 십자군 왕국의 성직자인 기욤 드 티르와 같은 자들은 각 종교에 존중을 표하고 있기는 하다. R. C. Schwinges, "William of Tyre, the Muslim enemy, and the problem of tolerance", M. Gervers and J. M. Powell, eds., *Tolerance and Intolerance*, pp. 124~132; 페르디난트 자입트, 《중세, 천년의 빛과 그림자—근대 유럽을 만든 중세의 모든 순간들》, 차용구 옮김(현실문화, 2013), 401~402쪽.

11. 대표적으로 세계적으로 저명한 영국과 미국의 십자군 전문 역사학자인 조너선 라일리스미스(Jonathan Riley-Smith)와 토머스 F. 매든(Thomas F. Madden)을 들 수 있다. Jonathan Riley-Smith, "Ridley Scott's new Crusades film 'panders to Osama bin Laden'", *The Telegraph*(18 Jan. 2004); Thomas F. Madden, "Onward P.C. Soldiers: Ridley Scott's Kingdom of Heaven", *National Review Online*(May 17, 2005).

12. 이러한 입장은 토머스 F. 매든이 집필하고 현재 한국어로 번역된 《십자군》의 기본 논조이다. 토머스 F. 매든, 《십자군》, 권영주 옮김(루비박스, 2005), 31~32쪽〔Thomas F. Madden, *The New Concise History of the Crusades*(Lanham: Rowman & Littlefield Publishers, 2005)〕.

'홀로코스트 영화' 톺아보기

02

조원옥

영화, 또 하나의 역사적 기억 공간

최근에 역사학은 그동안 누려온 과거에 대한 공식적·독점적 권위를 점점 잃어가고 있는 듯하다. 교육 현장에서도 역사학을 비롯한 인문학이 고사한다는 이야기가 심심찮게 들려온다. 하지만 다 알다시피 과거(역사)는 사라지기는커녕 때를 가리지 않고 불쑥불쑥 지금 여기, 우리 일상에 출몰하여 현재와 활기차게 동거하는 중이다. 박물관이나 기념관, 그리고 활자화된 역사 저술이 여전히 '기억의 터'로서 내가 터줏대감이라고 주장하겠지만, 오늘날 역사 내지 역사물의 소비는 다른 형태의 기억 공간으로 무게중심을 옮겼음이 분명하다. 다시 말해서 대중매체인 역사소설, 사진, 텔레비전, 영화, 인터넷 등이 가장 대중적인 기억 공간이 된 것이다. 이제 역사 드라마나 역사 영화 자체가 하나의 역사 서술로 인식되는 경우도 흔하고, 본의든 아니든 감독과 PD는 일종의 역사가 역할을 하고 있는 셈이다. 테오도르 아도르노는 대중문화가 대중을 기만하는 계몽이라 비판했지만, 이제는 역사가들마저 역사를 이용한 허구적 구성물, 즉 문화산업으

로서 대중문화를 거부할 수 없는 시절이 된 것이다.[1]

역사 영화는 용어에서 짐작할 수 있듯이 역사, 기억, 망각, 과거 등과 특히 가까운 기억 재현 장르이다. 대중들은 책뿐만 아니라 주로 역사 영화 같은 대중매체를 통해 역사 지식을 습득하고 자신의 역사관을 굳히기도 한다. 역사 영화는 역사 저술과 비교할 수 없을 만큼 탁월한 대중 접근성을 자랑한다. 대개 블록버스터로 제작되는 역사 영화의 뛰어난 대중성을 감안하면 영화를 통한 과거 혹은 역사 기억하기는 나름의 사회적 의미를 안고 있을 수밖에 없다. 그래서 질문이 필요하다. 역사 드라마 혹은 역사 영화가 어떤 과거를 어떻게 기억하고 재현하고 있는가? 역사적 기억들이 어떻게 뒤틀리고 보존되고 발굴되는가? 특정 공간에서 특정 역사적 사실이 영화를 통해 집중적으로 기억되거나 반복해서 재현되는 이유는 무엇일까? 필자는 역사 영화라는 텍스트 자체는 물론이거니와 텍스트를 둘러싼 다양한 상황 때문에 역사 영화는 단순한 오락 상품을 뛰어넘는 사회적·정치적 의미를 띤다고 생각한다. 곧 역사 영화에서는 "영화가 시대를 말한다"는 말은 겹으로 해당된다.

이러한 물음에 답을 모색하는 차원에서 필자는 세계 역사 영화 시장의 으뜸가는 상품인 '홀로코스트 영화'에 대한 글을 쓰려 한다. 독일을 포함하여 세계에서 일반인들이 독일사를 접하는 가장 쉬운 길은 히틀러의 제3제국, 혹은 제2차 세계대전 시기의 독일과 연합국의 싸움, 혹은 나치의 유대인 대학살을 다룬 영화를 시청하는 것일 개연성이 높다. 사실 세계 영화사에서 영화에 가장 많이 등장한 실존 인물이 아돌프 히틀러라는 말도 있는데, 영화라는 기억 공간을 통해서 반세기도 더 전에 죽은 히틀러가 다시 살아났다 죽기를 반복하고 있는 셈이다. 이렇듯 홀로코스트는 영화라는 대중적인 기억 공간을 통해 21세기에도 계속 재현되는 중이다. 가령 〈쉰들러 리스트〉나 〈인생은 아름다워〉, 그리고 〈피아니스트〉 같은 홀로코스트 영화들은 한국의 관객들에게도 꽤 익숙하다. 한국 중고등학교에서 세계사 교과목이 거의 채택되지 못하는 현실을 감안하면, 홀로코스트나 유대인 학살 같은 세계사적 사건들을 영화로 학습하고 있는 셈이다.

그런데 분명히 기억해야 할 점은, 영화는 책과 비할 데 없이 뛰어난 재현 능력을 자랑하지만 매체 특성상 커다란 한계를 안고 있다는 것이다. 홀로코스트에 대한 영화적 재현의 경우를 두고 보자면, 단적으로 앞에 언급한 몇 편의 블록버스터 영화들만 있었던 게 아니라 홀로코스트를 직접 다룬 영화만 해도 족히 수백 편은 될 것이다. 영화는 매체 특성상 영화화에 적합한 이야기를 찾게 마련인데, 이런 면에서도 홀로코스트는 영화화하기 좋은 극적인 특성을 갖고 있다. 아닌 게 아니라 홀로코스트는 역사상 일어난 많은 제노사이드 중 영화적 재현이 풍부하다 못해 과잉된 점이 없지 않다. 사정이 이런데도 대중들은 자신이 본 영화 한두 편으로 홀로코스트에 대한 상을 그리게 되기 십상이다. 책이나 다른 매체를 통해 교차검증을 하거나 하다못해 다른 관점에서 바라본 영화를 챙겨 보기가 쉽지 않기 때문이다. 그래서 이 글에서는 홀로코스트에 대한 영화적 재현이 시대에 따라 어떻게 달라졌는지 알아보고 그것이 무엇을 의미하는지 짚어보고자 한다. 시간과 공간에 따라 홀로코스트의 영화적 재현과 수용이 어떻게 변해왔는가를 짚어보면 이 사건을 영화로 기억하고 재현하는 행위의 사회적 의미도 가늠할 수 있을 것이다.

팩트(Fact)로 기억 소환하기: 다큐멘터리

독일의 시인 베르톨트 브레히트는 1933년 〈독일〉이라는 시에서 "오, 독일이여/창백한 어머니여!/어찌하여 그대는 더러운 몸으로/민족들 사이에 앉아 있는가?/....../오, 독일이여/창백한 어머니여!/그대의 아들들이/그대를 어떻게 망가뜨렸기에/민족들 사이에 조롱의 대상으로/혹은 공포의 대상으로/그렇게 웅크리고/앉아 있는가?"라고 토로했다. 한편 브레히트와 달리 아도르노는 인류 역사상 전대미문의 야만적인 제노사이드(genocide)를 목격하고는 인간에 대한 신뢰와 희망을 모두 접은 채 아우슈비츠 이후에는 시를 쓸 수 없다고 토로했다. 아우슈비츠는 인간의 이성으로 도저히 설명할 수 없고 말로 표현할 수도 없으며 표현해서도 안 되는 비극이므로 감히 시적 표현 대상, 본질적으로 아름다움을 좇는 예술의 대상이 될 수 없다는 뜻이리라. 그런가 하면 루마니아계 유대인이었던 파울 첼란(Paul Celan)은 그림으로 치자면 피카소의 〈게르니카(Guernica)〉(1937)에 견줄 만큼 아우슈비츠에 관한 가장 감동적인 시 〈죽음의 푸가(Todesfuge)〉(1945)를 자신의 모어인 독일어로 썼다. 그 뒤 아도르노도 "고문당하는 자가 비명 지를 권한을 갖듯이" 끊임없는 고통도 표현할 권리가 있으며, 따라서 "아우슈비츠 이후 시를 쓸 수 없으리라고 한 말은 잘못"이었다고 자신의 주장을 수정했다. 이렇게 독일 역사에서 홀로코스트는 지울 수 없는 과거이자 대면하기 불편한 역사적 과오로서 독일의 민족정신에 뼛속 깊이 박혀 사라질 수 없고 사라지려고도 하지 않는 독일의 일부이자 정체성이 되었다.[2]

아우슈비츠 학살 이후 독일에서 아우슈비츠는 한동안 암묵적으로 발화가 금지된 단어였다. 영화 〈독일, 창백한 어머니〉를 보면 어머니는 살면서 "침묵하는 법"을 배웠고 딸은 "말하는 법을 배웠다"는 대사가 나온다. 어머니와 아버지의 아픈 기억은 침묵의 한 세대가 흐른 뒤에야 딸의 입을 통해서 표현할 수 있는 어두운 기억, 침묵해야 할 기억이다.[3] 그런 까닭에 아우슈비츠 직후 독일에서 나치 시기와 홀로코스트를 기억으로 떠올리고, 예술의 대상으로 삼아 말하고 표현하고, 더 나아가 상업적으로든 극적으로든 대중매체를 통해 다루기란 쉽지 않았다.

그래서일까. 홀로코스트 영화는 먼저 독일 바깥에서 만들기 시작했다. 바로 1955년에 프랑스에서 나온 32분짜리 다큐멘터리 〈밤과 안개〉이다. 이 영화는 아우슈비츠의 이미지를 처음으로 영화에 담아낸 것으로, 과거를 기억하는 매체로서 영화의 강력한 힘을 보여준 고전적인 예다. 영화는 기록 필름과 허물어지는 수용소의 잔해를 번갈아 보여주면서 홀로코스트가 얼마나 무시무시했는지 관객들이 저절로 느끼게 한다. 카메라는 천천히 평화로운 현재의 풍경과 수용소의 잔해를 비추고, 흑백 화면의 흐름을 과거시제로 해설하여 비극의 책임이 누구에게 있는가를 준엄하게 되묻는다.[4] 〈밤과 안개〉가 만들어질 때는 홀로코스트에 대한 프랑스인의 집단기억이 드골주의 공화국이 만든 신화, 곧 '프랑스인은 모두 레지스탕스였다'는 신화에 짓눌려 있을 시기였다. 사실은 프랑스도 독일 점령하의 '비시 프랑스'라는, 덮어두고 싶은 과거가 있었을 뿐 아니라 규모가 작았을 뿐 유대인 학살에서 완전히 자유로울 수 없는 불편한 과거가 있기에 한동안은 애써 잊고 침묵하는 시기가 이어졌다.

그런데 1969년에 1편의 영화가 의도적 망각과 침묵을 깨고 비시 정부에 대한 기억을 불러냈다. 바로 다큐멘터리 〈슬픔과 동정〉이다. 나치 점령 시기의 프랑스를 생존자들과의 인터뷰와 기록 필름을 교차편집하여 되살린 이 영화는 프랑스인들 스스로 '레지스탕시알리즘의 신화'에서 벗어나 '비시 프랑스'를 대면할 수 있는 계기가 되었다. 당시 프랑스 정부는 '인간의 삶에는 깨져선 안 되는 신화도 있다'며 이 영화의 텔레비전 방영을 금지했다. 하지만 몇 년 뒤 클로드 란즈만(Claude Lanzmann)이 러닝타임 9시간이 넘는 기록영화 〈쇼아〉를 들고 나왔을 때 예의 '신화'도 깨지고 홀로코스트의 기억이 수면 위로 떠올랐다. 이렇게 보면 프랑스에서 만들어진 홀로코스트와 관련한 다큐멘터리는 사실 자국의 기억과도 무관하지 않고, 프랑스의 과거를 대면하는 과정과 흐름을 같이 하고 있음을 알 수 있다.

〈쇼아〉는 〈밤과 안개〉나 〈슬픔과 동정〉과 같은 다큐멘터리를 지배한 리얼리즘의 전통을 잇고 있지만 또 한편 이 전통을 비틀었다. 말하자면 홀로코스트에 대한 기억을 불러내는 방식에서 란즈만과 레네는 서로 달랐다고 할 수 있다. 란즈만이 보기에 홀로코스트는 정상적인 인류 역사의 영역을 벗어난 사건이라 시각적인 재현 자체가 불가능하다. 따라서 그는 다큐멘터리 필름으로 과거를 재현하는 대신에 살아남은 사람들의 증언으로만 '죽은 자를 대신해' 말하게 했다. 그래서 영화는 온전히 현재의 장면만으로, 즉 생존자, 가해자, 방관자 같은 증언자들과 죽음의 수용소, 철도, 게토, 과거 유대인 거주지 등의 역사적 장소들의 이미지만으로 채워졌다. 카메라와 마이크 앞에 선 증언자들은 수많은 도시에서 끌고 온 수천 명의 희생자들을 폴란드를 비롯하여 곳곳에 산재한 가스실로 끌고 갈 가축용 기차를 설계한 사람들과 이동 경로를 설정했던 철도 관계자들, 자신이 무엇을 실어 나르고 있는지 알고서도 기차를 운전했던 기관사들, 희생자들을 가축용 기차에 빽빽이 태운 채 문을 닫았던 사람들, 유대인들을 태운 기차가 지나갈 때 웃으면서 손을 흔들었던 역장들, 그들을 보고도 침묵을 지켰던 감시병들, 처형장에서 그들을 분류하고 처형 과정을 관리한 안전요원들, 가스실로 들어가기 직전에 희생자들의 머리카락을 삭발했던 이발사 등이었다. 대학살이라는 제노사이드에 초점을 맞추고 있으면서도 잔혹한 장면은 한 컷도 삽입하지 않은 채 현재의 모습만으로 학살에 대한 기억을 불러낸 것이다.

카메라가 담은 현재 살아남은 자들의 증언에서 우리는 어떤 기억을 되살려낼 수 있을까? 홀로코스트를 이미지화할 수 없다는 주장은 여전히 홀로코스트의 영상을 대면하기가 고통스럽다는 점, 그렇기에 영상을 통해 과거가 오히려 왜곡될지도 모른다는 점을 우려한 말일 수도 있다. 이런 우려에서 이 영화에 대한 비판이 제기되기도 했다. 가령, 〈쇼아〉가 오로지 절멸에만 초점을 맞추었고, 이를 설명하거나 개념화하고 다른 사건들과 비교하려고 하지 않았으며, 폴란드의 반유대주의를 지나치게 강조했고, 비유대인 희생자들, 생존, 구제, 그리고 유대인위원회의 강요된 협력을 강조하지 않은 중대한 결함이 있다는 지적이다. 어쨌든 이 두 기록영화는 홀로코스트란 그야말로 비교 불가능한 인류 역사상 최대 비극이기에 이를 극화하거나 희화화하는 것은 감히 시도해서는 안 되는 행위로 인식하고 있음을 잘 보여준다. 이 두 다큐멘터리가 독일인에 의해 만들어지지 않았다는 사실은 학살 당사국인 독일로서는 이에 대한 기록영화를 만드는 것조차도 과거를 대면할 용기가 있어야 가능한 어려운 일임을 방증한다. 하지만 침묵과 신화의 시대가 지나면서 홀로코스트는 서서히 극화의 대상이 되어 대중의 기억 속에서 되살아나기 시작했다.

픽션으로 재구성하기: 드라마

아우슈비츠 묘사에서 금기가 본격적으로 깨지고 홀로코스트가 극화의 대상이 되었는데 이 역시 독일 바깥에서 시작됐다. 1978년 미국에서 미니시리즈 〈홀로코스트〉가 안방극장에 방영되었는데, 이때가 말하자면 '홀로코스트의 미국화' 원년인 셈이다. 절반이 넘는 미국인이 시청할 정도로 인기를 끌었던 이 드라마가 방영된 후 보통의 미국인들은 홀로코스트를 유대인의 집단기억이라기보다 자신들의 집단기억, 즉 미국인들의 과거로 받아들이기 시작했다. 〈홀로코스트〉는 흥행에 성공했을 뿐만 아니라 미국에서 광범한 교육 캠페인을 불러일으켰고, 홀로코스트를 기억하기 위한 기관들도 우후죽순처럼 설립됐다. 미국은 유대인 대학살을 저지른 가해자의 나라가 아니었고 학살의 현장도 아니었지만, 미국인이 홀로코스트에 대한 강력한 집단기억을 가지는 기현상이 연출되었다. 유대인들에게 미국이 제2의 가나안이 됐을 뿐만 아니라 홀로코스트라는 유대인의 역사가 미국의 역사로 변질되었다.[5]

〈홀로코스트〉는 이듬해 독일로 수출돼 안방 시청자들을 만났다. 독일국영방송국(ARD)에서 방영한 이 드라마는 큰 파장을 일으켰다. 당시 서독 성인 인구의 절반 정도가 이를 시청했고 그중 절반 이상이 재방영을 원했다고 한다. 드라마를 방영한 방송국으로 엄청난 편지와 전화, 전보, 엽서가 쇄도했다. 서독의 지식인들에게도 〈홀로코스트〉는 큰 충격이었다. 독일의 지식인들은 아우슈비츠를 거론할 때면 늘 키치화(Kitsch化)를 우려했는데, 이때도 대학살에 대한 묘사가 키치화할까 우려한 데다 한 술 더 떠 드라마에 담겨 있을 '미국적인 것' 혹은 '할리우드적 가치들'에 대한 우려까지 더해졌다. 그들이 보기에 〈홀로코스트〉에서 과거의 참사는 상업화되었고 아우슈비츠는 소비재 상품으로 전락했다. 그럼에도 이들 역시 통속적인 미국 텔레비전 미니시리즈 한 편이 전후 30년 동안 수백 권의 책과 연극, 영화, 텔레비전 프로그램, 수천 편의 기록물과 모든 강제수용소 관련 재판이 해내지 못한 일을 해냈음을 인정해야 했다.

〈홀로코스트〉가 미국과 독일에서 대중의 폭발적인 반향을 불러일으켰을 뿐만 아니라 더 나아가 학계·정치권·종교 단체를 비롯한 각종 제도권에도 영향을 준 사실을 어떻게 이해해야 할까? 앞에서 다룬 다큐멘터리들은 평론가들과 역사학자들로부터 높은 작품성으로, 또 홀로코스트에 대한 기억 불러오기의 모범으로 지금까지도 식지 않은 영예를 누리고 있다. 하지만 이 다큐멘터리들은 전문가들에게 인기 있는 비평과 연구 대상이었는지는 몰라도 대중들에게는 충분히 호소력을 불러일으키지 못했다. 이는 작품의 질에 따른 문제라기보다는 기본적으로 다큐멘터리와 픽션이라는 매체의 특성 차이 때문일 가능성이 높다. 란즈만은 가능한 한 대중적인 영화를 만들고 싶었다고 고백했지만, 정작 대중은 주인공도, 극적 긴장감도, 이야기도 없이 시종일관 담담하게 전개되는 9시간이 넘는 다큐멘터리를 외면했다. 그래서 〈쇼아〉는 주로 박물관이나 기념관에서 상영되거나 텔레비전 특집 프로그램으로 방영되었고, 관객들에게 일종의 역사교과서처럼, 기념관에 전시된 유물처럼 대중의 시선을 끌지 못했던 것이다.

한편 〈홀로코스트〉는 은유와 암시만으로는 역사를 생생히 되살리기 힘들다는 것을 증명했다. 과거를 그럴싸하게 재현하기 위해서 바이스 가(家)라는 허구의 가문을 만들어내야 했다. 텔레비전 연속극의 형식이 그렇게 엄청난 효과를 냈던 이유는 브레히트적인 '낯설게 하기'와 정반대였기 때문이다. 드라마를 본 사람들은 등장인물과 자신들을 동일시하며 감정이

입을 했다. 〈홀로코스트〉는 과거에 대한 기억은 역사서를 비롯한 '해석의 역사'로 불러오는 것보다 '동일화의 역사'로 불러오는 쪽이 훨씬 압도적인 힘을 발휘한다는 사실을 잘 보여주었다.

사실 〈홀로코스트〉가 방영된 시기는 독일 영화계가 새로운 정체성을 모색하기 시작하던 때와 맞물린다. 1970년대 전후 독일 영화계는 이른바 '뉴 저먼 시네마(New German Cinema)'의 시기였다. 알렉산더 클루게의 〈어제와의 이별〉과 〈애국자〉, 한스 위르겐 지버베르크의 〈히틀러—독일에서 온 영화〉, 라이너 베르너 파스빈더의 〈마리아 브라운의 결혼〉과 〈독일의 가을〉, 그리고 앞 장에서 잠시 언급했던 헬마 잔더스 브람스의 〈독일, 창백한 어머니〉 등은 새로운 세대에게 무거운 유산으로 남겨진 아버지 세대의 과거와 대면하기, 부모 세대 받아들이기 등을 보여주는 영화들이다.[6]

뉴 저먼 시네마를 주도한 감독들은 전후 세대이자 68세대로서 영화에서 아버지 세대와 단절하고 새로운 영화를 만들고자 했다. 나치, 홀로코스트, 그리고 제2차 세계대전 시기의 트라우마를 무의식으로 깊이 내면화한 이들은 무엇보다 독일의 정체성을 고민하며 새로운 독일을 갈망하고 있었다. 이들이 영화를 통해 기억 혹은 재현해내는 어머니 독일은 "치맛자락으로 은폐"하려고 해도 결코 숨길 수 없고, "아들들의 피로 젖어 있는" "조롱의 대상이자 공포의 대상"이었다. 그래서 영화 〈독일, 창백한 어머니〉는 나치와 제2차 세계대전이라는 고통과 오욕의 시기를 살아온 자신의 어머니와 독일의 모든 어머니들을 이해하기 위한 대화의 시도이자 이들에게 바치는 오마주다. 영화의 제목이 암시하듯 이 영화는 자신을 낳은 부모와 함께 오늘날 자신이 존재하게 된 이야기, 오늘날 독일이 존재하게 된 이야기, 바로 독일의 정체성에 관한 영화이다. 영화에서 어머니의 딸이 물려받은 현재의 독일은 안면이 마비되고 창백한 어머니의 모습으로 그려지고 있다. 즉 뉴 저먼 시네마는 파시즘의 악몽, 제2차 세계대전, 홀로코스트 같은 트라우마를 겪은 뒤 기억을 함구하고 왜곡해야 했던 당시 아버지 세대와 어떻게 대면하고 새로운 독일의 정체성을 찾을 것인가를 고민하며 방향을 모색하던 젊은 영화인들의 운동이었던 것이다.

한편 텔레비전 드라마 부문에서는 다분히 〈홀로코스트〉를 연상하게 할 뿐 아니라 이의 대안으로 혹은 일종의 대항기억으로서 독일인이 기억해낸 이야기를 토대로 한 미니시리즈가 방영되었다. 바로 에드가 라이츠가 만든 〈고향—에드가 라이츠의 독일 연대기〉이다.[7] 이 연속극은 1919년부터 1982년까지 격동의 시기를 살아온 아버지 세대의 삶을 그려 〈홀로코스트〉로 충격을 받고 독일인으로서 정체성에 혼란을 겪던 시청자들에게 큰 위안과 감동을 주었다. 〈독일, 창백한 어머니〉에서처럼 이들은 자신들이 영화와 드라마로 불러낸 홀로코스트를 비롯한 독일 역사의 과오가 독일의 일부, 독일의 정체성의 일부임을 인정한다. 나아가 그 속에서 살아야 했던 평범한 독일인들의 삶의 기억에 균형을 찾아주고, 그들 역시 불안과 질곡의 역사를 겪어왔음을 드러내고 위로하면서, 이들과의 화해와 대화가 절실함을 보여준다.

과거 대면하기와 끌어안기

1989년 통일 이후 독일 관객들은 나치 시대를 끝도 없이 파헤치는 데 질린 데다 당장 대면하고 청산해야 될 새로운 과거 문제, 즉 분단 시기 과거사 정리라는 문제까지 떠안게 되었다. 독일 사회의 이런 움직임을 영화에서 확인하기는 그리 어렵지 않다. 〈굿바이, 레닌〉이나 〈타인의 삶〉 같은 영화는 우리에게도 익히 알려졌고 대중적으로도 호평을 받은 영화들이다.[8] 그 밖에도 극장에 개봉되지는 못했지만 주로 영화제를 통해서 이 주제와 관련한 독일 영화들이 국내에도 몇 편이 소개됐다. 이들 영화들은 모두 재통일된 독일이 다시 떠안게 된 문제들, 즉 동독과 서독이라는 서로 다른 체제에서 살았던 사람들의 과거를 어떻게 이해하고 끌어안을 것인가, 나아가 분단 시절의 과거를 어떻게 기억하고 기념할 것인가 하는 문제의식을 담고 있다.

그런데 독일 영화계가 통일 이후의 사회문제, 과거 문제를 그리는 데 관심을 갖기 시작한 이후에도 홀로코스트에 대한 영화는 계속 만들어지고 있었다. 1990년대 중반 이후 홀로코스트와 나치 시대를 다룬 영화에서 달라진 점이 있다면 홀로코스트에 대한 기억들을 표현하는 방식이다. 확실히 1990년대 중반 이후 최근까지 독일에서 만들어진 홀로코스트 영화들은 뉴 저먼 시네마를 비롯한 이전의 영화들에서 그랬던 것과 달리 과거의 중압감에서 벗어나고 있는 듯하다. 그리고 1990년대 중반 이후의 홀로코스트 극영화들은 이전보다는 노골적으로 대중성을 좇기 시작했다. 그래서 이제 홀로코스트는 멜로드라마, 음악 영화, 코미디, 판타지로까지 만들어지게 되었다. 이런 현상은 홀로코스트 기억의 무게에서 독일 사회가 점차 벗어나고 있는 증거로 이해할 수도 있다. 부족하기는 하지만 나치 시대의 과거 청산을 나름대로 잘해왔다는 국제사회의 호의적인 평가와도 맥이 닿는 부분이다. 이런 상황에 이르게 된 본격적인 계기는 1993년에 할리우드에서 만들어진 영화 〈쉰들러 리스트〉의 개봉이었다.

이는 독일에서 그보다 불과 1년 전인 1992년에 개봉된 영화 〈유로파, 유로파〉에 대한 반응과 비교하면 엄청난 변화다. 독일어 제목이 '히틀러

청년단원 솔로몬'인 이 영화의 줄거리는 이렇다. 솔로몬 페렐은 독일에서 유대인 상인의 아들로 태어나 가족과 함께 폴란드로 도피해서 국외 거주 독일인으로 신분을 속이고 살고 있다. 독일군이 밀려온다는 소식에 부모는 그를 형과 함께 폴란드 동부로 피신시키지만 그곳은 이미 소련의 점령지가 돼 있다. 형과도 헤어진 솔로몬은 소련 점령지의 고아원에서 '공산주의청년동맹'의 열혈 분자로 변신한다. 그는 종교는 인민의 아편이라고 외치고 동료 유대인에게는 배신자라는 소리도 듣는다. 이어 독일군에게 사로잡힌 후에는 다시 아리안족과 닮은 외모와 유창한 독일어를 내세워 자신을 철저한 아리안족이라고 말한다. 살기 위해 유대인이라는 신분과 할례받은 몸을 숨기고 끊임없이 가짜 인생을 연기하는 삶이 계속된다. 자신의 모습을 드러낼 수 없어 괴로워하던 솔로몬은 소련군에 투항하려고 하지만 거꾸로 독일군의 영웅이 되고 만다. 이제 히틀러의 영웅이자 골수 반유대주의자가 된 솔로몬을 나치 장교가 양자로 삼아 나치의 엘리트 기숙학교에 집어넣는다. 정체성으로 고민하던 솔로몬은 사라진 부모를 찾으려고 로츠 지역의 게토를 지나가는 전차를 탄다. 전차의 창문은 독일인 승객이 볼 수 없도록 페인트가 칠해졌는데, 솔로몬은 페인트가 벗겨진 틈새로 게토, 곧 재구성된 지옥의 모습을 본다. 학교에서 다시 전쟁터로 자원해 간 솔로몬은 부대를 이탈하여 소련군에 투항한다. 영화는 오늘날 이스라엘에 살고 있는 실제 솔로몬 페렐의 모습을 보여주면서 끝난다.

이 영화는 나치 치하에서 살아남기 위해 자신의 정체성을 이리저리 바꾸는 유대인 소년을 소재로 폴란드 사회의 환부를 다룬 작품으로서 유럽 전체의 민족주의와 이데올로기를 고발하는 데 성공했다. 그러나 미국과 달리 독일을 비롯한 유럽에서는 흥행과 비평에서 싸늘한 반응을 얻었다. 이 영화는 오스카상 외국어영화 부문의 독일 후보작으로 선정되지도 못했는데, 감독은 독일에서 만든 영화인데 후보 지명을 거부하는 것은 독일인들이 과거를 부인하려는 시도라고 했다. 독일인들은 아직 육화된 과거, 인간화된 홀로코스트와 대면하는 데 망설이고 있었던 것이다. 여전히 독일인은 독일의 범죄가 자신들, 자신들의 부모나 이웃과 같은 평범한 사람들이 아니라 특별한 사람들, 그러니까 히틀러를 정점으로 게슈타포나 SS단원, 나치당 고위 관료들이 저지른 일로 간주해 애써 외면하며, 이들 가해자들이 일반 독일인들과 같은 사람들이었다는 사실을 인정하기 힘들었던 것이다. 극단적인 예로 예루살렘의 전범 재판에서 유대민족에게 자행된 '최종 해결책'에 대한 책임을 물어 사형이 선고된 아이히만은 자신이 "괴물이 아니"라 "오류의 희생자일 뿐" 평범한 독일인이라고 강변했었다.[9] 그런데 이 영화는 살아남은 사람들도 영웅이나 레지스탕스가 아니라 그저 살기 위해 민족적 정체성, 종교적 정체성을 이리저리 바꾸며 세월에 떠밀려갔을 뿐이라고 말하고 있는 게 아닌가.

그에 반해 〈쉰들러 리스트〉는 독일에서 홀로코스트 영화가 대중미학을 추구하게 된 본격적인 계기가 되었다. 〈쉰들러 리스트〉에 앞서 1982년에 알란 J. 파큘라 감독이 〈소피의 선택〉이라는, 유대인 대학살에 대한 잔혹하고 비극적인 영화를 만든 바 있다. 그렇지만 흥행과 파급력에서는 〈쉰들러 리스트〉와 비교할 수가 없다. 사실 홀로코스트 기억을 미국뿐만 아니라 세계적으로 환기시킨 〈쉰들러 리스트〉야말로 홀로코스트에 대한 할리우드식 기억의 결정판이다. 텔레비전 미니시리즈 〈홀로코스트〉가 '홀로코스트의 미국화'를 반영했다고 한다면, 영화 〈쉰들러 리스트〉는 홀로코스트와 직간접으로 관련이 있는 서구뿐만 아니라 전 세계로 홀로코스트 이야기를 확산한 세계화의 주역이라고 말할 수 있다.

〈쉰들러 리스트〉는 오스카 쉰들러(Oskar Schindler)라는 역사적 인물의 실화를 바탕으로 만들어진 전형적인 할리우드 판 블록버스터 역사 영화이다. 할리우드 메이저의 신동이며 유대계 미국인인 스티븐 스필버그는 가스실 처형 장면들과 잔혹한 수용소 생활을 흑백 화면에 생생하고 비극적으로 담아냈고 그해 아카데미상을 받았다. 이 영화는 쉰들러라는 개인을 중심으로 한 감상적인 스토리로 휴머니즘을 강제한다는 비판이 제기됐으나 이런 주장은 별 반향을 얻지 못했다. 이 영화를 본 세계의 관객들은, 심지어 홀로코스트의 경험에서 비켜나 있거나 심지어 동시대에 제노사이드를 경험했던 사람들조차, 홀로코스트야말로 인류 역사에서 어떤 사건과도 비교할 수 없는 '유일무이한 학살'이라는 데 합의하게 되었던 것이다.

독일에서 이 영화가 〈유로파 유로파〉와 달리 호평을 받은 정황도 쉽게 이해할 수 있다. 냉정하게 따지고 보자면 '유대인 문제에 대한 바람직한 최종 해결책(Endlösung)', 즉 홀로코스트를 실행하는 데 '유대인위원회'를 비롯하여 유대인의 협력이 필수였다는 것은 받아들이기 불편할지언정 엄연한 사실이었다. 반대로 나치스가 지배하던 유럽에서 유대인들이 독일인을 비롯한 비유대인들의 도움이 없었다면 생존할 수 없었으리라는 점도 얼마든지 추정할 수 있는 사실이다. 비유대인들, 특히 독일인들의 유대인 구조 활동은 학살의 당사국인 독일로서는 자신의 과오와 죄책감을 조금이나마 누그러뜨릴 수 있는 좋은 예가 되는 것이다. 실제로 전후 쉰들러는 이스라엘에서 아돌프 아이히만 전범 재판이 열리던 바로 그해에 영웅이자 의인이 되어 이스라엘의 초청을 받았다. 쉰들러가 유대인들을 구한 유일한 독일인도, 비유럽인도 아니었겠지만 그는 유대인 대학살의 원흉으로 지목된 아이히만과 정반대 상황에서 이스라엘을 비롯한 서방 국가들과 사회로부터 정치적으로 이용되었다. 영화 〈쉰들러 리스트〉는 바로 이 쉰들러를 주인공으로 내세워 유대인 1098명의 목숨을 구한 숭고한 인간애의 극치를 보여준 예로 제시되었다. 여기에 할리우드적 영화 문법에 탁월한 재능을 보이는 스필버그는 뛰어난 연출력으로 홀로코스트라는 소재를 너무도 잘 만든 이야기로 바꾸었고 관객들에게 미칠 효과를 극대화했음은 물론이다.

여담이지만 국내의 여러 영화제에 소개된 독일어권 영화들 가운데는 홀로코스트와 히틀러, 나치, 유대인 문제를 다룬 영화들이 상당수 있다. 〈코미디언 하모니스트〉, 〈유대인 청년 레비〉, 그리고 〈그립쇼름 성〉 같은 영화들은 모두 실제 나치 시대의 유대인 문제를 소재로 한 작품들이다. 나치 시대 문제가 여전히 독일의 과거 기억하기의 주요 대상이자 가장 대중적인 기억 공간인 영화의 주요 주제이자 소재임을 방증하는 사례다. 세 영화 모두 많은 관객을 만나지 못했지만 일반 역사 영화의 문법을 충실히 따르면서 대중성을 포기하지 않은 작품들이다. 그 밖에 〈9번째 날〉, 〈소피 숄의 마지막 날들〉, 〈히틀러 칸타타〉 역시 나치 시대의 실제 인물들을 대상으로 삼았거나 해당 시기를 극으로 재구성한 영화들이다.[10]

이렇게 많은 홀로코스트 영화들이 여전히 만들어지고 있지만 심지어 직접 당사국인 독일에서조차 미국에서 만든 미니시리즈 〈홀로코스트〉나 영화 〈쉰들러 리스트〉보다 홀로코스트라는 역사적 사실을 대중에게 뚜렷이 각인시킨 작품은 내놓지 못했다. 두 작품은 홀로코스트를 유대인의 과거에서 미국의 과거로, 미국의 과거에서 다시 세계인이 잊지 말아야 할 세계인의 과거로 만든 주역이다. 위에서도 확인했듯이 유대인 문제와 이렇게 저렇게 결부될 수밖에 없었던 프랑스와 폴란드, 당시 직접 가해국이었던 독일, 그리고 여기서 다루진 않았으나 피해 당사국임을 자임하는 이스라엘에서도 분명히 관련 영화들이 많이 만들어졌다. 그럼에도 서구인을 포함하여 세계인들에게 홀로코스트에 대한 강렬한 기억을 불러일으킨 영상물은 대부분 할리우드에서 나왔거나 할리우드로 수렴되었다가 다시 세계로 배포된 것들이다.

기억하기는 계속된다

기억산업이 호황을 맞이하면서 홀로코스트의 기억 불러오기는 과잉기억을 넘어 "초대형 돈벌이"가 되고 있다.[11] 홀로코스트 상품화는 대중매체, 그중에서도 특히 미국의 텔레비전 드라마와 할리우드 영화를 통해서 더 고착화했다. 무엇보다 영화산업에서 할리우드라는 영화 세계의 중심이 차지하는 패권적 지위 덕분이다. 제작비와 제작 기술을 비롯해서 할리우드 영화산업의 유무형 역량은 세계 어느 나라도 따를 수 없을 만큼 압도적이다. 심지어 이탈리아에서 만들어진 홀로코스트 코미디 영화 〈인생은 아름다워〉나 21세기 벽두에 유럽에서 합작으로 만들어진 또 한 편의 홀로코스트 대작 영화 〈피아니스트〉조차도 아카데미상을 받는 등 할리우드의 우호적인 평가를 받았으니 홀로코스트 영화에 대한 최종 평가의 열쇠를 할리우드가 쥐고 있다고 해도 과언이 아니다. 이런 막강한 힘 덕분에 홀로코스트 영화들은 오락거리로 유통될 뿐만 아니라 영화에 담긴 미국의 이데올로기를 세계로 전파하고, 결국 홀로코스트를 세계인의 과거, 세계의 유산으로 만드는 데 일조했다.

홀로코스트가 일어난 지 60년이 훌쩍 지난 지금 21세기에 홀로코스트에 대한 영화적 표현에 있어서 우리는 어떤 합의에 이르렀을까? 결론을 대신하여 카롤리네 링크의 〈러브 인 아프리카〉를 언급하고 싶다. 원제가

〈어디에도 없는 곳〉인 영화 〈러브 인 아프리카〉는 제2차 세계대전이 발발하자 유대인이라는 이유로 독일을 탈출해야 하는 가족의 이야기로 시작된다. 독일에서 변호사로서 안정된 삶을 누리던 발터와 가족은 아프리카의 불결한 환경과 낯선 생활양식과 문화에 적응해야 한다. 그런데 아리안족 우월주의 기치를 내건 나치에 짓밟혀 아프리카로 이주했던 이들이 낯선 땅에서 만난 원주민들에게 같은 오류를 범한다. 내몰린 현실을 바로 보지 못하고 같은 우를 범하는 이들은 또 다른 이별을 맞이하고서야 자신을 지키고 살아남기 위해 원주민과 교감할 수 있게 된다. 이 영화는 삶의 기반 상실, 낯섦, 다른 문화와의 충돌이 바로 인간의 기본 경험임을 보여준다. 또 유대인 학살을 다루고 있으면서도 민족주의에 집착하지 않을 뿐만 아니라 선과 악, 피해자와 가해자 구도의 이분법에서 탈피했다.

수년 전 이란의 홀로코스트 학술대회에 참가한 한 유대교 랍비는 홀로코스트가 "현재의 다른 사람들의 고통을 합리화하기 위해 이용되고 있다. 과거에 유대인들이 고통당하지 않았다는 것이 아니라 홀로코스트가 '상업적, 군사적 목적과 미디어 권력의 수단'으로 이용되고 있다"고 역설했다. 민족이건 국가건 개인이건 기억에서 끌어내고 위로해서 풀어주어야 할 고통스런 과거가 있을 수 있고, 그런 트라우마와 억압을 양지로 끌어내는 일은 살아 있는 사람들의 의무일 것이다. 영화는 분명히 그런 기억을 가장 대중적으로 드러낼 수 있는 좋은 매체이다. 그러나 홀로코스트 영화는 이미 과잉기억된 이데올로기가 되어가고 있다. 홀로코스트는 본질적으로 과거에 대한 창조물이자 허구적 재구성물인 영화라는 필터를 통해 과잉기억되고 돈벌이 수단이 되고 권력화되었다. 만일 기억 불러오기가 균형을 읽고 비민주적으로 실행될 뿐만 아니라 다시 폭력의 수단으로 나타난다면 특정 역사적 사실에 대한 살풀이를 넘어서 또 다른 특정 역사적 사실에 대한 망각이라는 새로운 오류를 낳아 원한을 쌓게 될 것이다. 지금까지 만들어진 많은 홀로코스트 영화들이 놓치고 있는 이런 맥락을 영화 〈러브 인 아프리카〉는 잘 짚어준다. 이 영화에는 나치의 우월주의에 희생당한 수많은 유대인들이 오늘날 또 다른 이유로 그들이 겪은 지난 시절의 불행한 역사를 다른 민족에게 짐 지우지 않기를 바라는 메시지가 담겨 있다.

부록

홀로코스트 영화

〈러브 인 아프리카(Nirgendwo in Africa)〉(Carlonine Link, 2004), 드라마.

〈밤과 안개(Nuit Et Brouillard)〉(Alain Resnais, 1955), 다큐멘터리.

〈사울의 아들(Son of Saul)〉(Laszlo Nemes, 2015), 드라마.

〈소피 숄의 마지막 날들(Sophie Scholl-Die letzten Tage)〉(Marc Rothemund, 2005), 드라마.

〈소피의 선택(Sophie's Choice)〉(Alan J. Pakula, 1982), 드라마.

〈쇼아(Shoah)〉(Claude Lanzmann, 1985), 다큐멘터리.

〈쉰들러 리스트(Schindler's List)〉(Steven Spielberg, 1993), 드라마.

〈슬픔과 동정(La chagrin et la pitié)〉(Marcel Ophüls, 1969), 다큐멘터리.

〈9번째 날(Der neunte Tag)〉(Volker Schlöndorff, 2004), 드라마.

〈어둠 속의 빛(In Darkness)〉(Agnieszka Holland, 2011), 드라마.

〈유로파, 유로파(Hitlerjunge Solomon; Europa, Europa)〉(Agnieszka Holland, 1992), 드라마.

〈인생은 아름다워(Life Is Beautiful)〉(Roberto Benigni, 1997), 코미디.

〈카운터페이터(The Counterfeiters)〉(Stefan Ruzowitzky, 2008), 드라마.

〈코르작(Korczak)〉(Andrzej Wajda, 1990), 드라마.

〈피아니스트(The Pianist)〉(Roman Polanski, 2002), 드라마.

〈홀로코스트(the Holocaust)〉(Marvin J. Chomsky, 1978), TV 미니시리즈.

개념어 설명

역사 영화(historical film) 역사적 사실, 곧 역사상 한 시대와 그 시대에 실제로 일어난 일을 다루는 영화를 말한다. 고증을 통하여 시대의 풍속과 무대를 재현하며 당시 사람들의 일상생활을 묘사한다. 주로 정치적 사건이나 전쟁을 그리는 경우가 많으나 역사적 인물의 로맨스나 모험담, 전기를 다루기도 한다. 역사적 사실을 그리지 않아도 역사적 배경을 테마로 하는 영화도 역사 영화에 포함될 수 있다. 그러므로 홀로코스트 영화는 다큐멘터리로 제작되건 극영화로 제작되건 역사 영화의 전형에 속한다고 말할 수 있다.

유대인 문제에 대한 최종 해결책(Endlösung der Judenfrage) 제2차 세계대전 도중 나치에 점령된 유럽 지역에서 대량 학살을 통해 유대인을 체계적으로 전멸시키려 했던 계획을 가리킨다. 이 정책은 1942년 1월 반제 회의에서 구체화되었으며, 폴란드의 유대인 90퍼센트와 유럽 내 유대인의 3분의 2가 학살당한 홀로코스트로 종식됐다. 최종 해결책은 특정 시기에 이루어진 어떤 결정 하나에 의해 만들어진 것이 아니라 오랜 시간 동안 점진적으로 이루어졌다.

제노사이드(Genocide) 그리스어로 민족, 종족, 인종을 뜻하는 Geno와 살인을 뜻하는 Cide를 합친 말이며, 고의적으로 혹은 제도적으로 민족·종족·인종·종교 집단의 전체나 일부를 파괴하는 범죄를 일컫는다. 집단살해(集團殺害)라고 번역되고, 어떤 종족 또는 종교적 집단의 절멸을 목적으로 하여 그 구성원의 살해, 신체적·정신적 박해 등을 행하는 것을 말한다. 나치 독일의 유대인 대학살이 전형적인 제노사이드의 예라고 할 수 있다. 1948년 12월 9일 제3차 UN총회에서 '집단살해죄의 방지와 처벌에 관한 협약'이 채택되었다.

홀로코스트(the Holocaust)**와 홀로코스트 영화**(Holocaust Film)　홀로코스트는 나치가 12년(1933~1945) 동안 자행한 대학살로 학살의 주요 대상은 유대인이었다. 독일과 제2차 세계대전 때 점령한 지역의 유대인들을 대상으로 사회적 권리를 박탈하고 재산을 몰수했으며, 강제수용소에 몰아넣고 강제 노역에 동원하거나 가스로 죽였다. 대표적인 대량 학살 수용소는 아우슈비츠였다. 이때 사망한 유대인만 575만여 명이며, 그 외 반(半)유대인·기타 집시·슬라브인 등을 포함하면 더욱 늘어난다. 전쟁 후, 많은 유대인이 미국·러시아·중동 등으로 이주했고, 중동에 이스라엘이 건국하는 계기가 되었다. 쇼아(Sho'ah)는 1940년대부터 유럽과 이스라엘에서 홀로코스트를 지칭하는 히브리어 단어로 재앙이라는 뜻이다. 한편 홀로코스트 영화는 홀로코스트를 직간접으로 다룬 극영화와 다큐멘터리를 모두 지칭하는 용어이다.

더 읽을거리

노먼 핑켈스타인, 《홀로코스트 산업: 홀로코스트를 초대형 돈벌이로 만든 자들은 누구인가?》, 신현승 옮김(한겨레신문사, 2004).

라울 힐버그, 《홀로코스트 유럽 유대인의 파괴》 1·2, 김학이 옮김(개마고원, 2008).

막스 호르크하이머·테오도르 아도르노, 《계몽의 변증법》, 김유동 외 옮김(문예출판사, 1994).

볼프강 벤츠, 《홀로코스트》, 최용찬 옮김(지식의 풍경, 2002).

송충기, 〈사법적 청산에서 역사적 성찰로: 독일의 사례〉, 《세계의 과거사 청산》(푸른역사, 2005), 40~77쪽.
전진성, 《역사가 기억을 말하다》(휴머니스트, 2005).
지그문트 바우만, 《현대성과 홀로코스트》, 정일준 옮김(새물결, 2013).
최호근, 《서양 현대사의 블랙박스, 나치 대학살》(푸른역사, 2007).
테사 모리스 스즈키, 《우리 안의 과거―과거는 미디어를 통해 어떻게 기억되고 역사화되는가?》, 김경원 옮김(휴머니스트, 2006).
한나 아렌트, 《예루살렘의 아이히만》, 김선욱 옮김(한길사, 2006).

주

1. 막스 호르크하이머·테오도르 아도르노, 《계몽의 변증법》, 김유동 외 옮김(문예출판사, 1994).
2. 테오도르 아도르노, 《부정변증법》, 홍승용 옮김(한길사, 1999, 2005), 469쪽.
3. 〈독일, 창백한 어머니(Deutschland bleiche Mutter)〉(Helma Sanders-Brahms, 1980).
4. 테사 모리스 스즈키, 《우리 안의 과거—과거는 미디어를 통해 어떻게 기억되고 역사화되는가?》, 김경원 옮김(휴머니스트, 2006), 188~189쪽.
5. 최갑수, 〈홀로코스트와 기억의 정치적 이용 그리고 유럽중심주의〉, 《전쟁 국가 이스라엘과 미국의 중동 정책》(문화과학사, 2007), 221.
6. 〈어제와의 이별(Abschied von Gestern)〉(Alexander Kluge, 1966); 〈애국자(Die Patriotin)〉(Alexander Kluge, 1979); 〈히틀러—독일에서 온 영화(Hitler—Ein Film aus Deutschland)〉(Hans Jürgen Syberberg, 1977); 〈마리아 브라운의 결혼(Die Ehe der Maria Braun)〉(Reiner Werner Fassbinder, 1978); 〈독일의 가을(Deutschland im Herbst)〉(Reiner Werner Fassbinder, Alexander Kluge, Edgar Reitz et al., 1978).
7. 〈고향—에드가 라이츠의 독일 연대기(Heimat—Eine deutsche Chronik von Edgar Reitz)〉(Edgar Reitz, 1980~1984), 텔레비전 미니시리즈.
8. 〈굿바이 레닌(Good bye, Lenin!)〉(Wolfgang Becker, 2003); 〈타인의 삶(Das Leben der Anderen)〉(Florian Henckel von Donnersmarck, 2006).
9. 한나 아렌트, 《예루살렘의 아이히만》, 김선욱 옮김(한길사, 2006), 343쪽.
10. 〈코미디언 하모니스트(Comedian Harmonists〉(Joseph Vilsmaier, 1997); 〈유대인 청년 레비(Jew-Boy Levi)〉(Didi Danquart, 1999); 〈그립쇼름 성(Gripsholm)〉(Xavier Koller, 2000); 〈9번째 날(Der neunte Tag)〉(Volker Schlöndorff, 2004); 〈소피 숄의 마지막 날들(Sophie Scholl-Die letzten Tage)〉(Marc Rothemund, 2005); 〈히틀러 칸타타(Hitler Cantata)〉(Jutta Brückner, 2005).
11. 노먼 핑켈스타인, 《홀로코스트 산업: 홀로코스트를 초대형 돈벌이로 만든 자들은 누구인가?》, 신현승 옮김(한겨레신문사, 2004).

2부

국경을 넘어온 사람들

〈나의 아름다운 세탁소〉

대처 시대 파키스탄 이주민의 '인정투쟁'

03
하영준

아름다운 세탁소?

〈나의 아름다운 세탁소〉(이하 〈세탁소〉)는 1980년대 영국 런던 남부의 빈민가를 배경으로 파키스탄 이주민의 삶을 비판적이고 코믹하게 그린 영화다. 영국에서 1985년 제작되었지만 한국에서는 1996년 개봉되었다. 이 영화는 국제적으로 예술성을 인정받았을 뿐만 아니라 상업적으로도 성공을 거두었다. 영화 대본을 쓴 하니프 쿠레이시(Hanif Kureishi)는 '뉴욕영화비평가상'을 받았고 '아카데미각본상' 후보에 지명되기도 했다. 영화는 원래 영국 신생 방송사 '채널4'의 지원을 받아 영화가 아니라 텔레비전으로 방영하기 위해 6주 만에 만들어졌다. 그러나 영화의 예술성을 국제적으로 인정받아 영화관에서 상영을 할 수 있게 되었다. 파키스탄 이주민 혼혈 2세인 소수 인종을 주인공으로 삼았고 저예산으로 제작되어 할리우드 영화의 웅장한 이야기 전개나 스펙터클한 장면은 없었지만 약 430만 명의 관객을 동원하는 상업적 성공을 거두었다.[1]

그러나 영화가 거둔 이러한 예술적·상업적 성공과 달리, 영국 지식인 사회의 반응은 그렇게 호의적이지 않았다. 영국 옥스퍼드 대학 근대사 교수 노먼 스톤(Norman Stone)은 영국의 부정적 이미지만을 낳은 '역겨운 것'이라며 영화를 신랄하게 비난했다. 스톤은 〈인도로 가는 길〉(1984) 같은 동시대 영국 '헤리티지 영화(Heritage Film)'를 훌륭한 작품으로 평가한 바 있었다. 대처주의를 신봉했던 우파 지식인인 스톤은 〈세탁소〉를 영국 좌파가 영화산업에 미친 부정적 영향의 산물로 인식했다. 한편 남아시아 이주민 공동체 내부의 평가도 호의적이지 않았다. 백인들로부터 값싼 웃음을 얻기 위해서 동포를 부정적으로 스테레오-타입화하는, 영국 대학 체제에서 교육받은 아시아계 지식인의 내면화된 '네오-오리엔탈리즘(neo-orientalism)'을 보여준다는 비난을 받았다. 그러나 버밍엄 현대문화연구소 소장이었던 스튜어트 홀(Stuart Hall)은 이와는 아주 다른 평가를 내렸다. "만약 당신이 영화를 보게 된다면, 현존하는 가장 관습을 거스르는 텍스트(the most transgressive text)라는 점을 알게 될 것이다."

사실상 이러한 상반된 반응은 대처 시대의 문화 투쟁에서, 즉 '무엇을 영국적인 것(the British)으로 삼아야 하는가'와 관련된 논쟁에서 영화가 역사적으로 중요한 위치를 차지했기 때문에 나왔다. 한국 사회에서 '세탁소'라고 하면 아저씨가 다림질을 능숙하게 하는, 지금은 대형 체인점들에 밀려 점차 사라져가는 공간이 떠오른다. 그러나 영국의 'laundrette'는 이와 다르다. 영화의 주요 무대인 런던 남부 빈민가의 'laundrette'는 동전을 넣으면 작동하는 세탁 기계가 있고, 전자오락기·공중전화기·음향 시설 등이 설치되어 있어 다양한 인종·성별·연령의 사람이 모이는 장소이다. 이러한 장소적 특성 때문에 영화는 영국 대처 시대의 인종적, 계급적 갈등을 일상 차원에서 다룰 수 있게 되었다. 따라서 영화 제목에 들어간 단어 'laundrette'를 '세탁소'로 번역한 것은 그런 장소적 특성을 제대로 전달하지 못한 문화적 오역이라고 할 수 있다. 이러한 문화적 오역이 보여주듯이, 대처 시대의 정치적·문화적 맥락을 알지 못하면 '아름다운 세탁소'가 의미하는 바는 한국 관객에게 수수께끼로 남을 수밖에 없다.

이 연구는 대처 시대의 정치적·문화적 맥락 속에서 영화의 문화적 전복성을 살핀다. 다시 말해서 영화가 인종과 계급을 사고하는 기성의 방식에 근본적으로 도전하면서 '영국적인 것'을 어떻게 새로이 규정하는지를 살펴보려는 것이다. 영화는 당시 백인 주류와 에스닉 소수자(ethnic minorities) 담론에서 공히 주변화되어 있던 파키스탄 이주민을 주인공으로 내세웠다. 대처 시대에 새롭게 성장한 파키스탄 중간계급을 사실적으로 재현하면서 유색인 이주민이 영국 사회를 변화시킬 수 있는 능동적 행위자임을 보여주며, 이주민 공동체를 대변하는 태도에서 벗어나 내부로부터 비판적 성찰을 끌어낸다. 또한 이러한 리얼리즘적 자기비판과 함께 판타지적 재현을 통해 혼혈 2세 동성애자라는 '정상적 예외(normal exception)'에 해당하는 인물을 주인공으로 삼아 파키스탄 이주민의 다중적·유동적 정체성을 모색할뿐더러 백인(노동계급)과 맺는 평등한 관계에 기초한 새로운 탈식민적·다문화적 영국을 상상하려 했다. 이러한 영화가 보여주는 새로운 재현의 시도는 대처 시대 영국 사회와 이주민 공동체, 특히 파키스탄 이주민 공동체 내부의 역사적 변화와 밀접한 관련이 있었다. 이 연구는 이러한 영화의 역사성에 주목한다.

'돌아온' 제국과 재현의 정치

대처 시대는 과거 제국주의에 대한 문화적 향수가 지배하던 시기였다. 당시 〈불의 전차〉(1981), 〈인도로 가는 길〉, 〈헨리 5세〉(1989) 같은 대영제국의 '옛 영광'을 다루면서 대중의 향수를 불러일으켰던 헤리티지 영화가 상업적으로 큰 성공을 거두었다. 흔히 이들 영화는 빅토리아시대의 상류층 남성(이나 가족)을 민족적 역사와 정체성의 중심에 두었고, 잉글랜드 남부의 목가적 풍경을 주된 민족적 배경으로 삼았다. 살만 루시디(Salman Rushdie)는 1984년 자신의 에세이에서 당시 상황을 다음과 같이 지적했다. "최근 몇 개월 동안 텔레비전 채널을 돌려 영화를 보거나 혹은 책방에 들렀던 적이 있는 사람은 영국 라지(the British Raj: 영국의 인도 지배)가 은퇴한 지 35년이 지나서 다시 돌아왔다는 걸 알아챘을 것이다." 루시디는 세계무대에서 위상이 날로 낮아지는데도 불구하고, 과거 제국의 영광스러운 기억을 통해 여전히 핵심 역할을 수행하는 척하며 자신을 속이는 정신병적 위기 상황에 영국 사회가 봉착해 있다고 진단했다.

당시 영국의 정치도 이러한 문화적 분위기와 맥락을 같이 했다. 대처 정부는 1982년 포클랜드 전쟁 시기에 대영제국의 과거 영광을 되찾겠다는 민족주의적 수사를 통하여 대중적 지지를 획득했고, 민족의 순수성을 강조하고 유색인 이주민의 유입을 '오염'으로 보는 인종주의적 반(反)이민 정서를 조장하면서 이민 통제 정책을 강화했다. 대처 정부의 인종주의적 반이민 정책은 전후 국제적 패권의 상실과 만성적 경제 쇠퇴에서 비롯된 실업이나 범죄 같은 사회문제를 유색인 이주민의 탓으로 돌려서 대중의 점증하는 불안과 공포를 해소하려는 시도였다. 〈세탁소〉가 제작된 1985년만 해도 잉글랜드 브래드퍼드(Bradford)에서 (남)아시아인을 겨냥한 인종주의적 공격이 111건이나 일어났다.[2]

스튜어트 홀이 '제국의 반격(Empire Strikes Back)'이라고 불렀던 이러한 대처 시대의 정치적·문화적 상황에 직면하여 유색인 예술가들은 자신의 창작품을 통해서 영국 사회의 인종주의를 고발하려 하였다. 이들의 문화적 저항은 이녹 파월(Enoch Powell)의 '피의 강(River of Blood)' 연설로 영국 사회의 인종주의가 표면화된 1960년대부터 시작되었다. 그러나 1985~1991년 노동당 좌파가 장악하고 있던 런던 시 그리고 혁신과 다양성을 모토로 했던 신생 방송사 '채널4'가 에스닉 소수자들의 문화 활동에 재정 지원을 하면서 비로소 반인종주의 투쟁을 목적으로 한 독립 영화가 활발히 제작될 수 있었다. 앞에서 잠깐 언급했듯 〈세탁소〉도 이러한 재정 지원 덕분에 제작되었다. 이 시기 유색인 예술가들의 영화 제작은 '흑인 영화 르네상스(Black Film Renaissance)'라고 불리는 독자적 흐름을 가진 영화 운동으로 발전했다.

유색인 예술가들은 인종주의에 대항하는 영화를 제작하면서 자신이 속한 이주민 공동체를 예술적으로 대변해야 한다는 책임감을 강하게 느꼈다. 이들의 일차 목표는 백인 주류 사회가 생산한 부정적 이미지에 대항해서 자신이 속한 에스닉 공동체의 긍정적 이미지를 창출하는 것이었다. 에스닉 소수자의 영화를 제작할 기회는 매우 한정되어 있었기 때문에 이러한 재현의 정치적 부담을 당연히 질 수밖에 없었다. 당시 이 같은 '재현의 짐(burden of representation)'에 기초해서 만들어진 영화를 '의무 영화(cinema of duty)'라고 불렀다. 그러나 '의무 영화'는 백인 주류 사회의 인종주의에 맞서려고 노력했지만, 종종 인종주의의 근간을 해체하기보다는 단순히 뒤집는 데 머물렀다. '선량한 흑인'과 '사악한 백인'이라는 뒤집힌 인종적 이미지를 창출하면서 '우리와 그들'이라는 인종주의의 이항대립을 반복했다. 과거에 백인이 선이고 흑인이 악이었다면, 이제 백인이 악의 자리를 대신 차지하게 되었다. 이렇게 만들어진 흑인의 인종적 정체성은 다양성이 아니라 동질성을 강조하였다. 카리브 제도, 아프리카, 남아시아 등 에스닉 공동체들의 지역적·문화적 다양성을 무시하고, 그 안에 엄존하는 계급적·젠더적·성차적 차이를 침묵하게 만들었다.

소수민족 예술가들이 백인 주류 사회의 왜곡된 이미지에 맞서 투쟁하기 시작했을 때, 이들을 하나로 단결시킨 상징적 구호가 바로 '흑인(black)'이었다. 흑인이라는 상징적 구호는 역사·문화·종교·언어 등의 차이, 다시 말해 에스닉 요소들과는 상관없이 모두가 백인 인종주의의 희생자라는 점을 강조했다. 영국 식민주의의 고통스러운 옛 경험을 공유하고, 영국 사회 내에 만연한 인종주의라는 공통의 문제에 여전히 직면하고 있다는 점을 내세운 것이다. 다양한 지역 출신의 소수자들이 '흑인'이라는 용어로 자기 정체성을 규정하게 되면서, 과거에 사용했던 '이주민'이나 '유색인'이라는 용어를 대체하였다. 이는 국가 제도에서도 공식 반영되어 1976년에 만들어진 공공기관인 영국 '인종평등위원회(Commission for Racial Equality)'나 영국 인구조사에서도 동일한 분류가 사용되었다. 남아시아인을 흑인으로 분류하게 되었다.[3] 그러나 흑인의 정치적 정체성이 점차 백인 인종주의를 단순히 뒤집은 인종적 동질성에 기초하게 되면서 이것은 이주민 공동체들 내에서 특정 집단의 문화적 권력을 창출하는 효과를 가져왔다. 점차 (남)아시아보다는 흑인 카리브계를, 여성 및 여성주의보다는 남성 및 남성 우월적인 입장을, 동성애보다는 이성애를 특권화했다.

따라서 이러한 동시대의 문화적 상황을 고려했을 때 영화 〈세탁소〉의 중요성은, 백인 주류 담론뿐만 아니라 흑인 저항 영화의 재현 방식과도 근본적으로 단절했다는 점에 있었다. 영화는 파키스탄 혼혈 2세 중간계급 동성애자를 주인공으로 내세웠다. 그전에 영국에서 파키스탄 이주민을 주인공으로 삼은 영화는 없었다. 그렇지만 영화는 결코 파키스탄 이주민 공동체의 긍정적 이미지를 창출하는 대변자 노릇을 자임하지 않았다.

오히려 '재현의 짐'에서 벗어나 백인 주류 영화와 흑인 저항 영화가 공유하는 흑백과 선악의 이항대립적 도식을 해체하려 했다. 영화는 오마르라는 혼혈 2세 동성애자를 주인공으로 삼아 파키스탄 중간계급 가족의 삶을 비판적으로 묘사하면서 이주민 공동체 내부의 계급적·젠더적·성차적 차이를 날카롭게 드러내고 문제 삼았다.

이처럼 영화가 문화적 전복성을 띠게 된 데는 대본을 쓴 쿠레이시의 영향이 컸다. 현재 쿠레이시는 영화와 연극, 그리고 소설에 이르기까지 다양한 장르에서 왕성한 활동을 펼치고 있으며, 《악마의 시》로 유명한 루시디와 함께 탈식민주의 연구의 주된 대상이 되고 있는 영국 문단의 핵심 작가이다. 감독보다 작가가 더 큰 영향력을 발휘하는 텔레비전 드라마 제작 방식으로 영화가 만들어지면서 쿠레이시는 감독 및 배우 선정, 무대 제작에 직접 관여했고 영화의 최종 편집에도 감독 스티븐 프리어스(Stephen Frears)와 함께 참여했다. 이렇게 영화의 대본뿐만 아니라 제작에 실질적으로 참여했기 때문에 〈세탁소〉는 명실상부하게 쿠레이시의 작품이라고 할 수 있었다.

영화는 쿠레이시의 자전적 내용을 많이 담고 있는데, 예를 들어 주인공 오마르는 그와 마찬가지로 파키스탄 이주민 아버지와 영국 백인 어머니 사이에서 태어난 혼혈이다. 오마르는 영국 사회의 인종차별 때문에 '파키스탄적 자아'를 저주스러운 것으로 인식하고 자라야 했던 깊은 상처가 있지만 파키스탄 공동체 안에서도 이질감을 느끼는 인물이다. 쿠레이시는 자기 영화가 "인종·계급·성차 등 자신의 어린 시절과 가족 상황에서 발생했던 문제와 관련된 것이고, 그래서 지속적으로 명확히 하려 시도하면서 숙고하지 않을 수 없었던 것"을 담았다고 밝혔다.

대처주의와 파키스탄 중간계급

1985년 〈세탁소〉가 제작될 당시, 영국 사회에서 인종 문제는 주로 '흑인 문제'로 인식되었다. 파키스탄 이주민이 서툰 영어를 쓰는 문화적으로 이질적이고 우스꽝스러운 놀림감에 불과했다면, 흑인 카리브 이주민은 노상강도나 마약 같은 강력범죄를 저지르는 사회 질서를 위협하는 위험스러운 존재였다. 대중매체가 전달하는 미국의 블랙 파워 운동이나 흑인 도시 폭동 같은 소식은 백인 주류 사회가 흑인 카리브 이주민에게 품었던 경계심과 불안감을 더욱 강화했다.

그러나 유색인 이주민의 숫자가 〈표1〉에서 보듯이 1984년 약 200만 명으로 증가하면서, 구성원 다수가 흑인 카리브 이주민에서 남아시아 이주

표1 1984년 영국 에스닉 집단별 인구 수

단위: 천 명

	인구 수
백인	50,894
서인도제도인(흑인 카리브인)	529
인도인	807
파키스탄인	371
방글라데시인	93
중국인	109
아프리카인	109
아랍인	63
혼혈인	205

민으로 변모하게 되었다.[4] 남아시아 이주민의 주요 출신 지역은 과거 영국이 식민 지배를 했던 인도·파키스탄·방글라데시 등이었다. 1970년대 중반을 기점으로 형성된 이러한 이주민의 인구학적 구성은 오늘날까지 지속되고 있다.

1980년대 중반, 남아시아 이주민이 운영하는 잡화점, 옷가게, 약국 등이 증가하면서 주택을 소유한 남아시아 중간계급이 출현하게 되었다.[5] 〈선데이 타임스〉에 따르면, 1980년대 말 전체 영국인 백만장자 1800명 가운데 아시아계가 약 200명을 차지했다. 물론 이러한 이주민의 계급 분화는 출신 지역별로 차이가 있었다. 학계와 전문직 출신의 이주민이 많았던 인도와 아프리카-인도계의 계급 분포는 백인과 거의 비슷한 반면, 농민 출신이 많았던 파키스탄과 방글라데시계의 계급 분포는 상대적으로 흑인 카리브계와 비슷했다. 전자에 전문직에 종사하는 도시 교외에 사는 사람이 많았다면, 후자는 블루칼라가 훨씬 더 많았고 주택 환경이 열악한 '이너 시티(inner city)'에 살았다. 이들의 교육 수준은 상대적으로 낮았고 실업률은 더 높았다. 그러나 이러한 나라별 계급 분화의 차이에도 불구하고 남아시아 중간계급의 등장과 함께, 아시아인의 비즈니스 능력을 높이 평가하는 담론이 확산되었다. 대처주의가 추구하는 시장 지향적 가치를 지닌 집단으로 남아시아인의 판에 박은 이미지가 만들어졌다. 보수당 정치인들은 흑인 카리브계를 노동당에게 넘겨주는 대신, 아시아계에게 적극적인 정치적 구애를 하는 선거 전략을 짰다. 보수당의 '영국아시아협회(Anglo-Asian Society)'가 같은 당의 '영국서인도협회(Anglo-West Indian Society)'보다 10배 더 컸다. 1985년 '핸즈워스 반란(Handsworth riot)'에서 발생한 아시아 상점들에 대한 공격은 이러한 이주민 공동체 내부의 계급 분화 양상을 반영한다. 이주민의 계급 분화와 구성 변화는 더 이상 '흑인'

이라는 단일한 범주로 유색인 이주민의 다양한 정체성을 규정할 수 없게 만들었다.

이주민 집단의 다수는 전통적으로 노동당을 지지했지만, 1974년 이후 보수당에 투표하는 남아시아계, 특히 파키스탄 이주민의 숫자가 크게 증가했다.[6] 1979년 총선 출구조사에서 흑인 카리브계 90퍼센트, 아시아계 86퍼센트, 백인 50퍼센트가 노동당에 투표했다고 답한 반면, 1987년 총선 출구조사에서는 남아시아계의 37퍼센트가 보수당과 동맹 정당에 투표했다. 이러한 정치적 경향은 〈표2〉에서 보듯 1997년 선거에서 가장 명확히 드러났다. 보수당에 투표한 집단을 보면, 흑인 카리브계가 2퍼센트에 불과한 반면, 남아시아계의 경우 방글라데시계 13퍼센트, 인도계 18퍼센트, 파키스탄계 39퍼센트를 차지했다. 영화 대본을 썼던 쿠레이시도 자신의 에세이에서 이러한 파키스탄 이주민 공동체의 보수화 경향을 지적했다.

표2 에스닉 집단별 투표 성향(1997년 총선)

단위: 퍼센트

	노동당	보수당	민주자유당	기타
백인	61	27	7	5
흑인 카리브인	94	2	4	–
흑인 아프리카인	96	1	3	–
기타 흑인	88	2	4	6
인도인	72	18	4	4
파키스탄인	55	39	1	4
방글라데시인	83	13	1	3
기타	67	24	3	4

비즈니스에서 성공한 파키스탄 중간계급이 이제 보수당에 투표하고 보수 정치인들에게 정치자금을 제공하고 있다는 것이다.

영화는 파키스탄 이주민 혼혈 2세인 오마르를 중심으로 그와 다양한 인물들의 관계를 통해서 이러한 파키스탄 중간계급의 삶을 가감 없이 보여준다. 대학 시험에 떨어지고 할 일이 없던 주인공 오마르가 아버지 후세인의 도움으로 삼촌의 주차장에서 세차 일을 하면서 본격적으로 이야기가 전개된다. 오마르는 영국 사회의 인종주의에 좌절하고 알코올과 절망에 찌들어버린 사회주의 이상주의자인 아버지 '후세인'에게서 벗어나, 수단 방법을 가리지 않고 사업가로 성공한 현실주의자인 삼촌 '나세르'가 밟았던 길을 따른다. 그리고 마약 판매나 도둑질까지 서슴지 않으며 사업 수완을 발휘하여 세탁소 경영자로 성공하면서 다양한 부류의 사람들과 만나게 된다. 나세르를 사랑하며 아시아 남성의 정부임을 부끄러워하지 않는 백인 여성 '레이첼', 여피족(yuppies)으로 생활하기 위해 마약 거래도 마다하지 않지만 오마르의 혼종성을 혐오하는 속물 친척 '살림'과 그의 아내 '체리', 아버지의 가부장적 태도에 저항하면서 탈출을 꿈꾸는 나세르의 딸 '타니아', 그리고 극우 펑크족들과 동질감을 느껴 어울려 다니지만 인간애와 도덕성을 지니고 있고 오마르를 사랑하는 백인 노동계급 출신의 '조니' 등등.

파키스탄 이주민 중간계급과 백인 하층계급의 계급적·인종적 적대는 영화를 전체적으로 구조화하는 중심축이다. 영화는 이것을 오마르의 친척인 살림과 조니의 친구들인 극우 펑크족들 사이에 일어나는 갈등과 폭력을 통해 보여준다. 영화는 살림이 건장한 흑인들을 고용하여 자기 아파트(flat) 건물에 무단으로 거주하던 조니와 펑크족 친구 젠기스를 쫓아내는 장면에서 시작한다. 이러한 계급적 갈등은 인종적 갈등과 결합하고 점

〈세탁소〉에 나오는 파키스탄 중간계급 가족의 가계도 및 주변 등장인물

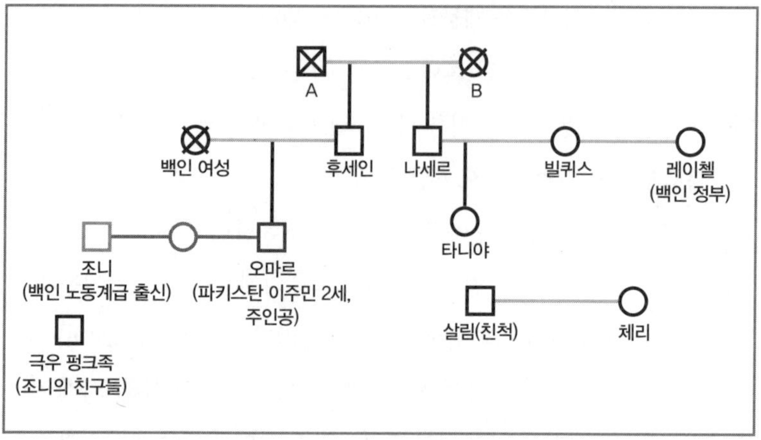

차 심각한 폭력으로 발전하게 된다. 젠기스가 이끄는 극우 펑크족들은 살림과 아내 체리가 타고 있는 차를 둘러싸고 인종차별적 조롱과 위협을 가한다. 이들은 세탁소를 새롭게 개장하려는 오마르를 겁주며 "꺼져, 정글로 돌아가, 워그보이(wogboy)"[7]라고 말하고, 그를 돕는 조니에게도 화를 낸다. "우리 녀석들 중 어느 누구도 파키'(Paki)[8]에게 설설 기는 걸 보고 싶지 않아. 그놈들은 우릴 위해 일하도록 여기 온 거야." 그러나 이러한 인종차별적 허세에도 불구하고 극우 펑크족들은 런던의 빈민가를 할 일 없이 어슬렁거리는 실업자들일 뿐이다. 부유한 살림은 이런 극우 펑크족을 계급적으로 경멸하며 그중 한 명을 일부러 차로 치어 다리를 부러뜨린다. 영화 끝부분에서 젠기스가 이끄는 극우 펑크족들은 살림을 공격하여 집단 폭행하고 이를 말리던 조니도 다친다. 살림과 극우 펑크족들 사이에 벌어진 적대와 폭력은 오마르와 조니가 동료이자 동성 연인으로 발전하는 데, 다른 말로 계급과 인종을 넘어선 연대를 형성하는 데 주된 장애 요

소가 된다.

오마르의 친족인 나세르와 살림 같은 영국에 정착한 파키스탄 이주민 중간계급에게 중요한 자기 정체성은 '계급'에서, 즉 비즈니스의 성공과 부의 축적에서 찾을 수 있다. 고국 파키스탄에서 자기 정체성의 기반이 되었던 교육이나 인맥은 영국 사회의 만연한 인종주의 앞에서 더 이상 도움이 되지 않는다. 오마르 아버지와 같이 뭄바이에서 유명한 저널리스트였고 파키스탄의 수상 부토와 한때 친구였던 사람도 마찬가지다. 살림의 말처럼 "영국에서는 돈이 없으면 아무것도 아니다". 반면 영국은 사업 수완을 발휘해 부를 쌓을 수 있으면 무엇이든 할 수 있는 곳이다. 나세르는 오마르에게 다음과 같이 충고한다. "증오하면서도 사랑하는 이놈의 나라에선 넌 원하는 것은 뭐든 얻을 수 있어. 모든 것이 가능하지. 그래서 난 잉글랜드를 믿지. 너는 이 체제의 젖(tits)을 쥐어짜는 법을 알면 돼." 나세르에게 사업가라는 자기 정체성은 무엇보다도 우선하는 가치다. 같은 파키스탄 이주민이라도 가난하여 집세를 내지 못하면 자신의 아파트에서 가차 없이 쫓아낸다. 동포에게 그러면 되냐는 조니의 비난에도 그는 간명하게 대답한다. "나는 전문 사업가(professional businessman)야, 전문 파키스탄인(professional Pakistani)이 아니라고. 새로운 비즈니스 문화에서 인종은 문젯거리가 될 수 없어." 나세르와 살림 같은 파키스탄 이주민 중간계급에게 '작은 천국'은 종교(이슬람)가 망쳐버린 고국 파키스탄이 아니라 대처 시대의 '여기(잉글랜드)'이다.

당연히 나세르와 살림은 대처주의를 신봉한다. 본업에 충실한, 건전하고 선량한 국민과 그렇지 못한 채 국가에 기생해서 살아가는 (비)국민을 구분하는 대처주의의 이데올로기적 호명에 파키스탄 이주민 중간계급은 적극 호응한다. 그래서 오마르가 삼촌 나세르의 주차장에서 세차 일을 하게 되자, 살림은 칭찬한다. "실업급여를 안 타니 대처 수상이 좋아하겠네." 또한 오마르가 자신의 충고를 따라 사업가 기질을 발휘하여 세탁소를 아름답게 단장하자, 나세르는 건배를 제안한다. "대처 수상과 너의 아름다운 세탁소를 위해 건배하자." 파키스탄 이주민 중간계급은 시장 지향적 경제 정책, 능력 본위의 사회, 기업가 정신 등을 표방하는 대처주의를 적극 전유하고 자신들의 계급적 정체성을 '영국적인 것'으로 규정하려 한다. 오마르가 조니를 고용하여 세탁소를 새롭게 단장하려고 하자, "전형적인 영국 방식이군"이라고 말하며 나세르와 친족들은 즐거운 반응을 보인다. 이들이 전유한 대처주의적 시각에 따르면 국가가 주는 실업급여에 기생하는 젠기스 같은 극우 펑크족들은 살림이 분노에 차서 말했듯이 "사회 쓰레기들이다". 그들은 "아주 더럽고 무식한 것들이야. 그런 놈들이 사람들을, 특히 우리 사람들을 존중하지 않지, 저런 쓰레기 같은 놈들은 자기 오줌 맛을 봐야 해". 살림이 펑크족에게 폭력적 분노를 표출하는 이유는 이들 사회 쓰레기들에게 '파키'라는 인종적 이유로 자신의 계급적 지위가 인정받지 못하기 때문이다.

그러나 대처주의 담론이 규정하는 '영국적 국민성'에는 계급적 지향뿐만 아니라 인종주의적 의미도 담겨 있었다. 대처주의는 민족의 도덕적 갱생을 통해서 '영국병'을 치유하려는 우파의 헤게모니 프로젝트였고, 흔히 생각하듯 시장 지향적 신자유주의로 단순화할 수 없었다. 대처는 제2차 세계대전 이후 영국 사회에 퍼진 나태·무책임·방종을 몰아낼 '도덕적 혁명'이 근본적으로 필요하다고 주장했다. 경제적 위기를 타파할 이 같은 도덕적 혁명은 19세기 빅토리아 중간계급의 가치를 복원하는 것과 연관이 있다. 사실상 빅토리아 중간계급의 가치란 영국의 제국주의 지배를 계급적·인종적으로 정당화하는 과정에서 발전한 것이었다. 게다가 대처가 만들기를 원했던 새로운 영국은 중앙 집중적이고 동질화된 문화를 자랑하는, 군사적으로 강력하고 산업적으로 발전한 나라였다. 따라서 대처는 영국 사회가 인종적으로 혼종화되고 문화적으로 다양화되는 사태를 피하려 했다. 1978년에 한 인터뷰에서 대처는 파키스탄 출신 이주민과 그들의 이질적 문화가 영국 도시들에서 범람하는 미래를 우려하면서 이민 규제를 강화하겠노라고 약속했다.

살림과 같은 파키스탄 이주민 중간계급과 극우 펑크족들 사이에 벌어진 폭력적 갈등은 이 같은 대처주의의 담론 구조에서 기인했다. 대처주의의 '영국적 국민성' 담론은 (계급적 차원에서) 극우 펑크족 실업자뿐만 아니라 (인종적 차원에서) 파키스탄 이주민 중간계급을 '비국민'으로 배제하는 동시에, 이들 모두가 더욱더 '국민'되기를 열망하게 만드는 헤게모니적 장치였다. 1982년 일어난 포클랜드 전쟁은 과거 제국의 영광을 되찾겠다는 대처 정부의 정치적 수사 속에서 백인 인종주의가 영국 사회 내에 번창할 수 있는 토양을 제공했다. 대처 수상은 처칠의 이미지와 언어를 빌려 대영제국이 과거에 거둔 수많은 승리와 영광을 대중적으로 상기시켰다. 또다시 세계와 대양을 제패할 수 있는 용맹스러운 영국으로 우뚝 설 수 있다는 민족주의적 수사는 영국 유권자와 노동자들에게 엄청난 인기를 끌었고, 대처 정부가 선거에서 승리하는 토대가 되었다. 대처주의에 기대어 파키스탄 이주민 중간계급이 인종차별을 계급 상승으로 극복하려고 했던 것처럼, 대처주의가 되살려낸 제국의 기억을 통해서 극우 펑크족들은 경제적 박탈감을 인종적 우월감으로 보상받으려 했다. 따라서 이들에게 살림과 오마르 같은 '워그보이'와 '파키'가 조니 같은 백인 영국인을 자기 멋대로 부리는 현실은 용납될 수가 없었고, 폭력을 통해서라도 멈추어야만 했다. 민족의 도덕적 갱생을 주장했던 대처주의 담론은 국민 대통합이 아니라 영국 사회 내의 인종적·계급적 갈등을 불러왔던 것이다.

영화에 등장하는 나세르와 살림 같은 파키스탄 이주민 중간계급은 백인 주류 사회가 흔히 상상하듯 영국 사회와 문화에 이질적이거나 우스꽝스러운 존재가 아니다. 오히려 대처주의 담론을 전유하여 '영국적인 것'을 재규정하려는 이들의 시도는 영국 사회를 변화시킬 수 있는 능동적인 존재임을 드러낸다. 이러한 영화의 재현 방식은 '전통 문화의 유지냐, 아니면 문화적 동화냐'라는 이주민을 규정하는 백인 주류 사회의 낡은 이분법에 기반한 시선에서 벗어나 있다. 영화가 보여주는 파키스탄 이주민 중간계급은 대처주의의 기업 문화와 파키스탄 확대 가족의 가부장주의를 결합한 일종의 혼종 문화를 발전시켰다. 이러한 혼종 문화는 오마르가 친족인 나세르와 살림의 도움으로 세탁소 사업을 시작할 수 있었듯이 파키스탄 이주민들이 자본주의 시장의 무한 경쟁에서 살아남을 수 있는 상대적으로 안정된 발판을 제공한다. 그러나 영화는 파키스탄 이주민 중간계급의 행동을 도덕적으로 정당화하지는 않는다. 오히려 행위의 도덕적 책임을 묻는 방향으로 나아간다. 영화는 비즈니스에서 성공하고 부를 축적해 영국 주류 사회의 인정을 받으려고 열망했던 나세르와 살림이 결국 극우 펑크족과 닮은꼴의 폭력적 존재로 바뀌었음을 비판적 시선으로 보여준다.

이러한 비판적 시선은 파키스탄 이주민 공동체의 우경화를 걱정했던 쿠레이시의 우려가 반영된 것이다. 영화는 파키스탄 이주민 중간계급이 스스로 대처주의 이념의 주체가 되는 과정에서 어떻게 자신과 파키스탄 이주민 공동체를 황폐화했는가를 적나라하게 드러낸다. 나세르는 가난한 동포 세입자를 폭력적으로 쫓아내고 살림은 마약 거래로 부를 축적하여 여피족으로 살며, 오마르는 세탁소 단장을 위한 자금을 마련하기 위해서 살림의 마약을 빼돌려 팔고 도둑질까지 서슴지 않는다. 영화는 살림이 극우 펑크족에게 경멸적으로 내뱉는 말을 통해 이주민 자신이 백인 주류 사회의 인종주의로부터 결코 자유롭지 않음을 보여준다. 살림이 사용하는 무지·게으름·무기력·불결 등의 단어는 바로 백인 인종주의자들이 '워그 보이'와 '파키'가 열등 인종이라고 주장할 때 사용한 용어이기 때문이다. 영화는 카리스마가 넘쳤던 살림이 결국 젠기스가 이끄는 극우 펑크족의 집단적 폭력 앞에 처절하게 무너지는 장면을 통해서, 비즈니스의 성공과 부의 축적을 통해서 영국 사회의 인정을 받으려는 파키스탄 이주민 중간계급의 시도가 인종주의 앞에서 결국 좌절할 수밖에 없음을 암시한다.

이주민 2세대의 문화적 혼종성과 영국 노동계급

영국 남아시아 이주민 공동체의 중요한 특징 하나는 연령층이 어리다는 점이다. 1982년 조사에서 40퍼센트가 16세 이하였고, 1994년에 이 비중은 35퍼센트를 차지했다. 오늘날 이슬람 근본주의 및 이와 연관된 테러 활동으로 남아시아 청년들, 특히 파키스탄 무슬림 청년들이 대중매체와 학술 연구의 관심 대상이 되고 있지만, 영화가 제작되었던 1980년대는 달랐다. 남아시아 청년들은 흑인 카리브계와는 달리 사회문제를 일으키는 집단으로 간주되지 않았다. 흔히 이들은 부모 세대와 공동체의 관습과 전통을 계승하는 순종적인 존재로 인식되었다. 1980년대 백인 주류 사회의 지배적인 담론은 남아시아 청년들을 서로 다른 두 문화 사이에서 정신적 긴장과 스트레스를 받고 있는 존재로 묘사했다. 부모의 억압적 전통문화와 영국 사회의 관용적 자유 사이에서 일어나는 화해 불가능한 '문화

충돌'에 직면해 있다는 것이다. 이들 두 문화는 전통과 근대성, 공동체와 개인, 의무와 자유, 가족과 학교 등 서로 대립하는 요소들로 각각 규정되었다. 남아시아 이주민 2세대가 겪는 문화 충돌을 잘 보여주는 사례로 영국 주류 언론은 부모가 강요하는 남아시아 여성의 '정략결혼'을 주요 관심거리로 삼았다.

그러나 이러한 백인 주류 사회의 시각은 문제가 있었다. 문명충돌론은 오직 하나의 영국 문화와 오직 하나의 아시아 문화가 있다는 가정에 기초해 있었고, 영국 사회만큼이나 남아시아 공동체에서 균열을 일으키는 계급·젠더·종교 등의 차이를 무시했다. 이러한 접근은 두 문화 사이의 갈등에 지나치게 초점을 맞추면서 문화적 상호작용과 융합의 가능성을 인정할 수 없었다. 게다가 문화 충돌 개념은 두 문화 사이의 대등한 갈등을 암시하면서 영국과 이주민 문화 사이에 존재하는 권력 관계를 은폐했다. 문화의 변동을 (동화주의적) 일방향 과정으로 이해하게 만들었고, 남아시아와 영국 사이에서 발생한 상호작용과 상호 의존의 오랜 역사를 볼 수 없게 했다. 남아시아인 청년들을 방향성을 잃은 혼란스럽고 원자화된 개인으로 묘사했지만, 어떤 구체적인 증거도 제시하지 못했다. 에스닉이라는 하나의 요소로 정체성의 복잡한 형성 과정을 단순화하고 인종·젠더·계급 같은 다른 측면들의 영향을 배제했다. 따라서 백인 주류 사회의 인종차별에 저항하는 남아시아 청년들의 행동은 문화 충돌의 표현이나 종교 같은 에스닉 문화의 반동적 영향에 기인한 것으로 왜곡되었다.

쿠레이시가 자신과 같은 이주민 2세대의 삶과 관련하여 지적하듯, 문화충돌론과 관련된 "견해는 잘못된 것이었다. 여기서 태어난 나와 내 세대에게 영국은 항상 우리가 속한 곳이었다. 비록 우리는 인종주의적 욕설과 함께 그렇지 않다는 말을 자주 들었지만 말이다. 문화충돌은 결코 없었고, 우리의 삶은 펍(pub), 모스크, 두세 개 언어 사용, 로큰롤, 인도 영화 등 다양한 요소들의 종합처럼 보였다. 우리의 확대 가족과 영국적 개성은 뒤섞였다". 남아시아 청년들의 저항과 일탈은 문화충돌의 위기 상황에 대한 표현이나 영국적 삶과 문화를 수용하기를 거부하는 행위가 아니었다. 오히려 영국 사회 안에 포함되려는 정치적·문화적 몸부림이었다. 영화는 주인공 오마르를 통해서 이러한 영국 사회의 인정을 획득하려는 파키스탄 이주민 2세대의 모습을 잘 보여준다.

영화는 오마르와 조니의 사랑을 통해서 백인 주류 사회와 이주민 공동체의 연대를 모색하지만, 오마르의 백인 어머니가 자살했다는 배경을 설정함으로써 그것이 결코 쉽지 않음을 암시한다. 어머니의 죽음으로 오마르는 인종적 경계를 넘는 행위의 위험성을 떠올리게 되며 조니와의 관계는 지속적으로 긴장된 상태에 놓인다. 영화는 오마르의 어머니를 직접 보여주지 않는다. 테이블에 놓인 사진 액자를 통해서 그녀가 백인 여성임을 간접적으로 보여줄 뿐이다. 영화는 오마르가 어린 시절의 친구 조니와 오랜만에 맞나 서로 안부를 묻는 장면을 통해서 그의 어머니가 1년 전 열차 선로에 뛰어내려 자살했음을 알려준다. 하지만 자살 동기는 직접 설명되지 않는다. 오마르와 조니가 조금씩 가까워질 때마다 어머니의 자살을 떠올리는 무대장치를 통해 관객의 긴장을 고조시킨다. 이러한 무대장치는 오마르의 어머니가 자살한 열차역과 그곳이 보이는 오마르네 집의 베란다이다. 조니와 처음 만나고 밤늦게 집에 들어왔을 때, 오마르는 어둠 속에서 열차 소음에 휩싸인 채로 베란다에 서 있는 아버지를 보고 깜짝 놀란다. 오마르가 아버지를 다시 침대에 눕히며 어린 시절 친구 조니를 만났다고 이야기하자, 아버지는 "머리 짧게 자르고 파시스트처럼 하고 다니던 놈?" 하고 반문한다. 얼마 후 조니와 첫 키스를 하고 들어온 밤에는 오마르가 침대에서 잠든 아버지를 슬픈 표정으로 보다가 베란다에 나가서 그가 남긴 술병을 선로에 던지고 갑작스럽게 절규한다.

영화는 아버지가 세탁소 개업식에 축하하러 와주기를 간절히 기다리며 오마르가 조니에게 자기 어머니가 자살한 이유를 밝히는 장면을 통해서 '아름다운 세탁소'의 개장이 무엇을 의미하는지를 말해준다. 오마르의 아버지 후세인은 사회주의자로서 노동계급이 사회를 변혁할 수 있다고 믿었고, 영국으로 이주해서는 조니와 같은 노동계급 출신 아이들을 가르치는 학교 선생이 되었다. 그는 아이들에게 좋은 선생이 되려고 노력했지만, 조니와 친구들은 성장해서 스킨헤드가 되었고 유색인 이민자들을 몰아내라고 외치면서 인종주의적 반(反)이민 행진에 참여했다. 후세인은 그들의 행진을 직접 목격했고, 행렬에 있던 조니도 보게 되었다. 결국 자신이 믿었던 모든 것이 무너지는 절망감을 경험했고 자기 직업을 증오하게 되었으며 모든 분노를 백인 아내에게 쏟아 부었다. 오마르의 어머니는 그걸 견딜 수 없었고 결국 자살로 생을 마감했다. 따라서 오마르는 조니와 가까워질수록 자기 환멸로 알코올중독자가 되어버린 아버지와 자살한 어머니를 생각하면서 불안한 미래에 괴로워할 수밖에 없었다. 오마르에게 조니와 함께 새롭게 단장한 세탁소는 자신의 사업적 성공뿐만 아니라 인종적 경계를 넘어설 수 있는 가능성을 보여주는 것이다.

오마르의 아버지 후세인은 세탁소의 개업식에 오지 않았다. 아들이 세탁소를 통해서 진정으로 무엇을 얻으려 하는지 몰랐고 아들의 동성애를 받아들일 수도 없었다. 영화는 후세인을 침대에서 벗어나지 못하는 알코올중독자로 묘사하면서 변화된 현실에 적절히 대처하지 못하는 영국 좌파의 무능력을 암시한다.[9] 당시 영국 좌파는 대중적으로 만연한 인종주의와 새롭게 부각된 유색인 이주민의 문제를 제대로 다룰 수 없었다. 기성

좌파 정당인 노동당은 노동자들의 표를 의식해서 인종주의적 반(反)이민 정서에 편승하여 더욱 엄격한 이민 통제 정책을 취했다. 마르크스주의 역사학자로 유명한 에드워드 파머 톰슨(Edward P. Thompson) 같은 신좌파도 미국의 제국주의와 영국 사회의 만연한 인종주의에 매우 비판적이었지만 민족주의의 굴레로부터 자유롭지는 못했다. 이들은 유색인 이주민들이 영국 사회를 변화시키는 데 중요한 역할을 할 수 있다는 생각은 하지 못했다.

사실상 영국 좌파의 역사에서 오마르의 아버지 후세인과 같은 이주민 출신 지식인의 참여와 기여는 두드러졌다. 예를 들어 《신좌파 평론(New Left Review)》의 편집장으로 1950~1960년대 영국 신좌파의 형성에 크게 기여한 스튜어트 홀은 자메이카 출신의 혼혈이었다. 또한 1960년대 옥스퍼드 대학 유니언 학생회장으로 반전운동을 주도했던 타리크 알리(Tariq Ali)도 파키스탄 출신 이주민이었다. 이들 이주민 출신 좌파 지식인들은 군사독재에 저항하다 모국에서 쫓겨났거나 신식민화되고 있는 고국으로 돌아갈 수 없는 처지에 있었다. 그렇다고 영화의 대사처럼 영국 사회가 "좌파 공산주의 파키스탄인에게 어떠한 기회를 줄 리는 없었다". 이들 지식인들은 돌아갈 수 없는 고국이나 인종적으로 차별하는 영국 사회가 아니라 변혁의 주체인 영국 노동계급과 좌파 공동체를 새로운 마음의 고향으로 받아들였다. 그러나 1968년 파월의 연설을 지지하는 부두 노동자들의 행진처럼 영국 노동계급의 인종주의적 반(反)이민 정서를 보여준 사건에서 이들 지식인들은 큰 충격을 받았다. 후세인처럼 일부는 이러한 상황에 환멸을 느끼고 영국 사회에 인종적 적대감을 가지게 되었고, 전통과 모국 지향적 태도로 돌아서면서 민족주의로 회귀하는 경향을 보였다. 그래서 후세인은 영국 사회 내에서 경제적으로 성공하여 인정을 받으려는 아들 오마르를 비난한다. "그들은 우리를 증오하는데…… 너는 스스로를 작은 영국 본토인(little Britisher)처럼 생각하는구나." 또한 이 빌어먹을 나라가 우리를 망쳐버렸으니 고향으로 돌아가야 한다고 동생 나세르를 설득한다.

영화는 오마르 아버지의 대사를 통해서 영국 노동계급의 인종주의적 태도를 비판한다. "노동계급은 나에게 아주 큰 실망을 주었지." 그러나 또한 이들에 대한 기대를 완전히 포기하지 않았다는 점을 노동계급 출신 조니를 통해서 보여준다. 조니는 한때 인종주의에 함몰된 스킨헤드였으나 오마르를 사랑하게 되고 그를 도와 세탁소를 아름답게 꾸미는 데 힘쓴다. 그는 오마르를 통해서 파키스탄 중간계급과 거의 매일 접촉하게 되고 점차 이주민 공동체의 일원이 된다. 그는 나세르가 동포인 가난한 파키스탄 세입자를 강제로 몰아내고 살림이 펑크족을 계급적으로 멸시하며 오마르가 정략결혼으로 나세르의 딸과 결혼하려는 행위 등에 비판적으로 반응한다. 이러한 조니의 문제 제기는 오마르가 사업 성공을 추구하며 나세르의 길로 일방적으로 이끌리는 것을 막는다. 그래서 살림은 나세르에게 경고한다. "그 녀석이 오마르에게 나쁜 영향을 미치고 있어요. 확실합니다." 그러나 조니와 이들의 관계가 일방향으로만 흐르는 것은 아니다. 영화는 끝날 무렵에 조니가 극우 펑크족들의 집단 폭력으로 거의 죽을 지경이 된 살림을 보호하려다가 대신 폭행을 당하게 되는 장면을 보여준다. 이러한 장면은 조니가 파키스탄 중간계급 가족과의 만남을 통해서 인종주의적 스킨헤드였던 자기 과거에서 벗어날 수 있게 되었음을 보여준다.

영화는 인종주의적 스킨헤드와 펑크족의 삶에서 벗어나 오마르와 사랑을 나누고 세탁소를 함께 만들어가는 노동계급 출신 조니를 통해서 백인 주류 사회의 변화를 요청한다. 영국 사회 내의 인종적 갈등과 폭력은 유색인 이주민들이 아니라, 백인 주류 사회가 바뀌어야만 해결될 수 있다. 백인 주류 사회는 유색인 이주민들의 문화적 부적응과 배타성을 탓하지만, 인종주의에 물든 이들은 영국 사회에서 태어나 교육받은 파키스탄어를 할 줄 모르는 오마르 같은 이주민 2세조차 문화적으로 이질적인 존재로 배척해왔다. 백인 주류 사회의 자기 성찰과 변화 없이는 인종적 평등과 다양성에 기초한 새로운 영국을 상상할 수 없다. 영화는 백인 주류 사회의 자기 변화가 유색인 이주민과 마찬가지로 사회적으로 억압받고 주변부로 내몰린 백인 노동계급에서 시작될 수밖에 없다는 입장을 보인다. 백인 노동계급과 이주 공동체의 상호 협력과 연대를 통해서만 인종적 평등과 다양성은 실현될 수 있다. 그렇지만 영화는 조니를 동생애자로 표현하여 이성애적 계급 정체성만을 추구해왔던 사회주의의 전통적 재현 방식에서 벗어나 있다. 그리고 조니가 세탁소 개업에 필요한 비용을 마련하는 일을 돕기 위해서 오마르의 마약 판매와 도둑질까지 돕는 모습을 보여주면서 영국 좌파가 상상해온 바와는 달리 노동계급이 권력 외부의 순수한 해방적·저항적 주체가 아님을 명확히 보여준다.

오마르와 조니가 노동, 놀이, 성적 행위의 결합을 통해서 함께 만든 '아름다운 세탁소'는 인종과 계급의 경계를 넘어선 유토피아적 공간, 탈식민화되고 혼종화된 영국을 상징한다고 할 수 있다. 이러한 유토피아적 성격은 세탁소의 새 단장이 거의 마무리되어 조니가 마지막으로 사다리 위에 서서 가게 간판 〈POWDERS〉를 달려 할 때, 극우 펑크족이 도와주는 코믹한 장면을 통해서도 알 수 있다. 개장하는 날, 깔끔하고 세련되게 변신한 세탁소 안에는 왈츠가 유유히 흐르고 세탁소 정문에서 다양한 인종·성별·연령의 사람들이 웅성대며 줄을 서서 기다리고 서 있다. 일찍 와서 세탁소 안에 들어온 나세르와 레이첼은 왈츠에 맞춰 함께 춤을 추고, 세탁소 뒷방 사무실에서는 오마르와 조니가 과거 어린 시절 인종차별로 받은 마음의 상처를 치유하는 성적 행위를 나눈다. 이들의 사랑이 창문을 통해서 보이는 교차 편집된 신은 세탁소가 인종적·계급적·성차적 경계를 넘어선 유토피아적 공간임을 다시금 환기시킨다.

세탁소의 개업식은 다양한 인종과 연령의 사람들이 모여 흥겹게 진행되면서 유토피아적 공간으로서 상징성을 강화하지만, 이런 연대는 위태롭게 된다. 나세르의 딸 타니야가 등장하자 나세르와 정부 레이첼은 서로 싸우고, 레이첼은 화를 내며 세탁소를 나가버린다. 조니도 오마르가 타니야와 정략결혼을 할 거라는 말을 듣고 화가 나서 펑크족 친구들과 어울려 세탁소를 떠난다. 살림은 오마르에게 자신의 마약을 가로채서 판 돈으로 새롭게 단장한 것을 알고 있다며 돈을 갚지 않으면 세탁소를 빼앗겠다고 위협한다. 그리고 얼마 후 극우 펑크족이 살림과 그를 보호하려는 조니를 집단폭행하고 새 단장한 세탁소도 부서지게 된다. 오마르와 조니가 상처 입은 서로의 몸을 씻겨주고 물장난을 치며 웃는 영화의 마지막 장면은 계급적·인종적 갈등의 정화를 의미한다고 할 수 있다. 그러나 영화는 오마르가 성공적으로 세탁소를 운영하게 될지, 오마르와 조니가 향후 어떤 관계를 맺을지는 알려주지 않는다.

탈식민적 공동체 형성의 어려움

세탁소를 무대로 한 나세르와 레이첼의, 그리고 오마르와 조니의 인종적·계급적 경계를 넘어선 사랑(연대)은 파키스탄 이주민 여성의 배제를 통해서 이루어진다. 나세르와 레이첼의 연인 관계는 공사가 서로 구분되는 가부장적인 지배에 기초해서 유지될 수 있었다. 나세르는 공적 영역에서 친족 남성들을 사업적으로 이끌고 통제하고 있을 뿐만 아니라, 자신의 아내와 딸 등 여성들을 가정 내에 철저히 묶어두는 가부장적 권력을 행사했다. 나세르의 아내 빌퀴스는 영어를 하지 못하며 가정이라는 사적 공간에 갇힌 자기 목소리를 낼 수 없는 서발턴(subaltern)이라 할 수 있다. 영화는 아이러니하게도 오마르와 조니의 동성애가 나세르의 가부장주의와도 공모할 수 있는 가능성을 보여준다. 나세르는 자신의 딸 타니야와 오마르의 정략결혼을 추진하면서 그를 자기 사업의 후계자로 삼으려 한다. 나세르는 오마르의 동성애 성향을 눈치채지만 세탁소라는 (공적) 영역에 그런 관계가 한정된다면 용인할 수 있는 것처럼 보인다. 즉 나세르의 가부장주의와 오마르와 조니의 동성애적 연대가 파키스탄 여성 타니야를 가정이라는 사적 공간에 유폐하는 데 공모하는 것이다.

이러한 영화의 전개는 해방과 자유의 쟁취가 다른 한편에서 새로운 억압을 낳는 과정일 수 있다는 아이러니를 보여준다. 그러나 동시에 다시 시작되는 억압과 저항의 순환이 시지프스의 노동 같은 동일성의 반복이 아니라 해방과 자유가 확장되는 과정이 될 수도 있음을 암시한다. 이것은 영화가 백인 주류 사회가 묘사하듯이 파키스탄 이주민 여성을 남성의 억압에 순종하는 수동적인 희생자로 그리지 않는다는 점에서 잘 알 수 있다. 나세르의 아내 빌퀴스는 주술을 이용하여 남편의 정부인 레이첼에게 저주를 내리고, 레이첼은 극심한 피부병에 고통받고 집 안 가구가 움직이는 기이한 현상에 놀라 결국 나세르와 이별하게 된다. 나세르는 그녀가 떠나자 모든 것을 잃은 듯하고 무엇을 해야 할지 모르겠다고 느낀다. 나세르에게 레이첼은 단순한 성적 욕망의 대상이 아니라 그가 '증오하며 사랑했던' 영국을 상징했기 때문이다. 레이첼의 떠남은 경제적 성공과 부를 통해서 영국 사회의 인정을 받으려 했던 나세르의 시도가 자신의 가부장주의와 아내 빌퀴스의 저항으로 살림과 마찬가지로 결국 실패했음을 의미한다.

나세르의 딸 타니야는 어머니 빌퀴스와는 달리 더욱 적극적으로 저항과 독립을 꿈꾼다. 오마르가 처음으로 나세르의 교외 주택을 방문하여 그의 가부장적 공간인 침실에서 친족 남성들과 인사를 나누게 되었을 때, 타니야는 나세르와 친족들의 등 뒤에 있는 창밖에 등장한다. 그리고 오마르에게 자신의 젖가슴을 드러내 보이며 가부장적 권위에 도전하는 장난을 친다. 타니야는 처음에 오마르와의 정략결혼을 이용하여 가족과 집에서 탈출하기를 꿈꾸지만, 오마르와 조니의 동성애 관계를 눈치채고는 혼자 독립하기로 결심한다. 여기에는 세탁소 개업식에서 만난 아버지의 정부인 레이첼이 중요한 기여를 했다. 타니야가 레이첼에게 자신은 남자에게 빌붙어 사는 여자를 싫어한다고 비아냥거리자, 그녀는 다음과 같이 되묻는다. "그럼 너는 누구에게 빌붙어 살지?" 이러한 레이첼의 반문은 타니야가 가족과 집에서 벗어나 독립적 삶을 살기로 결심하는 계기가 된다. 영화는 오마르의 집 베란다에서 후세인과 나세르가 당황해서 지켜보는 가운데, 오마르의 어머니가 자살했던 열차역에서 타니야가 어딘가로 떠나는 장면을 보여준다. 오마르와 조니의 미래가 알 수 없는 것만큼 타니야의 미래도 결정되어 있지 않다는 점을 암시하는 것이다.

영화는 인종과 계급이 다른 두 남자가 세탁소를 함께 만들어가면서 사랑을 나누는 '정상적 예외'자들의 이야기를 통해서 기존의 재현 방식에 도전한다. 파키스탄 혼혈 2세와 백인 노동계급 청년의 다중적·유동적 정체성을 통해서 인종적 동질성에 기초한 백인 주류와 흑인 저항 영화의 지배적 재현의 한계를 드러낸다. 이러한 시도는 기존 재현 방식의 현실 왜곡을 문제 삼고 파키스탄 이주민 공동체의 상황을 '있는 그대로' 드러내는 리얼리즘의 차원을 넘어서, 판타지의 방식으로 파키스탄 이주민의 새로운 정체성을 창출하려는 '재현의 정치'의 한 사례라고 할 수 있다.

영화가 재현의 정치를 통해서 궁극적으로 상상하고자 했던 바는 인종적 평등과 다양성이 수용되는 탈식민적 영국을 실현할 수 있을 가능성이다. 영화는 이러한 정치적 희망을 조국을 잊어버리고 "어리석게 유럽(대륙)으로부터 떨어진 이 작은 섬을 고향이라고 부르는…… 어중간한 존재들(in-betweens)"이라고 살림의 아내 체리가 경멸했던 오마르나 타니야 같은 파키스탄 이주민 2세들에게서 찾는 것처럼 보인다. 영국에서 태어나고 교육받았지만 자기 존재를 인정받지 못하는 파키스탄 이주민 2세대의 혼종적 정체성이 이주민 공동체 내의 역동적 긴장과 변화를 불러오고, 백인 노동계급과의 인종적 경계를 넘어선 연대를 창출할 수 있을 거라는 기대를 보여주는 것이다.

하지만 기대와는 달리 이후 영국 사회와 파키스탄 이주민의 역사는 새로운 '극단의 시대'로 나아갔다. 파키스탄인은 '이주민'이라는 부정적 정체성에서 '흑인'이라는 정치적 정체성으로, '흑인'에서 '(남)아시아인'이라는 문화적 정체성으로, 그리고 다시금 (남)아시아인에서 '무슬림'이라는 종교적 정체성으로 변모하게 되었다. 1988년 살만 루시디의 《악마의 시》 사건과 걸프 전쟁, 1995년 폭동과 2001년 9·11 테러 사건 등을 거치면서 파키스탄인은 문화적으로 이질적이고 우스꽝스러운 '이주민'에서 지금은 너무나 위험한 '무슬림'으로 규정받게 되었다.[10] 대중매체에서 파키스탄 이주민 2세와 3세들은 '아시안 갱'이거나 '이슬람 근본주의자'로 묘사되고 있다. 영화가 꿈꾸었던 인종적 평등과 다양성이 수용되는 '아름다운 세탁소', 탈식민적 영국은 실현되지 못한 유토피아로 남게 되었다.[11]

부록

관련 연표

1616년 10월 22일	영국 런던에서 인도계 이주민이 피터(Peter: 즉 베드로)라는 이름으로 세례를 받았다는 기록이 최초로 등장하다.
1730년 10월 15일	인도계 이주민이 사망했다는 소식이 영국의 교구 기록에 최초로 등장하다.
1948년	영국국적법(British National Act) 제정. 이로써 영연방과 영제국에 속한 시민들에게 영국으로의 출입, 이주, 정착에 관한 자유롭고 제한 없는 권리를 보장하다.
1966년	인종주의 극우파가 국민전선(National Front)을 결성하다.
1968년 4월 20일	보수당 우파 국회의원 이녹 파월이 유색인 이주민들은 영국 사회에 통합되지 못할 테고 결국 인종 간 내전이 일어나 피의 강이 흐르게 될 것이라고 주장하다.
1968년	영연방이민법(Commonwealth Immigrants Act) 제정. 본인이나 부모 또는 조부모가 영국에서 출생, 입양, 등록 또는 귀화하지 않은 영연방 시민들을 모두 이민 규제의 대상으로 삼아 아프리카인, 아시아인의 영국 유입을 막다.

1978년 1월	보수당 지도자 대처는 이민 문제에 관한 인터뷰에서 영연방과 파키스탄 출신 사람들의 이질적인 문화가 영국 도시들에서 넘쳐나게 되는 미래에 우려를 표명하면서 문화적 인종주의를 드러내다. 다음 해 1979년 대처가 수상이 되다.
1981년	런던 남부의 브릭스턴(Brixton)에서 폭동이 일어나다. 경찰이 주로 흑인과 유색인들만을 골라 불심검문을 하는 데 항의하면서 일어난 사건으로 영국 다른 지역에서도 유사한 폭동이 발생하다.
1982년	포클랜드 전쟁 일어나다. 대처 정부는 전쟁을 통해서 옛 대영제국의 향수를 불러일으키며 대중의 민족주의 감정을 자극하고 지지를 획득하다.
1985년 10월	브로드워터팜(Broadwater Farm) 폭동 일어나다. 런던 북부 토트넘의 공공 주택단지에서 한 흑인 여성이 경찰의 압수수색 과정에서 사망하자 과잉 수사 논란이 일었고, 흑인 청년들이 일으킨 대규모 항의 시위가 폭동으로 비화하다.
1989년	살만 루시디의 소설 《악마의 시》가 이슬람교와 무함마드에 대해 신성 모독을 범한 것으로 간주되어 영국 내에서 책에 대한 반대 시위와 운동이 일어나다. 이란의 지도자 호메이니가 루시디를 처형하라는 '파트와(fatwa: 이슬람 종교 지도자가 내리는 판결)'를 내림으로써 국제 종교 분쟁으로 발전하다. 영국 내에서 이슬람계(주로 파키스탄 출신)에 대한 부정적 이미지가 강화되다.
2001년	올덤(Oldham)에서 폭동이 일어나다. 5월 영국 맨체스터 올덤 지역에서 파키스탄 출신으로 이루어진 남아시아계 주민과 백

인 사이에서 충돌이 발생했고, 인근 산업도시 번리(Burnely), 브래드퍼드(Bradford) 등으로 번져 충돌이 확대되다.

2001년 9·11 테러 일어나다.

개념어 설명

이녹 포월의 '피의 강' 연설 영국 사회에서 유색인 이주민을 겨냥한 인종주의적 공격은 1968년 4월 20일에 행한 파월의 '피의 강' 연설을 계기로 본격화했다. 보수당 국회의원이었던 파월은 유색인 이주민들이 결코 영국 사회에 문화적으로 통합되지 못할 테고, 조만간 인종 간 유혈 전쟁이 일어나 강이 피로 물들 거라고 예언했다. 그리고 이러한 종말론적 예언에 기초해서 영국 정부가 유색인 이주민을 더 이상 받지 말아야 하며, 문화적으로 동화되지 못하는 자들은 본국으로 추방해야 한다고 주장했다. 파월은 야만족의 침입으로 몰락한 로마 제국의 역사를 대중에게 환기시키면서, 전후 영국 사회가 직면한 국가적 위기의 근본 원인이 인종 갈등이라고 주장하며 현실을 오도했다. 파월은 영국 사회의 모든 이민자들이 아니라 유색인 이주자들과 문화를 공격했으며 이는 분명한 인종주의적 성격을 띤다. 그러나 당시 한 여론조사에 따르면, 영국 국민의 82퍼센트가 파월의 연설을 문제없다고 생각했고, 74퍼센트가 그의 주장에 전반적으로 동의한다고 답했다. 파월은 자신의 연설을 지지한다는 약 11만 통의 편지를 받았다. 또한 약 1500명의 부두 노동자들이 그를 지지하는 하루 파업을 벌이고 영국 하원으로 행진하면서 이러한 인종주의적 반(反)이민 정서가 영국 노동계급 사이에도 상당히 만연해 있다는 점이 드러났다. 당시 사건은 영국 좌파와 소수인종 공동체들에 큰 충격을 안겨주었다.

정상적 예외 여기서 '정상적이다'라는 말은 개개인의 가치관이나 행동 등이 지배 권력의 생각과 일치한다는 뜻이며 '정상적 예외'란 이와 반대로, 정상적이지 않은 사고방식으로 권력층에 저항하는 예외적인 행동이나 인물을 의미한다. 권력은 이러한 예외적 행동이나 인물을 '범죄' 또는 '일탈'이나 '비정상'으로 규정하고 통제함으로써 사회를 유지하고자 한다. 문화와 일상에 관심을 둔 역사가들은 지배 권력층의 의도에 일치하지 않는 예외적인 행위나 인물에 관심을 가지고 집요하게 파헤침으로써 소외된 사람들의 목소리를 들을 수 있다고 보았다. 이들의 목소리는 소외된 사람들이 단순히 권력에 희생되기만 하는 존재가 아니라 권력에 저항한 능동적 존재였음을 보여줄 수 있다. 나아가 이를 통해 '정상적인 것들', 즉 사회에서 지배 권력이 작동하는 구체적 기제를 더욱 선명하게 읽어낼 수 있다고 보았다.

헤리티지 영화 1980년대 초반 영국 영화계에서는 국가와 민족의 과거에 대한 장밋빛 향수를 고취시키는 영화들이 등장했다. 이 영화들은 '헤리티지' 영화로 명명되었는데, 〈인도로 가는 길〉과 함께 〈불의 전차〉가 대표작이라고 할 수 있다. 〈불의 전차〉는 사실에 기초하여 1924년 올림픽에 잉글랜드 대표로 육상 경기에 참여한 스코틀랜드인과 유대인을 다루고 있다. 이 시대에 대한 세밀한 묘사와 해피엔딩을 통해 사회적 궁핍과 갈등이 커져가는 대공황 직전 영국의 삶과 제도를 장밋빛으로 묘사했다. 〈불의 전차〉의 개봉 시기는 1980년대 초반 영국의 사회적 상황과 잘 맞아떨어졌다. 1982년 아르헨티나와 벌인 포클랜드 전쟁에서 승리는 국민들에게 영국의 우월성을 입증하는 징표로 간주되었다. 이 영화는 당대를 대표하는 영화가 되었고 4개의 오스카상을 수상했다. 아카데미 시상식에서 대본작가 콜린 웰란스는 영국 영화산업이 다시 번영하기를 바라며 '영국인이 몰려오고 있다!(The British are coming!)'고 선언하여 유명해졌다. 그의 예언은 적중했으며, 상류계급의 삶을 통해서 대영제국에 대한 대중들의 향수를 자극했던 '헤리티지' 영화는 1980년대에 상업적으로 대성공을 거두었다. 이러한 헤리티지 영화는 노년층 관객들을 영화관으로 다시 끌어들이는 계기가 되었다. 그러나 비평가들은 이 영화들이 엘리트주의에 빠져 과거의 배타적인 제국주의 문화를 지나치게 낭만적으로 묘사하고 있다고 비판했다.

더 읽을거리

김유, 〈하니프 쿠레이쉬의 작품에 드러난 문화적 전략과 정치적 이상으로서의 혼종성: My Beautiful Laundrette를 중심으로〉, 《현대영미드라마》 제21권 제3호(2008).

박우룡, 〈대처리즘과 영국 영화의 르네상스: '헤리티지' 영화〉, 《대구 사학》, 72권(2003).

박우룡, 〈1980년대 영국의 '흑인 영화 르네상스'—소수 인종의 정체성 찾기와 소외 극복의 노력〉, 《역사학 연구》 제40집(2010).

스튜어트 홀, 《대처리즘의 문화 정치》, 임영호 옮김(한나래, 2007).

Christine Geragh, *My Beautiful Laundrette, British Film Guide*(London & New York: I. B. Tauris, 2005).

Hanif Kureish, *Hanif Kureishi: Collected Essays*(London: Faber and Faber, 2011).

Ron Ramdin, *Reimaging Britain: Five Hundred Years of Black and Asian History*(London: Pluto Press, 1999).

Stuart Hall, "Old and New Identities, and Old and New Ethnicities(1991)",

Anthony D. King ed., *Culture, Globalization and the World System: Contemporary Conditions for the Representation of Identity*(Minneapolis: University of Minnesota Press, 1991).

주

1. Christine Geragh, *My Beautiful Laundrette, British Film Guide*(London & New York: I. B. Tauris, 2005), pp. 5~19.
2. Hanif Kureishi, "Bradford", *Hanif Kureishi, Collected Essays*(London: Faber and Faber, 2011), p. 57.
3. Yasmin Ali, "Echoes of Empire: Towards a Politics of Representation", John Corner and Sylvia Harvey, eds., *Enterprise and Heritage: Crosscurrents of National Culture*(London and New York: Routedge, 1991), pp. 196~202. 인종평등위원회는 1988년에 흑인 범주를 인도인, 방글라데시인, 파키스탄인, 중국인 등의 피부색과 관련 없는 용어로 대체했고, 인구조사도 1991년부터 이를 따르게 되었다.
4. Martin Pugh, *State and Society: A Socal and Political History of British Since 1870*(London and New York: Bloomsbury Academic, 2012), p. 318.
5. Ron Ramdin, *Reimaging Britain: Five Hundred Years of Black and Asian History*(London: Pluto Press, 1999), p. 302.
6. Muhammad Anwar, "The Politics of BrAsian Electorate", *A Postcolonial People: South Asians in Britain*(London: Hurst & Company, 2006), pp. 195~197.
7. 백인이 아닌 사람을 가리키는 대단히 모욕적인 말.
8. 파키스탄 이주자들을 경멸적으로 부르는 호칭.
9. 1980년대 반인종주의 투쟁과 관련된 영국 좌파의 전략적 한계와 관련해서 Peter Alexander, *Racism, Resistance and Revolution*(London: Bookmarks, 1987), pp. 112~131.
10. Kylie Baxter, "From Migrants to Citizens: Muslims in Britain", *Immigrants & Minorities: Historical Studies in Ethnicity, Migration and Diaspora,* 24:2, July(2006), pp. 164~192.
11. Claire Alexander, "Imagining the Politics of BrAsian Youth", *A Postcolonial People: A South Asians in Britain,* p. 267; 정희라, 〈영국의 '문화 전쟁': 무슬림 이민자와의 갈등과 원인〉, 《영국 연구》 19(2008), 159~184쪽.

〈증오〉

방리유를 통해 본 프랑스 내 이방인들

04
박단

'증오'에서 '복수'로!

'증오'가 '복수'로 변화하는 데 딱 10년이 걸렸다. 1995년 마티유 카소비츠(Mathieu Kassovitz)가 영화 〈증오〉를 제작, 개봉한 후 다시 이 영화가 본격 거론된 것은 2005년 파리 근교에서 시작된 이민자 소요 때문이었다. 영화에서 보여주고 있는 응축된 '증오'는 2005년 가을 마침내 공권력을 향해 대규모로 터져 나왔다. 이민자들의 마음속 깊은 증오가 복수라는 행동으로 표출된 이유는 무엇인가? 그동안 무엇이 얼마나 변화했는가? 실업, 가난, 멸시, 불신 그리고 증오.

카소비츠의 '증오'와 2005년의 '소요 사태'는 많은 점에서 같고 또한 많은 점에서 다르다. 두 '영화'를 제대로 이해하기 위해서는 우선 두 영화의 주된 배경인 방리유(banlieue)를 자세히 들여다볼 필요가 있다. 방리유는 1970년대 이후 별로 변한 것이 없다. 무주택자, 그중에서도 특히 이민자들을 수용하기 위해 만들어진 장소로 이제 방리유는 이민자들과 분리하려야 분리할 수 없는 공간으로 자리매김되고 있다. 우리는 이 공간을 어떻게 바라볼 것인가?

다음으로 살펴볼 것은 두 '영화'의 주인공들이다. 카소비츠가 제시하는 주인공들과 '2005년' 소요 사태의 주인공은 다르다. '증오'의 주인공은 세 명이다. 아니 세 부류의 '인간'이며, 이들 모두 프랑스의 이방인이라는 공통점이 있다. 한 명은 아랍계 사이드, 또 한 명은 아프리카계 흑인 위베르이며, 마지막 한 명은 유대인인 빈츠이다. 제2차 세계대전 이후 프랑스 극우파의 제1의 적이 된 아랍인, 그리고 '영원한 노예' 흑인, 또 인류 역사상 '영원한 이방인'이라 불리는 유대인이다. 2005년 사태의 주인공에는 일반적으로 알려진 아랍계 청소년들뿐만 아니라 검은 아프리카 출신 청소년들이 포함되어 있다. 소요의 직접 계기가 된 사망 사건의 희생자도 모리타니 출신의 흑인 청소년과 튀니지 출신의 마그레브 소년이다.[1] 하지만 유대인은 당시 두드러진 역할을 하지 않았다. 이는 1990년대 이후 상황에서도 마찬가지이다. 카소비츠가 왜 유대인을 이 영화의 주인공 중 하나로 내세웠는지, 그것도 현실과 거리가 있는, 아랍계 혹은 흑인과 사이좋은 유대인을 형상화했는지 궁금증을 자아낸다. 감독 본인이 유대인인 까닭일까? 현실과 달리 이방인들끼리 유대를 쌓아가기를 바란 까닭일까? 이러한 궁금증을 해결하기 위해 우리는 영화 속 빈츠의 행위뿐만 아니라 프랑스 내 유대인의 다양한 부류 및 사회경제적 상황을 알아볼 필요가 있을 것이다.

이러한 측면에서 볼 때, 영화 〈증오〉에서 우리가 각별히 살펴보아야 할 것은 자연스럽게 다음 몇 가지로 정리할 수 있다. 첫째는 공간이다. 우선 관심이 가는 요소는 영화의 배경이자 이민자들의 거주 지역인 방리유의 모습이다.[2] 이 영화의 주 무대인 방리유에서 주인공들은 서로 친숙하거나 소원하거나 간에 함께 숨 쉬며 살고 있다. 또한 방리유의 모습은 영화에서처럼 파리와 비교될 때 더욱 생동감 있게 표현될 수 있다. 달리 말하면, 방리유는 파리가 있을 때만 존재한다고도 할 수 있다. 영화에서 파리의 모습은 방리유의 모습과 극단적으로 대조되고 있다. 이민자들에게 방리유는 단순한 거주지를 넘어 고향으로 느껴진다. 파리의 거리에 서 있는 방리유 주민들은 마치 도심 속을 유유히 걷고 있는 '암소'와 같을 뿐이다. 마치 영화 속 빈츠의 눈에만 보이는 암소처럼 말이다.

다음으로는 세 부류 인간들 사이의 관계와 유대인 빈츠의 모습이다. 우선 살펴볼 것은 프랑스인과 이방인의 관계, 그리고 이방인 상호 간의 관계이다. 사실, 프랑스인과 이방인의 관계는 상대적으로 많이 알려져 있다. 극우파로 알려진 민족전선의 강령이나 지도자들의 발언들을 통해서, 그리고 정부(좌우파)의 이민자 정책들을 통해 이들은 어느 정도 파악될 수 있다. 그러나 우리는 이방인들의 상호 관계에 대해서는 많은 정보를 갖고 있지 못하다. 영화 〈증오〉에 나오는 주인공들이 나누는 대화나 행위를 분석함으로써 분위기를 추적해볼 수 있을 뿐이다. 사실, 이방인들의 상호 '관계' 탐구는 〈증오〉의 주인공 가운데 한 명이 유대인이기에, 이에 초점을 맞춘다면 더 의미 있는 작업으로 발전할 수 있을 것이다. 유대인은 분명 서구 사회에서 '차별받는 존재'이지만, 프랑스 내 유대인의 사회경제적 위상은 마그레브인, 검은 아프리카인들과 비교할 때 상당히 높을 것으로 판단된다. 그럼에도 불구하고 우리의 주인공 유대인 빈츠는 다른 누구보다 사회에 대한 적개심을 쏟아내고 있다. 이를 어떻게 해석할 수 있을까? 우리가 프랑스 내 유대인의 위상에 더욱 관심을 갖는 이유가 바로 여기에 있다.

방리유, 이방인들의 공간

사이드, 빈츠 그리고 위베르가 살고 있는 이러한 공간은 언제 건설되었고, 이들에게 어떠한 의미가 있는가? 제2차 세계대전 후, 프랑스에는 약 400만 호나 되는 주택이 부족했다. 1970년대 초반까지 '영광의 30년'은 엄청난 건설의 시대였고, 결국 오늘날 우리가 보고 있는 방리유가 탄생했다. 프랑스는 왜 이렇게 심각한 주택 위기를 겪게 되었는가? 이민자들을 수용해야 했기 때문인가? 그렇지는 않다. 우리는 제2차 세계대전으로 인한 주택 파괴를 한 가지 원인으로 꼽을 수 있고, 1929년 경제공황으로 인하여 오랫동안 지속된 건설 경기의 위축을 원인으로 간주할 수도 있다. 여기에 덧붙일 것은 이 시기가 대체로 프랑스의 농촌에서 대도시로 많은 사람들이 이주한 때라는 점이다. 결국 대략 400만 호의 주택 부족 사태가 벌어졌다고 평가할 수 있었다. 이러한 상황에서 주지하다시피, 전쟁 직후에는 필요한 재정이나 기술이 충분하지 않았으며, 심지어는 필요한 규정이 결핍되어 주택을 거의 지을 수도 없었다. 1952년에는 단 8만 호만이 지어졌을 뿐인데, 이에 비하여 1972년에는 55만 호가 건설되었다.

건설 분야에서 이러한 두드러진 성장은 기술 분야를 포함하여 프랑스의 근대화 운동의 뚜렷한 업적으로 각인될 수 있었다. 결국 프랑스 사회는 많은 사람의 거주지를 신속히 만들어야 하는 현실에 대응하는 데 성공한 것으로 보인다. 사실, 당시 대규모 건축물들의 건설은 수요에 따른 대응이기도 하지만, 다른 한편으로는 제2차 세계대전 후 도시화라는 국가 계획이 구체화된 결과물이기도 하다. 한데 이 결과물은 반드시 긍정적인 상징으로만 받아들여질 수 없었다. 건설 초기에 이러한 결과물은 사람들에게 매우 잘 받아들여졌다. 1950년대 혹은 1960년대에 적절하고 새로운 편의시설이 제공된 새로운 주택에 들어간 사람들은 평균 연령 33세로 가족을 막 꾸리기 시작한 젊은이들로서 미래가 자신들에게 속한 것처럼 여겨졌을 것이다. 마치 사이드가 파리에서 '세계가 너희에게 속해 있다(Le Monde est à vous)'는 문구를 '세계가 우리에게 속해 있다(Le Monde est à nous)'로 바꾼 후 뿌듯해하듯이 말이다. 1954년에 86퍼센트의 주택이 목욕탕, 샤워실이 없었으며, 20퍼센트는 화장실이 없었다는 점을 기억한다면 더욱 그러할 것이다. 게다가 60년대 이후에는 점차 단조로움, 고독 등이 나타났다. 도시의 건축물들이 손상되고 거주 인구가 노령화되었으며, 무엇보다도 이민자들이 대거 합류하고 있었다. 기존의 대단지들이 점차 빈곤층 거주지로 변했을 뿐만 아니라 정책 실패의 화신으로 나타나기까지 했다. 즉 오늘날 재앙으로 인식되는 도시 모델의 전조가 된 것이다.[3]

이러한 상황에서 새로운 도시계획이 제출되었는데 여기에는 국가의 역할이 결정적이었다. 그렇지만, 드골 대통령 임기 말에는 이 계획이 거의 중단되었고, 퐁피두 대통령 치하에서 알뱅 샬랑동(Albin Chalandon) 장관의 활동으로 새로운 정책이 시행되었다. 즉 국가는 도시계획에서 완전히 손을 떼기로 하고, 민간이 주도하는 자유로운 경쟁 체제가 도입되었다. 모든 규제가 철폐되었으며, 개인 주택을 대규모로 짓게 되어 1977년에 개인주택 23만 채가 건설되었다. 우리의 주인공, 사이드, 빈츠 그리고 위베르가 거주하고 있는 대규모 주택단지가 바로 이렇게 건설되었던 것이다.

사이드, 빈츠 그리고 위베르가 살고 있는 방리유는 사실 이민자들만의 공간은 아니다. 그렇지만 영화 속의 방리유는 이민자들만의 공간처럼 설정되어 있다. 특히 폭력이 난무할 때의 방리유는 '프랑스인들'에게 더욱 그렇게 느껴진다. 마치 프랑스인과 이민자를 구분하는 요소로 설정되어 있는 느낌마저 든다.

이곳은 프랑스인들에게 동물원처럼 보일지도 모른다. 그들은 절대 울타리 안으로 들어가려 하지 않는다. 잘못하면 '사나운 동물들'에게 물릴지도 모르기 때문이다. 이러한 방리유 분위기는 분명 타자에게 두려움을 불러일으키지만 사실 만들어진 장면이기도 하다. 80년대 초반부터 대단지 방리유는 두려운 감정을 불러일으켰고, 이후 10년 동안 이런 감정은 더욱 커져갔다. 도시에서 벌어진 폭력 사태를 묘사한 장면 때문에, 미디어의 상투성에 의해 '조작된' 사회적 이미지 때문에 방리유는 사회질서와 도시 평화에 대한 잠재적 불안 요소로 간주되고 있다. 방송국 카메라맨들이 우리의 주인공들을 인터뷰하려는 장면에서 이러한 사항은 충분히 이해될 수 있다. "여러분들도 어제 시위에 참여했나요?"에 대한 사이드, 빈츠 등의 즉각 반응만으로도 이들이 '조작된' 미디어에 얼마나 큰 반감을 갖고 있는지 충분히 드러난다. "여긴 사파리가 아니야!"라는 사이드의 발언은 방리유 거주자 자신들이 얼마나 타자로 인식되고 있는지를 명확히 보여준다 할 것이다. 반면, 미디어가 대변하고 있는 주류 프랑스인들이 보기에 이러한 반응은 '이민자들의 폭력성, 야만성'을 다시 확인하는 계기가 될 뿐이다.

이처럼 주류 프랑스인들에게는 대단지 방리유의 주민 자체가 두려움의 대상이다. 인종/종교 및 출신지를 기준으로 빈번히 정의되는 방리유의 주민은 일종의 새로운 위험 계급을 대표한다. 청소년 비행은 이런 분위기에 기름을 붓고 사람들은 사회 전복 사태를 우려하기도 한다.[4] 이러한 두려움은 때로 반복되는 사건과 기억에서 유래하는지도 모른다. 도시 주변부에 의해 야기되는 두려움은 우선 역사적으로 반복되는 양상을 띤다. 19세기 나폴레옹 3세 치하에서 시작된 오스만 프로젝트(Hausmannian projects)로 인하여 빈곤층이 도시 주변부에 산재하게 되었고 이에 대하여 부르주아들은 지속적으로 두려움을 느끼게 되었다. 한편, 이 프로젝트는 20세기 초 노동자 계급이 파리 근교에 붉은 벨트를 형성하는 데도 영향을 끼쳤으며, 결국 양차 세계대전 사이에는 노동자들의 밀집 지역인 붉은 방리유(Banlieue rouge)가 위협적으로 인식되었다.[5] 이러한 기억 속에 '영광의 30년'이 상대적으로 저물어가는 즈음, 프랑스 대도시의 방리유들은 무엇보다도 도시 성장을 나타내지만, 다른 한편으로 국내 이주자 및 이민자들에게는 미국의 서부 미개척지를 연상시키는 프런티어와 같았다. 소요 사태가 1981년 여름 론(Rhône) 지방의 멩게트(Minguettes)에서 시작되어 2005년 가을 파리 북쪽 클리쉬-수-부아(Clichy-sous-Bois)에 이르면서 미디어에 드러난 장면은 주류 프랑스인들에게 방리유에 대한 두려움을 상기시키기에 충분했다.

위베르를 위시한 우리의 주인공들은 이 지긋지긋한 동네에서 벗어나고 싶다는 생각을 끊임없이 표출한다. 꼭 구조적 환경 때문만은 아니다. 그들은 방리유의 분위기를 참지 못한다. 사실 구조적인 환경은, 앞에서 언급했듯이, 그리 열악한 편은 아니다. 제2차 세계대전 이후 노동자나 중간계층의 주택난 해소를 위해 방리유에 대규모로 건설된 공영임대주택 HLM은 욕실, 실내 화장실, 중앙난방 등의 편의시설뿐만 아니라 방 2개와 거실, 부엌으로 이뤄진 근대화된 주거 공간으로서, 중간 소득 수준의 노동자 가족이 생활하기에는 그리 나쁜 곳이 아니었다. 그러나 영화에서도 잘 나타나듯 방리유 특유의 분위기 때문에 주류 프랑스인들은 방법만 있다면 그곳을 빠져나가겠다고 생각했다. 1977년 주택 마련을 위한 대출 및 주택 보조금 정책이 수립되자, 재정 안정을 찾은 중간계층은 HLM을 떠나 전원도시로 향했고, 바로 이 공간을 더 가난한 이민 노동자 가족이

메웠다. 그렇지만 이민 노동자 가족인 우리의 주인공들조차 이곳을 빠져나갈 틈을 엿보게 되었다. 대규모 주택단지의 획일화된 공간, 특히 인구 밀집으로 인한 사생활 침해 탓에 처음 HLM에 입주했던 구성원들은 점차 여길 빠져나갈 방법을 모색하는 것이다.[6]

영화를 통하여 방리유의 모습을 더 구체적으로 살펴보자. 영화 속 빈츠의 눈에는 암소가 보인다. 시멘트 정글을 거니는 암소의 모습은 매우 생경하기만 하다. 우리의 눈에 방리유는 경찰과 투석전을 벌이고 있는 '난장판'이어야 할 것 같다. 그러나 난장판이 일어난 다음 날 방리유는 평시 상태로 돌아가 단조로움마저 느끼게 한다. 사이드는 친구를 큰 소리로 부른다. 시끄럽다고 대응하는 이웃의 모습이 정겹다.

영화에 나오는 옥상은 방리유 속의 '방리유'를 상징한다. 이곳은 인종의 도가니인데 한마디로 난장판이다. 다른 한편으로 옥상은 정보를 교환하는 장소이자 타인에게는 출입이 금지된 구역이며, 주민들의 놀이터이기도 하다. 그야말로 작은 방리유이다. "노트르담(의 전망대)에서 배워"서 그런지, 그들은 전망이 좋은 "옥상이 좋다". 하지만 자기네 거주 구역과 마찬가지로 이곳도 안전하지 않다. 경찰은 이들을 목격하고, 한참이나 실랑이를 벌인 끝에 그들을 옥상에서 쫓아낸다. 갈 곳이 없다. 결국은 파리밖에…….

파리는 빈츠의 눈에 보이는, 도심을 거니는 암소만큼이나 이들에게 낯설다. 파리는 방리유와는 비교가 안 될 정도로 안정되고 구도가 잘 짜인 도시이다. 이들에게는 경찰이 자신들에게 존댓말을 하는 것이 생경하지만, 사실은 일상에서 자연스럽다 못해 당연한 일이다. 당연한 일이 이들에게는 당연하지 않은 것처럼 보인다. 프랑스식 이름과 이들의 외모가 자연스럽지 못한 것처럼, 이들이 파리의 갤러리에서 천박스럽고 소란스럽게 구는 것은 파리지앵에게는 더욱 자연스럽지 못한 행동으로 보였다. 이들에게 자연스러운 것은 자동차 절도 과정에서 술주정뱅이가 자신들을 도와주는 것 정도이다. 그만큼 이들은 꽉 짜인 공간 속으로는 좀처럼 후비고 들어갈 수가 없다. 심지어는 백인들만이 사는 아파트 건물 속으로도 쉽게 들어가기 힘들다. 그나마 백인과 외모가 흡사한 유대인 빈츠가 인터폰을 누르는 것이 다소 자연스럽고 성공할 확률이 있다는 데 사이드도 공감한다. 이처럼 방리유의 청년들에게 파리와 방리유는 다르다. 그냥 다른 게 아니라 전혀 다르다.

주인공들은 방리유에서는 주인 행세를 했다. 기자들에게 욕을 하고, 경찰에게 대들기도 했는데 웬일인지 파리에서는 주눅이 든다. 사이드와 위베르는 경찰에 잡혀 온갖 수모를 다 겪는다. 존댓말까지 하던 파리의 경찰은 이들 방리유 거주 사람들을 갑자기 험악하게 대한다. 경찰이 파리지앵을 대변하여 이들에게 폭력적인 면을 유감없이 드러낸 것 같기도 하다. 파리와 방리유가 계속 대비된다. 적어도 이들에게는 그렇다. 방리유에서 노련하게 굴던 이들이 파리에서는 갑자기 얼떤 '신입생'이 되고 마는 것이다. 이는 스누피와 만나는 데서 이미 확연하게 밝혀졌다. 스누피에게 다가서기도 어려웠지만, 그가 사는 집에 들어가자마자 주눅이 들었다. 위베르의 집, 빈츠의 집이 대변하는 방리유에서는 결코 보지 못했을 화려함을 접한 것이다. 빈츠가 총을 가졌다며 이 파리지앵에게 위세를 떨쳐보려 했지만, 이 또한 쉽지 않다. 총은 방리유 거주 사람들에게는 과분했나보다. 결국 자신의 생명을 앗아가는 도구가 되었을 뿐이다. 방리유와 파리의 차이는 위베르가 집에 돌아와 그곳을 떠나고 싶다고 말한 데서 명확해진다. 방에서 마약을 하는 위베르는 잠시나마 현실을 떠나 자신이 파리지앵이 되는 꿈을 꾸려 하는 듯하다.

파리지앵의 차별과 이방인의 대응

영화는 공권력을 행사하는 자를 차별의 대표적인 가해자로 내세우지만, 반드시 그렇지는 않다. 평범한 파리 시민들의 이방인들에 대한 심리 상태도 잘 보여주고 있다. 그뿐만 아니라 이방인들의 주류 프랑스인에 대한 증오도 만만치 않다.

인종차별의 극치는 사이드와 위베르가 경찰에 구속되었을 때 나타난다. 프랑스 경찰의 고문은 "우린 누가 보호하는데?"라고 묻는 위베르를 마치 비웃는 듯하다. 경찰이 하는 말은 그야말로 생물학적 인종주의의 극치이다. 흑인인 위베르에게 "발을 써보시지! 네 고향에서는 자주 그런다며?"라고 말하는데 마치 흑인을 야자수 따는 원숭이 정도로 비하하는 행위로 보인다. 아랍계인 사이드에게는 "사이드가 프랑스인 이름인가?"라고 말함으로써 주류 프랑스인이 아닌 이방인에게 모욕감을 준다. 2008년 가을 프랑스에서는 아랍인들이 기존 프랑스식 이름을 다시 아랍식 이름으로 개명하려는 움직임이 나타났다.[7] 비록 차별을 피하기 위해서는 아랍식 이름을 프랑스식 이름으로 개명할 필요가 있다지만, 외모, 종교와 어울리지 않는 프랑스식 이름은 정체성의 혼란만을 가져왔기 때문일 것이다. 하지만 영화가 만들어진 1990년대 중반의 상황은 여전히 이들의 아랍식 이름이 문제되는 시기이다. 갤러리에서 물의를 일으킨 후, 훔친 지갑 속의 신용카드를 내보이며 택시를 잡지만 택시기사가 하는 말은 "네 이름이 어떻게 다비드(David)가 될 수 있는가?"이다. 즉 말도 안 된다는 듯, 이들 주인공을 무시하고 그냥 가는 택시기사는 전형적인 주류 프랑스인의 모습을 보여준다. 경찰은 사이드라는 이름을 문제 삼고, 길거리의 택시기사는 다비드라는 이름을 문제 삼는다. 사이드는 그야말로 혼란스럽다. 이민자들이 처해 있는 난처한 입장을 잘 보여준다고 하겠다.

이러한 주류 사회의 차별에 가장 적개심을 표출하는 자는 의외로 유대인인 빈츠이다. 얼핏 생각하기에 새로운 이민자인 흑인이나 마그레브인들이 훨씬 더 주류 프랑스인에게 분노를 표출할 것 같지만, 영화 〈증오〉에서 가장 분노하는 자는 유대인 빈츠이다. 빈츠가 하는 말 한마디 한마디는 주류 프랑스 사회에 대한 증오를 넘어서는, 그야말로 원초적인 분노의 표출이다. 일단 빈츠가 더 이상 유대인 공동체에 속하기를 거부하는 인물로 영화에서 묘사되기는 한다. 빈츠는 할머니가 말하는 "머지않아 유대회당도 안 나갈!" 인물인 것이다. 그렇다고 하더라도 그는 유대인 공동체의 일원이며 다른 사람들도 그를 유대인으로 간주하고 있다. 단지 우리가 일반적으로 생각하는, 탄압받고 굴종하는 유대인의 모습을 전혀 찾아볼 수 없을 뿐이다. 처음 경찰이 총을 분실했다는 방송이 나오자, 자신이 그 총을 주웠음에도 불구하고 "누가 주웠는지 몰라도 부자 동네에 갈겨버렸으면 좋겠다"는 말을 서슴지 않는다. 그후 자신이 총을 주웠다고 친구들에게 말하고는 총을 습득한 이유에 대해 "경찰을 죽여서 본때를 보이려고"라고 대답하는데, 말이 씨가 된다고 그런 일이 벌어지고 만다. "어떻게 경찰과 악수를 할 수 있어"라고 말할 정도로 기존 체제에 대한 불신을 강하게 표출하는 유대인 빈츠는 이 영화의 수수께끼이다. 빈츠의 눈에 공무를 집행하는 경찰, 즉 기존 권력은 파시스트이다. 경찰을 사살하는 환영까지 보는 빈츠의 심리 상태를 우리는 어떻게 이해해야 할까? 세 주인공 가운데 누구보다도 체제 저항 의식이 강한 빈츠, 그가 바로 유대인이니 말이다. 유대인의 정체성, 유대인의 체제 부정적 성격을 어떻게 설명할 수 있는가?

사이드와 위베르가 체제에 가볍게 분노하는 것이 오히려 이상할 정도이다. 시위 다음 날 기자들이 그들에게 전날 상황에 대해 질문하자 가장 격하게 반응한 자가 사이드이다. 사이드는 이처럼 감정적이지만 위베르는 냉철하게 생각하는 인간이다. "놈들은 우리를 쓰레기 취급해"라는 말을 함으로써 당시의 분위기나 2005년 가을 이민자 소요 당시 "쓰레기"가 휘날리던 때나 비슷한 상황임을 보여준다.[8] 위베르는 "증오는 증오를 낳는다." "경찰 한 명 죽인다고 경찰이 다 없어지는 것은 아니야!"라는 말로 자신의 냉철함을 과시한다.[9] 그는 시위가 있던 다음 날에도 복싱에 몰두했고, 빈츠가 총을 갖고 있는 것도 부정적으로 보았다. 그렇지만 빈츠의 죽음으로, 위베르의 신념은 산산이 깨지고 만다. 위베르의 살기 어린 눈빛과 독백, 초시계 소리…… 겁에 질린 사이드는 눈을 감는다. 총성이 울려 퍼진다. 모든 문이 닫혀버려 캄캄해진다. 위베르처럼 이성적으로 대처하는 것만이 해결책은 아니라는 생각이 든다. 빈츠가 그렇게 허무하게 죽어가듯, 사이드가 눈을 질끈 감아버리듯, 이 현실을 어쩔 수가 없다. 그들은 젊고 혈기왕성하지만 사회는 이들에게 기회를 주지 않는다. 이 세 주인공에게는 미래가 없다.

이처럼 이 영화의 주인공 중에서 가장 냉철하게 이성적 판단을 내린다고 생각되는 위베르도 자신의 현실에 안주하지 않고 벗어나려 했으며, 마지막 순간 사회에 대한 증오를 넘어 분노가 폭발한다. 이들이 프랑스인으로 살아간다는 느낌은 어디서도 찾아볼 수 없다. 주류 사회의 차별에 대한 이방인들의 반응은 이처럼 매우 다양하다. 위베르가 온건파의 대변자라면, 유대인 빈츠는 가장 강경한 자들을 대변한다.

이방인 상호 간의 관계

이 영화의 주인공은 전혀 어울리지 않는 세 사람이다. 아랍인을 대표하는 사이드, 흑인을 대표하는 위베르 그리고 유대인을 대표하는 빈츠, 이들이 어떻게 단짝일 수 있을까? 잘 알려져 있다시피 유대인과 아랍인은 상식적으로 전혀 어울릴 수 없는 사이이다. 특히 1987년 1차 인티파다, 2000년 2차 인티파다를 겪으면서 양자의 관계는 더욱 악화되었다. 이 영화가 상영된 시점인 90년대 중반에도 이러한 분위기는 크게 다르지 않았을 것이다. 그뿐만 아니라 흑인과 유대인, 흑인과 아랍인도 썩 잘 어울리는 짝은 아니다. 그럼에도 불구하고 이들 셋은 방리유라는 공간을 배경으로 항상 영화의 화면을 점령한다.

이 영화가 개봉된 1990년대 프랑스 내 외국인 비율은 대략 6.5퍼센트로 이는 1931년 외국인 비율과 거의 같다. 그렇지만 구성원의 성격은 여러 면에서 다르며, 두 기간 사이에 여러 변화가 나타났다. 우선 1945년 이래 이민자의 출신 지역의 변화를 꼽을 수 있다. 즉 유럽의 이민자들이 북서 아프리카 지역인 마그레브와 사하라 사막 이남의 검은 아프리카에서 온 이민자들로 대체되었다는 것이다. 다음으로 지적할 것은 1950년대의 노동 이민이 이주 이민에 자리를 내주었다는 점이다. 과거에는 독신자로 프랑스에 왔다가 다시 자국으로 돌아가는 양상을 띠었으나 이제 가족을 동반한 이민이 일반화되었다. 마지막으로는 통합의 문제가 프랑스에서 태어난 2세들에게 제기된다는 점을 들 수 있다. 같은 이민자이지만, 유럽계 백인 이민자와 아랍계 이민자 혹은 검은 아프리카 출신 흑인 이민자는 통합 문제에 부딪혔을 때 서로 다르게 반응할 수 있다. 더욱이 이들 '유색인종' 2세대에게 실업이 늘 따라다니는 고질적인 문제라는 것은 매우 잘 알려진 사실이다. 이러한 이민자 2세대의 주변화 경향은 도시 근교와 같은 불안정한 지대를 늘려가고 있으며, 최근의 현상에서 보듯이 폭력이 학교, 공공 교통수단 그리고 사유재산 영역으로 확대되고 있다. 빈곤, 교육 실패를 초래하는 도시의 황폐화 문제를 해결하기 위하여 국가가 적극적인 정책을 펼칠 필요가 있지만, 여기에는 시간, 자금, 확고한 의지가 필요하다. 그렇지만, 아직까지 우리의 주인공들에게는 요원한 일로 보인다.

사실, 이 영화를 통하여 각 '인종'을 대표하는 세 사람의 특별한 관계 설정을 모두 파악해내기란 쉽지 않다. 설사 이를 파악해낸다고 하더라도 이는 특정 인종 사이의 관계라기보다 사이드, 위베르 그리고 빈츠라는 개인의 관계에 머물 개연성이 높다. 그럼에도 불구하고 우리는 영화를 통하여 상호 간의 인식을 일부분 훔쳐볼 수 있다. 예를 들어, 사이드가 여동생에게 빈츠에 대해 이야기하면서, "그놈은 뱅상이 아니라 빈츠야!"라고 말하는 장면을 생각해보자. 뱅상(Vincent)은 프랑스식 표기인 데 반해, 빈츠는 뱅상의 유대식 표현이다. 사이드의 발언은 비록 무의식 차원일지 몰라도 여동생의 친구로 주류 프랑스인을 선호한다는 느낌을 강하게 풍긴다. 빈츠의 "아랍놈!"이라는 말도 아랍인 비하 발언이고, 사이드가 위베르에게 하는 "너는 초코 우유를 마시지 않아도 되겠구나"라는 말도 흑인 비하 발언이다. 비록 이들이 공히 주류 프랑스인들을 증오하지만, 그들 상호간에도 서로를 충분히 비하하고 있음을 숨기지 않는다. 한편, 파리에서 스누피 집를 찾기 위해 인터폰을 누를 때 사이드는 흑인인 위베르나 아랍계인 자신보다는 백인으로도 볼 수 있는 빈츠가 인터폰을 통해 사람을 찾는 편이 더 낫다고 판단한다. "네(빈츠)가 해봐. 흑인(위베르)이나 나(사이드)보다는 네가 낫다." 혹시 인터폰을 잘못 눌렀다고 할지라도, 집주인이 백인인 스누피를 찾는 이들로 대할 것으로 생각되기 때문이다. 사실 외모나 그들의 부모가 겪은 역사적 희생으로 인하여 유대인들이 아랍인이나 흑인에 비해 상대적으로 혜택을 누린다는 점은 부인하기 어렵다. 앞서 언급한 대로, 프랑스 사회에서 반유대주의 행위는 반아랍 혹은 반흑인 행위보다 더 큰 사회문제가 될 수 있고, 크게 비난받을 수 있다는 점을 강조할 필요가 있다.

이방인의 절망과 희망

지금까지 우리는 사이드, 빈츠 그리고 위베르를 중심으로 전개되는 증오의 현장을 살펴보았다. 이제 이들의 증오는 어디로 향하며, 어떻게 해소할 수 있는지 영화의 몇 장면을 보며 함께 검토해보자.

이 영화는 '수줍은' 이민 1세대보다는 자신의 정체성을 드러내려는 이민 2세대들이 주인공이다. 영화의 주인공들은 학교도 직장도 안 다니는 사람들로 현재의 이민자 2세대의 상황이 대개 이러하다. 영화를 만든 지 15년이 넘었지만, 이들의 상황은 그때와 별반 달라지지 않았다. 높은 실업률은 사회에 대한 증오로 표출된다.

영화 〈증오〉는 갈등을 해소할 비책을 제시하지는 않는다. 다만 주류 프랑스인과 이들의 갈등이 얼마나 심각한지, 또 어떻게 표출되고 있는지를 보여줄 뿐이다. 영화에서 대화의 절반이 욕설과 외설적인 내용으로, 방황하는 이 젊은 영혼들에게 중요한 것은 차별에 저항하는 투쟁 의식도 아니다. 또 현재의 암울한 현실로부터 탈출하려는 움직임도 아니다. 이들은 단지 친한 동료 압델 이차하가 경찰에 끌려가 고문당하고 마침내 죽어간

데 분노를 표출하고, 복수를 다짐하며 시간을 낭비하고 있을 뿐이다. "세상은 당신들의 것"인가? "세상을 우리들의 것"으로 바꾸고 싶은 마음이야 간절하지만, 현실은 그리 녹록지 않다. 어떻게 살아가야 하는가? 프랑스에 철저히 동화되면 모든 문제가 해결되는가?

그나마 주인공들 중 중재자의 입장에 서 있다고 생각되는 위베르의 관점에서 이 문제를 바라보자. 위베르는 갈등한다. "아직은 괜찮은지" 아니면 이 방리유를 "벗어나야 하는지". 2년 동안 차근차근 돈을 모아 차려놓은 체육관이 '어젯밤' 시위로 불에 타 없어져버렸다. 여길 정말 떠나고 싶다. 그렇지만 가족의 생활 여건 때문에 주저할 수밖에 없다. 형은 감옥에 있으며, 여동생은 공부에 몰두한다. 또한 자신의 앞날을 걱정하는 어머니가 있다. 비록 가족의 생계를 위해 마약 거래를 하지만, 위베르가 그렇게 반사회적 인물은 아니다. 파리로 올 때 눈에 비친 첫 문구가 "세상은 당신의 것이다"라는 간판이다. 눈을 꼭 감으며 속으로 무슨 생각을 했을까? 아마도, 영화의 처음, 중간 그리고 마지막에 거듭 "아직까진 괜찮아, 아직까진 괜찮아……"를 되뇌는 장면에서 보듯이 다시 한 번 이 말을 반복하고 있었는지도 모르겠다. 그렇지만 프랑스 사회는 이러한 위베르도 가만 놓아두지 않는다. 나름 이성적 태도를 보이던 위베르마저 경찰의 폭력과 압델의 죽음, 민족전선 추종자인 스킨헤드의 공격으로 인해 프랑스 사회와 이민자의 중재자 역할을 포기하고야 만다.

감독은 영화의 한 장면을 통해 우리들에게 이들의 결정을 미리 암시한다. 주인공 세 명이 파리에 처음 도착하여 공중 화장실에 들렀을 때, 이들은 뚜렷한 이디시어(Yiddish) 액센트를 사용하는 유대인 영감과 맞닥뜨린다.[10] 그는 시베리아에서 기차에 올라타지 못하고 동사한 자신의 동료 그룬발스키(Grunwalski)라는 사람에 관한 이야기를 했다. 시베리아 강제 노동 수용소로 가는 기차가 잠시 멈춘 사이 재빨리 용변을 보고 올라타야 했지만, 수줍음 때문에 남들이 없는 곳에서 용변을 보려고 멀리까지 갔던 그룬발스키는, 바지를 올려 입고는 도저히 시간에 맞추어 기차에 올라탈 수가 없었다. 영감이 손을 내밀었지만 그룬발스키는 수줍음 때문에 바지를 올려 입으려 노력했고, 결국은 영감의 손을 잡지 못하여 기차를 놓쳐 버리게 되었다. 손을 잡으려 하면 바지가 내려갔고, 바지를 다시 올려 입으려 하면 영감의 손을 놓치게 되는 상황에서, 그는 체면을 차리려다 기차에 올라타지 못한 것이었다. 기차는 그룬발스키를 기다려주지 않았다.

이는 무엇을 암시하는가? 필자가 읽은 비평에서 필자들은 이 장면을 주로 홀로코스트 문제와 연결하는 데 만족했다. 이 기차가 사실은 절멸 수용소로 가는 기차인데 의미가 잘못 해석되어 시베리아 강제 노동 수용소 행 기차로 표현되었다고 지적하거나, 아니면 스탈린 치하 폴란드 유대인들이 러시아 노동 수용소로 보내짐으로써 이들 대부분이 살아남을 수 있었던 생존의 기회를 제공한 기차라고 해석하는 식이다. 그렇지만, 필자는 이 장면이 단지 빈츠와 관련된 유대인의 운명을 해석하는 데만 사용되었다고 보지 않는다. 이 장면은 감독에 의해 이민자들의 동화 문제를 암시하는 데 이용되었을 수 있다. 즉 기차에 올라타는 것은 프랑스 주류 사회에 합류하는 것을, 내미는 손을 잡지 못한 것은 곧 기존 사회에서 낙오되는 것을 의미한다고 볼 수 있겠다. 그룬발스키는 어떻게든 바지를 올려 입으려 노력했는데, 이는 자신의 체통, 즉 모국의 전통, 문화를 중시한다는 것을 의미할 수 있다. 그는 결국 주류 사회에 동화되지 못했다. 영감의 이야기를 주인공 세 명은 알아듣지 못했다. "왜 저런 이야기를 하지?"라고 말하는 사이드의 표현에서 보듯이 말이다. 영화에서처럼 사이드, 빈츠, 위베르로 대표되는 이민자들과 주류 프랑스인의 간극은 그만큼 넓다.

영화는 기존 사회에 대한 이민자들의 증오를 말한다. 동시에 이민자들이 프랑스 사회에 합류할 것을 권고한다. 이에는 기존 이민자들뿐만 아니라 유대인의 경우도 포함된다. 영화의 주인공에 유대인이 '어설프게나마' 포함된 것이 이를 방증하는 게 아닐까? 그럼에도 위베르의 죽음을 암시하는 마지막 장면에서 울린 총성이 귓전에서 사라지지 않는다. 프랑스 사회의 상호 증오는 언제까지 지속될 것인가?

부록

관련 연표

1853년	나폴레옹 3세의 지시에 따라 오스만 남작이 파리의 도시개발을 시작하다.
1860년	파리의 20구 체제가 완성되다. 현재 파리와 방리유의 경계가 형성되다. 오스만의 도시개발로 파리 도심에서 밀려난 노동자 및 도시 빈민이 파리 외곽에 정착하다.
1890년	프랑스 거주 이민자의 숫자가 100만 명에 이르게 되다.
1911년	인구조사를 기준으로 프랑스에는 약 116만 명의 외국인이 거주하게 되다.
1931년	프랑스 전체 이민자 수가 약 270만 명에 육박하다.
1932년	경제위기로 외국인 노동자의 유입을 통제하는 법이 상정되다. 노동허가증이 없는 외국인들이 본격적으로 추방되기 시작하다.
1945년	제2차 세계대전이 끝나다. 전후 약 440만 호의 주택 부족 사태를 겪다. 전쟁의 여파로 프랑스에서 외국인 노동자는 약 170만 명으로 감소하다.
1952년	단지 8만 호의 주택이 건설되다. 1972년 55만 호의 주택이 건설

되면서 주택 공급이 증가하다.

1975년 프랑스에 거주하는 외국인이 약 340만 명으로 집계되다.

1981년 론 지방의 이민자 주거지 멩게트에서 소요 사태 발생하다. 언론에 처음 주목받은 이민자 소요 사태로 기록되다.

2005년 파리 근교 클리쉬-수-부아에서 발생한 이민자 가정 출신 청소년 사망 사건으로 소요 사태 발생하다.

개념어 설명

방리유 사건 2005년 10월 27일, 경찰의 검문을 피해 도망치던 17세와 15세 소년이 죽는 사건이 발생했다. 그들의 친구인 17세 소년은 심한 부상을 당했다. 파리 북쪽 근교의 클리쉬-수-부아에서 살았던 이들은 운동장을 찾아 이웃 동네에 갔다가 돌아오는 길에 절도 사건의 용의자들을 검거하기 위해 출동했던 경찰의 검문을 피해 도망쳤다. 경찰이 소년들을 추적하자 이들은 변전소에 숨었다가 사고를 당한 것이었다. 이 소년들은 늘 그랬듯이 신분증을 소지하지 않았다는 이유로 경찰서에서 장시간 조사를 받아야 한다는 두려움에 도망친 것이었다. 이 사고 직후 경찰은 소년들이 공사장에서 물건을 훔친 절도 용의자였다고 주장했으나, 아무런 증거도 제시하지 못했다. 즉 경찰은 아무런 증거도 없이 소년들을 용의자로 간주했고, 변전소 근처에서 소년들이 사라졌음을 인지하고도 안전을 위해 아무런 조치도 취하지 않았던 것이다. 경찰이 소년들을 무리하게 추적했던 이유는 바로 이들이 이민자 2세대 청소년들이었기 때문이다.

클리쉬-수-부아 지역에 사는 이민 2세대 청소년들은 이 사건에 즉각 항의했다. 이들이 불만을 품은 이유는 '방리유'라고 불리는 파리의 외곽 지역에서 이민자 차별이 만연해 있었기 때문이다. 이들은 프랑스에서 태어나, 프랑스어를 말하는 프랑스인이었으나, 주로 프랑스 식민지였던 아프리카 출신의 부모를 두고 있었다. 또 그들의 종교는 이슬람이었다. 이들은 법률적으로 프랑스인인 자신들이 누려야 할 국민의 권리를 인정하지 않고 잠재적인 범죄자 취급을 하면서 차별하는 상황에 분노했다. 이들이 분노를 표출하는 방법은 자동차를 불태우는 것이었고 부리나케 공화국 기동경찰대가 출동했다. 그러나 1980년대 이래로 유사한 사건이 발생할 때마다 그랬듯이, 방리유의 청소년들은 자동차 방화에서 침묵시위로 저항 방식을 바꾸면서 사태는 진정되는 듯했다. 하지만 내무장관 니콜라 사르코지의 발언은 상황을 악화시켰다. 공개적으로 경찰의 무죄를 주장했던 것이다. 그는 10월 30일 저녁 뉴스를 통해, "경찰의 추격은 없었다. 이에 대한 증거는 경찰들이 이 사건이 발생하기 20여 분 전에 다른 연행자들과 경찰서에 돌아와 있었다는 것이다……"라고 주장하면서, 사실관계에 대한 논쟁을 불러일으켰다. 이에 항의하기 위해 클리쉬-수-부아 지역에서 청소년들이 다시 모이기 시작했다. 특히 정체불명의 최루탄이 이슬람 사원 근처에서 터지는 사건이 발생하자, 사태는 더욱 확대되었다.

이러한 상황에서 내무부장관이 차별에 저항하는 청소년들을 '쓰레기 같은 범죄조직'이라고 비난하자 이 발언이 인터넷을 통해 빠르게 퍼지면서 자동차 방화를 통한 이민 2세대 청소년들의 저항은 주변 지역으로 빠르게 확산되었다. 11월 초를 지나면서 자동차 방화는 인접 지역인 센-생-드니 지역으로 확대되었으며, 파리를 둘러싼 모든 방리유 지역에서 수많은 자동차가 화염에 휩싸였다. 결국 노동자, 이민자들의 집단 주거지가 형성된 지방 대도시의 방리유까지 같은 형태의 방화가 확산되었다. 마르세유, 리옹, 툴루즈, 보르도, 릴, 낭트, 디종, 스트라스부르, 렌느, 오를레앙 그리고 루앙 등 전국의 주요 도시에서 연대를 표하는 이민자 2세대 청소년들이 자동차를 불태웠다. 이 사태의 정점으로 기록된 11월 7일 하루 동안 전국적으로 총 1408대의 자동차가 불에 탔다. 결국 11월 8일, 프랑스 정부는 국가비상사태를 선포하기에 이르렀다. 하지만 이러한 조치에도 불구하고 11월 15일과 16일 양일간 전국적으로 총 380여 대의 자동차가 방화로 파손되었으며, 11월 17일 국가비상사태가 종료되었음에도 불구하고 경찰은 총 98대의 차량이 파손되었다고 발표했다. 내무부 보고서에 의하면 21일간 총 9193대의 자동차가 파손되었다. 이 과정에서 전국적으로 2921명이 연행되었으며, 56명의 경찰이 부상을 당했다. (《호모 미그란스》 제11호 〈개념어 사전〉의 내용을 옮김.)

더 읽을거리

김승민, 〈영화 '증오'와 프랑스 사회의 이민자 문제〉, 《한국 프랑스학 논집》 66집(2009. 5).

박단, 〈영화 '증오'를 통해 본 프랑스의 이방인들〉, 《프랑스사 연구》 20호(2009. 2).

박단, 《프랑스공화국과 이방인들》(서강대출판부, 2013).

신동규, 〈프랑스 방리유 이민 2세대 청소년들의 사회적 저항과 국가의 대응〉, 《역사와 담론》 60집(2011. 12).

엄한진, 〈프랑스 이민 통합 모델의 위기와 이민 문제의 정치화: 2005년 '프랑스 도시 외곽 지역 소요 사태'를 중심으로〉, 《한국 사회학》 31집(2007. 6).

이기라·양창렬 외, 《공존의 기술》(그린비, 2007).

이송이, 〈정체성과 혼종성, 게토와 유토피아 사이의 방리유(banlieue): 〈증오(La Haine)〉, 〈국외자들(Bande à part)〉를 중심으로〉, 《프랑스학 연구》 48권(2009).

주

1. *Le Nouvel Observateur* du 15 décembre 2005.
2. Ginette Vincendeau, *La Haine*(Urbana and Chicago: University of Illinois Press, 2005), p. 16.
3. François Chaslin, "Fallait-il construire Sarcelle?" *Histoire*, n. 192(octobre, 1995), p. 40~41.
4. Henri Rey, "La peur des banlieues", Philippe Dewitte, s. d., *Immigration et intégration l'état des savoirs*(Paris: Editions la découverte, 1999), p. 274. Ibid.
5. Amy Siciliano, "La Haine: Framing the 'Urban Outcasts'", *ACME: An International E-Journal for Critical Geographies*, Vol. 6, No. 2(2007), p. 215.
6. Pierre Merlin, *Les banlieues*(Paris: PUF, 1999)〔양창렬, 〈시테의 야만인〉, 이기라·양창렬 외, 《공존의 기술》(그린비, 2007), 73쪽에서 재인용〕.
7. 〈내일신문〉, 2008년 12월 5일.
8. 사르코지 당시 내무부장관이 이민자 청년들을 쓰레기라고 표현함으로써 2005년 가을 소요 사태가 더욱 격화되었다. 박단, 〈2005년 프랑스 '소요 사태'와 무슬림 이민자 통합 문제〉, 245쪽 참조.
9. Yosefa Loshitzky, "The post-Holocaust Jew in the age of postcolonialism: *La Haine* revisited", *Studies in French Cinema*, vol 5, No. 2(2005), p. 140.
10. 필자는 영화를 통해서는 그가 유대인인지 알 수 없었지만, 아래 논문의 필자는 이 영감이 사용하는 액센트를 통해 '유대인'으로 규정할 수 있었다. Yosefa Loshitzky, "The post-Holocaust Jew in the age of postcolonialism: *La Haine* revisited", *Studies in French Cinema*, vol 5, No. 2(2005), p. 138.

〈불안은 영혼을 잠식한다〉를 통해 본 두 세계의 간극 05

이주민, 독일 사회 그리고 '그들만의 세상'

이선희

1970년대 독일 사회의 외국인 노동자

라이너 베르너 파스빈더(Rainer Werner Fassbinder, 1945~1982)의 영화 〈불안은 영혼을 잠식한다〉는 남녀의 사랑이라는 멜로드라마 형식을 띠고 있다. 영화는 60대 과부인 에미가 비가 많이 내린 탓도 있지만 어디선가 흘러나오는 이국적인 음악에 이끌려 낯선 술집에 들어서는 장면으로 시작된다. 그곳에서 에미는 모로코에서 온 외국인 노동자 알리를 만난다. 에미는 알리와 춤을 추고 같이 집으로 간다. 비가 그치기를 기다리며 에미가 사는 건물로 들어간 둘은 대화를 나눈다. 비가 그치지 않자 에미는 알리에게 함께 커피를 마실 것을 제안한다. 대화가 이어지고 에미는 밤이 늦었으니 자고 가라고 권한다. 잠들지 못하는 알리는 에미의 방으로 간다.

이 영화는 1973년 촬영을 시작하여 1974년 일반에게 공개되었다. 영화가 제작된 1970년대 초반 독일 사회는 1972년 뮌헨 올림픽과 1973년 오일쇼크를 겪으면서 아랍 사람들에 대한 부정적 인식이 형성되고 경제적으로 위기위식이 높아져가던 시기였다. 1972년 9월 뮌헨에서 개최된 하계 올림픽은 전 세계에 평화 축제를 보여주려 했다. 1936년 나치 체제 아래 있던 베를린에서 열린 올림픽의 기억을 넘어 전 세계에 개방적이고 평화를 지향하는 독일 사회를 보여주고 싶어 했던 것이다. 그러나 5일 새벽 팔레스타인 테러 단체 소속 무장 괴한들이 선수단 숙소에 침입하여 이스라엘 선수들 중 아홉 명을 인질로 삼는 사건이 발생했다. 화합과 평화의 장이 되길 바랐던 뮌헨 올림픽은 인질 구출 과정에서 인질 전원과 다섯 명의 무장 테러리스트, 한 명의 독일 경찰이 사망함으로써 대참사로 끝나게 된다. 이 사건을 통해 아랍 국가, 아랍 사회, 아랍인에 대한 독일인의 인식이 바뀌게 된다.

1970년 대 초반 독일은 이주와 이주민에 관한 주제가 사회의 주요 문제로 등장하는 시기는 아니다. 하지만 이후 독일 사회가 이주민 정책을 추진하면서 접하게 되는 다양한 문제와 이주민에 대한 인식의 싹이 형성되는 시기였다. 영화는 별개의 두 집단이 서로 어울리지 못하고 '그들만의 영역'에서 분리되어 공존하며 소통의 결여로 인한 편견과 오해가 존재하는 현실을 보여준다.

이 영화는 어울리지 않는 남녀의 사랑이라는 멜로드라마 형식을 취하면서 이주민에 대한 독일인들의 편견과 차별을 고발하는 사회비판적 시각을 보여준다. 등장인물들의 대사는 외국인 노동자라는 낯선 존재가 독일 사회에 유입되었을 때 독일 사회가 이들을 어떻게 인식하고 대응하는지를 파악하는 데 좋은 자료를 제공한다. 1950년대 후반 독일 정부와 협약을 맺어 입국한 외국인 노동자들은 이주보다는 노동이 목적이었다. 영화의 시대적 배경인 1970년대 당시의 외국인 노동자들 역시 이주가 주목적이 아니었으나 독일 체류가 길어지면서 현지에 정착하게 된다.

외국인 노동자들에게 독일인들은 다양한 태도를 보인다. 스펙트럼의

층처럼 사회적 지위 또는 개인적 성향에 따라 편견에 따른 악의적 언사를 퍼붓기도 하고 호의적이고 호기심에 찬 관심을 보이기도 하며 잠재해 있던 차별적 성향을 표출하기도 한다. 또 독일 사회로 유입된 외국인 노동자는 이러한 환경 속에서 어떻게 살아가는지도 관찰할 수 있다.

이 영화의 감독 파스빈더는 1960년대 독일 영화계의 새로운 흐름을 주도한 뉴 저먼 시네마의 주역 중 한 사람으로 평가받고 있다. 짧은 생애 동안 직접 각본을 써서 텔레비전 시리즈를 포함, 39편의 장편 영화를 만든 작가주의 영화의 대표 주자였다.[1] 그러나 평탄하지 않은 어린 시절과 사회 부적응 정서와 동성애 성향의 사생활이 언론에 노출되고 자신의 영화에 묘사되면서 당시 영화계와 문화계의 총아와는 거리가 먼 '별종'으로 취급받은 존재였다. 그러나 사후에 천재로 재평가받으며 그의 영화들도 새로운 시각에서 재조명되고 있다.

1970년대 말 파스빈더는 함부르크 출신으로 할리우드에서 활동하던 더글러스 서크의 작품을 접하게 된다. 서크의 영화 〈순정에 맺은 사랑(All that heaven allows)〉에서 멜로드라마의 모티브를 차용했지만, 더 나아가 영화에서 나이 많은 백인 여성 에미와 그녀보다 어린 모로코 출신 외국인 노동자인 알리의 사랑을 지켜보는 사회의 편견을 드러내려 했다. 두 주인공 외에 이들을 둘러싼 주변 환경은 단순한 배경 이상의 조연 역할을 담당한다. 파스빈더는 이 영화로 대중적인 성공을 거두었지만 영화가 완성되었을 때 영상위원회는 동화적인 성격을 띤 순진한 사회 드라마[2]라는 평가를 내렸다. 그러나 1970년대에 만들어진 이 영화는 현재 많은 이주사회가 경험하고 있는 사회문제들의 맹아를—또는 현재에도 진행되고 있는—관찰할 수 있다는 점에서 높이 평가할 만하다.

사회 주변인들이 인식하는 외국인 노동자

에미는 알리와의 만남 이후 동료와 가족들에게 외국인 노동자에 대해 의견을 묻는다. 주변의 인물들, 즉 직장 동료, 가족과 동네 이웃들은 대개 사회 하층에 속하는 사람들이다. 이들이 나누는 대화는 외국인 노동자를 대하는 독일 하층민의 보편 정서의 한 면을 보여준다.

프리다 더럽고 시끄러운 돼지들. 그들이 어떻게 사는지 봐. 온 가족이 한 방에 살아. 돈만 밝히는 사람들이야.

에미 아마 적당한 집을 찾지 못했을 거야.

파울라 무슨 소리. 그들은 욕심이 많아. 그거야. 탐욕스럽고 더러운 돼지들. 게다가 하루 종일 머릿속으로 여자 생각밖에 안 해.

에미 그렇지만 그들은 일을 하잖아. 일을 하니까 여기 있는 거지.

헤드비히 당치않은 소리. 역에 가서 봐봐. 시끄러운 불량배들. 아무도 일을 하지 않아.

파울라 맞아. 그들은 여기서 우리들의 비용으로 살아가고 있어. 신문을 봐봐. 매일 강간 같은 것이 실려 있지.

이들의 생각에 의하면 외국인 노동자들은 더럽고 탐욕스러우며 돈만 밝히는 사람들이었다. 이들은 외국인 노동자들이 일하지 않고 독일인들이 내는 세금으로 살아가고 있다고 믿는다. 이는 현실에서 직접 체험한 바에 의해 형성되었다기보다 언론이 전하는 부정적인 이미지와 선입견을 그대로 받아들인 결과였다.

에미는 딸의 집을 방문했을 때도 외국인 노동자에 대해 묻는다. 사위는 외국인 노동자에 대해 아예 말도 꺼내지 못하게 하고 그들을 돼지라고 비난하면서 외국인 노동자란 보이지 않는 공기 같은 존재라고 말한다.

에미 저기, 자네 직장에도 외국인 노동자가 있어?

크리스타 그런 말 하지도 마세요…….

에미 왜?

유진 더러운 놈들이니까.

(……)

크리스타 심지어 윗사람이 터키인이에요. 저 이는 그것을 견디질 못해요.

유진 내가 견디지 못하다니 무슨 말이야?! 난 그가 보이지도 않아. 그는 나한테 공기일 뿐이야.

이처럼 사회적으로 무시하고 경멸하는 외국인 노동자와 관계를 맺는 것은 상상할 수도 없는 일이었다. 결혼 이후 에미가 자녀들을 불러서 남편 알리를 소개했을 때 자녀들은 화를 낸다. 큰아들 브루노는 심지어 텔레비전을 부수고 둘째 아들 알베르트는 어머니로서 자식들 앞에서 이런 수치스런 일은 해서는 안 된다고, 창녀랑은 상대하고 싶지 않다고 집을 떠난다. 딸 크리스타는 돼지우리에 있고 싶지 않다고 일갈하며 남편과 나간다.

에미의 결혼에 반응하는 자녀들의 태도는 외국인과 결혼하는 독일 여성들을 창피해하고 창녀로 간주하는 에미의 직장 동료들의 시각과 다르지 않다. 과부들이 성욕을 드러내는 것은 부끄러운 일이라며 이를 창녀에 비교한다. 더구나 연하의 외국인 노동자와 관계를 맺는 것은 있을 수 없는 일이라고 생각한다. 비단 외국인 노동자에 대한 부정적 시각뿐만 아니라 성욕이나 남녀의 성역할 또는 성욕 등에 대한 보수적 성향을 보여준다.

결혼식 후에 알리가 자신의 친구들을 집으로 불러 파티를 열었을 때 이웃의 두 부인은 시끄럽다고 경찰을 부른다.

카르구스 그녀 집에 외국인이 네 명 있어요. 네 명씩이나. 그러면 목숨 걱정을 해야 해요. (……) 아니요. 경찰관님. 저들은 모두 아랍인이에요. 경찰관님들도 저들이 어떤 사람들인지 아시잖아요, 폭탄 등등.

1972년 뮌헨 올림픽 테러 사건의 여파로 모든 아랍인들은 테러 집단으로 간주되며 이러한 시각이 이들의 잠재의식에 자리 잡고 있음을 알 수 있다. 그러나 경찰들은 주의만 줄 뿐 그냥 돌아간다. 건물주의 아들과 경찰이 외국인 노동자들을 대하는 태도는 상당히 관대한데, 외국인 노동자가 법적인 테두리 안에서 문제를 일으키지 않는다면 별 신경을 쓰지 않는 태도를 유지한다. 건물주의 아들은 알리와 결혼하겠다고 말하는 에미에게 자신이 무엇을 하는지 충분히 알 나이라고 말하면서도 개인의 선택과 판단의 자유를 인정해준다. 같은 건물에 사는 이웃의 부인들은 둘의 관계에 좀더 비우호적인 태도를 드러낸다.

카르구스 쿠로프스키 부인이 외국인을 데려왔어요.

앨리스 뭐라구요?

카르구스 예. 검둥이를요

앨리스 흑인이요?

카르구스 완전 검둥이는 아니지만 검기는 해요.

앨리스 그녀도 진짜 독일인은 아니에요. 쿠로프스키. (독일인으로) 누가 그런 이름을 가지고 있나요?

카르구스 그러게요.

이들이 사용하는 언어에 이미 외국인, 흑인에 대한 차별과 편견이 드러난다. 심지어 이름이 여느 독일인 같지 않은 에미를 진짜 독일인이 아니라고 말한다. 이웃의 부인들은 에미와 에미의 손님인 알리에 대해 인종차별과 외국인 혐오가 스며든 단어를 사용하며 우리와 다른 그들의 상을 그려낸다. 이웃의 부인들은 편협한 시각에서 에미와 알리를 경멸하고 경시한다. 이웃 주민들 중 특히 카르구스 부인은 다르다, 다를 수 있다는 것을 인정하지 못하는 편협한 사고방식을 여과 없이 보여준다. 다른 견해나 시각은 틀렸다고 간주하여 폄하한다. 결혼 후 그들만의 파티를 즐기는 곳에 경찰을 보내고, 에미가 알리를 세입자로 들였는지 알아보도록 건물주의 아들을 에미의 집으로 보낸 것도 카루구스 부인이 부추긴 탓임을 쉽게 추측할 수 있다. 그녀는 건물주 아들 또는 경찰관이 외국인 노동자들에 대해 자신들과 다른 의견을 말하자 이해할 수 없다는 제스처를 보인다. 그녀에게는 심지어 머리 긴 경찰관의 모습도 비난의 대상이 된다.

영화에서 독일인의 대사를 통해 나타나는 외국인 노동자의 생각과 삶은 대부분 부정적이다. 여기에 강하게 작용하는 것이 어느 한 집단에 대한 부정적 인식인 편견이다.[3] 이는 개인의 경험에 기인하기보다는 사회를 통해 전해진 잘못된 평가에서 비롯된다. 편견은 한 집단과 다른 집단을 차별하며 다른 집단을 거부하는 태도에서 드러난다. 이는 자신들은 긍정적이고 우월한 집단으로 인식하는 반면, 타인들은 저급하고 부정적인 집단으로 평가한다. 편견은 한 개인이나 집단이 다른 개인이나 집단을 보는 색안경이다. 상대방의 실제 모습이 어떠한지는 중요하지 않다. 보는 이가 어떤 색안경을 썼느냐에 따라 다른 형상을 취한다. 빨간 안경을 쓴 사람은 눈앞의 벽이 원래 흰색임을 인식하지 못하고 본인이 쓰고 있는 안경 색으로 벽을 인식한다. 이들은 자신들의 편견에 따라 형성된 닫힌 세계관을 고집한다. 이들의 닫힌 세계관을 가장 상징적으로 표현한 것이 카르구스 부인 집의 격자창이다. 그녀는 주로 격자로 된 창살이나 창문을 통해 외부의 일을 관찰한다. 이는 우리와 그들 사이를 경계 짓는 카테고리이자 "전형적인 인종주의의 표시"[4]를 가리킨다. 독일인과 외국인 노동자는 같은 카테고리로 묶을 수 없는 분리된 별개의 존재들이다. 카르구스 부인은 분리되고 닫힌 공간에 자신도 갇혀 있다는 사실을 인식하지 못하고 외부의 사람들을 관찰하며 비난한다.

에미의 이웃들은 사회적 하층민이자 주변적 존재로 마찬가지로 하층민인 외국인 노동자와 유대감을 형성하기보다는 오히려 이들을 더 경멸하고 멸시한다. 하층민들이 외국인 노동자들에게 드러내는 강한 혐오감은 실제 생활공간을 공유한 데서 기인한다고 볼 수 있다. 사회 하층민은 또한 일자리를 두고 외국인 노동자와 경쟁한다. 에미의 직장 동료나 사위는 비록 사회의 하층계급으로 외국인 노동자들과 같은 일을 하지만 적어도 자신들은 외국인 노동자와 달리 독일 사회에 속한 집단이라는 사실로 인해 안도감과 우월감을 느낀다. 사회의 하층에 속하지만 자신들보다 더 하층에 있는 사람들을 설정함으로써 자신들의 사회적 신분을 높이는 것이다. 이를 집단적 나르시시즘의 한 모습이라고 평가할 수 있다. 그들보다 못하고 얼마든지 비판할 수 있는 대상을 발견함으로써 "자신에게 긍지와 가치를 느낄 이유가 거의 없는 구성원들에게는 훌륭한 집단에 속해 있다는 사실로도 자신의 가치를 상승시킬 수 있기 때문에 집단 나르시시즘이 더없이 소중하다."[5] 사회적 지위가 비슷함에도 주류 집단에 속하는가 아니면 바깥으로 내밀렸는가에 따라서 차별이 생긴다는 것이다.

독일 사회 속 외국인 노동자 알리

그러나 주류 집단에 속하지 못하고 바깥에 존재하는 외국인 노동자의 삶은 이들이 이주해온 사회의 인식과는 일치하지 않는다.

"일만 하고 술만 마시고 외롭다"는 알리의 이 대사에서는 외국인 노동자가 느끼는 일상의 단조로움과 삶의 외로움이 묻어난다. 오로지 여자 생각만 하고 독일인의 세금이 투입된 복지 혜택에 기대어 살아간다는 선입견과는 전혀 다른 삶이다. 이러한 삶에서 에미는 소외되어 외로이 살아가는 사람에게 내려진 축복이었다. 대화가 그립고 사람이 그리운 두 사람은 서로에게 호의를 느끼고 따뜻함을 느낀다. 선술집에서 알리는 에미와 처음으로 만나고 춤을 추면서 대화를 나눈다. 독일의 자동차 수리 공장에서 일하는 알리가 어떤 사람인지 아무도 관심을 갖지 않았다. 에미는 그에게 결혼은 했는지, 부모님은 살아계시는지, 형제는 어떻게 되는지 묻는다.

알리가 자신의 이야기(Erzählen)를 함으로써 외국인 노동자 중의 한 사람이 아닌 알리의 개별적 존재감이 형성된다. 그의 정체성은 에미와 만나 대화하는 가운데 윤곽을 드러낸다.

알리가 떠나온 모로코의 고향은 아름다운 곳이기는 하지만 일자리가 없다. 그는 외국인 노동자로 2년 전 독일에 왔다. 낮에는 자동차 수리 공장에서 일하고 저녁에 선술집을 찾아온다. 좋은 음악과 친구들이 있기 때문이다. 알리는 아직 결혼하지 않았으며 부모님은 돌아가셨고, 다섯 명의 누나가 있다고 했다. 지금은 모두 모로코에 살지 않고 북아프리카의 여러 나라에 흩어져 산다고 했다. 알리는 자신에게 말을 걸어주고 이야기를 들어준 에미가 고마워서 그녀가 마신 콜라 값을 대신 내준다.

알리의 이름은 엘 헤디 벤 살렘 바렉 무하메드 무스타파이다. 긴 이름이다. 그러나 모든 사람들이 알리라고 불러서 알리가 되었다고 했다. 독일 사회에서 엘 헤디는 본연의 이름으로 불리지 못하고, 독일인들에게는 대부분의 아랍 사람들이 알리인 것처럼, 알리로 불린다. 결혼 이후 알리는 에미와 고향에서 즐겨 먹던 쿠스쿠스 요리를 해달라고 한다.

알리 쿠스쿠스 요리 안 해요?

에미 나는 쿠스쿠스 만들 줄 몰라요, 당신도 알잖아요. 서서히 당신도 독일 상황에 익숙해져야 해요. 독일에서는 아무도 쿠스쿠스를 먹지 않아요.

알리 때때로 쿠스쿠스는 좋아요.

에미 나도 쿠스쿠스는 좋아하지 않아요.

쿠스쿠스가 먹고 싶다고 하는 알리에게 에미는 쿠스쿠스 대신 독일의 생활방식에 익숙해지라고 말한다. 독일 사람들은 쿠스쿠스를 먹지 않으며 자신도 좋아하지 않는다고 말한다. 가정과 부인에게 위로받지 못하고 상처받은 알리는 집을 나와 선술집 주인에게서 위로를 받는다.

독일 사회에서 어느 누구도 알리의 긴 이름을 알려고 하지 않으며 지금까지 즐겨 먹던 음식조차도 독일적이지 않다는 이유로 거부당한다. 이주 사회에서 알리의 존재감 또는 정체성을 구성하게 되는 이름이나 자신의 문화에 대한 욕구는 사회와 주변 인물들에 의해 재구성된다. 외국인 노동자의 정체성이나 존재감이 존중받지 못하고 배제당하면서 외국인 노동자는 독일 사회가 보여주는 비우호적인 태도와 차별로 고통받고 상처를 입는다. 알리가 독일 사회에서 경험하는 소외와 단절, 차별로 인한 심리적 고통은 물리적인 상처로 전이된다.

이유가 어떠하든 고향을 떠나서 낯선 곳으로 간다는 것은 가족을 떠나고 지금까지 형성해왔던 사회적 네트워크를 떠나는 것이다. 이주는 단순히 거주 지역을 바꾸는 것이 아니다. 이주는 한편으로는 꿈과 희망, 기대의 표현이자 새로운 세계를 만나고 새롭게 출발하는 데 필요한 용기의 표현이기도 하다. 하지만 이면에는 불안, 두려움, 외로움이 도사리고 있다. 새로운 환경에서 새로운 삶을 구축하려고 하지만 상상하지 못했던 엄청난 심리적, 물리적 압박에 처한다. 이주민들은 일상생활에서 이주 사회에서 받는 심리적 스트레스로 인한 위축감, 긴장감을 경험하게 된다.

영화 후반부에 알리는 에미를 만나 그들이 처음 만났던 선술집에서 화해의 춤을 추다가 쓰러진다. 병원으로 옮겨진 알리는 위궤양이란 진단을 받는다. 의사는 위궤양이 외국인 노동자들에게서 자주 발견되는 병이라고 말한다. 이는 그들이 처한 특수한 상황에서 받게 되는 스트레스가 원인이라는 설명을 덧붙인다. 알리는 가족인 에미에게서도 위로받지 못하고 영혼이 갈기갈기 찢길 정도로 고통받는다. 개별적 존재의 가치가 온전히 인정되지 않아서 느끼는 고통과 슬픔은 육체의 병으로 전이되어 위궤양으로 나타난다.

에미: 외국인에 대한 호의적 태도와 내재된 편견

60대 과부인 에미는 청소 일을 하며 혼자 살아간다. 자녀들은 모두 가정을 이루어 따로 살고 있다. 그녀는 쿠로프스키라는 '독일적이지' 않는 성을 가지고 있다. 에미의 삶이 다른 독일인들과는 달랐으리라는 점을 짐작하게 한다. 비가 오기도 했지만 어디선가 들려오는 낯선 음악에 이끌려 선술집에 들어서는 데서 알 수 있듯이 에미는 낯선 것에 대한 선입견이 많지 않았다. 그녀에게 독일적이지 않은 성을 남겨준 남편 프란티첵 쿠로프스키(Franticek Kurowski)는 나치 독일 치하에서 강제 노역한 폴란드인 노동자였다. 그녀의 아버지는 당시 대부분의 사람들처럼 나치당에 가입했었고, 외국인을 싫어했다. 또 딸이 외국인과 결혼하는 것을 좋아하지 않았지만 에미는 폴란드에서 온 외국인과 결혼했다. 낯선 것에 대해 거부감이 없고 개방적인 태도를 보이는 에미는 처음 알리를 데려온 날 이웃의 부인들로부터 성이 쿠로프스키인 사람은 독일인이 아니라는 비난을 듣는다.

더글러스 서크 영화 속 여주인공은 가족의 반대에 부딪히자 나이 어린 연인과의 결혼을 포기한다. 서크의 영화 속 여주인공과 달리 파스빈더 영화의 여주인공 에미는 결정적인 순간 강한 면을 보여준다. 에미도 처음에는 주변의 적대적이고 배타적인 거부감에 맞닥뜨리고 괴로워한다. 직장 동료들의 따돌림과 이웃 주민들의 악의에 찬 시선을 견딜 수 없어 한다. 모든 사람들의 증오로 괴로움을 당하며 이 증오가 더 이상 견딜 수 없을 정도로 자신을 파멸시킴을 느낀다.

노천카페에 에미와 알리가 앉아 있는 장면은 인상적인 장면 중 하나이다. 이 장면을 기점으로 에미는 삶에 대해 적극적이고 주체적으로 대응하는 여인으로 변화한다. 또한 상황의 반전, 관계의 반전이 일어난다.

텅 빈 넓은 카페에 손님은 에미와 알리뿐이고 카페 종업원들은 모여서 두 주인공을 바라본다. 알리는 에미에게 왜 우는지 묻는다.

에미 한편으로는 행복하지만 한편으로는 더 이상 견딜 수가 없어. 모든 사람들의 증오, 아닌 척했지만 더 이상 견딜 수가 없어. 그것이 나를 망가뜨리고 있지.

에미는 알리의 사랑으로 행복해하지만 한편으로 주변 인물들이 보여주는 질투와 증오로 고통스러워한다. 에미는 그런 상황을 더 이상 참고 견딜 수 없어서 눈물을 보인다. 자신의 영혼이 무너지고 망가지고 있음을 느끼고 절망한다. 그녀를 위로하는 알리의 손길에 에미는 점차 안정을 찾고 사랑을 느낀다. 애정의 손길에 에미는 희망에 찬 미래를 꿈꾸며 알리에게 여행을 제안한다. 지금까지 타자의 시선 속에 자신의 삶을 가두어두었던 에미는 이 카페에서 자신의 삶을 둘러싸고 있던 올가미들을 눈물과 함께 끊어버린다. 외부의 시선과 편견을 수동적으로 수용했으나 이제 슬픔을 털어버리고 긍정적이고 적극적이며 진취적인 여성으로 변모한다.

에미의 예견처럼 여행에서 돌아온 그들을 주변 인물들은 호의를 베풀며 환대한다. 놀라운 일이다. 에미와 알리에게 호의적인 태도를 보이는 주변인들은 대부분 자신들의 이해관계에 따라 태도를 바꾼다. 같은 건물에 사는 이웃 부인은 에미의 큰 지하실이 필요했다. 알리와 재혼한다고 말하자 텔레비전을 부수며 화를 낸 장남은 에미에게 자신의 아이를 돌봐달라고 부탁한다. 한편, 마가린을 사러 온 알리를 독일어도 못한다고 물건 팔기를 거부했던 동네 가게 주인은 이웃에 새로 들어선 대형 슈퍼에 손님을 잃지 않기 위해 에미에게 친절을 베푼다.

여행 이후 주변 사람들의 태도가 달라졌는데 두 사람 사이에도 새로운 흐름이 형성된다. 알리와 에미가 지금까지 마주했던 호의적이지 않은 환경이 완화되자 이 대립 구조는 알리와 에미 두 사람의 갈등으로 전환된다. 비호의적인 외부 세계와 맞닥뜨렸을 때 에미와 알리는 부부로서 견고한 일체감을 보여주었는데 가족, 동료, 이웃들이 호의적으로 변하자 자신들의 관계를 재정립한다. 에미는 가족, 이웃, 직장 동료 등 주변 인물들이 알리를 바라보던 시선과 태도들을 이번에는 자신이 보여준다. 부부관계에서 남편 알리를 사회적 소수이자 약자인 외국인 노동자로 차별하는 역할을 담당하는 것이다.

다른 독일인들과 관계를 맺을 때 알리와 에미는 평등한 부부로 존재하지 않는다. 에미는 임금 문제를 논의하기 위해 직장 동료들을 집으로 초대하는데 남편 알리를 독특한 이국적 물건을 보여주듯이 소개한다. 알리가 다른 외국인들과 달리 잘 씻고 샤워도 자주 해서 깨끗하다고 설명해준다. 그러면서 알리의 건장한 근육을 만져보라고 한다. 같은 공간에 있음에도 불구하고 알리가 마치 듣지 못하고 말도 못하는 인형처럼 대한다. 여기에서 알리는 인격이나 감정이 완전히 도외시된 채로 에미가 동료들과 나누는 대화의 한 대상으로만 존재할 뿐이다. 이웃이나 동료, 가족들의 증오를 몸소 체험하면서 자신이 파멸하는 것을 경험했던 에미지만 약자인 알리의 고통과 외로운 마음을 살필 만큼 성숙하지는 못했다. 낯선 것에 적극적으로 다가가는 태도와 용기를 가졌음에도 불구하고 알리를 제대로 이해하려는 준비는 되어 있지 않았다. 남녀의 기본적인 끌림을 넘어서서 상대방을 완전한 인격체로 받아들일 성숙한 자세가 갖추어지지 않았던 것이다. 그녀는 자신이 사랑하는 사람이 먹고 싶어 하는 음식조차도 만들어줄 자세가 되어 있지 않았다. 에미가 다른 문화를 대하는 태도의 한계가 드러난다. 상대방의 문화에 대한 기본 욕구를 인정하거나 문화적 상대성을 받아들이는 것이 아니라 단순히 독일에 살기 때문에 독일 문화를 수용하고 독일 사회에 적응할 것을 요구한다.

에미는 첫째 남편인 폴란드 출신의 강제 노역자와 외국인 노동자였던 알리와 맺은 관계로 인해 가족들과 이웃들, 직장 동료들에게 질타와 질시, 멸시를 받아왔다. 자신에게 가해지는 비난과 적의를 받으며 에미는 영혼이 무너져갔다. 그러나 자신을 옭아매고 괴롭히던 타인들의 시선을 벗어버리면서 가정과 사회에서 경험하며 개인의 무의식에 내재되어 있던 외국인 혐오, 인종차별 등 사회적 편견이 표면으로 떠오른다. 낯선 것에 편견 없이 접근하는 태도를 갖추었지만 에미의 내면에도 낯선 것에 대한 차별적 행동규범이 잠재해 있었던 것이다.

독일 사회의 이주 국민

전쟁 이후 독일 이주노동자의 역사는 부족한 노동력을 충당하기 위해 외국에서 노동자를 모집하여 '손님 노동자(Gastarbeiter)'로서 산업현장에 투입한 데서 시작되었다. 독일 정부는 용어에서 드러나듯이 이들을 자국에 필요한, 그러나 언젠가는 고국으로 돌아갈 임시 노동력으로만 간주했을 뿐, 산업현장에 투입된 이들 외국인 노동자들이 다양한 욕구와 요구를 가진 인간이라는 점을 간과했다. 가족과 단절된 데서 오는 외로움, 소통의 단절로 인한 소외 등 인간으로서 느낄 수 있는 감정을 고려하지 않았다. 외국인 노동자들은 더 나은 생활과 삶의 의미를 찾아 고향을 떠나 낯선 곳에 정착했지만 새로운 삶의 터전에서 외로움과 소외 등 마음의 병을 얻는다.

1980~1990년대를 거쳐 독일 사회는 이미 다수의 외국인 노동자와 이들을 뒤따라 독일에 온 가족들로 인해 이주 국가의 특징을 띠게 되었음에도 불구하고 정부는 독일이 이주 국가라는 점을 공식 인정하지 않았다. 현실의 실상을 제대로 인식하지 못한—또는 인식했으나 인정하지 않

지역별 인구수—비독일인 이주자 인구

독일연방 주	전체 인구	비독일인 이주자 인구	퍼센트
바덴-뷔르템베르크	10,631,278	1,267,864	11.9
바이에른	12,604,244	1,210,262	9.6
베를린	3,421,829	459,101	13.4
브란덴부르크	2,449,193	54,754	2.2
브레멘	657,391	82,046	12.5
함부르크	1,746,342	233,989	13.4
헤센	6,045,425	743,728	12.3
메클렌부르크-포폼메른	1,596, 505	34,487	2.2
니더작센	7,790,559	476,631	6.1
노르트라인-베스트팔렌	17,571,856	1,739,882	9.9
라인란트-팔츠	3,994,366	305,860	7.7
자-란드	990,718	73,460	7.4
작센	4,046,385	99,235	2.5
작센-안할트	2,244,577	50,293	2.2
슐레스비히-홀스타인	2,815,955	135,950	4.8
튀링겐	2,160,840	44,269	2.0
독일	**80,767,463**	**7,011,811**	**8.7**

*출처: 독일 연방통계청, 비독일인 인구수는 2014년 4월 10일 인구 상황을 기준으로 한 잠정적 결과(2011년 인구조사 근거).

은—독일 정부의 대응은 이후 외국인 정책, 이주민 정책에 상당한 영향을 미쳤다.

이전, 현재 국적에 따른 이주 국민

현재 또는 이전 국적	좁은 의미에서 이주 내력 국민	본인의 이주 경험
전체	15,913	10,490
유럽	11,151	7,285
EU	5,490	3,844
그리스	381	223
이탈리아	783	423
크로아티아	349	208
폴란드	1,535	1,194
루마니아	568	461
비EU	5,661	3,441
보스니아헤르체고비나	230	148
러시아연방공화국	1,186	946
세르비아	280	182
터키	2,793	1,338
우크라이나	247	209
아프리카	553	336
아메리카	390	272
북아메리카	171	115
아시아, 오스트레일리아, 대양주	2,563	1,888
근동, 중동	1,630	1,231
카자흐스탄	903	719
동아시아, 동남아시아	756	517
표시 없음, 불분명	1,256	710

*출처: 독일 연방통계청, 2013년 비독일 이주 국민의 현재 및 이전 국적.

글로벌 시대에 이주민과 이주 사회는 더 이상 낯선 현상이 아닐뿐더러 오히려 글로벌 사회를 설명하는 한 가지 특성이 되었다. 인종, 종교, 생활방식 등 문화가 서로 다른 사람들이 공동체를 형성하며 살아가고 있다. 그러나 상이한 두 세계는 상호 소통과 교류에 의한 조화로운 삶을 영위하기보다는 '그들만의 세상'을 유지하며 공존한다. 소통하지 않고 교류하지 않기 때문에 이질적인 두 집단은 상대 집단에 대한 편견과 오해를 키우기도 한다. 낯선 '손님'으로 온 외국인 노동자들을 친절과 호의로 대하는 것이 아니라 적대적, 배타적, 인종차별적으로 대하는 독일의 태도는 무엇에 기인할 걸까. 실제로 '손님 노동자'들이 더럽고 탐욕스러워서가 아니라 소통의 결여로 인한 오해와 편견 때문은 아닐까. 영화의 제목 〈불안은 영혼을 잠식한다〉에서 보이듯이 소통하지 못하고 교류하지 못하는 그들만의 세상에서 개별화된 개인들은 서로의 영혼 또는 자신의 영혼을 갉아먹으며 상처를 만드는 것은 아닐까.

부록

관련 연표

1955년 12월 20일	독일-이탈리아 정부 간 노동자 채용 협정.
1960년 3월 29일	독일-에스파냐 정부 간 노동자 채용 협정.
1963년 5월 21일	독일-모로코 왕국 간 노동자 채용 협정.
1963년 12월 16일	독일-한국 정부 간 노동자 채용 협정.
1972년 8월 26~9월 11일	뮌헨 하계 올림픽.
1973년 가을	제1차 오일쇼크.
1974년 3월 5일	뮌헨에서 영화 〈불안은 영혼을 잠식한다〉 개봉.
1974년 5월 9~24일	프랑스 칸 필름 페스티발 경쟁 부분에 영화 출품, 비평가상 수상.
	독일영화상에서 여우주연상 수상.
1978년 12월~1979년 3월	제2차 오일쇼크.

개념어 설명

뮌헨 올림픽(1972 Summer Olympics) 1972년 8월 26일 독일 뮌헨에서 열린 제20회 올림픽으로 1936년 베를린 올림픽 이후 처음으로 독일에서 개최된 올림픽이다. '행복한 게임(Happy Games)'을 모토로 내걸었으나 이스라엘 선수들이 죽임을 당하는 참사로 얼룩졌다. 1972년 9월 5일 '검은 9월단(Schwarzer September)'이라는 팔레스타인 무장 테러리스트들이 이스라엘 선수 숙소에 난입해 선수 열한 명을 인질로 삼았다. 인질 구출 과정에서 인질 전원과 테러리스트 다섯 명, 독일 경찰 한 명이 목숨을 잃었다. 관중의 항의 속에 경기는 중단되었고, 애도 기간을 거친 후에야 다시 진행될 수 있었다.

손님 노동자(Gastarbeiter) 외국인 노동자를 일컫는다. 특히 계약에 의해 일정 기간 독일 내에서 노동이 허락된 노동자 집단을 말한다. 독일 정부는 자국의 부족한 노동력 문제를 해결하기 위해 외국 정부와 협약을 맺어 외국의 노동자를 독일로 유입했다. 1955년 이탈리아를 시작으로 에스파냐, 그리스, 터키, 모로코 등 남유럽 및 북아프리카 국가들과 노동자 모집 협약을 맺었다. 1960년대 우리나라의 광부, 간호사가 독일로 간 것도 같은 배경 하에서 이루어졌다.

더 읽을거리

곽정연, 〈낯선 것에 대한 공격적 태도에 관한 정신분석학적 연구. 파스빈더의 〈불안은 영혼을 잠식한다〉를 중심으로〉, 《독일어문학》 28집(2005).

로널드 헤이먼, 《불안은 영혼을 잠식한다—라이너 베르너 파스빈더 평전》, 이성복 옮김(한나래, 1994).
윤태원, 〈독일영화 〈불안은 영혼을 잠식한다〉에서 나타난 외국인 문제 고찰: 포용의 세계화와 문화적 다원주의를 지향하며〉, 《독일언어문학》 39집(2008).
이용일, 〈독일연방공화국의 외국인 인력모집정책: 대기업 중심의 독일식 대량생산을 위한 대규모 외국인 고용 1955-1973〉, 《서양사론》 85호(2005).

주

1. 로널드 헤이먼, 《불안은 영혼을 잠식한다—라이너 베르너 파스빈더 평전》, 이성복 옮김(한나래, 1994), 234쪽.
2. Michael Töteberg, *Rainer Werner Fassbinder*(Hamburg: Rowolt, 2011), p. 80.
3. Bundeszentrale für politische Bildung, *Vorurteile, Information zur politischen Bildung*(Bonn: bpb, 2009. 11), p. 4.
4. Angst essen Seele auf von Rainer Werner Faasbinder(Begleitmaterialien zu den Stänndigen Ausstellungen Film und Fernsehen aus Deutsche Kinematik), Museum für Film und Fernsehen, p. 5.
5. 곽정연, 〈낯선 것에 대한 공격적 태도에 관한 정신분석학적 연구. 파스빈더의 〈불안은 영혼을 잠식한다〉를 중심으로〉, 《독일어문학》 28집(2005), 7쪽.

3부

인종차별의 시선

서구인들의 타자 바라보기

〈검은 비너스〉에 나타난 사르키 바트만의 삶

06

문종현

영화 〈검은 비너스〉

2010년 10월 개봉한 〈검은 비너스(Vénus noire)〉는 압델라티프 케시시(Abdellatif Kechiche) 감독이 연출한 벨기에, 튀니지, 프랑스 합작 영화이다. 배우, 시나리오 작가, 감독으로 이름을 알린 케시시는 1960년 튀니지에서 태어나 6세에 프랑스의 남부 도시 니스로 가족과 함께 이주한 프랑스인이다. 어려서부터 연극에 매료되었고 연기 학교를 수료한 후 먼저 배우로 데뷔했으며 시나리오 작가로 영화계의 경력을 쌓아가던 중 2000년 첫 장편 영화인 〈볼테르의 잘못(La Faute à Voltaire)〉으로 베니스영화제 황금사자상을 수상하면서 화려하게 데뷔했다. 시나리오 작가 시절부터 프랑스 이민 사회의 다양한 모습들, 그중에서도 프랑스 방리유 청년들의 삶에 관심을 기울여 적은 예산으로 제작한 영화들에서 방리유의 일상 풍경과 함께 이민자, 범죄자, 젊은이 등의 모습을 사실적으로 묘사했다. 하나같이 방리유를 우울하고 음침하게 묘사하는, 마티유 카소비츠의 〈증오〉로 대표되는 90년대 방리유를 소재로 한 영화들에 비판적이었던 케시시는 경제적, 사회적으로 소외된 방리유에서 벌어지는 이민자들과 미등록 체류자의 평온하고 일상적 삶, 부유하는 정체성, 소외를 잘 표현하여 평단의 인정을 받았다. 2000년 베니스영화제 황금사자상, 2005년과 2008년 시저 작품상과 감독상, 2013년 칸영화제 황금종려상을 수상한 이력에서도 알 수 있듯이 케시시는 프랑스를 대표하는 감독들 중 한 사람으로 자리 잡았다.

케시시의 4번째 장편 영화인 〈검은 비너스〉는 프랑스의 가장 큰 영화 제작사이자 배급사인 MK2에서 제작, 배급했다. 케시시는 소수자에 대한 사회적 차별을 응시하는 다양한 영화를 연출해왔기에 19세기 유럽 인종주의의 비극적 희생자인 '호텐토트 비너스'는 매력적인 소재였다. 영화를 끌고 나아가는 주인공 바트만 역은 쿠바 출신 프랑스 배우인 야히마 토레스(Yahima Torres)가 맡았다. 실제 키가 140센티미터에 불과한 바트만에 비해 체격이 큰 토레스는 이 영화로 여성신인상을 수상했다. 바트만을 케이프타운에서 런던으로 데려온 아프리카너 헨드릭 시저(Hendrick Caezar) 역은 앙드레 제이콥스(Andre Jacobs), 런던에서 파리로 데려가는 공연을 주관하는 사업가이자 동물조련사인 레오(Réaux) 역은 올리비에 구르메(Olivier Gourme)가 맡았다.

〈검은 비너스〉는 사르키[1] 바트만(Saartjie Baartman: 1789~1815)의 전 생애를 다루지는 않는다. 단지 그녀가 영국에 도착한 1810년부터 파리에서 스물여섯 나이로 죽음을 맞이한 1815년까지 약 6년간의 여정을 다루고 있다. 바트만이 살았던 런던과 파리의 분위기를 자아내기 위해 영화의 대사는 아프리칸스어(Afrikaans), 영어, 프랑스어가 혼용되었다. 1810년 봄, 런던 피커딜리 225번지 극장에서 바트만이 출현한 괴물 쇼(freak show), 같은 해 11월 24일 웨스트민스터 청사의 왕좌재판소 법정에서 벌어진 재판,

그리고 1814년 가을 파리 공연과 당대 프랑스를 대표하던 비교해부학자 조르주 퀴비에(Georges Cuvier)와 만난 일은 영화를 구성하는 주된 플롯이자 역사적 사실들이다.

영화는 제목에서부터 한 인간, 여성, 배우로 인정받지 못하고 오로지 '검은 비너스' 혹은 '비너스 호텐토트'로만 불리며 끝내 살아생전 고향으로 돌아가지 못한 바트만의 불행한 인생을 그려낸다. '검은 비너스'라는 자극적인 쇼의 광고 선전 문구가 드러내듯이 19세기 유럽인들에게 바트만은 흑인종을 대표하는 표본에 불과했다. 아프리카 남부 부족인 코이코이족(Khoikhoin)을 지칭하는 호텐토트(Hottentot)의 신체적 특성, 즉 커다란 엉덩이와 음순이 긴 성기는 공연, 신문, 잡지, 소문 등을 통해 유럽인들의 혐오, 선망, 호기심 등을 자극했다. 루소가 《인간불평등 기원론》에서 "아이들에게 아주 무관심하여 너무도 오랜 시간을 손을 짚고 걷게 내버려 둠으로써 일어서는 데 큰 어려움을 겪는 호텐토트족 같은 미개 민족"이라고 밝혔듯이 유럽인들에게 호텐토트는 인간화되지 못한 완벽한 야만인이었다. "호텐토트의 비너스. 이제 막 상륙하다! 피커딜리 225번지에서 오후 1시부터 5시까지 관람 가능. (……) 호텐토트 비너스는 이런 종류의 인종을 대표하는 가장 정확하고 완벽한 표본이다"라는 당시 일간지 광고 문구는 호텐토트에 대한 유럽인의 인종적, 성적 호기심을 잘 보여준다.

〈검은 비너스〉는 2010년 베니스영화제에서 상영되면서부터 많은 논란을 낳았다. 이 영화에 대한 평단의 평가는 극단적인 긍정과 부정으로 갈렸다. 영화를 옹호하는 사람들은 19세기 서구 인종주의에 대한 사실적인 묘사와 인종주의를 비판하는 영화의 힘을 긍정했다. 반면 부정적인 평을 내놓은 사람들은 영화가 관객들에게 심리적 불쾌감만 전달할 뿐 예술적 재현에 실패했다고 비판했다. 실제로 〈검은 비너스〉는 대중들이 관람하기에 결코 편안한 작품은 아니다. 바트만의 생애에 대한 지식이 있는 관객이라면 이야기의 전개와 결말이 보여줄 주인공 여성이 지나온 삶의 잔혹함을 미리 예상할 수 있기 때문이기도 하지만 영화는 오롯이 바트만의 고단한 삶과 참담한 공연, 과학자들 앞에서 신체 노출을 집요할 정도로 오래 보여준다. 바트만의 공연을 묘사한 장면에서 유달리 큰 엉덩이와 육체를 보는 카메라의 시선은 실제 바트만 공연을 관람했던 관객의 시선을 체험하게 만든다. 따라서 영화 속 공연에 관중들이 환호할수록 영화를 보는 관객의 불쾌감은 증폭될 수밖에 없다.

영화는 시작부터 이러한 감정을 관객들에게 노골적으로 전달한다. 도입부 파리왕립의학회 강의실에 전시된 바트만의 신체 조각들과 밀랍 인형에 대한 퀴비에의 강의와 카메라의 움직임은 19세기 유럽 사회에 자리잡은 소위 '과학적' 인종주의의 시선과 담론을 고스란히 관객에게 전해준다. 바트만의 몸에서 떼어낸 성기와 두뇌를 설명하는 퀴비에의 강연과 함께 과도한 카메라의 줌인을 통해 포르말린 병에 담긴 바트만의 몸에서 분리된 기관들이 순차적으로 나열, 전시되는 장면은 그녀의 영혼과 인간 존엄성도 신체와 더불어 훼손되었음을 의미하기 때문에 혐오, 공포, 수치 등의 감정을 불러일으킨다. 거의 12번에 달하는 공연장과 실험실 장면을 반복 재현하는 이 영화에서 관객은 바트만이 공연장과 실험실에서 느꼈을 감정을 노골적으로 상상하게 된다.

또한 영화 속 바트만과 시저가 맺고 있는 인종과 성을 둘러싼 이중적 관계, 즉 주인과 노예, 남편과 부인의 관계는 바트만의 삶에 대한 영화적 해석에 대한 문제 제기로 이어졌다. 시저는 바트만과 동행하는 조력자, 가족, 연인으로 그려지지만 때로는 바트만을 이용해 일확천금을 노리는 비열한 쇼 비즈니스 업자로도 묘사된다. 이는 바트만이 과연 시저로 대표되는 19세기 유럽인의 식민주의, 인종주의, 가부장적 권력에 아무런 저항도 하지 못한 유색인/여성 피해자일 뿐인가? 라는 문제와 관계된다. 여기에 답하기 위해서는 바트만이 유럽으로 이주하기 이전의 삶과 시저와 맺은 관계가 케이프타운, 런던, 파리를 거치며 변해가는 과정을 살펴볼 필요가 있다. 바트만의 아프리카 생활에 대한 단서는 영화 속에서는 오로지 대사들을 통해 전달되기 때문에 영화의 서사만으로는 바트만의 삶을 충분히 이해할 수 없다. 따라서 우리는 영화에 나타나지 않는 바트만의 삶과 영화가 그려낸 바트만의 삶을 비교하면서 식민지와 식민모국, 즉 케이프타운, 런던, 파리에서 각기 다르게 사회적으로 규정된 바트만을 살펴보고자 한다. 이것은 또한 식민지인 시저, 런던과 파리의 유럽인들, 퀴비에로 대표되는 인종 과학자들과 바트만의 개인적, 사회적 관계를 살펴보는 것이기도 하다. 특히, 대중의 관심을 받는 '괴물 쇼'의 공연자, '과학적' 분석의 대상으로 전락하는 파리 시절의 바트만을 살펴보는 것은 그녀의 육체를 통해 인종과학을 증명하려 했던 19세기 사이비 과학자들의 욕망을 살펴본다는 뜻이다. 이를 통해 우리는 바트만의 육체가 왜 인종 과학자들에게 관찰되고 해부되어야 했는지를 알 수 있을 것이다.

케이프타운에서의 삶

먼저 영화에서는 전혀 보여주지 않은 바트만과 시저의 케이프타운 생활을 살펴보자. 유럽인, 유럽계 이주자의 후손, 혼혈인, 원주민, 비유럽계 이주자 등 다양한 사람들이 만들어낸 남아프리카공화국 케이프타운의 역사는 다른 식민지 역사와 마찬가지로 단순하지 않다. 사르키 바트만은 프랑스대혁명이 발발했던 1789년 남아프리카공화국 케이프타운 식민지 동부 감투스 강가의 마을에서 태어났다. 당시 케이프타운은 '보어인'이라 불린 네덜란드계 이주자들이 건설한 식민지로 네덜란드 동인도회사의 유럽-아시아 무역의 주요 거점이었다. 바트만이 태어난 해인 1789년 프랑스에서는 대혁명이 시작되었고 이후 벌어진 나폴레옹 전쟁(1803~1815)은 단순히 유럽 지역을 넘어 케이프타운에서도 새로운 정치적 격랑을 불러와 바트만의 삶을 바꿔놓았다.

1795년 프랑스 공화정의 혁명군이 네덜란드를 점령하자 빌럼 왕자와 오라네 가문을 지지한 왕당파들은 영국으로 망명했다. 대혁명의 여파로 네덜란드에서 왕정이 폐지되고 공화정이 수립되자 왕가와 왕당파가 망명한 것이다. 프랑스와 경쟁하면서 가장 큰 식민지를 보유하고 있던 영국은 유럽 왕정 체제의 후원자였기 때문에 네덜란드 망명객들은 자연스레 영국으로 이주했다. 이들은 영국에 도착하자마자 영국 정부를 설득해 네덜란드의 식민지인 케이프타운이 프랑스의 손에 떨어지기 전에 먼저 점령할 것을 제안했다. 영국 정부는 이 제안을 수락하여 1795년 제임스 헨리 크레이그(James Henry Craig)를 지휘관으로 하는 함대를 케이프타운으로 파견했다. 당시 케이프타운 인구 1만 4000여 명 중 유럽인은 4300여 명에 불과했지만 케이프타운 식민지 전역에는 1만 7000여 명의 노예와 1만 6000여 명의 유럽계 식민자들인 보어인이 거주하고 있었다. 2개월여에 걸친 전투 끝에 케이프타운의 네덜란드 총독이 영국에 항복해 케이프타운의 영국 식민지 시대가 도래했다.

하지만 케이프타운에서 영국의 식민 통치는 원활하게 작동하지 못했다. 1795년부터 1799년까지 영국의 점령에 반대하는 네덜란드계 이주자들이 봉기했다. 이는 네덜란드계 이주자들의 최초의 공화정 수립을 위한 독립전쟁으로 아프리카 원주민, 유럽계 이주자, 영국인 등이 뒤엉켜 서로가 서로를 이용하는 혼란스러운 식민지 전쟁이었다. 영국 식민지 정부는 부족한 병력을 보충하기 위해 원주민인 코사(Xhosa)족, 코이산(Khoisan)족을 동원했다. 보어인들은 생활방식에 따라 코이산족을 두 개의 종족으로 나누었다. 코이산족은 주로 목축을 하는 코이코이족, 다시 말해 호텐토트와 사냥으로 생계를 유지하는 산(San)족, 즉 우리에게 '부시맨(Bochimans)'으로 알려진 두 부족을 가리킨다. 영국인들은 아프리카 원주민들에게 보어인에게 빼앗긴 토지와 가축을 돌려주고 식민 정부가 부여한 부역을 면제해주겠다고 약속하면서 원주민들을 전쟁에 동원했다. 결국 1799년 영국과 코사, 코이산 원주민들이 연합한 군대는 보어인들의 무장봉기를 진압했다. 하지만 영국인들은 봉기가 진압되자 이전과는 다른 모습을 드러냈다. 토지와 자유를 두고 원주민과 했던 약속은 지켜지지 않았다. 배반당한 코사족과 코이산족이 영국 식민자들에 맞서 반란을 일으켜 또다시 전쟁이 일어나는데 이것은 식민지 역사에서 흔히 보이는 당연한 귀결이다. 이들은 자신들의 고향을 되찾기 위해 네덜란드계 이주자들에 대한 전쟁을 익숙한 지형과 영국군으로부터 지급받은 소총을 활용하여 유리하게 이끌어 나갔다. 이에 위기의식을 느낀 영국은 다시 보어인들의 협력을 이끌어낼 수밖에 없었다. 1799년부터 1802년까지 지속된 이 전쟁은 참혹한 식민지 전쟁의 단면을 그대로 보여준다. 원주민들의 삶의 터전은 보어인과 영국인들 사이의 전쟁으로 인해 파괴되었고 그들은 다시 노예의 지위로 전락했다. 원주민들의 저항을 분쇄하기 위한 식민지 전쟁은 19세기 내내 지속되어 영국의 식민지 통치에 커다란 장애물이 되었다. 코이산과 코사족, 탈주 노예, 보어인 등 다양한 세력이 때로는 연합하고 갈등하면서 벌인 영국의 식민화에 대한 저항은 이후에도 계속되었다. 1803년 영국 정부는 케이프타운을 바타비아공화국에 반환했으나 1806년 다시 점령했고 결국 1814년 빈 회의를 통해 케이프타운은 영국령이 되었다.

어려서 어머니를 여윈 바트만은 18세 즈음 이와 같은 식민지 전쟁 와중에 아버지마저 잃게 되었다. 가족을 모두 잃어버린 그녀는 생존의 방편을 찾아야만 했다. 식민지 내전으로 혼란스러운 상황에서 바트만은 케이프타운 출신으로 자유민 신분을 얻은 장사꾼 피터 시저를 우연히 만나게 되었다. 그는 자신의 동생인 헨드릭이 입양할 아이를 돌보는 보모로 고용하기 위해 바트만을 케이프타운으로 데려갔다. 바트만은 이제 고향을 떠나 영국군 군의관 알렉산더 던롭의 하인인 헨드릭의 가족과 함께 새로운 삶을 시작했다.

〈검은 비너스〉에서는 유럽계 백인으로 묘사되지만 헨드릭 시저가 비백인계 자유민이었던 것은 명백해 보인다. 노예무역금지법이 발표된 1807년 영국 식민 정부가 조사한 케이프타운의 인구조사를 살펴보면 시저와 부인 안나 카타리나는 자유민 신분을 획득한 흑인으로 기록되어 있다.[2] '자유민 신분을 획득한 흑인'이란 법적으로 세 유형의 하위계층에 속하는 공민 또는 시민을 가리킨다. 이들은 자유민 흑인 집단에 편입된 해방노예, 그리고 중국인, 인도인, 인도네시아인, 스리랑카인 등 네덜란드와 교역하던 지역 출신의 이주자들, 마지막으로 인종 간의 혼혈로 태어난 자유민 신분의 혼혈 주민으로 구성된다. 1807년 케이프타운 식민지에서 주로 하층 노동자를 구성하는 자유민 신분인 흑인은 대략 1200명으로 추정된다. 시저 형제는 이러한 자유민 신분의 주민이었다.

아시아와 유럽을 잇는 코스모폴리탄 성격[3]을 띤 무역도시 케이프타운은 종교적으로도 자유로운 도시였다. 다양한 주민들과 함께 유입된 여러 종교가 공존하고 있었으나 가장 큰 세력은 역시 기독교와 이슬람이었다. 기독교와 이슬람은 인종 간 혼혈에 대한 입장이 상반되었다. 전통적으로 이슬람은 노예와의 혼인에 관대했기 때문에 노예 출신의 자유민들은 쉽게 이슬람교를 받아들였다. 이에 반해 기독교 성직자들은 노예 출신 혹은 유색인과의 결혼에 호의적이지 못했다. 식민지 역사에서 혼혈 신분 계층은 식민지 경영에서 지배자인 유럽계 이주자와 피지배자인 원주민, 노예 사이의 중간자 역할을 수행했다.[4] 1488년 바르톨로뮤 디아스가 희망봉에 도착한 이후 1652년 네덜란드 동인도회사는 유럽인의 케이프타운 이주를 장려했다. 케이프타운에 도착한 네덜란드계 농업 이주자들은 농장 경영에 필요한 노동력을 새로운 이주자들, 즉 마다가스카르와 인도네시아에서 온 노예에서 찾았다. 이 시기 식민지 인구는 대부분 남성 이주자들로 구성되어 있었기 때문에 주민의 남녀 성비 불균형은 자연스러운 현상이었다. 성비의 불균형은 자연스럽게 원주민과 이주자(유럽, 아프리카, 아시아), 유색인과 백인을 포함하는 다양한 인종 간의 결합으로 태어난 혼혈 인구의 증가로 이어졌다. 식민 초기 유럽인과 비유럽인 사이의 혼혈에 대한 금기는 순수한 유럽계 혈통에 집착하는 근대적 인종주의가 자리잡기 시작하면서 더욱 강화되었다. 17세기 초부터 유럽인들이 불변하는 신체적 특징인 피부색에 근거해서 사회적 분류 체계를 세우기 시작하면서 "식민지 인구 집단 전체는 가능한 한 엄격하게 계층화"되었다. 특히 여러 대륙에서 온 이주자들이 모인 케이프타운은 다른 식민지에 비해 복잡한 인종 관계가 형성되어 있었고 소수 유럽계 이주자가 다수 유색인들을 지배했기 때문에 1948년 보어인이 주도한 인종분리정책 '아파르트헤이트(apartheid)'가 성립되는 데 배경을 제공했다.

1809년 케이프타운 총독 얼 칼레든(Earl Caledon)은 새로운 인종 법률인

'호텐토트법'을 선포했다. 바트만 같은 원주민들에게 적용된 이 법률은 선교사들이 시작한 코이산족의 사회적 지위를 향상시키기 위한 운동의 결과였다. 보어인들의 법률과 달리 '호텐토트법'은 1808년부터 시행된 영국의 노예무역금지법에 영향을 받아 코이산족의 법률적 지위를 계약 대상으로는 인정했다. 그러나 호텐토트 법률이 이전 인종법과 달리 원주민들의 사회적 지위를 실질적으로 향상시키지는 못했다. '호텐토트족' 고용에 관한 등록 및 계약 관련법에 의하면 코이산들은 주거와 직업을 등록해야 했다. 새로운 법률은 원주민 노동력을 엄격히 통제하고 식민지 경영을 위해 낮은 임금으로 원주민 노동력을 최대한 동원해내기 위해 제정되었다.[5] 원주민의 자유로운 거주와 이동의 권리는 거부되었고 고용주의 허가를 받지 않은 이직은 불허되었다. 더욱이 원주민이 식민지를 벗어나 이주하는 것은 엄격히 금지되었다.

시저와 바트만이 사용하는 아프리칸스어는 케이프타운에서 주로 사용되는 언어임에도 불구하고 영국인들에게 질 낮은 네덜란드어로 폄훼되었다. 영화에서 외모는 유럽계 백인으로 보이는 시저가 유럽 백인들과는 동등하지 못한 인물로 대접받는 데서 알 수 있듯이 식민지와 식민모국의 시민들 사이에는 식민지에서 형성된 유럽인과 유색인 차별과 마찬가지로 위계적인 차이가 존재했다. 한나 아렌트가 《전체주의의 기원》에서 지적하듯이 "서구인이 스스로 창조하고 제조한 세계에서 살면서 느끼는 자긍심에서 전적으로 소외되어 있던 최초의 유럽인 집단"인 보어인은 식민모국인 영국에서도 때로는 유럽인이 아닌 식민지인으로 구분되었다.[6] 영화는 시저를 케이프타운에서 온 비루하고 비천한 유럽계 남성으로 묘사하며, 그가 외국인 장사꾼에 불과했기 때문에 런던의 영국인들에게 무시당하는 것처럼 보이지만, 실제로는 시저가 식민지인에다 혼혈이었기 때문에 식민모국에서 백인과 동등한 대우를 받지 못했을 것으로 추정할 수 있다. 케이프타운에서와 마찬가지로 식민모국의 수도 런던에서 식민지인, 유색인이라는 이유로 당하는 차별로 인해 바트만과 시저는 감정적인 유대감을 형성할 수 있게 되었다. 이러한 감정적 유대감은 영화에서처럼 시저가 돈을 많이 벌어 함께 고향으로 돌아가 "머리를 곧게 세우고 정면을 바라보며 당당하게 케이프타운 거리를 걷자"며 바트만을 격려한 대목에서 잘 표현되고 있다.

런던 생활

영화에는 등장하지 않지만 바트만이 유럽으로 이주하는 데 결정적 역할을 한 사람은 케이프타운 군통합병원의 외과 군의관 던롭(Alexander Dunlop)이었다. 그는 1810년 케이프타운 정부의 관료와 불화를 빚어 일자리를 잃게 되자 런던으로 돌아가야만 했다. 던롭은 자신의 하인 시저의 '보모 하녀'였던 바트만을 유럽으로 데려가 아프리카에서 온 여신으로 포장하고 선전해 공연한다면 유럽인의 아프리카에 대한 환상을 채워주어 큰돈을 벌게 될 것이라 생각했다. 그러나 바트만을 영국으로 데려가는 것은 호텐토트 법령에 따라 금지된 행위였다. 던롭은 시저와 공모하여 문서를 위조해 바트만을 몰래 영국으로 들여보내는 데 성공했다.

1810년 봄 런던으로 이주한 바트만은 자신이 런던에서 유명인사로 화제가 될 것이라고 예상하지 못했다. 19세기 런던에서는 인간과 동물이 전시되는 '인간 동물원'이 성행했다. 바트만의 공연은 기형의 인간이나 동물을 보여주며 흥미를 자극하는 '괴물 쇼'의 한 부분으로 피커딜리 가의 극장에서 시작되었다. 당시 이곳은 영국에서 거인, 난장이, 샴쌍둥이, 백색증 흑인 아이들을 비롯한 온갖 특이성과 비정상성을 보여주는 사람들을 모아 전시하는 인간 동물원의 중심지였다. '호텐토트의 비너스'는 경이로운 생물들과 신화적 존재들을 전시하는 피커딜리 극장가의 전통과 잘 맞았다. 다른 전시된 사람들과 같이 바트만은 나체로 공연하지 않았다. 공연 중 많은 보석과 장신구로 화려하게 치장하고 몸의 굴곡을 노출하는 원피스형 보디스타킹에 실크와 면으로 옷 둘레를 댄 레오타드를 착용했다. 영화에서와 같이 시저가 채찍을 들고 우리에 갇힌 바트만을 짐승처럼 대하고 바트만이 야생의 짐승처럼 걷거나 소리를 내면 대중은 열광했다. 피커딜리 극장에서 그녀의 공연은 항상 만원이었고 쉴 틈 없이 진행되었다. 공연이 대중과 사회 지도층의 관심을 끌면서 시저는 바트만을 이용하여 큰돈을 벌수 있었다. 공연이 대중적으로 성공함에 따라 공연 일정이 없는 날이면 공연을 광고하기 위해 바트만은 런던 거리를 활보했고 대중들은 그녀의 일상에까지 관심을 보였다.

공연하는 바트만에게 가장 힘겨운 것은 관중들이 자신의 몸을 직접 만져보는 것이었다. '괴물 쇼'에서 관람객들이 전시된 인간들을 손으로 접촉하는 것은 공연의 일부였다. 하지만 바트만의 경우 관람객들의 손길이 엉덩이에 미치는 것은 여성성을 모욕당하고 훼손당하는 것을 의미했기 때문에 엄청난 모멸감을 느낄 수밖에 없었다. 바트만은 결코 순종적으로 이러한 고통을 감내하지는 않았다. 공연 중 추태를 부리는 관객에게 때로는 "연주하던 악기로 그를 세게 후려치는 것"으로 저항했고 "들짐승처럼 사나운 존재"처럼 울부짖으며 관객을 위협하기도 했다. 공연에서는 야생의 신비로운 생명체임을 증명하기 위해 동물 흉내를 냈을 뿐만 아니라 활처럼 생긴 '마모코롱'을 연주하면서 아프리칸스 노래, 코이코이 민요를 부르고 전통적인 춤을 보여주기도 했다. 영화에서 관객을 사로잡는 그녀의 목소리만이 청량하게 울릴 즈음 시저는 관객들이 원하는 것은 인간 바트만이 아니라 동물과 유사한 호텐토트 비너스임을 깨닫는데 이 장면은 19세기 유럽인들의 인종적 편견을 잘 보여준다. 바트만은 고향에서 배운 악기 연주, 노래, 춤으로 짧은 시간에 유럽인들을 사로잡은 훌륭한 예술가였음에도 불구하고 런던에서 그녀의 예술성은 때로 감추어져야 했다. 오로지 눈에 보이는 신체만이 사람들의 시선을 사로잡았기 때문에 그녀는 예술가가 아닌 단순한 '괴물'에 지나지 않았던 것이다. 따라서 피커딜리 극장에서 바트만이 맞닥뜨린 인종주의는 이후 파리에서 마주한 과학적 인종주의와 다르다. 코이산족은 이미 17세기부터 런던에서 거주하고 있었기 때문에 그들이 바트만을 통해 처음 알려진 것도 아니었다. 오로지 처음으로 '호텐토트 비너스'라는 자극적인 공연으로 대중의 시선을 끄는데 성공했을 뿐이다.

'괴물 쇼'와 더불어 바트만이 영국에서 겪은 또 다른 중요한 사건은 런던의 노예해방론자들이 시저를 노예 소유주로 고소한 일이다. 아프리카의 문명화와 발전, 세계 노예무역의 근절을 위한 아프리카연구소의 사무총장이자 열렬한 노예해방론자였던 재커리 매콜리(Zachary Macaulay)는 피커딜리에서 바트만의 공연을 관람하고 분노했다. 그는 신문에 기고한 글에서 "이 가련한 여성은, 자신의 이익이 아니라 주인의 돈벌이를 위해 무대에서 걷거나 춤을 추면서 쇼를 합니다. 주인은 그녀가 지친 기색을 보이기라도 하면 사나운 짐승을 조련하듯 막대기를 들고 명령해서 고분고분하게 만듭니다"라고 고발하면서 바트만의 신분을 둘러싼 논쟁에 불을 지폈다. 중요한 법률적 논점은 이러했다. "그녀는 노예인가 아니면 자유민인가?" 1810년 11월 24일, 웨스트민스터 청사의 왕좌재판소 법정에서 바트만의 지위에 관한 재판이 시작되었다. "어떤 흑인도 영국에 들어오면 곧 자유인이다"라는 1762년 대법원 판결에서 알 수 있듯이 영국 국내에서 노예제는 금지되어 있었기 때문에 식민지 노예일지라도 영국 본토에 도착하자마자 자유민 신분을 획득했다.[7] 소송의 의뢰인들은 바트만이 영국에서 보호받아야 하고 고국으로 돌아가게 해주어야 한다고 주장했다. 재판의 검사장이었던 윌리엄 개로는 바트만이 무대에서 시저에게 당한 부당한 처사를 고발하면서 바트만을 저항 능력이 결핍된 폭력과 협박에 수동적으로 반응하는 피해자로 만들었다.

바트만은 법정에서 네덜란드어(아프리칸스어로)로 "자발적인 의지에 따라 6년 동안 자신을 전시하는 대가로 수익금의 절반을 받기로 약속했다"고 진술했다. 그녀는 시저의 하인이었지 노예가 아니었을뿐더러 시저와 맺은 관계가 주인과 노예의 관계가 아님을 정확하게 인식하고 있었다. 영화에서 바트만이 자신은 야만인이 아니라 "배우이다"라고 말했을 때 소란스럽게 변하는 법정 분위기는 오히려 런던 시민들이 그녀를 동등한 존재가 아닌 열등한 인간으로, 예술가가 아닌 동물로, 비참한 생활을 스스로 벗어나지 못하는 노예로(유럽인들이 해방시켜야 하는) 인식하고 있음을 보여준다. 오랫동안 바트만과 시저는 아프리칸스어로 항상 대화하는 의사 가족 관계를 형성했음에도 '괴물 쇼' 공연에서는 말을 거의 사용하지 않았기 때문에 런던 시민들은 공연에서 보인 둘의 관계, 다시 말해 조련사와 동물, 주인과 노예의 관계를 실제 관계로 상상하기도 했다. 법원에서 바트만이 아프리칸스어와 부족한 영어로 자기 의사를 표현할 수 있음을 보여주자 대중들은 적잖이 충격을 받았다. 결국 재판부는 계약관계에 동의했는지 여부를 바트만이 법정에서 스스로 밝혔기 때문에 정식 계약서를 작성한 두 사람이 고용인과 피고용인 관계에 있음을 인정할 수밖에 없었고 개입할 명분을 잃었다. 노예폐지론자들은 재판에서 패배했다. 영화의 법정 장면은 바트만에 대한 유럽인의 이중적 시선을 잘 드러낸다. 공연을 강요하는 시저에게 바트만은 돈벌이 수단에 불과했다. 하지만 그는 때로 바트만을 온전한 인간으로 대우하면서 의사 가족 관계를 형성하기도 했다. 이에 반하여 노예폐지론자들에게 바트만은 오로지 수동적이고 타율적인 불쌍한 검둥이 여성일 뿐이다. 바트만은 비록 케이프타운에서는 총독의 지배를 받는 노예와 비슷한 처지의 아둔한 호텐토트에 불과했지만 런던에서는 공연을 하고 신문 기사에 언급됨으로써 화제를 불러왔을 뿐 아니라 대중적인 스타가 되었다.

재판 이후 바트만은 런던에서 파리로 공연장을 바꾸는데 영화는 이를 시저에서 레오로 주인이 바뀌는 것으로 설명하고 있다. 바트만은 1811년 맨체스터의 어느 교회에서 '사라'라는 이름으로 세례를 받았다. 세례는 유럽인들에게 조롱당하는 자신의 육체를 긍정하는 계기가 된다. "부끄러워하지 마. 네 몸이야. 신에 의해 주어진 아름다운 너의 몸"이라 말하는 레오와 함께 사랑을 나누는데 이는 자신의 육체를 온전히 바라봐주는 레오와 유대감이 형성됐음을 의미하기도 한다.

바트만은 런던을 떠나 1814년 파리에 다시 나타나기까지 영국의 지방을 순회하면서 공연했고 유럽의 다른 나라에서도 공연한 것으로 알려져 있다. 이 기간에 그녀를 유럽으로 데려오는 데 가장 큰 역할을 했던 던롭이 사망했고 바트만은 시저와 맺은 계약을 보증해줄 수 있는 중요한 인물을 잃게 되었다.

파리 생활

1814년 4월 바트만은 파리에 도착해 팔레루아얄 북쪽, 뇌브데프티샹 가 15번지에 거처를 마련했다. 나폴레옹과 벌인 전쟁에서 승리한 프로이센, 오스트리아, 러시아, 스웨덴 등으로 구성된 연합군은 프랑스 제국의 수도인 파리를 점령했고 나폴레옹은 지중해의 엘바 섬으로 유배당했다. 이러한 정치적 격변에도 불구하고 팔레루아얄은 당시 파리의 대표적인 극장가이자 유흥의 중심지로 수많은 귀족과 대중들이 모여드는 곳이었다.

바트만이 도착한 프랑스에서는 식민지와 본국의 노예무역과 노예제가 1794년 공화정이 붕괴된 이후 나폴레옹 집권기에 부활해 있었다. 그러나 프랑스에서도 노예에 관한 법률은 영국과 마찬가지로 오로지 식민지에서만 적용되었다. '프랑스 영토는 곧 자유의 입구'라는 절대왕정 이념에 따라 프랑스 본국에서 노예제는 허락되지 않았다. 식민모국의 법률에 따르면, 식민지에서는 노예주가 노예(사물)에 대한 모든 권한을 보유하고 있지만 '식민모국 영토 내에서 지워지는 것(oublier)'에 불과해 해외 식민지에서 프랑스로 이주한 노예의 경우는 자유민의 지위를 획득할 수 있었다.

파리의 한 일간지에 새로운 공연을 알리는 광고가 실렸다. "호텐토트 비너스가 방금 런던에서 도착했습니다. (……) 호텐토트의 비너스는 일반적인 부족민들과 달리, 한결 더 사랑스럽고 우아하며 사람을 휘어잡는 매력이 있습니다"라며 바트만의 파리 입성을 알리고 있다. 런던에 도착했을 때와는 달리 파리에서 바트만은 이미 유명인이었다.

바트만은 런던에서와 달리 대중적인 공연 이외에도 살롱에서 열리는 제한된 귀족들의 여흥에 초청되기도 했다. 19세기 초 파리는 런던과 같은 제국주의 문화의 중심지였다. 파리에는 전 세계의 동물과 식물 등을 모아

놓은 자연사박물관, 동물원, 식물원 같은 근대적 박물관과 이국적인 여러 볼거리를 제공하는 공연, 세계의 풍속과 지리를 보여주는 거대한 이미지 장치, 즉 코스모라마(cosmorama) 같은 기계장치가 대중의 관심을 끌고 있었다.

이러한 사회 분위기 속에서 바트만의 공연은 여러 가지 소문들과 함께 대중들의 흥미를 유발했다. 바트만은 런던에서부터 이미 자신에 대한 유럽인의 환상이 공연의 상업적 성공에 도움이 된다는 점을 이해하고 있었다. 그러나 영화에서 보이는 것처럼 유럽 생활에 적응하기 시작하면서부터 기자와 인터뷰할 때 아프리카의 공주 혹은 노예라는 거짓 소문에 대해 영어, 아프리칸스어, 프랑스어로 해명할 정도로 적극적으로 자기 의사를 표현했다.

파리에서도 바트만은 낮 12시부터 저녁 6시까지 쇼를 하고 귀족들의 집에서 벌어지는 사교 모임에 초청을 받아 흥을 돋우는 역할을 했다. 파리 귀족 연회에서 나온 반응은 런던 대중들의 반응과 크게 다르지 않았다. 하지만 공연은 더 이상 '괴물 쇼'의 일부가 아니었다. 바트만의 단독 공연은 "흑인이 무대에 서면, 백인은 으레 뭔가 다를 것을 상상한다"고 한 20세기 현대 무용가 조세핀 베이커의 말처럼 파리 귀족들은 이국적인 에로티시즘에 열광적이었다. 바트만의 공연이 파리에서 자리 잡고 있을 무렵 동물조련사이자 공연업자인 레오가 시저를 찾아왔다. 바트만의 상업적 가치를 알아본 그는 시저에게 '호텐토트 비너스'를 사겠다고 제안했다. 시저는 이 제안을 받아들이고 자신은 곧바로 케이프타운으로 돌아갔다. 성공을 위해 케이프타운을 함께 떠났던 던롭, 시저와 차례로 결별한 바트만은 이제 홀로 남겨지게 되었다. 레오는 배우자나 조력자, 후원자가 없이 타국에서 완전히 고립된 바트만을 더욱 적극적으로 돈벌이 수단으로 이용했다.

동물조련사로 활동하고 있었기 때문에 박물학자와 과학자들과 교분이 있었던 레오를 통해 바트만은 자신의 몸을 관찰하고 분석하는 데 큰 관심을 가졌던 퀴비에를 만나게 되었다. 퀴비에는 동물학자, 비교해부학자, 고생물학자, 생리학자로 19세기 초 유럽에서 널리 알려져 있는 과학자였다. 당대 많은 유럽의 과학자들은 파리자연사박물관을 방문해 퀴비에가 수집한 수많은 인간, 동물, 식물 표본들을 직접 보기를 원했다. 퀴비에는 오늘날 파리 5구 식물원 근처 거리와 공공 급수장의 명칭으로 새겨져 있고 역사적 위인들이 많이 안장된 페르라셰즈에 묻힌 데서도 알 수 있듯이 프랑스의 위대한 과학자로 인정받고 있다.

1769년 8월 프랑스와 스위스의 국경 인근 몽트벨리아르의 프로테스탄트 가정에서 태어난 퀴비에는 뷔퐁의 저작들에 영향을 받아 자연사에 관심을 기울이기 시작했다. 그는 1784년 독일의 슈투트가르트 카롤리네 아카데미에 진학해 독일의 유명 식물학자 요한 지몬 폰 케르너(Johann Simon von Kerner)의 지도를 받으며 식물학 연구를 했다. 더불어 이후 프랑스에서 정치인, 행정가로 출세하는 데 기반이 된 독일 문학, 산림학, 행정학, 경제학 등을 학교에서 배웠다. 대학을 졸업하고 1788년 노르망디 지방 프로테스탄트 귀족 집안에서 가정교사로 일하게 되면서 자유로운 시간에 자연사를 틈틈이 연구했다. 1789년 프랑스대혁명이 일어났을 때는 지방정부의 관료로 일하기도 한 퀴비에는 여가활동의 일부였던 동물학 연구 분야에서 동물의 일부인 한 기관에서 전체 동물의 형태를 구성해낼 수 있다는 '형태상관관계법칙(loi de corrélation des formes)'을 발견해 프랑스 자연사 학계에 이름을 알리기 시작했다. 1795년 에티엔 조프루아 생틸레르(Étienne Geoffroy Saint-Hilaire)의 추천으로 자연사박물관 비교해부학

교수로 임명된 이후 프랑스 대학 자연사연구회장, 콜레주 드 프랑스 교수, 과학아카데미 회원, 영국왕립학회 회원 등 화려한 학문적 경력을 쌓아갔다. 또한 정치인, 행정가로서도 성공했다. 1814년 나폴레옹이 복귀하자 국무원 위원, 내무위원회 의장을 역임했는데 나폴레옹이 몰락한 후 2차 왕정복고기에는 재빨리 왕당파로 변신해 파리대학 총장, 국왕자문위원을 지냈으며 1829년 샤를 10세에게 백작 칭호를 받았을 정도로 정치인, 행정가로서도 성공한 삶을 살았다.[8]

자연사 연구에서 퀴비에가 남긴 최대의 업적은 1817년 출간한 《동물계(Le Règne animal)》이다. 동물계를 4개 부문(척추, 관절, 연체, 방사)과 15군으로 분류한 새로운 동물 분류법은 린네의 분류법에 비해 더욱 실증주의적이고 기능주의적인 분류법으로 평가받는다. 미셸 푸코는 《말과 사물》에서 고전주의적 생물 분류법이 가시적인 4가지 변수(형태, 수, 기질, 크기)에 기초해 있었다면, "퀴비에로부터 분류의 외부적 가능성에 근거를 제공하는 것은 바로 지각할 수 없는 순수하게 기능적인 측면에서의 생명이다"[9]라고 밝히고 있다. 푸코는 퀴비에를 가시적인 생물을 분류표에 따라 나누던 데서 "유기체의 내적 구성을 분석하는 것으로 변환"하여 근대적 생물학 수립에 기여한 인물로 평가한다. 생명에 대한 연구는 퀴비에 이후 "해부학적, 기능적으로 통일된 유기체에서 유기체와 생명환경의 구성적, 조정적 관계"로, 다시 말해 "유기체와 구성적 관계를 맺는 생명환경에서 개체군〔인구〕(population) 연구"로 옮겨갈 수 있었다.

무엇보다 퀴비에는 "자연사가 자연의 '역사'로 대체"되는 데 기여한 과학자이다. 그는 역사지질학이라는 새로운 분야를 개척해 자연사를 역사의 영역으로 끌어들였다. 역사적 기록물들에 바탕을 둔 '인류사'와 선사시대의 '지구사'를 구분한 퀴비에는 "생물은 처음부터 생물로 하여금 역사를 갖게 하는 조건과 함께 사유"되었기 때문에 인류사를 더욱 광범위한 지구사의 영역에 포함할 수 있었다. 화석 연구를 바탕에 두고 진행한, 살아 있는 동물과 식물뿐만 아니라 이미 멸종한 동식물에 대한 연구는 생명에 역사성을 부여하기 시작했다. 이는 이전 세대 자연사가, 1747~1789년 총 50권의 《박물지(Histoire naturelle, générale et particulière)》를 출간한 뷔퐁(Georges-Louis Leclerc, Comte de Buffon)의 자연사에 대한 인식과 대비된다. "서양의 지식에서 생명 자체에 고유한 역사성이 처음으로 출현하는 시기에 이 역사성을 성찰하는 최초의 다른 자연에 대한 인식"으로 평가받는 퀴비에의 자연사 인식과 '생물불변설(fixsme)'은 이후 다윈의 진화론에까지 영향을 미쳤다. 퀴비에는 뷔퐁과는 달리 대혁명 이후의 시대를 살았던 인물이다. 대혁명 이후 새로운 시대가 도래하자 노예무역을 금지한 영국을 시작으로 프랑스에서는 그레구아르 신부(Abbé Grégoire)에 의해 노예제가 일시적으로 폐지되었기 때문에 더 이상 노예제를 근거로 흑인의 열등성을 증명하기 어려워졌다. 결국 '흑인=노예'라는 등식이 더 이상 유지되지 못하던 시대에 퀴비에는 이러한 시대적 변화를 거스르는 유색인종의 열등성을 증명하는 과학적 방법론 수립에 열정을 쏟았다. 퀴비에는 흑인으로 대표되는 유색인들을 자연사적, 의학적, 생물학적 시각에서 분석하고 싶어 했다. 17세기부터 본격적으로 시작된 비유럽 세계에 대한 탐험은 곧 유럽인들에게 그동안 알지 못했던 다양한 지역 사람들을 접촉하고 다양한 생물들을 발견할 수 있는 기회를 제공했다. 이러한 분위기에서 1799년 설립된 인간관찰학회(Société des observateurs de l'homme)는 프랑스 인류학의 출발점이었다. 퀴비에의 연구는 국가적 지원을 받는 자연사와 인류학의 성과들을 기반으로 나온 것이다. 나폴레옹은 이집트 원정에 생틸레르와 동행하여 수많은 유골과 유물, 생명체를 연구할 기회를 제공했고 니콜라 보댕(Nicolas Baudin)의 원정대를 비롯한 많은 탐사원정대를 후원했다. 1800년 오스트레일리아 서쪽을 탐사하기 위한 보댕 원정대가 출항하기 전 퀴비에는 병사들에게 원주민 신체를 측정하고 언어, 풍습 등에 대한 보고서를 작성하는 방법을 교육하면서 원정대에게 많은 표본이 되는 인간과 동물의 뼈를 수집해 올 것을 요구했다. 퀴비에를 비롯한 다수의 인류학자에게 안면각과 두개골의 용적은 백인의 지적, 미적 우월성을 나타내는 과학적인 지표이자 인종을 구분하는 근거였다.

퀴비에의 인종론에 의하면 유일하게 우월한 문명을 발전시킨 캅카스 인종은 얼굴이 타원형(dolichocéphale)이며 아름답고 지적인 우월성을 보유한 집단이다. 따라서 인도인, 게르만인, 고대 그리스에 거주하던 펠라스기(Pélasges)족은 캅카스 인종에서 유래한 종족들로 30세기 동안 인류의 예술과 과학, 문화를 가장 우수한 문명 단계로 발전시키는 데 중추적 역할을 담당했다. 아시아인은 부분적인 문명화 단계에 이르렀지만 정체돼 있다고 한 반면 아메리카 인디언의 경우 분류를 유보했다. 흑인에 대해서는 두터운 입술과 돌출된 입이 특징이며 원숭이와 매우 흡사하고 야만의 상태에서 결코 벗어날 수 없는 인종이라 주장했다. 그에게 호텐토트는 흑인종들 중에서도 가장 원시적이기 때문에 유인원과 구분이 힘든 인종이었다. 린네가 호텐토트를 괴물인간(homo monstruosus)으로 정의한 이래 동물과 거의 구분할 수 없는 가장 낮은 단계의 인간으로 간주된 호텐토트의 신체와 내부 기관을 퀴비에는 해부학적으로 분석할 기회를 염원했다. 그는 바트만을 통해 신체적 외형을 측정해 가설을 세우는 데 머물지 않고 자신이 세운 해부학적, 동물학적 이론을 통해 호텐토트 종의 존재를 증명하고자 했다.

1815년 바트만과 만났을 때 퀴비에는 파리자연사박물관 부속 비교해부학회와 프랑스대학 부속 자연사연구회의 회장이었다. 그해 초봄 나폴레옹이 엘바 섬을 탈출해 프랑스 남부에서 병사들과 함께 파리로 진격하고 있을 즈음 바트만은 비교해부학과 동물학 전문가들인 퀴비에, 생틸레르, 앙리 드 블랭빌(Henri Marie Ducrotay de Blainville)이 주도하는 자연사박물관 연구 모임에 초청되었다. 파리식물원[10]과 파리동물원을 통합해 1793년에 설립된 파리자연사박물관은 다양한 식물과 동물을 전시하는 유럽의 다른 나라에서 보기 힘든 거대한 규모의 박물관이자 근대생물학을 선도한 연구기관이었다.

영화에서 자연사박물관으로 향하는 마차에 탄 바트만은 유럽 여성과 동일한 복장을 하고 있다. 런던 시내를 산책할 때처럼 큰 모자를 쓰고 당당하게 자신을 드러내지 못하고 얼굴을 가리려 노력한다. 이러한 집착은 유럽인과 외형적으로 구분되기 싫어하는 심리를 잘 표현했다. 인종적으로 눈에 띄지 않을 권리, 구분되지 않을 권리는 오늘날 다문화주의가 내세우는 가시성의 권리(un droit à la visibilité), 혹은 차이의 권리와 상반된다. 무대에서, 대중의 인종적 편견과 일치하는 과시적인 아프리카 의상을 걸치고 몸치장을 해야 했던 그녀에게 자신의 외양을 드러내 사람들의 이목이 집중되는 것은 피해야 할 일이었다.

1815년 3월 자연사박물관에 도착한 바트만은 자신을 관찰하러 온 과학자들에게 여느 공연장에 초청받았을 때와 마찬가지로 공연을 보여주려 했다. 하지만 과학자들은 공연에는 관심이 없었고 오로지 그녀의 몸에만 관심이 있어서 완전한 나체를 드러내기를 요구했다. 영화는 두개골, 턱, 유두, 엉덩이 등 모든 부위가 측정될 때 나타나는 그녀의 고통스러워하는 표정과 성기를 확인하려는 과학자들의 호기심 어린 표정들을 대비시킨다. 바트만의 신체를 구석구석 측정하는 작업은 3일 동안 지속되었다. 동식물과 해부도를 담당했던 박물관 소속의 화가인 장 밥티스트 베레(Jean-Baptiste Berré)는 그녀의 신체를 4개의 서로 다른 시점에서 세밀하게 묘사했다.[11] 영화에서처럼 이 그림은 바트만의 얼굴을 낭만적이며 매혹적으로 묘사했다. 하지만 1816년 베레가 바트만을 그린, 과학 잡지에 실린 두 번째 판본은 과학의 외피를 입은 외설적인 훔쳐보기 사례에 지나지 않는다. 이 그림에서 바트만은 베레에게 병리학적인 관찰의 대상일 뿐이라 오로지 성기만이 집중적으로 묘사되고 있다. 베레의 그림에서와 같이 퀴비에, 블랭빌, 생틸레르 역시 '호텐토트의 앞치마 살'에만 관심을 보일 뿐이었다. 이들은 바트만의 생식기관과 두개골의 특성에 관한 여러 가설들을 증명하려 했다. 바트만이 자연사박물관을 떠난 지 얼마 안 돼 블랭빌은 과학애호가학회(Bulletin des Sciences par la Société Philomathique de Paris)에서 오랑우탄과 바트만을 비교하는 〈호텐토트족 여성에 관하여(Sur une femme de la race hottentote)〉라는 글을 발표했다.

1815년 겨울 바트만은 알코올중독과 여러 가지 질병으로 인한 합병증으로 결국 사망했다. 런던에서부터 시작된 가혹한 공연 일정을 소화하는 동안 술과 담배는 유일한 탈출구였다. 나폴레옹 전쟁 시기 파리가 전쟁으로 인한 기근을 겪고 정치적 불안감이 커지면서 바트만의 공연은 더 이상 대중의 관심을 받지 못하게 되었다. 더욱이 건강이 악화되어 더 이상 공연을 할 수가 없었다. 공연을 하지 못하게 된 바트만의 이후 행적은 알 수 없다. 영화에서는 그녀가 매음굴로 팔려가는데, 확실하지는 않다. 더 이상 돈을 벌지 못하는 바트만에 대한 레오의 처사는 충분히 상상해볼 수 있기 때문에 영화에서 사망 직전의 바트만의 모습은 죽음에 관한 여러 소문과 죽어가는 매춘부의 상징적 이미지로 인해 비참하게 묘사되었다.

그녀의 사후에 레오는 자연사박물관에 '인간에 관한 지식 축적을 위해' 바트만의 시신을 판매했다. 퀴비에는 살아 있을 당시 바트만의 신체를 관찰한 데 만족하지 못했기 때문에 그녀의 시신을 해부해 뇌, 생식기, 골격을 적출하고 밀랍모형으로 만들었다. 그녀의 뇌와 생식기 표본은 파리자연사박물관 수장고에 보관되었고, 유골과 밀랍 모형은 전시관에서 1976년까지 전시되었다.

바트만 유해의 귀환

많은 역사학자들은 사르키 바트만을 19세기 인종주의, 제국주의, 가부장적 남성 폭력의 대표적 희생자로 선정하기를 주저하지 않는다. 바트만의 유해는 2002년 그녀가 고향을 떠난 지 192년 만에 케이프타운으로 귀향했다. 하지만 귀향도 쉽지 않았다. 프랑스 정부가 바트만의 유해를 정부의 국유재산으로 분류해 소유권을 주장했기 때문이다. 제국주의 시대 약탈한 문화재 반환에 반대하는 정부 관료는 "바트만의 유해는 남아프리카공화국보다 자유, 평등, 박애의 고향인 프랑스에 머물러 있는 것이 훨씬 더 안전하다"고 주장하기까지 했다. 결국 프랑스 의회에서 법률이 개정되어 남아공으로 귀환이 허용될 수 있었다.

바트만은 케이프타운, 런던, 파리, 다시 케이프타운에서 각기 다른 인간으로 의미가 부여되었다. 케이프타운에서는 호텐토트 법률에 의해 통제되는 원주민이었고 런던에서는 대중의 관음증과 인종적 호기심을 채워주는 '괴물 쇼'의 출연자였다. 이어 파리에서는 공연과 더불어 퀴비에로 대표되는 인종 과학자들에게 관찰, 측정되고 사후에는 해부를 통해 인종 과학 발전에 기여한 인종적 표본이었다. 오늘날 유럽 식민주의가 남긴 아프리카의 상처를 대표했던 바트만의 유해는 고향땅에 돌아가 남아프리카 공화국에서 인종차별과 식민주의 극복을 위한 다양한 정치적, 문화적 상징으로 재해석되고 있다.

영화 〈검은 비너스〉는 바트만이 런던과 파리에 거주했던 시기만을 집중 묘사하는 가운데 19세기 인종주의적 폭력을 고발하면서 바트만을 순수하고 일방적인 피해자로만 그리고 있다. 하지만 바트만은 생전 케이프타운에 몰려드는 수많은 유럽 이민자들과 군인들을 통해 유럽에 대한 호기심을 가지고 있었다. 아울러 흑인 여성에 대한 백인 식민자 남성들의 성적 호기심과 판타지도 충분히 인지하고 있기에 자신의 몸을 이용해 돈을 벌 수 있다는 사실도 이해하고 있었다. 영화에서는 바트만이 런던이 아닌 케이프타운에서 영국 수병들을 대상으로 첫 공연을 했다고 밝히고 있다. 바트만은 런던을 또 다른 케이프타운이라고 생각했을 것이다.

비유럽 세계에 대한 감상적 원시주의를 바탕으로 삼아 인간을 살아 있는 표본으로 취급한 인종학이라는 사이비과학이 발흥하던 19세기는 영국과 프랑스 식민주의자들이 아프리카 내부 진출을 확장하는 시기였다. 이러한 시대에 바다를 건너 고향을 떠나 먼 유럽으로 이주한 바트만의 몸은 불행히도 그녀만의 소유물이 아니었다. 식민지와 식민모국의 경계를 가로지르며 한 여성이자 어머니로 살기를 원했던 바트만을 유럽인들은 오로지 '검은 비너스'라는 이름으로 불렀을 뿐이지만, 그녀는 자신의 존엄성을 지키기 위해 인종적 편견과 폭력에 저항했다. 바트만은 이러한 시대에 식민지에서 유럽으로 이주한 자유로운 예술가이자 자신의 삶을 개척하려고 한 능동적 여성이었던 것이다.

부록

관련 연표

1738년	칼 폰 린네의 《자연의 체계》가 출판되다.
1776년	요한 프리드리히 블루멘바흐가 괴팅겐대학 교수가 되어 인종의 체계를 연구하다.
1789년	사르키 바트만이 출생하다.
1804년	아이티가 자유공화국을 선포, 흑인 독립국을 수립하다.
1807년	영국이 노예무역을 폐지하다.
1810년	사르키 바트만이 영국에 도착하다.
1814년	사르키 바트만이 프랑스에 도착하다.
1815년	사르키 바트만이 사망하다.
1853년	아르튀르 고비노가 《인종 불평등론》에서 아리아 인종의 문화적 우수성을 주장하다.
1859년	찰스 다윈이 《종의 기원》을 발표하다.
2002년	사르키 바트만의 유해가 남아프리카공화국으로 송환되다.

개념어 설명

인간 동물원(Humain zoo) 유럽의 식민주의 시대에 열린 유색인 전시회를 지칭하는 역사 용어이다. 왕이나 귀족들이 이국적인 동물을 수집하고 전시하는 동물원은 고대 그리스, 중국의 한나라, 아스텍 등 여러 지역과 시대에 있어왔다. 하지만 19세기 유럽의 인간 동물원은 기이하고 이국적인 동물을 전시하는 것에 그치지 않고 유색인을 전시하면서 유럽인의 인종적 우월성을 과시하는 구경거리였다. 난쟁이, 거인, 알비노 등 일반적인 외형을 지니지 않은 사람들이 출현한 괴물 쇼(freak show)에서 출발한 인간 동물원은 식민주의박람회와 세계박람회를 거치며 더욱 대형화했으며 식민주의와 인종주의의 대중적 확산에 기여했다.

자연사(Natural history) 17세기 말에서 18세기 초에 시작된 자연사는 자연에 대한 종합적·통합적 설명을 추구하는 전통적 방식보다는 자연에 속한 다양한 개체의 특성을 탐구했다. 박물학자로 번역하기도 하는 자연사 연구자는 생명체에 이름을 부여하고 기술하며 분류하는 사람이었다. 린네는 생물 종을 분류하는 방법론을 확립했고, 뷔퐁은 자연사를 각 생명체의 특성을 완벽히 설명하는 것이 자연사 연구의 진실한 방법론이라 주장했다. 자연사 연구자는 가시적인 동형성 연구에서 벗어나 기능적·형태적 유비론을 통해 생명체를 차이의 관계망 속에서 정의했다.

더 읽을거리

레이철 홈즈, 《19세 인종주의가 발명한 신화 사르키 바트만》, 이석호 옮김(문학

동네, 2011)

베벌리 나이두, 《차별의 기억》, 이경상 옮김(생각과느낌, 2013).

이재원, 〈식민주의와 '인간 동물원(Human Zoo)'〉, 《서양사론》 106(2010).

장 메이메, 《흑인 노예와 노예 상인》, 지현 옮김(시공사, 1998).

장 자크 루소, 《인간 불평등 기원론》, 김충현 옮김(웅진씽크빅, 2010).

크리스티앙 들라캉파뉴, 《노예의 역사》, 하정희 옮김(예지, 2015).

크리스티앙 들라캉파뉴, 《인종차별의 역사》, 하정희 옮김(예지, 2013).

주

1. 이 글에서는 바트만의 이름을 세례명인 사라(Sarah; Sara)로 표기하지 않고 사르키로 표기하기로 한다. '작고 귀여운 사라'라는 뜻의 아프리칸스어에서 변형된 크리올어인 사르키에서 접미사 '키'는 '작고 귀여운'을 의미한다. 하지만 백인이 흑인을, 주인이 노예를, 남성이 여성을 낮추어 부르는 의미가 포함돼 있기도 하다. 사라라는 영국식 이름보다 본래 이름인 사르키가 남아프리카공화국 전통에서 유래한 그녀의 이름을 잘 드러내기 때문에 사르키로 표기하는 것이 옳다고 생각한다.
2. Rachel Holmes, *The Hottentot Venus, The life and death of Saartjie Baartman born 1789-buried 2002*(London: Bloomsbury Publishing PLC, 2008)〔레이철 홈즈, 《19세기 인종주의가 발명한 신화 사르키 바트만》, 이석호 옮김(문학동네, 2011), 56쪽〕.
3. Clifton Crais and Pamela Scully, *Sara Baartman and the Hottentot Venus*(New Jersey: Princenton University Press, 2009), p. 34.
4. Christian Delacampagne, *Une histoire du racisme*(Paris: Librairie Générale française, 2000)〔크리스티앙 들라캉파뉴, 《인종차별의 역사》, 하정희 옮김(예지, 2013), 188~190쪽〕.
5. 원주민 노동력 통제에 대한 좀더 자세한 영국의 식민 행정 정책에 대해서는 Timothy H. Parsons, *The Rule Of Empires: Those Who Built Them, Those Who Endured Them, And Why They Always Fall*(London: Oxford University Press, 2010)〔티머시 H. 파슨스, 《제국의 지배: 제국은 왜 항상 몰락하는가》, 장문석 옮김(까치, 2012), 6장 '영국령 케냐: 단명한 신제국주의'를 참고하라〕.
6. Hannah Arendt, *The Origins of Totalitarianism*(New York: Schocken Books, 1951)〔한나 아렌트, 《전체주의의 기원》 1, 박미애 옮김(한길사, 2006), 374쪽〕.
7. David Brion Davis, *The Problem of Slavery in Western Culture*(London: Oxford University Press, 1988), p. 472.
8. Philippe Taquet, *Georges Cuvier: Naissance d'un génie*(Paris: Odile Jacob, 2006), pp. 6~8.
9. Michel Foucault, *Les mots et les choses*(Paris: Gallimard, 1966)〔미셸 푸코, 《말과 사물》, 이규현 옮김(민음사, 2012), 373쪽〕.

10. 파리식물원과 왕립식물원은 같은 기관이다. 1793~1848년 공화정과 왕정 체제가 혼란스럽게 변동되면서 여러 차례 이름이 바뀌게 된다. 바트만이 파리에 살던 시기에는 파리식물원, 왕립식물원이라는 두 개의 이름이 공존했다.

11. François-Xavier Fauvelle-Aymar, *L'invention du Hottentot. Histoire du regard occidental sur les Khoisan(XVème-XIXème siècle)*(Paris: Publications de la Sorbonne, 2002), p. 325.

〈사기꾼〉

아시아인에 대한 이분법적 인종 의식의 부상

07

김정욱

1915년 그리고 〈사기꾼〉

미국에서 대중문화(popular culture)와 고급문화(high art)의 구획이 명확해진 것은 19세기 중엽이었다. 1829년 '보통사람들'의 대변인을 자처했던 앤드루 잭슨이 대통령에 당선된 것을 계기로 반엘리트주의, 평등주의 사고를 하던 사람들이 늘어나던 시기였다. 보통선거권 제도가 각 주로 확산되고 소농과 소생산자를 보호하는 경제정책이 실시되었으며, 경제적으로 안정되고 교육 기회를 가진 사람들이 전문직을 독점하는 사태를 막기 위해 각종 자격증 제도가 폐지되기 시작했다.

그러나 19세기 중엽에는 정치적·경제적·사회적 평등, 즉 민주주의가 조금씩 실현되고 있었지만 이와 배치되는 사회적 변화가 나타나고 있었다. 시장경제 체제가 확립되면서 경제적 자립을 생의 목표로 여기며 근면, 검약, 절제라는 가치로 무장한 중간계급(부르주아지)과 민주주의적 평등을 열망하는 노동계급이 또렷이 분화되기 시작한 것이다. 계급적 구획이 더욱더 명확해지는 가운데 각종 놀이 공간에서도 자아정체성이 서로 다른 민중과 중간계급, 상층계급 사이의 갈등이 빈번해졌다. 결국 모든 계급이 공유하던 오락이 쇠퇴하고 특정 계급을 위한 유희들이 등장하면서 고급문화와 대중문화가 구획되었다.[1]

이러한 역사적 연원을 가진 미국의 대중문화에서 자주 드러나는 정서가 있다면 정치적, 경제적, 사회적 평등에 대한 열망을 들 수 있을 것이다. 실제 민스트렐시,[2] 보드빌(vaudeville)[3] 등 민중이 즐기던 대중오락 속에는 상층계급에 대한 풍자와 반엘리트주의 사고가 녹아 있었다. 이러한 대중오락의 계승자인 영화 역시 노동계급에 만연했던 민주주의 정서를 상당 부분 수용하고 있었으며, 실례로 영화산업 형성기에 제작된 많은 영화들은 양극화를 초래하는 자본주의와 친자본적 정부 권력을 직설적, 은유적으로 비판하고 있었다.

하지만 당시의 영화를 단순히 사회비판과 변혁의 무기로만 이해할 수는 없을 것이다. 특히 인종주의에 관해서라면 더욱 그러하다. 1910년대 들어서 중간계급 영화 관객이 증가하면서 노동문제 및 사회문제를 다루는 영화들이 점차 감소하기 시작하고 사극과 멜로드라마같이 계급을 초월하여 공감을 얻을 수 있는 장르들이 부상하는 가운데 인종주의 역시 영화의 소재로 빈번히 활용되기 시작했다. 실례로 1915년 개봉된 그리피스의 〈국가의 탄생〉은 짧은 쇼트들을 연결하여 리듬을 만드는 편집 기법을 활용한 최초의 극영화로 평가되고 있지만 흑인에 대한 노골적인 인종적 적대감을 담은 작품이었다. 1915년에는 〈국가의 탄생〉과 마찬가지로 할리우드에 만연해 있던 인종주의를 대변하는 또 하나의 작품이 개봉했다. 세실 B. 데밀의 〈사기꾼(The Cheat)〉이다. 〈사기꾼〉은 조명과 미장센 방면에서 괄목할 정도의 기술적 진보를 보여줌으로써 찬사를 받았으나 〈국가의 탄생〉과 마찬가지로 유색인종 남성을 백인 여성을 성적으로 위협하는 강간자로 형상화하고 이러한 위협에 맞서기 위한 폭력적인 인종 통제를 지지하고 나섰다.

일본이 연합국의 일원으로 제1차 세계대전에 참전하고 있는 가운데 개봉된 〈사기꾼〉은 일본인 이민자들이 격렬한 항의에 직면하면서도 제작비의 10배가 넘는 13만 7364달러의 매출을 올려 흥행 면에서 상당한 성공을 거두었다. 이러한 성공에 고무된 파라마운트 사는 일본인 이민자의 반발을 회피하고자 1918년에는 주인공을 버마인 하카 아라카우(Haka Arakau)로 각색하여 영화를 재개봉했으며 이어 1923년과 31년에 리메이크 작을 선보였다. 그뿐만 아니라 〈사기꾼〉은 평론가의 극찬을 받으며 프랑스에서 리메이크되기도 했다. 따라서 영향력의 지속과 확산이란 면에서 〈사기꾼〉은 영화에 표현된 인종주의를 살펴볼 때 좋은 고찰의 대상이라 할 수 있다.

인종 간의 성적 경계에 대한 집착을 그린 멜로드라마 〈사기꾼〉

각각 흑인과 아시아인에 대한 인종차별 의식을 내포한 〈국가의 탄생〉과 〈사기꾼〉은 유색인종 남성을 성적 위협을 가하는 자로 보면서 인종 경계 중 핵심이라 할 성적 경계의 붕괴에 대한 두려움을 표하고 있다. 20세기 초는 우생학의 인기와 강도 높은 반이민 운동이 증명하듯이 1880년대 이후 미국으로 대거 이주하기 시작한 '백색 인종'[4]들에 대한 '본토인'들의 적대감이 최고조에 이른 시기라는 점을 고려하면, 왜 이 시기에 성공을 거둔 인종주의 영화가 남동 유럽 이민에 대한 적대감을 표출한 게 아니라 흑인이나 아시아인을 타자화했을까 하는 의문이 생길 수도 있다. 그러나 여타 오락산업과 마찬가지로 초기 영화산업 역시 이민자 출신들이 두각을 나타내던 분야임을 감안해야 할 것이다. 또한 1915년은 최초의 헤비급 흑인 챔피언이었던 잭 존슨(Jack Johnson)이 불러일으킨 두려움이 채 가시지 않았던 때임을 염두에 두어야 할 것이다. 1908년 흑인으로서는 최초로 헤비급 챔피언이 된 존슨은 1910년에는 세기의 흑백 대결에서 "백인의 희망"으로 불리던 불패의 전 챔피언 짐 제프리(Jim Jeffries)에게 완승을 거두었다. 백인 파이터를 제압하는 존슨의 강인하고 영리한 모습은 흑인의 열등성에 관한 당대의 담론들에 타격을 입혔다. 그뿐만 아니라 존슨은 수차례 백인 여성과 결혼함으로써 '인종 예절'에도 도전했다. 결국 존슨은 1913년 백인 십대 소녀와 강제로 동거했다는 죄명으로 기소되어 미국을 떠나게 되었지만 이러한 일련의 소동은 백인 남성들의 인종적 우월성에 대한 오랜 믿음에 타격을 입혔으며 유색인종 남성이 백인 여성을 향한 주체할 수 없는 성적 욕망을 가지고 있다는 인식을 증대시켰다. 이러한 사회적 배경은 〈국가의 탄생〉과 〈사기꾼〉이 왜 그토록 인종 간의 성 경계에 집착했는지를 설명할 수 있을 것이다.

〈사기꾼〉에는 3명의 주요 인물이 등장한다. 보드빌 배우 출신으로 영국의 명문가 출신 갑부와 결혼하여 화제를 일으켰던 페니 와드(Fannie Ward)가 분한 이디스는 뉴욕의 주식 브로커를 남편으로 둔 부르주아지 여성이자 공적 사회활동을 열망하는 당대의 신여성으로, 통제할 수 없는 강한 소비욕을 가지고 있다.

가정적이고 내향적인 19세기 이상적 부르주아지 여성과 이디스 사이에는 상당한 간극이 있는데, 잭 딘(Jack Dean)이 분한 남편 리처드는 전형적인 부르주아지 남성성을 상징하는 인물이다. 그는 노동윤리가 매우 강한 사람으로 미래의 성공을 위해 분투하며 자애롭고 희생적인 가장이다.

역사상 최초로 생산에 종사하는 계급이 지배계급으로 부상하는 19세기에 형성된 자수성가인과 기독교 신사라는 남성의 이상적 역할에 충실한 리처드는 자연 생산자의 정체성을 가지며 따라서 부인의 소비욕에 부정적인 태도를 보인다.

그리고 〈사기꾼〉에는 백인 부르주아지 가정에 대한 외부 위협을 상징하는 인물이 등장한다. 당시 할리우드에서 활동하던 이민자 출신 일본인 배우였던 하야카와 셋슈(早川雪洲)가 분한 토리는 능숙하게 영어를 구사하는 부유한 롱아일랜드 사교계의 일원으로 유행에 민감하고 상류사회의 매너에 익숙한 일본계 미국인이다.

음산한 방에서 불에 달군 쇠도장으로 자신의 소유물에 낙인을 찍고 있는 토리의 모습을 보여주며 시작되는 영화는 조명이 밝은 사무실에서 주식시장의 동향을 점검하는 데 여념이 없는 리처드의 모습을 대조시킨다. 그러나 리처드는 곧 아내가 값비싼 드레스를 샀음을 알게 되면서 이디스와 전화로 다툼을 벌이게 된다. 집에 돌아온 리처드는 투자가 성공하여 더 많은 돈을 벌면 원하는 드레스들을 사주겠다고 하여 아내를 달래려 하지만 이디스는 절약을 강조하는 남편에게 강한 불만을 표출한다. 급기야 남편이 옷들을 백화점으로 돌려보내려 하자 이디스는 적십자사 자선기금 간부로 일하면서 맡게 된 공금을 이용해 돈을 마련하려고 한다.

이디스는 적십자사 공금 1만 달러를 남편 친구의 조언에 따라 주식시장에 투자하지만 원금마저 모두 잃게 된다. 이 사실을 알게 된 이디스는 사교계에서 만난 친구로 남편에 대한 불만을 들어주며 환심을 사고 있던 토리에게 고민을 털어놓는다. 오래전부터 이디스에게 흑심을 품고 있던 토리는 공금횡령죄로 감옥에 가게 될 거라고 말하여 겁에 질리게 한 후 1만 달러 수표를 건네주지만 돈을 빌려주는 대가로 이디스의 몸을 요구한다. 토리의 요구에 고민하던 이디스는 리처드의 투자가 성공했음을 알고는 남편에게 선물로 수표를 받아 토리의 집으로 향한다. 하지만 토리는 수표를 받기를 거부하고 약속을 지킬 것을 강요한다. 토리가 저항하는 이디스의 어깨에 자신의 소유물을 의미하는 낙인을 찍은 후 겁탈하려 하자 이디스는 토리의 총으로 그의 어깨를 쏜 후 도주한다. 뒤늦게 부인의 행동에서 이상한 낌새를 눈치채고 토리의 집을 찾은 리처드는 피를 흘리며 쓰러진 토리를 발견하고 모든 정황을 눈치채지만 자신이 토리를 쏘았다고 자백하고 경찰에 체포된다.

부인에게 그동안 일어난 일을 발설하지 못하게 한 리처드는 재판정에서 자신이 토리를 쏘았다고 주장한다. 그러나 남편의 희생을 견디다 못한 이디스가 재판장석으로 달려가 토리가 자신의 어깨에 찍은 낙인을 보여주면서 자신이 범인이라고 자백한다. 결국 사건의 자초지종을 알게 된 재판장이 리처드의 무죄를 선고하자 방청객들이 동요하기 시작한다. 흥분한 방청객들이 토리를 린치하기 위해 달려들면서 영화는 막을 내리게 된다.

〈사기꾼〉에 강간자로 나타나는 아시아인 남성

첫 장면의 배경인 쇼지(障子)식 방에 대한 이야기를 해보자. 1885년에 초연된, 일본을 배경으로 한 오페라 〈미카도(Mikado)〉가 선풍적인 인기를 끌고 부유층이 일본 예술품 수집에 열광했듯이 수준 높은 문명국으로서 일본의 모습은 당대 미국인들에게 낯설지 않았다. 이를 반영하듯 토리의 방은 이국적 문명을 상징하는 전국시대의 갑옷 요로이와 불상 같은 문물들로 장식되어 있다. 그러나 18세기 중엽 이후 시민혁명기를 지나면서 문명의 전범이었던 동양이 '전제'의 타자로 급격히 전환되었듯이 영화는 이국적인 문명의 공간이 여성을 겁탈하는 야만의 공간으로 급변하는 과정을 보여주게 된다.

우리는 이러한 전환을 통해 백인 주류 사회에 아시아인 혹은 일본인에 대한 두 가지 인식이 공존한다는 점을 알 수 있다. 첫째는 콜럼버스 신대륙 '발견' 400주년을 기념하는 1893년 시카고 박람회의 인종전시장이 대변하는 진화론적 인종관에 기초한 아시아인에 대한 관념이다. 박람회 주최 측은 출입구에서 백인 문명의 성취를 전시하는 박람회장 중심의 백색 도시(White City)에 이르는 통로에 야만인종에서 시작해 문명화된 인종 순으로 전시했는데, 백색 도시에서 가장 먼 거리에는 진화론적 인종 위계에서 최하층을 차지한다고 여겨졌던 아프리카인과 인디언을, 중간에는 아시아인을 그다음에는 켈트인을 배열했다. 이 진화론적 서열에는 동양의 수준 높은 문명을 일군 아시아인을 좀더 문명화된 이방인으로 보는 관념과 그럼에도 여전히 '백색 인종'으로 여겨지는 아일랜드인보다 더 열등한(그렇기에 백인성을 공유할 수 없는) 인종적 타자로 보는 정서가 공존하고 있었던 것이다.

토리는 아시아인에게 부여된 이러한 양면적 성격을 극명하게 보여주는 인물이다. 자신의 은거지인 어둡고 음습하지만 이국적인 문명의 공간에서 처음으로 모습을 드러낸 토리는 곧 밝고 화려한 부르주아지의 공간인 사교계에 나타나 영어에 능숙하고 패션에 민감하며 예절바르고 부유한 문명인의 면모를 과시한다. 이렇듯 서구적 언어와 규범을 수용하여 문명화된 모습은 일본인들의 진화론상의 중간자 위치를 확인해주는 듯하지만 예의바른 모습 이면에는 음흉함이 엿보인다. 이는 토리의 서구적이고 부르주아적인 모습이 단지 외양일 뿐임을 암시한다. 특히 이 양면성은 낮과 밤의 공간에서 토리의 대조적인 모습에서 더욱 분명해진다. 낮의 토리가 양복을 잘 차려 입은 친절하고 예의바른 서구 신사의 모습을 보인다면 흑색 유카타를 입은 밤의 토리는 음흉하고 교활하고 난폭하다. 이는 다른 아시아 국가와 달리 서구화되었으나 인종적 타자성이 내재된 국가로서 일본의 이중성을 상징하는 것일 수 있다. 즉 토리의 부르주아적 외양과 이에 배치되는 내면은 외양만 서구화된 인종적 타자, 즉 일본인의 모습을 연상시키는 것이다.

흥미로운 것은 〈사기꾼〉에서 나타나는 문명화된 신사인 토리의 예외적인 모습이 인종적 타자화를 오히려 가속화한다는 점이다. 대개의 인종주의 영화에서 계급은 인종의식을 강화하는 소재가 된다. 유색인종의 우둔함, 게으름이란 전형성은 이들의 하층계급 지위와 연결될 때 더욱 두드러져 보이기 때문이다. 그러나 〈사기꾼〉에서 토리는 상층계급의 일원이다. 통상 인종주의 담론에서 인종과 계급이 조합되는 방식을 따르지 않는 것이다. 그럼에도 〈사기꾼〉에서는 토리의 경제적으로 우월한 위치가 역설적으로 일본인에게 내재한 인종적 특징의 불변성을 강조하는 장치로 작용한다.

왜 그토록 열심히 일하느냐고 묻는 직장 동료에게 아내를 위해서라고 답하는 리처드는 토리와 달리 막대한 부를 소유하지 못했기에 가족의 생계를 책임져야 한다는 의무감을 가지고 있다. 자연히 리처드는 직업적 성공을 통해 생계 책임자(breadwinner)의 역할을 수행함으로써 남성성을 증명하려 한다. 반면 막대한 부를 자랑하는 유한계급의 일원인 토리는 부르주아 여성과 마찬가지로 일에서 해방된 모습을 보인다. 당대의 여성 문화인 소비문화에 침잠해 있다는 점 역시 여성적 특성을 두드러지게 한다.

이렇듯 여성과 대비되는 행동 양식이 요구되는 공적 공간에서 여성과 같은 특징을 보이는 토리는 인종적 타자로서 위협의 대상이 될 때만 남성으로 인식된다. 리처드와 달리 노동으로부터 해방되어 일을 통해 남성성을 증명할 수 없는 토리가 남성으로 여겨질 때는 이성에 대한 성욕을 가지고 있다는 점이 인식될 때일 것이다. 다시 말해 토리가 남성으로 여겨질 때는 백인 여성 이디스에 대한 성적 호전성을 드러내는 포악한 동물적 존재로 규정될 때일 뿐이다. 이렇듯 토리가 절제할 수 없는 욕정의 인간, 즉 강간자로 형상화되는데 이는 아시아 남성에 대한 적대감이 고조되었을 때 등장하는 전형성을 반영한다.

이민자들이 대량으로 유입되고 국가가 대외적으로 팽창해가는 동안 미국인들은 새롭게 대면하게 된 중국인과 일본인 남성들을 남성성이 결여된 일탈적 존재로 인식했다. 상대적으로 작은 체구, 변발 댕기(queue), 치마를 두른 듯한 옷차림 등은 이들을 여성화하는 근거가 되었다. 중국인들이 골드러시 이후 주로 도시에서 여성적인 직종(요리사, 세탁부)에 종사했던 것과 일본이 서구 제국에 순응하는 근대화를 지향하고 있었다는 점 등이 이러한 전형성을 강화하고 있었다.[5]

그러나 황화론이 중국에 대한 잠재적인 위협 심리를 증폭시키고 삼합회 등의 범죄 조직이 활성화되면서 중국인 남성의 전형성이 변화하기 시작했다. 대다수가 독신자 남성인 중국 이주민 사회에서 매춘의 문제가 불거졌는데 이 역시 이러한 전형성의 변화에 영향을 미쳤다. 그 결과 과거에는 여성스럽다고 여겨졌던 중국인 남성들이 무절제한 성욕과 폭력성을 발산하는 포악한 남성으로 여겨지고 동시에 백인 여성을 성적으로 위협하는 자로 인식되기 시작했던 것이다.

사실 유사한 사례를 남북전쟁 전후의 흑인 남성의 전형성 변화에서 찾아볼 수 있다. 전쟁 전 흑인에 대한 통제력이 강했을 때 흑인 남성은 위협의 대상이 아니라 가부장적 보호가 필요한 미성숙하고 게으른 사람들로 여겨졌다. 남부는 이러한 전형성에 기초하여 노예제를 자립 능력을 보유하지 못한 흑인들을 위한 인도적 가부장제도로 정당화했다. 그러나 남부 백인들은 노예해방 이후 시민권을 가진 자립적 존재가 된 흑인 남성들을 위협적인 존재로 여겼고 흑인 남성들을 폭력성, 야만성, 백인 여성에 대한 동물적 욕망을 품은 위험한 존재들로 규정하기 시작했던 것이다.

그러나 아무리 중국인 남성들이 성적 능동성과 호전성을 가진 존재로 재인식되었더라도 그들은 여전히 진정한 남성이 아니었다. 중국인 남성들이 백인 여성을 성적으로 정복하는 것은 정상적인 방법으로는 불가능한 일이기 때문이었다. 이러한 인식을 반영하듯 중국인 남성들이 백인 여성에게 아편을 주입하여 이들을 성노예로 삼고 있다는 기담들이 인기를 얻었다.[6] 이렇듯 강간자로 형상화된 중국인 남성의 전형성이 널리 확산되고 인종 위계 최하층의 흑인 남성의 특성과 비견되면서 이 시기 중국인 남성들은 두꺼운 입술에 피부가 검은 '중국 니그로(Chinese nagur)'로 표현되기 시작했고, 흑인과 일체화되면서 점차 동물적인 정서를 가진 문명 거부자로 인식되었다. 이는 중국인들은 추방이 최선책이라고 여기던 사람들의 입지를 강화했다.

황화론이 점차 급속하게 산업화되면서 서구 제국의 경쟁자로 부상하는 일본에 대한 두려움으로 전이된 계기는 러일전쟁이었다. 만주와 조선의 이권을 두고 경쟁하던 러시아에 일본이 손쉽게 승리하자 서양 제국은 공포를 느꼈고 일본과 일본 남성에 대한 형상도 바뀌었다.[7] 물론 상대적으로 일본인은 가족 이민이 많아 매춘, 범죄 발생률이 낮았고 일본 정부 역시 충실한 서구화를 진행했기에 미국 내에서 일본인에 대한 적대감은 중국인보다는 약한 편이었다. 그럼에도 불구하고 주류 사회는 중국인과 일본인의 다른 점을 찾으려 하지 않았다. 1900년대 들어 동부 연안을 중심으로 일본인에 대한 인종적 적대감이 증대되면서 미일 양국은 1908년 신사협정을 체결했다. 일본은 중국과 같은 강제 이민 금지법의 대상이 되는 굴욕을 피하는 대신 스스로 이민을 중단하는 정책에 합의한 것이다. 미국은 좀더 서구화된 인종적 타자인 일본의 명예를 존중해주었지만 이들을 다른 아시아인들과 차이가 없다고 여긴다는 점이 명확해졌다. 중국인의 사례가 보여주듯이 저들이 우리 일상을 위협한다는 심리와 인종적 적대감이 최고조에 이르렀을 때 일본인 역시 성적 호전성이 지나친 자격 미달의 남성으로 전형화되는 것을 피할 수 없었다. 실례로 20세기 초 미국 역사 교과서들은 일본인을 반이성적이고 호전적인 인종으로 표현하기 시작하고 있었다.[8]

그러나 영어에 능숙하고 언변이 화려하며 상류계급의 예법에 익숙한 토리는 대부분 농업에 종사하던 일본 이주민과는 상이한 예외적 일본인이다. 하지만 그의 교육과 부(계급적 지위)가 어떠하든 간에 여타 동물적이고 난폭한 중국인, 일본인 남성과 다를 바가 없이 묘사된다. 즉 한 일본인의 행위를 결정하는 것은 계급적 지위나 교육 수준이 아니며 아시아인이 공유하는 (주체할 수 없는 동물적 성욕을 가진 강간자라는) 인종적 특징이기 때문이다. 이렇듯 토리의 예외적인 사회적 지위와 야만적인 행위는 일본인(아시아인) 남성에게는 인종적 특징이 절대적이고 유일한 행동양식의 근거라는 점을 강조하고 있으며 이는 타고난 인종적 특성이 이외의 모든 사회적 요인을 능가하는 결정인자라고 여기는 인종(환원)주의를 강화하는 것이다.

아시아인 남성에 대한 징벌과 인종적 이분법의 강화

따라서 서구화되고 미국화된 상류계급 인사라는 외양은 토리의 본질이 아니다. 토리의 내면에 존재하는 백인 여성에 대한 동물적 욕망은 그의 집에서 열린 파티에 참석한 이디스를 자기 방으로 안내하여 값비싼 옷을 선물로 주며 유혹하는 장면에서 노골적으로 드러난다. 또한 토리는 주식시장에서 모든 돈을 잃었다는 사실을 알고는 정신을 잃고 쓰러져 의식이 없는 이디스에게 입맞춤을 함으로써 주체할 수 없는 성욕을 드러낸다.

이렇듯 백인 여성을 성적으로 위협하는 자로 변신한 토리는 더 이상 상냥한 예절, 화려한 의복, 남성보다는 여성들과 더 자연스럽게 어울리는 장면 등이 암시하던 여성적인 특성을 지닌 유약한 존재가 아니다. 토리는 동물적이고 호전적인 이성애를 추구함으로써 자신이 남성이라는 점을 백인들이 부정할 수 없게 만들어버리기 때문이다. 그럼에도 인종적 위협을 상징하는 토리는 여전히 불완전한 남성이다. 가족제도를 조롱하며 육욕을 따르는 토리는 과다하게(일탈적으로) 남성적이기도 하지만 아시아인인 그가 백인 여성을 성적으로 정복하기 위해서는 강제 수단이 필요하기 때문이다. 주류 사회 백인들이 믿기에 중국인이 백인 여성을 정복하기 위해 부득이하게 사용하는 수단이 아편이었다면 이에 상응하는 토리의 수단은 이디스의 몸을 사기 위해 건네는 1만 달러 수표인 것이다. 그러나 결국 뜻을 이룰 수 없었던 토리는 야만성의 극치를 보여준다. 불에 달군 쇠도장으로 이디스의 어깨에 낙인을 찍고 강간을 시도하는 것이다. 이렇듯 정상적인 방법으로는 이성애를 추구할 수 없는 아시아인 남성의 모습은 동양 여성에 대한 성적 환상을 노골적으로 드러내는 오페라 〈나비부인〉에서 일본 게이샤인 초초산의 마음을 단숨에 사로잡는 늠름한 미 해군 대위

핑커턴의 모습과는 극명하게 대조된다.

이러한 불완전한 남성들이 가하는 인종적 위협, 즉 백인 여성에 대한 성적 위협에 백인들은 어떻게 대응해야 할까? 당시 미국 사회에서는 남부를 중심으로 즐겨 사용되던 대응 방식이 있었다. 흔히 린칭(lynching)이라 불리는 사적인 처벌은 대개 백인 여성을 강간했다거나 강간을 시도했다는 이유로 흑인 남성을 납치하여 고문하고 살해하는 행위를 의미했다. 이는 남성성 과잉으로 여겨지는 흑인에 대한 잔인한 인종 통제 수단이었다.

영화 〈사기꾼〉의 마지막 장면은 이러한 잔인한 남부의 관습에 면죄부를 준다. 재판정에서 리처드가 자신의 혐의를 인정했음에도 불구하고 방청객들은 토리를 향해 의혹의 눈길을 보낸다. 물론 이 모든 의심의 근원은 토리의 피부색과 이에 수반한다고 여겨지는 인종적 특성이다. 그리고 재판장석으로 달려간 이디스의 자백으로 인해 사건의 전모가 드러나자 군중은 흥분하기 시작한다. 토리가 신변보호를 위해 경찰과 재판장 뒤로 숨는 장면은 법이 인종 범죄를 제대로 처벌하기는커녕 (인권 보호를 명분으로) 범죄자를 보호하고 있음을 은유적으로 표현한다. 법이 주체할 수 없는 동물적 욕정을 지닌 범죄자를 처벌하지 못한다면 결국 린칭에 호소할 수밖에 없을 것이다.

"저 녀석을 린치하자!"고 외치며 달려드는 방청객들 앞에서 토리가 응당 누려야 할, 법이 보장한 미국 시민의 기본 권리는 소멸된다. 재산권의 자유, 사상과 양심의 자유 등과 더불어 생명의 보존과 신체의 자유는 버지니아 선언과 독립선언서 그리고 헌법 수정조항 등이 제시한 미국의 건국 가치였다. 자유주의에 기초한 미국의 건국 문서들은 한 개인의 생명과 신체에 대한 권리를 제한할 수 있는 것은 오직 법률뿐이라고 명시하고 있다. 집단 구타와 신체 훼손 그리고 처형 순으로 진행되는 린칭은 이러한 법치의 관념을 철저히 부정함으로써 자유주의에 기초를 둔 시민적 정치 공동체라는 미국의 건국 원리를 부정하고 인종적 타자를 시민 경계 외부로 축출하는 상징적 행위였다. 즉 인종적 타자의 신체에 대한 자의적이고 탈법적인 폭력의 사용을 승인함으로써 자유주의 법체계가 백인에게만 적용된다는 사실을 명확히 하며 미국을 인종적인 공동체(백인공동체)로 재구성하는 것이다. 그럼으로써 린칭은 자유주의에 기초한 법률이 보장하는 모든 권리를 가진 1등 시민과, 자신의 생명과 신체를 법적으로 보호받을 수 없는 2등 시민의 명확한 간극을 보여주는 행위인 것이다.

린칭에 동조적인 〈사기꾼〉의 마지막 장면은 동물적인 특성을 가진 인종적 타자를 폭력적으로 통제해야 한다는 남부의 논리가 얼마나 광범위하게 확산되어 있었는지를 보여준다. 린칭을 옹호했던 이들은 1913년 이 사적 형벌을 대놓고 정당화한 사우스캐롤라이나 주지사 틸먼(P. B. Tillman) 같은 남부 출신의 극단적 백인우월주의자뿐만이 아니었다. 자신의 영화 〈국가의 탄생〉에서 백인 여성의 강간자인 흑인에 대한 KKK의 린칭을 정당화했던 그리피스나 매사추세츠 주 애시필드 출생인 데밀은 이 부류로 분류될 수 없는 인물들이었다. 더구나 그리피스와 마찬가지로 데밀 역시 자신의 영화 속에서 체제에 순응하지 않은 노동자계급 의식의 소유자임을 보여준 바 있었다. 그러나 이들의 계급의식이 반인종주의 성향을 보장하는 것은 아니었다. 실제 친남부적 인종주의 정서는 북부 도시로 이주해오는 흑인들과 노동시장에서 직접 경쟁하는 백인 노동자계급 사이에서 가연성 높은 이슈였다. 한 평론가의 기록에 남아 있는 영화의 마지막 린칭 시도 장면에 흥분하여 "나도 저 무리 중에 있고 싶어(I would like to be in the mob)"라고 외쳤던 이름 모를 관객은 바로 이러한 평범한

사람들을 대변하고 있었던 것이다.[9]

이렇듯 통상 흑인 남성에게 적용된 것으로 여겨진 강간자의 전형성이 아시아 남성에 적용되고 이들에 대한 폭력적 인종 통제의 필요성이 제기되면서 콜롬비아 박람회에서 나타난 아시아인의 중간자적 지위는 약화되었다. 반면 아시아인은 문명 거부자로 그리고 폭력적 통제의 대상으로 흑백의 이분법적 인종 위계 구조에 편입되었다. 즉 영화는 아시아인들을 흑인의 인종적 특성을 공유하는 인종으로 간주하면서 흑인과 다를 것 없는 인종 위계 최하층에 위치하는 적대적 타자로 만들었던 것이다. 결국 이제 흑과 백만큼이나 동양과 서양이 명확한 이분법으로 분리된다. 영화의 말미에 자막으로 보이는 "동양은 동양이며 서양은 서양이다. 둘은 절대로 서로 만나지 않아야 한다(East is East and West is West, and never the twain shall meet)"는 키플링의 시 〈동양과 서양의 발라드(The Ballad of East and West)〉의 한 구절이 이러한 절연성을 상징적으로 대변한다. 이제 진화론적 인종 인식이 동양인에게 부여했던 흑인에 대비된 상대적 친밀감은 완전히 소멸되었다. 그리고 아시아인이 거주하던 서부 지역에 국한되어 존재하던 아시아인과 백인 여성의 성적 결합의 법적 금지는 영화를 통해 상징적으로 미국 전역으로 확산되었던 것이다.

인종 간 종적 차이에 대한 인식 그리고 〈사기꾼〉

현대 과학자들이 지적하고 있듯이 인종이란 자연적인 신체적 차이에 기초한 객관적 분류가 아니다. 이 분류란 소위 인종으로 구획된 사람들 간의 광범위한 유전자적 일치성을 애써 무시해야만 정당화될 수 있기 때문이다. 그렇다고 인종이 단순한 허구는 아니다. 세계관과 정체성, 개인과 집단의 사회적 행위와 관련되어 있으며 그런 의미에서 '실제적 허구'이기 때문이다.

인종이 구성된 의미 체계인 만큼 영화와 같은 문화 공간은 이러한 인간 구획에 관한 지배적 시각이 만들어지는 장소이다. 물론 영화를 인종주의 전파의 수단으로만 파악하는 단순한 분석은 지양해야 한다. 그럼에도 불구하고 〈국가의 탄생〉과 〈사기꾼〉 등의 영화들은 인종의 경계와 인종적 거리감이 만들어지고 폭력적인 인종 통제가 정당화되는 방식에 대한 의미 있는 사례를 제공한다. 그리고 인종적 적대감은 한 국가 내부의 경제적 이해를 둘러싼 집단적 경쟁과 국제관계의 변화 등을 반영하면서 새로운 대중매체를 통해 급속히 확산되었던 것이다.

대중문화 속에서 반복해서 만들어지는 강간자라는 일본인 남성의 전형성은 인종적 적대감을 표출하는 하나의 방식이었다. 이러한 전형성은 아시아에 대한 미국의 지배력 확장에 일본이 최대의 위협으로 등장한 태평양전쟁 시기에 더욱 공고화되었다. 존 다우어(John W. Dower)는 미국 정부가 태평양전쟁을 같은 시기에 벌어진 유럽에서의 전쟁과 달리 인종전쟁(race war)으로 여겼다고 주장한다. 그는 미국의 선전전 자료들 속에서 독일인과 일본인이 모두 잔인한 적으로 설정되지만 양자를 다루는 방식에서 간과할 수 없는 차이가 있었음을 강조한다. 일본군은 지속적으로 남성성 과잉의 존재, 즉 미치광이 전사, 특히 백인 여성을 강간하는 악마로 여겨지고 결국 유인원을 넘어서 곤충 등과 같이 인간과 다른 완전히 별개의 종으로 비인간화되어 표현되는 데 반해 독일군의 경우 이러한 묘사가 일반화되지 않았다는 것이다.[10] 이렇듯 태평양전쟁의 잔인성을 배가시킨 일본인에 대한 극단적 거리감은 전쟁기에 새로이 만들어진 것이 아니었다. 20세기 초 미국의 대중문화에 나타나는, 동물적 욕정을 가진 강간자로 정의된 일본인 남성에 대한 적대감과 이들에 대한 폭력 사용의 정당화야말로 제2차 세계대전 때 일본인에 대한 극단적인 인종적 타자화의 역사적 연원이었기 때문이다.

부록

관련 연표

1790년	'자유로운 백인'에게만 시민권 획득 자격을 부여하는 미국 최초의 귀화법이 제정되다.
1870년	남북전쟁 이후 유색인종 가운데 흑인의 시민권 획득 자격만을 인정하는 개정 귀화법이 제정되다.
1882년	미국 역사상 처음으로 특정 종족 집단에 대해 이민을 금지하는 중국인 축출법(Chinese Exclusion Act)이 시행되다.
1889년	토머스 에디슨이 1인용 영사기인 키네토스코프를 발명하다.
1895년	뤼미에르 형제 최초의 영화 〈기차의 도착〉이 공개되다.
1898년	미국-에스파냐 전쟁이 일어나다.
1896년	에디슨이 비타스코프로 불리는 스크린 투과 영화 상영 방식을 개발하다.
1900~1914년	미국이 파나마 운하를 건설하여 미 해군이 태평양에 진입할 수 있게 되면서 중국으로 팽창하려는 일본과의 관계가 악화되다.
1908년	미일 양국이 신사협정으로 일본인의 미국 이민 금지에 합의하다.
1917년	제1차 세계대전 참전을 계기로 미국의 반이민 본토주의 운동이

증폭되다.

1924년 남동 유럽 출신 이민자를 억제하고 동시에 아시아인 이민을 전면 금지하는 이민법 개정안이 통과되다.

개념어 설명

〈국가의 탄생〉 1915년 토머스 딕슨(Thomas Dixon)의 소설 《클랜스맨(The Clansman)》을 그리피스가 영화로 만들었다. 최초의 장편 극영화로 남북전쟁기 남부와 북부를 대표하는 카메론(Cameron) 가문과 스톤먼(Stonman) 가문이 적으로 나뉘어 싸우게 되지만 전후 흑인들의 폭정에 단결하여 맞서는 과정을 그리고 있다. 백인의 단결을 통한 인종 지배 질서의 회복을 묘사하고 지역 간 대립을 초월하여 하나가 된 새로운 국가의 건설을 호소하고 있다는 점에서 영화의 제목은 매우 상징적이다. 이 영화는 대통령 우드로 윌슨(Woodrow Wilson)이 극찬했듯이 국가의 통합 필요성과 맞물려 커다란 사회적 반향을 낳았다.

세실 B. 데밀 네덜란드계 이민자의 후손으로 연극 작가였던 헨리 데밀과 극단 배우였던 마틸다 데밀의 차남으로 태어났다. 어머니의 영향을 받아 일찍부터 브로드웨이 연극배우로 활동했으며, 미국연극아카데미에서 연출을 공부한 후 1914년에 영화감독으로 데뷔했다. 초창기에는 〈사기꾼〉을 비롯하여 멜로드라마를 주로 연출했으나 1931년 영화 〈왕 중 왕〉을 계기로 〈십자가의 성호(1932)〉, 〈클레오파트라(1934)〉, 〈삼손과 델릴라(1949)〉, 〈십계(1956년)〉 등을 연출하며 사극 감독으로 이름을 알렸다. 1953년에는 〈지상 최대의 쇼〉로 아카데미 감독상을 수상하기도 했다. 할리우드 외신기자협회가 수여하는 골든

글로브상 중에서 평생공로상이 그의 이름을 따 세실비데밀상으로 불린다.

황화론 황화론은 19세기 말 유럽과 미국에 확산된 아시아인 위협론이다. 이 용어는 아편전쟁 당시 중국을 견문한 서구인들의 기록에서 이미 나타나고 있다. 1893년 영국 학자 찰스 H. 피어슨(Charles Henry Pearson)은 인구와 자원을 지닌 중국이 산업국가가 되면 서구 열강에 큰 위협이 될 거라고 주장했으며 이후 유럽과 미국 등지에서 유사한 주장이 정식화되었다. 1895년을 전후하여 빌헬름 2세는 이를 일본의 정치적 위협을 강조하는 용어로 사용했는데, 이후 황화론은 아시아인에 대한 위협 심리를 표현하는 용어로 흔히 사용된다.

더 읽을거리

김연진, 〈이민과 귀화, 그리고 미국의 국가 정체성〉, 《미국사 연구》 29(2009).

박경태, 《인종주의》(책세상, 2009).

알리 라탄시, 《인종주의는 본성인가》, 구정은 옮김(한겨레출판, 2011).

잭 C. 엘리스, 《세계 영화사》, 변재란 옮김(이론과실천, 1993).

크리스티앙 들라캉파뉴, 《인종차별의 역사》, 하정희 옮김(예지, 2013).

토머스F. 고셋, 《미국 인종차별사》, 윤교찬·조애리 옮김(나남, 2010).

황혜성, 〈그리피스 감독의 〈국가의 탄생〉: 역사의 왜곡, 인종주의의 정수〉, 《호모 미그란스》 2(2010).

Daniel Bernardi, ed., *The Birth of Whiteness: Race and the Emergence of U. S. Cinema*(New Brunswick: Rutgers University Press, 1996).

Gary Okihiro, *Common Ground: Reimaging American History*(Princeton: Princeton University Press, 2001).

Gina Marchetti, *Romance and Yellow Peril: Race, Sex, and Discursive Strategies in Hollywood Fiction*(Berkeley: University of California Press, 1993).

Ronald Takaki, *A Different Mirror: A History of Multicultural America* (Boston: Little, Brown and Company, 1993).

Sumiko Hgashi, *Cecil B. Demille and American Culture*(Berkely: University of California Press, 1994).

Susan Courtney, *Hollywood Fantasies of Miscegenation: Spectacular Narratives of Gender and Race, 1903~1967*(Princeton: Princeton University Press, 2005).

주

1. Lawrence W. Levine, *Highbrow/Lowbrow: The Emergence of Cultural Hierarchy in America*(Cambridge: Harvard University Press, 1990), pp. 56~132.
2. 1820년대에 시작하여 19세기 중엽 폭넓은 인기를 누린, 백인이 흑인 분장을 하고 우스꽝스러운 모습을 연출하는 소극이다. 인종주의적인 오락이었으나, 부르주아지 계급의 위선과 허영심을 공격하기도 했다.
3. 19세기 말 20세기 초 가족 오락으로 노래, 광대극, 서커스 등 각종 요소들을 혼합하여 구성한 종합 무대극이라 할 수 있다. 초기 영화산업에 연출, 연기 인력을 제공했으나 영화의 발전으로 쇠퇴했다.
4. 흑인과 백인으로 귀화 자격을 정한 1870년 귀화법으로는 백인이지만, 사회적으로는 완전한 백인으로 인정받지 못해 유색인종과 백인 사이의 중간자들로 인식되던 남동 유럽 이주민을 의미한다. 사회적 차별의 대상이던 아일랜드 이민자도 이 범주에 포함된다. Matthew F. Jacobson, *Whiteness of a Different Color: European Immigrants and the Alchemy of Race*(Cambridge: Harvard University Press), 39-90.
5. Traise Yamaoto, *Masking Selves, Making Subjects: Japanese American Women, Identity, and the Body*(Berkeley: University of California Press, 1999), pp. 9~61; Ronald Takaki, *A Different Mirror: A History of Multicultural America*(Boston: Little, Brown and Company, 1993), p. 201.
6. Gary Okihiro, Gary Okihiro, *Common Ground: Reimaging American History* (Princeton: Princeton University Press, 2001), pp. 100~103.
7. Matthew F. Jacobson, *Barbarian Virtues: The United States Encounters Foreign Peoples at Home and Abroad, 1876-1917*(New York: Hill and Wang, 2000), p. 83.
8. Barbara C. Cruz, "Don Juan and Rebels under Palm Tree", E. U. Provenzo et al., eds., *The Textbook as Dicourse*(New York: Routledge, 2011), p. 164.
9. Gina Marchetti, *Romance and Yellow Peril: Race, Sex, and Discursive Strategies in Hollywood Fiction*(Berkeley: University of California Press, 1993), p. 14.

10. John W. Dower, *War without Mercy: Race & Power in the Pacific War*(New York: Pantheon, 1986).

4부

인종차별의 시선

백인성과 인종주의

〈갱스 오브 뉴욕〉

미국 인종 이데올로기의 역사적 투영

08
오영인

왜 〈갱스 오브 뉴욕〉인가

"손들었으니, 쏘지 마시오(Hands Up, Don't Shoot)." 2014년 8월 미국 미주리 주 퍼거슨 시에서 미성년 흑인 소년(18세) 마이클 브라운이 백인 경찰이 쏜 총에 맞아 사망하면서 불거진 이른바 퍼거슨 사태에 흑인들이 저항/항의하며 내세운 구호이다. 다른 주들도 상황은 비슷하지만, 특히 퍼거슨 시 경찰청 자료에 의하면, 지난 한 해 퍼거슨 경찰이 백인을 검문한 사례는 686건으로 흑인을 검문한 4632건에 비해 눈에 띄게 적다. 검문 이후 체포율 또한 흑인이 무려 93퍼센트에 이른 반면, 불법 소지물 적발 비율은 흑인이 21퍼센트 정도로 백인의 34퍼센트에 크게 미치지 못했다.[1] 이러한 흑인에 대한 백인 경찰의 과잉 대응은 의심할 여지없이 미국에서 오랜 기간에 걸쳐 뿌리를 내린 인종차별의 단면을 고스란히 드러내는 것이다. 1992년 흑인 청년 로드니 킹(Rodney Glen King)을 과잉 진압하는 과정에서 그를 집단 구타한 네 명의 백인 경찰관들에게 무죄가 선고되면서, 이에 격노한 흑인들이 주동했던 LA 소요 사태 또한 비슷한 맥락에서 이해할 수 있다.

1903년, 당시 지독했던 인종주의에 맞섰던 흑인 지도자 듀보이스(W. E. B. DuBois)는 이미 유명한 저서 《흑인의 영혼(The Souls of Black Folk)》 서문에서 "20세기 미국이 풀어야 할 문제는 컬러라인(color-line)의 문제일 것이다"라고 예견한 바 있다. 그런데 1960년대 중반 거대한 민권운동과 사회개혁의 물결을 통해 흑인을 비롯한 유색인들도 실질적으로 참정권을 통해 현실 정치에 참여할 수 있게 되었고 소수계 우대 정책(Affirmative Action) 같은 제도적 뒷받침도 이어졌다. 게다가 21세기를 맞이하며 흑인 버락 오바마(케냐 출신 흑인 아버지와 캔자스 주 출신 백인 어머니 사이에서 출생)가 대통령으로 당선되는 역사적인 사건으로 미국은 마치 컬러블라인드(color-blind) 혹은 탈인종(post-racial) 사회로 완전히 탈바꿈하는 듯 보였다. 그러나 실상은 20세기에 대한 듀보이스의 예견이, 즉 컬러라인이나 인종적 위계 문제가, 21세기가 된 지금도 여전히 유효하다는 사실을 부정할 수 없다.

미국은 연방국가로 독립되기 이전, 식민지 시기부터 국적도 다양한 여러 인종들이 어우러져 있던 곳이다. 콜럼버스의 아메리카 대륙 발견 이후 토착민들이었던 인디언들은 수많은 유럽인들의 도래를 경험했고, 1606년 영국이 합자회사 형태의 버지니아 회사를 건립하면서 북쪽의 메사추세츠를 비롯한 아메리카 신대륙은 백인들에게 신세계를 제공했다. 흑인의 경우, 1619년 당시 영국령이었던 서인도제도의 바베이도스 섬으로부터 20여 명의 흑인들이 대륙에 첫발을 내디딘 이래로 계속 늘어났고, 흑인 노동력의 유용성을 간파한 유럽 백인들은 1650년대에 흑인을 아프리카에서 직접 수입하기에 이르렀다. 그렇게 초기 미 대륙엔 토착 인디언, 다양한 국적의 유럽 백인들, 그리고 흑인들이 혼재해 있었다. 그뿐만 아니라 1848년 멕시코 전쟁의 승리로 수많은 피정복민 멕시코인들이 미국 시민의 지위를 획득했고, 19세기 중반 소위 도금시대(Gilded Age)를 맞아 서부에 아시아인들이 대규모로 합류하면서, 미국은 그야말로 다국적/다인종 국가의 면모를 갖추게 되었다. 따라서 역사학자 오스카 핸들린(Oscar Handlin: 1951년 《뿌리 뽑힌 자들(The Uprooted)》을 발표하며 이민사를 미국사의 한 연구 분야로 정립한 역사가)의 주장처럼 미국의 역사는 곧 이민의 역사이며, 다양한 인종들의 관계를 이해하는 것이 미국을 이해하는 데 핵심이라는 주장에 큰 이견은 없는 듯하다.

미국 내 인종 문제는 역사가 너무 깊고, 정치적·제도적으로뿐만 아니라 사회·문화적으로도 끊임없이 (재)구축되어 사람들에게 (재)각인되는 과정을 지속해왔다. 그런데 대부분의 경우, 인종차별이라는 단어와 함께 쉽게 떠올리는 인종 간 갈등은 흑인과 백인 사이에서 벌어진다. 많은 인종 문제 연구들도 주로 흑인-백인의 패러다임에 매몰되어 있기도 했다. 그도 그럴 것이, 역사상 최초로 자유민주주의를 실현했던 미국은 동시에 가장 늦게까지 노예제도를 유지했던 나라이기도 하거니와 남북전쟁 이후 1865년 노예가 해방된 이후에도 100년이 넘는 기간 동안 흑인을 백인 사회에서 완벽히 분리해내는 짐 크로(Jim Crow) 분리 정책을 강제하며 흑인들의 삶을 실질적 노예상태에 묶어두었다. "Separate-but-Equal" 독트린으로 대변되는 짐 크로 분리 정책은 남북전쟁 이후 20세기에 걸쳐 남북 양쪽에서 시행되었던 인종차별 정책을 의미한다. 이는 주로 남부에서 시행되었던 흑인규제법(Black Code)과는 다르게 식당, 극장, 대중교통, 특히 학교 등의 모든 공공시설에서 엄밀하고도 조직적으로 흑인과 백인의 분리를 제도화한 것이었고 1896년 대법원 판례를 통해 합법성을 인정받기도 했다. 이러한 과정에서 흑인과 백인의 갈등과 인종차별은 미국 역사를 관통하며 탄탄한 인식론적 성곽을 쌓아왔고 그렇게 사회 전반에서 (재)

생산되어 가장 눈에 띄게 표면화되었다. 그러나 미국 내 인종 문제에 얽힌 퍼즐이 흑인과 백인이라는 이분법적 조망으로 풀 수 있는 것은 아니다. 주류든 비주류든 다수이든 소수이든 간에 개별 인종들 내부에도 국적에 따라 세분화되는 다양하고 역동적인 그룹 정체성들이 존재하기 때문이다.

그럼에도 불구하고, 물론 역사적으로 볼 때 일정한 시기에 한정돼 있긴 하지만, 언제나 주류 지배 인종이었던 백인들 내부에서도 인종차별이나 위계화가 존재했다는 사실을 떠올리기란 그리 쉬운 일이 아니다. 어쩌면 낯설지도 모를 이러한 주제를 한 청년의 복수와 사랑이라는 드라마틱한 소재를 통해 풀어나감으로써 건조하지도 난해하지도 않게 대중들에게 전달하는 영화가 〈갱스 오브 뉴욕〉이다. 그뿐만 아니라 이 영화는 연방정부와 주정부의 갈등이나 정치세력들의 부패와 갈등, 그리고 상류층과 빈곤층의 계급적 갈등이라는 19세기 미국의 격동기 역사를 방대하면서도 밀도 있게 표현하고 있다.

미국 인종 이데올로기의 하나로서 백인성(whiteness)의 역사를 담고 있는 영화가 어디 〈갱스 오브 뉴욕〉 하나뿐이겠는가. 그럼에도 불구하고 우리가 〈갱스 오브 뉴욕〉에 주목하는 이유는 이 영화가 백인 내부의 인종 갈등을 세대를 걸쳐 그려내면서 차등 구분되었던 이질적 백인들이 결국 유색인인 흑인의 위협과 그들에 대한 반감으로 다시 하나가 되는 상황을 실제 사건과 치밀하게 연결해 묘사하고 있기 때문이다. 다시 말해, 영화 〈갱스 오브 뉴욕〉은 유색인, 특히 흑인에 대한 인종적 차이, 다시 말해 인종주의가 백인(성)의 역사를 지금까지 작동시키고 이어주는 중요한 엔진이었음을 보여주는 충분한 레퍼런스라 할 수 있다. 이제 본격적으로 영화라는 매체를 통해 역사적으로 미국 내 인종 이데올로기가(특히 백인에 대한 인식이) 어떻게 변했고 어떤 식으로 표출되었는지를 살펴보자. 특히, 이러한 과정에서 대두된 백인성 담론과 에스니서티(Ethnicity) 담론에 주목하여 최근 이민이나 인종 문제 연구자들에게 새로운 그룹 정체성으로 대두되고 있는 에스니서티 담론을 그것의 한계와 더불어 좀더 구체적이고 비판적으로 들여다보자.

영화 이야기

마틴 스콜세지 감독의 2002년 작 〈갱스 오브 뉴욕〉은 1840년대부터 1863년 7월 뉴욕 강제징병 거부 반란(New York Draft Riot)에 이르기까지 미국의 격변기 역사를 그려냈다. 이 영화의 공간적 배경은 뉴욕, 그중에서도 맨해튼 남부의 리틀 이탈리아, 특히 모트 가(Mott Street)와 멀베리 가(Mulberry Street) 사이 올드 세인트패트릭 성당 주변이다. 다양한 이탈리아 음식점들이 들어서 있어서 지금은 삭막한 대도시 속에서 예스러운 유럽을 느낄 수 있는 곳으로 탈바꿈했지만, 19세기 중반에는 낡은 이발소와 작은 광장, 허름한 술집들이 빽빽이 들어차 수많은 이민자들과 갱들로 넘쳐났으며 '파이브 포인츠(Five Points)'라 불렸다. 1847년 뉴욕을 방문했던 영국의 문호 찰스 디킨스의 묘사에 따르면 "여기저기서 오물과 쓰레기로 악취가 진동"하던 파이브 포인츠는 도박과 매춘, 폭력이 난무했다.

장기 프로젝트로 감독이 처음 뉴욕의 역사를 스크린에 담아보겠다는 의도로 영화를 구상하기 시작한 것은 1980년대라고 한다. 그러나 감독 스콜세지는 당시 제작 여건이나 능력, 그리고 준비 상황으로 보아 역부족임을 깨닫고 더 철저한 조사와 고증을 거쳐 제작에 착수했다. 그리고 2년

6개월 동안 1억 300만 달러를 들여 영화를 만들었다. 감독 스콜세지는 이탈리아계 이민 2세대 미국인으로 뉴욕의 리틀 이탈리아에서 태어나 성장했다. 올리버 스톤과 더불어 철저히 사실주의에 입각하여 영상을 만드는 감독으로서 그 위치를 확고히 하고 있다. 예컨대 실존 인물을 소재로 하는 영화를 만들 경우 당사자를 직접 만나 소통하고, 가능하다면 함께 생활할 뿐만 아니라 주변 인물과 사건에 대한 자료도 꼼꼼하게 챙겨 영상을 제작하는 것으로 잘 알려져 있다. 〈갱스 오브 뉴욕〉이 왜 이렇게 오랜 시간 동안 제작되었는지 이해가 되는 대목이다.

영화는 1844년 아일랜드계 이민자들과 토착주의자들(nativists)의 치열한 격돌로 시작된다.[2] 본질주의라 명명되기도 하는 미국의 토착주의(Nativism)는 한마디로 미국 이외 다른 문화나 언어를 혐오하고 인종적으로는 오로지 이른바 앵글로색슨 개신교도 백인(White Anglo-Saxon Protestant, WASP)만을 진정한 미국인으로 인정하는 것을 말한다. 이러한 토착주의를 주장하는 이들을 통틀어 토착주의자라 부른다. 이러한 토착주의자들의 대표인 도살자(butcher) 빌에 의해 아일랜드계 이주민들에게 존경받던 '데드래빗(Dead Rabbit) 파'의 수장 사제(priest) 발론이 죽음을 맞는다. 그리고 바로 눈앞에서 이 광경을 지켜본 발론의 어린 아들 암스테르담 발론은 빌을 살해하려다 실패하고 아버지의 복수를 다짐하게 된다. 이후 16년이라는 긴 시간을 살인미수죄로 교도소에서 보낸 암스테르담은 다시 파이브 포인츠를 찾는다. 파이브 포인츠는 자유인 신분의 흑인들, 중국인들, 그리고 다양한 국적의 유럽 이민자들과 함께 자신들만이 진정한 미국인이라고 믿는 토착주의자들이 뒤섞여 생활하는 인종 전시장 같은 곳이었다. 통용되던 언어도 수십 개가 넘어 일상에서도 다양한 악센트가 공존하는 곳이었다. 모든 것이 부족하기만 했던 당시 뉴욕에서 토착인(토착주의자)들이 보기에 아무리 같은 백인이라 해도 타지에서 매주 1만 5000명이 넘게 들어오는 이민자들은 당연히 민감한 경쟁 상대였고 갈등의 골은 점점 깊어만 갔다.

많은 이민자들 중 단연 다수를 차지했던 이들은 아일랜드인들이었다. 뉴욕에 들어왔던 아일랜드 출신 이민자들은 1840년대 아일랜드의 감자기근을 피해 살 곳을 찾아 이주한 이들이 대부분이었다. 같은 시기 독일인 이민자 수효도 만만치 않았다. 그런데 독일 이민자들에 비해 유독 아일랜드 이민자들이 토착인들에게 극심한 인종차별과 멸시를 당했던 이유 중 하나는 정착 패턴이 다른 탓이었다. 똑같이 엘리스 아일랜드(Ellis Island) 부두로 입국했던 독일인들은 뉴욕의 과밀한 인구와 치열한 경쟁을 목도하고 뉴욕이 아닌 서부로 옮겨간 반면에, 극한 상황에서 이주해온 아일랜드인들은 도착지를 곧 정착지로 여길 수밖에 없었다. 다시 말해 더 이상 이동이 불가능한 극빈한 처지였던 것이다. 게다가 다수가 가톨릭신자였던 아일랜드인들이 개신교도인 토착인들의 눈에 곱게 보일 리도 만무했다. 그뿐만 아니라, 플랜테이션 중심의 탄탄한 경제구조를 유지하고 있었던 남부와는 다르게 북부는 이제 막 산업화되면서 도시의 정체성을 발전시켜가는 과정에 있었다. 이런 격변기에 정부가 법과 정의에 입각해 국민을 지켜줄 거라고 기대하긴 어려웠고, 특히 뉴욕의 타락한 정치세력은 이미 태머니 홀(Tammany Hall)이라는 부패 정치조직으로 악명을 높이고 있었다.

파이브 포인츠로 돌아온 암스테르담은 자신의 존재를 속이고 빌의 휘하에 들어가 신임을 얻고 당시 뉴욕의 더러운 권력관계를 체험한다. 이후 빌의 암살 계획이 수포로 돌아가자 암스테르담은 아일랜드 이민자들의 세력를 규합하여 데드래빗 파의 부활을 도모한다. 그리고 광장 한가운데 죽은 토끼를 내걸면서 빌과의 전쟁을 선포한다. 올드 세인트패트릭 성당 앞에서 아일랜드 이민자들로 구성된 갱들과 토착인들의 최후의 대결이 시작되었다.

그런 와중에 1861년 발발한 남북전쟁의 압력으로 1863년 뉴욕에서는 강제징병 거부 반란이 일어났다. 이는 남북전쟁의 와중에 새로운 징병법에 반발하여 징병을 거부했던 뉴욕 빈민들의 폭동 사건이다. 7월 13일에 시작되어 4일간 지속된 폭동 가담자 대부분은 가난한 아일랜드계 이민자들이었고 5만여 명이 가담하여 대부분 사망한 것으로 추정된다. 반란의 이유는 명료했다. 새 징병법에 의하면, 20세에서 45세까지 전 북부 백인 남성들이 징집 대상이었고 복무 기간은 3년이었다. 문제는 부자들이 병역을 피해갈 수 있는 조항이 포함돼 있었다는 것이었다. 즉 군대에 가기 싫은 자들은 300달러의 면제 비용을 지불하거나 대리 복무자를 입대시키는 것을 허용했다. 결국, 당시 뉴욕 빈민의 대다수를 차지했던 아일랜드 이민자들은 꼼짝없이 군대로 가서 총알받이가 될 수밖에 없는 상황이었고, 의지할 데 없는 이들이 선택할 수 있었던 방법은 폭동밖에 없었는지 모른다. "부자들의 전쟁에 빈자들이 싸운다(Rich man's war, poor man's fight)"는 외침이 국적을 불문하고 당시 뉴욕의 모든 백인 빈민들을 하나로 만들었다.

이렇게 하나가 된 백인 폭도들의 불만은 정확히 흑인들에게로 번져나갔다. 징병법으로 가난한 자들만 전쟁에 끌려가게 된 불평등한 상황에 분노하던 백인들이 자신들의 가난은 유색인들 특히 흑인들이 일자리를 빼앗고 있기 때문이라고 생각했고 이 전쟁의 원인 중 하나가 흑인 노예 문제라는 생각에 다다르자 내재해 있었던 유색인들에 대한 인종주의가 결국 폭발했던 것이다. 이에 백인 반란자들은 너나 할 것 없이 흑인들을 무자비하게 공격했고 심지어 죽은 시신을 다시 화형에 처하기도 했다. 그뿐만 아니라 당시 북부의 적인 남부연합(Confederate States of America)의 대통령 "제퍼슨 데이비스(Jefferson Davis) 만세"를 공공연하게 외치기도 했다.[3] "얼마나 많은 뉴요커들이 죽어나갔는지 우리는 모른다. 마침내 싸움이 끝났을 때, 모든 영토의 경계는 사라져버린 상태였다. 얼마나 많은 피들이 이 도시를 다시 세우기 위해 뿌려졌든지 간에, 한때나마 우리가 여기에 있었다는 사실을 아는 사람이 얼마나 될까." 4일간의 무자비했던 전투가 끝나고 아버지 무덤 옆에 원수 빌을 묻은 뒤 암스테르담은 이렇게 되뇌고, 영화는 끝을 맺는다.

백인성과 에스니서티 담론: 또 다른 이름의 인종주의?

영화 〈갱스 오브 뉴욕〉에서 아일랜드계 미국인들은 똑같은 백인임에도 불구하고 인종적으로 이중적 위치에 서 있음을 알 수 있다. 이는 역사적으로 미국인들이 백인을 어떻게 인식하고 누구를 백인으로 규정해왔는지를 둘러싼 논의에 관심을 기울이게 한다. 그런데 미국 내 백인에 대한 인식과 해석이 언제나 동일하지는 않았다. 관련 인식의 변화는 이민자들의 구성 변화와 궤를 같이한다. 역사적으로 백인성의 변화 과정을 세 시기로 거칠게 정리하자면 다음과 같다.[4] 첫째, 건국 초 미국의 백인성에 대한 인식은 포괄적이었다. 1790년 최초의 귀화법에 의하면 미국의 시민이 될 수 있는 인종적 필수 조건은 '자유 백인'이었다. 그리고 백인이기 위해서는 흑인이나 인디언만 아니면 되었다. 갓 태어나 인구도 노동력도 턱없이 부족했던 신생국 미국은 이민자들에게 거의 완전히 개방되어 있었던 것이다.

그런데 이러한 광범위한 백인성에 대한 인식에 변화를 초래한 것은 19세기 중반 이래로 지속된 남동부 유럽인들의 '환영받지 못한' 혹은 '바람직하지 않은' 대량 이민 현상이었다. 이 대량 이주의 첫 테이프를 끊은 사람들은 1840년대 아일랜드의 감자기근에 의해 말 그대로 쏟아져 들어왔던 아일랜드인들이었다. 소위 이 새로운 이민자들은(new immigrants) 같은 백인이지만 기존의 선진 북서부 유럽 이민자들(old immigrants)에 비해 상대적으로 후진적이었고 따라서 열등하다고 여겨졌다. 특히, 미국의 토착주의자들은 아직도 왕 중심의 전제정치가 지배적이었던 남동부 유럽에서 온 이민자들이 과연 미국의 자치 정치체(政治體)에 적합한 존재인가를 두고 강한 의구심을 드러내며 백인 내부의 인종 위계를 강조하기 시작했다. 결국 기존의 포괄적인 백인에 대한 인식은 차별화되고 계서화되기 시작했고 백인은 이른바 앵글로 미국인(WASP)과 앵글로 미국인이 아닌, 그래서 흑인도 백인도 아닌 백인 타자(others 혹은 in-between peoples)로 차등 구분되었다. 영화 〈갱스 오브 뉴욕〉은 바로 이 시기를 배경으로 하여 펼쳐진다.

19세기 중후반 이렇게 위계화된 남동부 유럽 이민자들에 대한 미국인들의 인식은 공간적으로도 이중적 양상을 보였다. 예컨대, 상대적으로 유색인들의 수가 적었던 동북부에서 아일랜드 이민자들은 앵글로색슨 중심의 미국 민주공화국 전통을 위협하는, 그래서 경멸받는 켈트인에 불과했던 반면에, 남부에서는 흑인들로부터 서부에서는 유색인종인 아시아인들로부터 미국의 백인성을 지켜내는 바람직한 "백인" 이민자였다. 이렇게 변화된 백인성이 고스란히 표출된 사례가 바로 20세기 초 제정되었던 강력한 이민제한법들이었다.

그런데 제1차 세계대전 이후 해방된 남부의 흑인들이 북서부로 대거 이주하는 이른바 대이동 현상이 나타나면서 미국의 백인들은 유색인종으로부터 인종적 위협(?)을 강하게 느끼기 시작했고 서서히 코카서스인이라는 광의의 백인으로 또다시 단일화되는 과정을 경험하게 되었다.[5] 즉 이전에 백인임에도 차등 구분했던 남동부 유럽인들을 유색인들과의 차이를 강조하며 다시 끌어안았던 것이다. 이렇게 바뀌어온 백인에 대한 인식의 변화와 역사적 경험들은 그들이 유색인종을 구분/차별하기 위해 주장했던 공식, 즉 인종이란 본래의 생물학적 정체성으로 고정불변한 것이라는 공식이 사실이 아님을 반증하는 것이었다. 결국 이는 인종이—백인이든 흑인이든 황인종이든 혹은 그 무엇이든 상관없이—사회, 정치, 문화적 힘의 논리에 의해 주조되고 변화하며 (재)생산되는 역사적 과정임을 명백하게 입증하는 것이다.

포괄적 백인성이 재등장하는 과정에서 흑인과 백인의 컬러라인은 더욱 확실히 구분되었다. 이를 강력하게 뒷받침했던 정부 차원의 법적, 제도적 보장과 정책들은 역사적으로 다양한 측면에서 드러난다. 예컨대, 미국의 50개 주 가운데 40개가 넘는 주에서 1967년까지 당연하게 유지하고 있었던 혼종결혼금지법(Anti-miscegenation laws)은 백인의 순수 혈통을 보호하겠다는 의지를 분명히 표명한 것이었고 이는 시민권법에도 영향을 미쳤다. 예컨대, 1931년까지 인종적으로 미국 시민의 자격에 부적합한 유색인과 결혼하는 미국인 여성의 시민권은 배우자의 국적에 따라 자동적으로 박탈당했다.[6]

뿐만 아니라 1930년대 미국 역사상 가장 심각했던 국가경제 위기 상황에서 대공황의 타개책으로 시행되었던 뉴딜과 페어딜(Fair Deal)이라는 공공 정책들, 특히 사회보장법(Social Security Act, SSA)이나 주택정책 등도 백인을 위한 구제책은 될 수 있었으나 흑인들은 여전히 법의 보호망 밖에 있었다. 왜냐하면 예컨대 사회보장법 중 연금보장법은 연금의 대상을 임금 노동자들에게만 한정하여 가내 노동자나 농업 노동자들을 연금 수혜 혜택에서 제외했는데, 문제는 제외되었던 가내 노동자나 농업 노동자의 대다수가 흑인들이었다는 점이다. 실제로 통계에 따르면 70퍼센트에 이르는 흑인 노동자가 연금 수혜 대상에서 제외되었고 흑인 여성의 85퍼센트가 연금 혜택을 받지 못했다.[7] 이외에도 흑인과 백인의 주거지 분리는 교육 분리로 이어져 빈곤이 대물림되고 고착화되는 데 크게 일조하기도 했다. 당시 시급했던 경제위기를 극복하기 위해 여러 긴급 경제 구제책을 신속히 통과시켜야 했던 프랭클린 루스벨트 대통령 입장에서 백인우월주의로 무장돼 있었던 당시 남부 정치인들과 어느 정도의 타협은 불가피한 상황이었다. 남부 정치인들은 혹시라도 흑인들에게 제공될 수 있는 경제 지원을 차단하는 것만을 원했다. 이렇게 백인과 흑인의 컬러라인은 정부의 정책이나 제도들에 의해 더욱 탄탄하게 (재)강화되었고, 백인들은 자신들이 누리던 백인이라는 특권(white privilege)을 마치 공기 중 산소와 같이 당연시하며 이를 비(非)가시화해 나갔던 것이다.

주지하다시피, 미국 내 백인성 인식의 역사적 변화 과정에 대한 연구는 기존의 인종 담론, 즉 타인에 의해 부여되었던 "고정불변의 생물학적 집단 정체성"을 정면으로 반박한다. 대신 기존의 백인-비백인의 이분법적 인종 연구 패러다임에서 벗어나 집단 안팎의 차이와 다양성, 그리고 다층적인 개별 집단의 정체성인 에스니서티에 주목한다. 특히 백인성 담론과 긴밀히 소통함으로써 유럽인=백인이라는 등식을 거부하며 유럽인들 내부의 다양성과 차이를 드러내어 강조하고 있다. 사전적으로 정의하자면, 에스니서티는 그리스어 에스노스(ethnos)에서 파생된 용어로 신체적 특징과 더불어 문화적으로 구별되는 자율적인 집단을 지칭하고 이들은 종종 정치 집단과 중첩된다. 또한 에스니서티는 라틴어로 이교도라는 뜻인 에스니쿠스(ethnicus), 즉 다른 사람들이라는 의미를 내포하기도 한다. 에스니서티 담론이 특히 강조하는 것은 정체성 형성 과정에 있어서 자의식과 능동성이다.

그런데 에스니서티 담론은 흑인이나 인디언들과 같이 역사적으로 오랜 기간 "오롯이" 인종적으로 구분되어온 소수자들의 정체성도 에스닉 정체성으로 간주하고 인종(주의) 담론 자체를 에스닉 담론으로 완전히 대체하려는 오류를 범하고 있다. 어떻게 흑인이나 인디언들을 아일랜드인이나 유대인들과 같은 에스닉 그룹과 등치시켜 서로 대체할 수 있는가? 어떻게 흑인들이 수백 년간 겪어야만 했던 지독한 인종차별의 역사를 아일랜드인들의 역사 경험과 견줄 수 있는가? 영화 〈갱스 오브 뉴욕〉에서도 볼 수 있듯이 그동안 경멸받아왔던 아일랜드인들이 흑인들을 흑인이라는 이유만으로 무자비하게 구타하고 죽음으로 몰고 가는 끔찍한 장면들은 아무런 근거 없이 연출된 것이 아니다. 이런 측면에서 에스닉 담론은 다양한 소수자들, 특히 유색인들의 서로 다른 역사적 경험을 무시하고 있다 할 수 있다. 그러하기에 다음과 같은 일화가 나왔을지도 모른다. 미국 백인성 연구의 대표적 역사가 매슈 제이컵슨(Matthew Frye Jacobson)이 소개한 이야기다. 인종 문제와 인종주의를 주제로 한 학술대회에서 다양한 논의가 오고가던 중 아프리카계 미국인이 미국 내 흑인에 대한 인종차별 논의를 시작했다. 그러자 자신의 인종적 정체성을 백인으로 표시했던 참석자들 중 대부분이 "나는 백인이 아니다. 나는 이탈리안-아메리칸이다, 나는 아이리시-아메리칸이다"라며 백인이라는 자신의 인종적 정체성을 거부하고 에스닉 정체성을 강조하면서 스스로도 차별받고 고통받았던 역사가 있음을 어필하기 시작했다. 이에 발표자는 "방금 전까지 여기 있었던 그 많은 백인들은 다 어디로 갔는가?"라고 반문했다.[8]

연장선상에서, 에스니시티 담론의 연구 대상은 아직도 유럽인들에게 한정되어 있다. 다시 말해, 백인들 내부의 다양한 에스닉 집단들과 서로 다른 점을 인식하라고 요구하며 다양성을 주장하면서도 흑인들 내부의 다양성은 거의 무시한다.[9] 물론 제도적으로 구조화되었던 노예제도라는 흑인들의 특수한 역사 경험을 부정하진 않지만, 에스닉 담론은 이를 그저 흑인들의 예외적 역사 경험으로 간주한다. 오히려 에스닉 담론은 흑인들이 너무도 명백히 인종적으로 규정되어 있기에 흑인을 하나의 에스닉 그룹으로 뭉뚱그려 인식할 뿐 흑인들 내부의 차이와 다양성을 보는 확장된 인식에 스스로 눈 감고 있는지도 모른다. 이는 비단 흑인들에게만 국한된 문제는 아니다. 배경이 다양한 라티노들이나 인디언들, 그리고 아시아인들도 분명 같은 입장이다. 마치 멕시코인, 아르헨티나인, 쿠바인, 페루인 등이 하나의 라티노로 혹은 캄보디아인, 라오스인, 대만인, 중국인, 한국인 등이 하나의 아시아인이라는 에스닉 그룹으로 분류되듯이 말이다.

게다가, 에스닉 담론은 미국 사회에서 흑인에 대한 부정적 인식이나 지위가 누구에 의해 어떻게 강요되고 강제로 자리매김되었는지를 둘러싼 특수한 역사성과 사회구조적 문제들은 배제한 채, 왜 아직도 스스로 발전하지 못하고 여전히 뒤처져 허덕이고 있느냐고 채근하고 꾸짖는다. 사회학자인 마이클 오미(Michael Omi)와 하워드 위난트(Howard Winant)는 이러한 논의를 부츠트랩 모델(Bootstraps Model)이라 지적한다. 이는 사회적 역경 속에서 스스로 부츠 끈을 단단히 묶어낸 에스니시티 모델을 가리킨다. 이러한 논의는 미국 사회가 점차 보수화되면서 신자유주의 담론에 영향을 받은 결과이기도 하다. 신자유주의에서 모든 사회제도적 불평등과 차별은 전적으로 개인이 극복해야 할 문제로 환원된다. 수백 년간 구조적으로 뿌리 깊게 유지되고 (재)생산되어온 미국 내 인종차별의 역사와 그로 인해 끝임 없이 "강제된 사회적 장애"들은 이제 이를 극복하지 못한 유색인 자신의 책임이 되어버렸다. 예컨대, 흑인들이 아직도 빈곤하고 사회적으로 뒤처져 있다면 이는 인종차별 때문이 아니라 나태하고 폭력적이며 무책임하여 정부 보조에만 생계를 의존하려는 저급하고 그릇된 문화와 습성 때문이라는 것이다. 이는 역사적으로 너무도 만연했고 지금도 엄연히 존재하고 있는 미국의 인종주의를 완벽히 주변화하는 한계를 드러내는 것이다.

"피 한 방울의 법칙"

영화 〈갱스 오브 뉴욕〉은 미국 내 인종 관계가 역사 속에서 어떻게 표출되고 변주되었는지, 개별 인종 집단들은 무엇을 어떻게 경험했는지를 보여준다. 특히 백인과 유색인의 관계에서 쉽게 예견되는 인종 갈등이 아닌 백인들 내부의 갈등과 분열을 다룬 작품으로, 역사적으로 미국에서 백인은 누구였으며 이에 대한 인식은 왜, 어떻게 변해왔는지에 대한 흥미로운 화두를 던져준다 할 수 있다. 주지하듯이, 19세기 중후반 이후 백인우월주의는 정점으로 치닫고 있었다. 이런 상황에서 미국은 백인, 그중에서도 우월한 백인의 나라를 만들기 위해 백인들을 차별적으로 위계화하기 시작했던 것이다. 이렇듯, 진정한 백인을 선별하려 했던 미국 내 백인성에 대한 (재)인식 과정에서 유색인, 특히 흑인들에 대한 반감이 어느 정도였을지는 굳이 더 말할 필요가 없을 것이다. 그뿐만 아니라 이러한 인식은 역사 속에서 제도나 정책에 그대로 반영되었고 다시 사람들의 인식을 고착시키는 강력한 조력자 역할을 반복하며 세기를 거쳐 오늘날까지 지속되고 있다.

"피 한 방울의 법칙(one-drop rule)." 미국에서 여전히 공공연하게 널리, 깊게 각인된 비공식적 인종 분류 법칙이다. 1910년 테네시 주에서 법으로 제정하기 시작하여 미국 전역에 빠르게 확산되었고 1930년대엔 미국 전역에서 비공식적으로 성문화되었던 소위 "한 방울의 법칙"은 2008년 버락 오바마가 대통령 후보로 출마했을 때 오바마의 인종 정체성을 둘러싼 정쟁을 통해 다시 전국 규모로 불거진 논의다. 아무리 다양한 피가 섞여 있는 혼혈이라 할지라도, 예컨대 백인과 라티노, 그리고 흑인 혼혈인 아버지와 아시아인과 흑인 혼혈인 어머니 사이에서 태어난 아이는 자신의 혼종성은 무시당한 채 백인이거나 흑인 어느 한쪽을 선택하는 양자택일을 강요받는다. 이때 이 "한 방울의 법칙"이 아이를 흑인으로 분류하는 기준이 된다. 기본적으로 "한 방울의 법칙"이 내포하고 있는 이데올로기는 백인우월주의다. 백인의 순수한 피는 흑인의 더러운 피 한 방울로도 충분히 오염된다는 인식의 표현인 것이다. 이는 미국이 다문화/다민족 국가의 전형이며 인종주의와는 이미 거리가 먼 컬러블라인드 사회임을 나라 안팎으로 공포하고 있는 상황과는 전혀 다른 미국 사회의 양가적 혹은 야누스적 면모를 보여주는 것이다. 어쩌면 이것이 우리가 아이티의 유명한 독재자 뒤발리에(Duvalier: 1957~1971년 강력한 독재정권을 유지하며 장기 집권했고 사후 19세의 어린 아들에게 정권을 세습하여 공포정치를 이어감)의 일화를 다시금 상기해야 하는 이유일 것이다.

파파독(Papa Doc) 뒤발리에는 아이티 인구의 98퍼센트가 백인이라고 발표했다. 이에 잔뜩 의구심을 품은 미국이 어떻게 그럴 수 있는가라고 물었다. 그러자 뒤발리에는 당신네 미국은 어떻게 흑인을 규정하느냐고 반문했다. 미국은 당연히 한 방울의 법칙에 의거해서 흑인의 피가 한 방울만 섞이면 흑인이다라고 답했고 이에 뒤발리에는 "우리도 마찬가지요. 우리도 당신네가 흑인을 규정하는 방식 그대로 백인을 규정한답니다"라고 답했다.[10]

부록

관련 연표

1619년	영국령 서인도제도 바베이도스 섬에서 20여 명의 흑인이 최초로 아메리카 대륙에 이주하다.
1739년	스토노 흑인 반란(Stono Rebellion)이 일어나다. 식민지 사우스캐롤라이나에서 아메리카 대륙 최초로 일어난 흑인 반란으로 식민지 남부의 노예제도 공고화에 기여했다.
1790년	최초 귀화법(Naturalization Act)이 제정되다. 미국 시민으로의 귀화 자격을 "자유 백인 납세자(Free White Tax Payer)"로 한정했다.
1831년	냇 터너 반란(Nat Turner's Revolt)이 일어나다. 노예해방 이전 가장 규모가 크고 강력했던 노예 반란으로 남부 백인의 흑인에 대한 반감이 고조돼 결국 노예제도 강화에 기여했다.
1860년	링컨이 대통령에 당선되다.
1860년 12월	사우스캐롤라이나를 시작으로 11개 남부 노예주가 연방을 탈퇴하여 남부연합(Confederate States of America)을 형성하다. 대통령으로 제퍼슨 데이비스가, 부통령으로는 알렉산더 스티

	븐스(Alexander H. Stephens)가 선출되다.
1861년 4월 12일	섬터 요새 전투를 시작으로 남북전쟁이 일어나다.
1863년 7월 13일	뉴욕 강제징병 거부 반란(New York Draft Riot)이 일어나 4일간 지속되다. 뉴욕 경찰과 민병대로 진압할 수 없어 군대가 출동해 무력 진압하다.
1865년 4월 9일	남부연합이 항복하다.
1865년 4월 14일	링컨 대통령이 암살당하다.
1865~1877년	이 시기는 남부 재건기(Reconstruction Era)이다.
1917년	문맹테스트이민법(Literacy Test Act)이 통과되다. 유럽 이민 제한에 관한 최초의 연방 이민법으로 당시 상대적으로 문맹률이 낮았던 남동부 유럽인들의 입국을 제한하려는 의도가 있었다.
1921~1924년	국적쿼터제(National Origins and Quarter system) 이민법이 통과되다. 미국 역사상 가장 강력한 이민 제한법으로 개별 국가에 연간 이민자의 수를 정해진 비율만큼만 할당해주는 수적 이민 제한(numerical restriction) 정책이다. 이로써 아시아인들의 새로운 이민이나 귀화가 원천 봉쇄되었다.

개념어 설명

코카서스인(캅카스인) 코카서스인이라는 용어는 1795년 독일의 인류학자 요한 블루멘바흐(Johann Friedrich Blumenbach)가 처음 사용했다. 그는 흰 피부의 아름다움을 강조하기 위해 두개골의 아름다움까지 운운하며 인류를 피부색을 기준으로 5개로 분류했다. 그것은 코카서스인종 혹은 백인종, 몽골리언 혹은 황인종, 에티오피안 혹은 흑인종, 아메리칸 혹은 인디언(Red), 그리고 말레이 인종 혹은 갈색인종"이다.

태머니 홀(Tammany Hall) 1789년 창설 당시에는 자선단체(a benevolent Tammany Society)였으나 이후 세력이 확장되어 뉴욕 민주당의 핵심 기구 역할을 하게 되었다. 그런데 19세기를 거쳐 20세기 전환기에 이르면, 태머니 홀은 뉴욕에서 가장 부패한 정치조직으로 악명을 높이게 되고 때로 모든 부정한 정치조직을 태머니 홀에 비유하기도 한다.

토착주의(Nativism) 미국 토착주의 역사에 대한 통시적이고 면밀한 연구는 역사학자 존 하이엄(John Higham)의 연구가 대표적이다. 하이엄에 따르면 토착주의는 반유대주의, 반급진주의 그리고 앵글로색슨 전통주의로 버무려진 미국만의 "비뚤어진 민족주의"다. 왜냐하면 미국적인 것을 제외한 모든 대상—인종이든 사상이든 문화든 상관없이—을 미국의 정체성을 위협하는 것으로 간주하는 경향을 보이기 때문이다.

더 읽을거리

W. E. B., 듀보이스, 《니그로: 아프리카와 흑인에 관한 짧은 이야기》, 황혜성 옮김(삼천리, 2013).

David R. Roediger, *The Wages of Whiteness: Race and the Making of the American Working Class*(New York and London: Verso, 1991).

Eric Foner and Lisa McGirr, eds., *American History Now*(Philadelphia: Temple University Press, 2011).

Glenda Elizabeth Gilmore, *Gender and Jim Crow: Women and the Politics of White Supremacy in North Carolina, 1896-1920*(Chapel Hill: University of North Carolina Press, 1996).

John Higham, *Strangers in the Land: Patterns of American Nativism 1860-1925*(Atheneum, New York, 1955).

Matthew Frye Jacobson, *Whiteness of a Different Color: European Immigrants and the Alchemy of Race*(Cambridge, Mass.: Harvard University Press, 1998).

Michael Omi and Howard Winant, *Racial Formation in the United States from the 1960s to the 1990s*(New York: Routledge, 1994).

Suzanne Lebsock, *The Free Women of Petersburg: Status and Culture in a Southern Town, 1784-1860*(New York and London: W.W. Norton & Company, 1985).

Young-In Oh, *Struggles Over Immigrants' Language: Literacy Tests in the United States, 1917-1966*(El Paso: LFB Scholarly Publishing LLC, 2012).

주

1. 1990년대 퍼거슨 시의 인구 구성비를 보면 흑인이 전체 인구의 4분의 1을 차지해 백인이 압도적인 다수를 점했었다. 그러나 2010년 퍼거슨의 인구 구성비는 20년 전과 반대였다. 흑인의 숫자가 2배 이상 급증해 흑인이 3분의 2 그리고 백인이 3분의 1을 차지하고 있다.《News 1》(2014. 8. 31); *Los Angeles Times*(August 11, 2014).
2. John Higham, *Strangers in the Land: Patterns of American Nativism 1860~1925*(New York: Atheneum, 1955), pp. 4~5, 7.
3. 1860년 대선에서 반(反)노예제를 주장하던 링컨이 당선되자 같은 해 12월 사우스캐롤라이나를 시작으로 11개 남부 노예주들이 연방에서 탈퇴했다. 이렇게 탈퇴한 남부연합은 상원의원이었던 제퍼슨 데이비스를 대통령으로, 알렉산더 스티븐스를 부통령으로 선출했다.
4. 백인에 대한 미국인들의 인식 변화와 관련한 시기 구분은 필자의 다른 논문에 상당 부분 의존하고 있음을 밝힌다. 오영인, 〈미국 내 백인성에 대한 재고: 1917년 문맹테스트이민법을 중심으로〉, 《미국사 연구》, 제30호(2009. 11), 62~63쪽.
5. 코카서스인에 대해서는 박경태, 《인종주의》(책세상, 2009), 75~76쪽 참조.
6. 기혼 여성의 시민권 박탈에 관한 법률은 1907년 국적이탈법(Expatriation Act)에 근거했다. 이는 결혼과 동시에 아내와 남편은 법적으로 하나가 되어 여성은 남편인 가장에게 종속된 지위를 부여받고 따라서 모든 권한은 가장에게 주어진다는 피보호녀신분(coverture) 원칙에 의거한 것이다. 이후 1922년 기혼여성법(Married Women's Act)으로 알려진 케이블법(Cable Act)으로 인해 제한적이나마 기혼 여성의 독립적인 시민권 유지권이 인정되었지만 1931년까지 여전히 아시아 남성과 결혼한 기혼 여성의 시민권은 박탈당했다. 여성의 시민권에 대한 더 자세한 내용은 다음 참조. Candice Lewis Bredbenner, *A Nationality of Her Own: Women, Marriage, and the Law of Citizenship*(Berkely, LA, London: University of California Press, 1998); Bruce H. Seger, "Married Women's Citizenship in the United States for a Century and a Half: An Overview", *Journal of Research on Women and Gender*, vol. 2 (June, 2011).
7. Suzanne Mettler, *Dividing Citizens: Gender and Federalism in New Deal Public Policy*(Ithaca, NY: Cornell University Press, 1998), pp. 69~74; Robert

Lieberman, *Shifting the Color Line: Race and the American Welfare State* (Cambridge Mass.: Harvard University Press, 1998), pp. 37, 232.

8. Matthew Frye Jacobson, *Whiteness of a Different Color: European Immigrants and the Alchemy of Race*(Cambridge, Mass.: Harvard University Press, 1998), p. 5.
9. Mae M. Ngai, "Immigration and Ethnic History", Eric Foner and Lisa McGirr, eds., *American History Now*(Philadelphia: Temple University Press, 2011), p. 363.
10. Barbara J. Field, "Ideology and Race in American History", J. Morgan Kousser and James M. McPherson, eds., *Region, Race, and Reconstruction: Essays in Honor of C. Vann Woodward*(New York: Oxford University Press, 1982), p. 146.

〈폴링 다운〉

분노한 백인 남성의 로스앤젤레스 오디세이

09
이찬행

백인 마이너리티

조엘 슈마허 감독의 1993년 영화 〈폴링 다운〉은 군수산업에 몸담고 있던 백인 해고 노동자가 로스앤젤레스 프리웨이의 극심한 정체를 견디지 못해 자동차를 도로에 두고 나오는 장면으로 시작한다. 영화는 자동차에서 내린 주인공이 로스앤젤레스에서 약 27킬로미터 떨어진 베니스 비치에 살고 있는 전처와 딸을 만나기 위해 로스앤젤레스를 횡단하면서 경험했던 일을 관객에게 보여준다. 집으로 가는 하루 동안 주인공에게 일어난 다양한 일들을 다루고 있다는 점에서 백인 해고 노동자의 로스앤젤레스 오디세이라고 할 수 있다. 다만 오디세우스가 집으로 가는 도중에 괴물 스킬라와 카리브디스를 만났다면 주인공은 대신 불친절한 한인 상인, 라티노 갱, 구걸하는 홈리스, 이기적이고 탐욕스러운 부자들을 만나게 된다. 그리고 《오디세이》에서는 정숙한 아내 페넬로페가 고향 이타카에서 오디세우스를 기다리고 있었지만 〈폴링 다운〉에서는 주인공과 이혼한 뒤 베니스 비치에서 딸과 함께 살고 있는 전처가 주인공의 접근을 두려워한다. 주인공의 오디세이는 로스앤젤레스에서 누구나 경험할 수 있는 일상적인 일들로 구성되어 있다. 관객들은 이러한 일상성을 매개로 주인공과 자신을 동일시할 수 있게 된다. 한편 영화는 일상성에 기반한 주인공의 서사적 여행을 계급과 인종을 통해 굴절시키기도 한다. 주인공이 로스앤젤레스를 횡단하면서 깨닫는 것은, 백인들이 절대 다수였던 천사의 도시 로스앤젤레스가 이제는 철저히 계급과 인종에 의해 구성된 낯설고 이질적인 공간으로 변질되었고 따라서 자신과 같은 백인들이 단지 마이너리티에 불과한 존재로 추락(falling down)했다는 점이기 때문이다.

할리우드 영화 〈폴링 다운〉은 이처럼 마이너리티로 전락한 백인 주인공이 느끼는 분노 그리고 자신을 소외시킨 도시 환경에 대한 가혹한 응징을 다루고 있다. 미국에서 아직은 백인이 다수이거니와 아무리 생물학적인 짐 크로 식의 인종주의가 컬러 블라인드 인종주의에 의해 대체되었다고 해도 여전히 백인이 인종 서열에서 정점을 차지하고 있다는 점에서 백인 마이너리티를 다룬 〈폴링 다운〉은 "토키 영화(a talky)", 즉 논란을 일으키기 위해 제작된 영화로 불린다. 백인들이 누리고 있는 인종적 특혜와 지금도 사라지지 않고 있는 제도화된 인종주의를 비판하는 측은 이 영화에 혐오감을 느끼면서 비판했지만 보수적인 관객들, 특히 남부 보수주의자들은 주인공의 분노에 공감하고 응징 행위에 기립 박수를 보내면서 환호했다. 이런 점에서 영화 〈폴링 다운〉은 미국인의 예민한 신경을 건드린 작품이라고도 볼 수 있다. 또한, 영화평론가이자 역사가인 스티븐 프린스가 주장하듯이, 백인들의 분노, 즉 자신들이 응당 가져야 할 것들을 비백인과 이민자들이 빼앗아갔다고 생각한 백인들의 인종적 분노를 다루었다는 점에서 〈폴링 다운〉은 1990년대를 대표하는 "정치 영화"이기도 하다.[1]

마이클 "조 노멀(Joe Normal)" 더글러스

로스앤젤레스 다운타운을 통과하는 프리웨이. 아스팔트를 녹이고도 남을 정도로 맹위를 떨치는 후덥지근한 날씨는 꿈쩍도 않고 길게 늘어선 자동차들로 인해 더욱 짜증스럽기만 하다. 영화 〈폴링 다운〉은 프리웨이에서 옴짝달싹 못 하는 주인공의 꽉 다문 이를 클로즈업하면서 시작한다. 카메라는 약간 뒤로 물러나서 이제 주인공의 인중에 맺힌 굵은 땀방울을 보여준 후 서서히 코와 눈에 렌즈의 초점을 맞춘다. 그제야 관객은 그가 〈원초적 본능〉에서 농염한 샤론 스톤과 호흡을 맞추었던 할리우드의 유명배우 마이클 더글러스임을 깨닫게 된다. 윗부분에 검은색 테가 있는 안경을 쓴 주인공의 이마에도 땀방울이 송골송골 맺혀 있다. 참기 어려운 듯 주인공이 눈을 두어 번 지그시 감자 카메라는 그에게서 멀어지면서 자동차 안의 물건들을 보여준다. 영화는 자동차 앞 유리와 대시보드 사이에 놓여 있는 주차허가증의 노텍(NOTEC)이라는 글자를 보여줌으로써 주인공이 군수산업과 항공기산업에 서비스를 제공하고 있는 노텍(Nortech) 엔지니어링에 다니고 있었음을 넌지시 알려준다. 카메라는 주인공이 타고 있는 1979년 모델 쉐비 쉬벳의 보닛을 스치듯 보여준 다음에 범퍼가 맞닿을 정도로 붙어 있는 앞차로 렌즈의 초점을 옮긴다. 카메라는 조금 전까지 주인공을 포착했지만 이제 앞차 뒷좌석에 탄 채 몸을 뒤로 돌려 주인공을 물끄러미 바라보고 있는 라티노 소녀에게 초점을 맞춤으로써 관객들로 하여금 주인공의 시선을 통해 꽉 막힌 로스앤젤레스 프리웨이가 낳은 어느 무더운 날의 짜증과 분노를 경험하게 유도한다.

페데리코 펠리니 감독의 1963년 영화 〈$8\frac{1}{2}$〉의 도입 장면을 패러디한 〈폴링 다운〉은 도로 정체를 경험한 사람이라면 누구나 공감할 수 있는 일상적인 소재를 통해 주인공이 관객들과 다를 바 없는 평범한 사람이라는 이미지를 만들어내고 이러한 일상성을 통해 관객들과 주인공의 동일시 수위를 높인다. 주인공의 평범함은 외모에서도 잘 드러난다. 하얀색 셔츠에 짧은 양복 바지를 입고 양옆 머리를 짧게 자른 1950년대 중간계급의 모습을 하고 있는 주인공은 〈위험한 정사〉(1987) 혹은 〈원초적 본능〉에서의 마이클 더글러스가 아니다. 이들 영화에서 더글러스는 말쑥하게 차려입은 섹시한 남성으로서 글렌 클로즈와 샤론 스톤의 유혹을 받는 전문직 종사자 역할을 맡았지만 이제는 셔츠 주머니에 펜을 꽂고 다닐 정도로 다소 낡은 스타일의 평범한 백인 남성으로 등장한다. 관객들과 주인공의 동일시는 카메라 기법을 통해서도 강화된다. 전형적인 할리우드 영화의 카메라 관습은 일반적으로 주인공에게 활동적인 동선과 주변 사물을 통제하는 시각을 부여할 뿐만 아니라 주인공의 전체 모습을 화면의 중앙에 설정하는 방식을 고수해왔다. 하지만 〈폴링 다운〉에서 주인공은 꽉 막힌 프리웨이 위의 자동차 안에 갇혀서 움직일 수 없는 상태에 놓여 있으며 클로즈업 장면에서 알 수 있듯이 탈신비화되고(demystified) 축소된(diminished) 인물로 묘사된다. 관객들은 이러한 카메라 기법과 연출을 통해 주인공이 할리우드 영화의 영웅이 아니라 주변에서 쉽게 만날 수 있는 사람이라고 느끼고, 슈마허 감독이—〈엠파이어〉지와의 인터뷰에서 자신이 다루는 이야기는 "평범한 사람"에 관한 것이라고 말했듯이—주인공에게 부여한 보편성을 무리 없이 받아들이게 된다.[2]

다시 영화로 돌아가 주인공과 관객의 동일시가 일어나는 지점을 조금 더 상세히 살펴보자. 주인공 앞차에 타고 있는 라티노 소녀를 화면에 담은 후 커다란 경적 소리와 함께 카메라는 오른쪽 옆에 있는 차 안에서 사이드 미러를 보면서 립스틱을 바르는 데 열중하고 있는 여성에게 초점을 맞춘다. 그녀의 뒷좌석 유리창에는 마치 주인공을 비웃기라도 하듯 하얀 이를 드러낸 채 웃고 있는 가필드 인형이 매달려 있다. 카메라가 조금 더 오른쪽으로 향하자 성조기를 좌측에 매단 스쿨버스가 시야에 들어온다. 다인종 사회를 상징하듯 백인으로 보이는 학생들과 흑인 학생들이 버스 안에서 뒤엉켜 장난을 치며 날카로운 소리를 지르고 있을 뿐만 아니라 한 흑인 여학생은 심지어 종이비행기를 밖으로 날려 보내기도 한다. 스쿨버스 왼쪽에 멈춰 있는 컨버터블 자동차 안에서는 두 남자가 휴대용 전화기를 놓고 소리를 지르면서 옥신각신하고 있다. 카메라 초점은 이제 다시 주인공 더글러스의 뒷모습으로 옮겨간다. 파리 한 마리가 웅웅 소리를 크게 내면서 주인공의 목덜미를 계속 간질인다. 주인공은 파리를 쫓기 위해 손바닥으로 쳐보지만 소용이 없다. 자동차의 에어컨 장치도 말을 듣지 않는다. 여기저기서 경적이 울리는데, 얼마나 이렇게 더 기다려야 하는지 도무지 알 수 없을 정도로 차들은 꼬리에 꼬리를 물고 늘어져 있다. "Financial Freedom(재정적 자유)," "He Died for Our Sins(그는 우리의 원죄 때문에 죽으셨다)," "How Am I Driving? 1-800-Eat Shit(내 운전 어때? 1-800-엿 먹어라)"이라는 글귀를 번호판에 새겨 넣은 자동차들이 보인다. 땀방울이 맺혀 있는 주인공의 축축한 뒷목을 제법 커다란 파리 한 마리가 슬금슬금 기어오르고 있다. 주인공은 숨이 막히자 창문을 열려고 하지만 창문 핸들은 고장이 나서 헛돈다. 스쿨버스의 흑인 남학생은 창턱에 얼굴을 기대고 우두커니 그를 쳐다본다. 파리를 잡기 위해 주인공은 종이 뭉치를 휘두르면서 이리저리 몸을 격하게 움직인다.

교통 체증이라는 일상적인 장면을 통해 슈마허는 주인공을 "조 노멀(Joe Normal)"로 제시함으로써 도시에서 흔히 경험할 수 있는 분노를 관객들이 공유하게 하지만 주인공의 시선을 통해 그의 자동차를 에워싸고 있는 다른 자동차들과 승객들을 하나씩 하나씩 보여줌으로써 관객들로 하여금 또 다른 종류의 불안과 분노를 자신들의 것으로 받아들이게 만든다. 이는 바로 영화 속 장면과 마찬가지로 교통 체증에 걸려 꼼짝도 못하고 있는 로스앤젤레스에 대한(나아가 미국에 대한) 좌절과 분노이자 추락하고 있는 백인 남성 지위에 대한 불안과 노여움이다. 이러한 점은 할리우드 영화에서 프리웨이와 자동차가 상징했던 바를 상기하면 더욱 분명하게 드러난다. 모더니스트적인 표상 체계에서 프리웨이는 핵가족을 의미하는 부르주아의 사적 공간과 포드주의 작업장을 의미하는 자본주의의 공적 공간 사이의 자유로운 이동을 뜻하지만 영화 〈폴링 다운〉이 그리고 있는 프리웨이는 이러한 문법 체계에서 어긋난다. 자동차 역시 1970년대와 1980년대 로스앤젤레스를 배경으로 하는 영화에서는 모더니티 및 남성적인 자족을 상징했으며 최근까지도 할리우드 영화에서 "개인적인 안전과 자기실현"을 의미하지만 〈폴링 다운〉에서는 전혀 그렇지 못하다. 주인공의 자동차는, 마치 주인공의 사회적 신분 추락을 보여주듯이, 에어컨은 고사하고 창문 핸들도 작동되지 않을 뿐만 아니라 타인들의 시선, 특히 그를 물끄러미 바라보던 라티노 소녀와 스쿨버스 흑인 소년 같은 유색인종의 시선으로부터 운전자를 결코 보호해주지도 못한다. 쭉 뻗은 넓은 프리웨이와 자기만의 안락한 공간을 제공하는 자동차가 아메리칸드림의 상징이라면 영화 〈폴링 다운〉의 도입부는 그러한 아메리칸드림의 좌초를 은유적으로 보여주고 있다.

미동도 없이 계속 주인공을 쳐다보기만 하는 라티노 소녀, 가필드 인형의 하얀 이, 스쿨버스에 탄 학생들의 떠드는 소리, 교통 정체를 알리는 커다란 점멸 신호판, 주인공을 우두커니 바라보는 흑인 남학생의 시선, 경찰 헬리콥터의 고막을 찢을 듯한 기계음, 점점 커지는 경적 소리. 긴장감을 자아내기에 충분한 장면들이 빠르게 교차해 주인공에게는 정신분열적인 에너지가 쌓이며 이러한 에너지는 주인공과 동일시된 관객들에게도 온전히 전이된다. 나아가 이러한 에너지의 축적으로 말미암아 의미 작용의 사슬(signifying chains)은 끊어지고 그 결과 주인공은 도시 생활의 문법을 읽을 수 있는 준거점을 상실하게 된다. 자신의 주변을 인지하고 받아들인 정보를 조직하고 이를 외부 세계와 연관 지음으로써 자신의 위치를 파악할 수 있는 능력을 상실한 것이다. 궁지에 몰린 주인공이 택할 수 있는 길은 딱 하나, 자동차 문을 열고 나오는 것이었다. 관객들은 여기서 그동안 축적된 에너지가 한순간에 발산되는 안도감을 경험할 수 있다. 이를 증명이라도 하듯이 점점 고조되던 소음도 주인공이 자동차 문을 여는 순간 사라진다. 주인공 더글러스의 어이없는 행동에 뒤차 운전자는 "이봐, 도대체 어딜 가려고 하는 거야"라고 묻지만 그는 "집에"라고 짧게 답하곤 서류 가방 하나만 달랑 들고 프리웨이 난간을 넘어 언덕을 향해 줄달음친다. 하지만 주인공이 프리웨이를 벗어나 들어간 곳은 "천국보다 낯선" 로스앤젤레스였다. 짐 자무시 감독은 〈천국보다 낯선〉(1984)을 통해 이민자가 품고 있는 아메리칸드림의 공허함을 표현한다. 〈폴링 다운〉의 경우 주인공이 프리웨이에 자동차를 두고 언덕을 넘어 들어간 곳은 자신이 수십 년 동안 알고 있던 천사의 도시 로스앤젤레스가 아니었으며 백인 남성이 지니고 있던 아메리칸드림의 좌절을 더욱 극명하게 보여주는 이질적인 공간이었다. 그곳은 1970~1980년대 진행된 도시 재구조화의 결과 무례한 아시안 상인, 폭력적인 라티노 갱, 사악한 네오나치주의자, 지저분한 홈리스 등이 뒤섞여 살고 있는 공간으로서 백인 주인공이 소외감을 느낄 수밖에 없는 미국에 존재하는 미국의 타자였다. 다시 말해, 낯선 사람들에 의해 탈영토화된 로스앤젤레스였다.

〈천국보다 낯선〉 로스앤젤레스 탈영토화

영화 〈폴링 다운〉의 주인공은 군수산업 부문에서 일하다가 해고된 자로서 영화 후반부에서 이름이 윌리엄 포스터(William Foster)라는 사실이 밝혀질 때까지 줄곧 "하얀 셔츠에 넥타이를 맨 백인" 혹은 그가 남기고 간 자동차 번호판에 새겨진 글자를 따라 "디펜스(D-FENS)"로만 불렸다. 교통체증이 낳은 극도의 긴장에서 벗어나기 위해 디펜스는 프리웨이를 이탈했으나 그가 프리웨이 난간을 넘어 들어간 곳은 1970~1980년대 남가주 인근 지역을 휩쓸었던 도시 재구조화 과정, 즉 이민자 유입, 탈산업화 그리고 재산업화의 흔적이 여기저기 남아 있는 탈영토화된 공간이었다. 탈영토화된 공간에 대한 디펜스의 소외와 분노 그리고 그곳에서 디펜스 오디세이를 이해하기 위해서는 익스트림 롱샷으로 로스앤젤레스를 잡아볼 필요가 있다.

잘 알려져 있다시피 1965년 이민법 개정 이후 로스앤젤레스에는 아시안과 라티노 이민 물결이 밀려왔다. 한국인을 포함한 이민자들은 대개 1965년 이민법의 가족 재결합 프로그램을 이용하여 이민을 갔지만 멕시코와 중미 출신 라티노들은 미국과 멕시코 국경을 통해 밀입국하는 경우가 다반사였다. 라티노 이민자들은 일자리가 비교적 많았던 로스앤젤레스로 몰려들면서 자기들만의 커뮤니티를 구성함으로써 "도시 내에 존재하는 또 하나의 도시(city-within-a city)"를 형성했는데 이를 두고 미국인들은 라티노들이 로스앤젤레스를 "다시 차지하려 한다(reclaim)"고 보거나 로스앤젤레스가 라티노화되고 있다는 식으로 위기감을 느끼곤 했다. 라티노 이민자들을 세분하자면 가장 규모가 큰 집단은 멕시코 출신이었고 이들은 주로 흑인들의 거주 지역인 사우스 센트럴 로스앤젤레스와 치카노

	인구	비율(퍼센트)
백인	1,299,604	36.9
흑인	487,674	13.9
라티노	1,391,411	39.5
아시안 아메리칸	341,807	9.7
총계	3,520,496	

*1960년대 로스앤젤레스에서 10명 가운데 최소한 8명은 백인이었다. 하지만 1965년 이민법 개정 이후 아시안과 라티노 이민자가 급증하면서 로스앤젤레스시의 인구 구성은 1990년 위와 같이 급변하게 된다.

들이 오래전부터 살고 있었던 이스트 로스앤젤레스 지역에 정착했다. 멕시코 출신에 이어 엘살바도르와 과테말라 출신 이민자들이 다수를 이루었는데 이들 중미 출신 이민자들은 미국의 지원을 받는 군부의 학살과 만행을 피해 역설적이게도 미국으로 망명한 사람들로서 〈폴링 다운〉의 말없는 배경을 이루었으며 대부분 피코-유니언과 웨스트레이크, 즉 다운타운과 코리아타운 인근 지역을 정착지로 선택했다.

이민자의 급격한 유입으로 인구 구조가 변화했을 뿐 아니라 로스앤젤레스는 미국 중부의 러스트벨트 지역과 마찬가지로 "사회 정책에 있어서의 도시 주변화"를 겪고 있었다. 제2차 세계대전 이후 도시 지역에서 인종 긴장과 갈등이 고조되자, 역사학자인 토머스 서그루가 지적하듯이, 미 연방정부는 오히려 도시에 대한 지출 규모를 크게 삭감하는 정책을 펼쳤다.[3] 로스앤젤레스도 이러한 "도시 주변화" 과정에서 자유롭지 못했다. 특히 1980년대 레이건 행정부 시기에 철저히 진행되었던 "도시 주변화" 정책은 〈폴링 다운〉의 디펜스가 아메리칸드림의 상징인 프리웨이와 자동차를 벗어난 후 만나게 되는 빈곤한 유색인종 집단들에게 치명타를 안긴 거나 다름없었다. 도시 지역 저소득층을 위한 공공 지출 삭감이 1960년대 이래 '위대한 사회'라는 기치 아래 진행되었던 각종 사회보장 프로그램의 축소와 홈리스의 폭증으로 귀결되리라는 것은 자명했다.

설상가상으로 1963년경부터 로스앤젤레스 제조업체들은 낮은 세금과 거대한 공장부지 그리고 수익성 좋은 시장을 찾아 타 지역으로 이주하기 시작했다. 탈산업화 과정의 첫째 단계가 시작된 것이다. 주요 제조업체들이 로스앤젤레스 산업 지역을 이탈함으로써 탈산업화가 본격적으로 진행되어 1978년과 1982년 사이에만 총 7만 개의 일자리가 사라졌다. 1980년과 1990년 사이 이들 지역에서는 총 32만 개의 일자리가 추가로 증발되었는데 이 가운데 절반이 제조업 부문이었다. 연관 산업 부문까지 고려했을 때 이들 제조업체는 로스앤젤레스의 굴뚝이라 불릴 만했으며 당시 총 2만 5000명 이상의 노동조합 소속 노동자들이 이들 산업체에 고용되어 있었다. 1970~1980년대 가혹하게 진행된 이러한 탈산업화는 유색인종 저소득층 지역의 "전체 경제에서 전원 플러그를 뽑아버리는" 결과를 초래했다. 탈산업화는 또한 거대 체인 슈퍼마켓의 이탈이라는 현상으로도 나타났다. 대규모 체인 슈퍼마켓들은 1950년대 후반 이후 치안이 안전할 뿐만 아니라 구매력을 갖춘 백인 소비자들이 이주하기 시작한 교외에 매장을 설립하면서 저소득층 지역을 떠나기 시작했다. 그 결과 로스앤젤레스 저소득층 지역에 있던 대표적인 체인 슈퍼마켓인 본스(Vons)와 세이프웨이(Safeway) 매장은 1963년에는 17개였으나 1975년에는 8개로 줄어들었다. 이러한 체인 슈퍼마켓의 이탈은, 데이비드 캐플로비츠가 말하듯이, 저소득층 지역에 하나의 공백을 만들었으며 이 공백은 〈폴링 다운〉에서 디펜스가 프리웨이를 이탈한 이후 처음 만나게 되는 상인과 같은 한국계 이민자들에 의해 그리고 이들 게토 상인들 일부가 자행하는 "비윤리적

이고 불법적인 관행들" 및 "일탈적인 시스템"에 의해 메워지곤 했다.[4]

이상과 같은 탈산업화는 로스앤젤레스가 러스트벨트 지역과 공유하는 역사적 경험이라고 할 수 있다. 하지만 디트로이트와 같은 러스트벨트 지역의 도시들이 탈산업화로 인해 황폐화된 반면 로스앤젤레스는 1970~1980년대에 경제가 꾸준히 성장했다. 무엇보다 로스앤젤레스의 탈산업화가 선별적으로 진행되었고 로스앤젤레스에서는 탈산업화와 동시에 재산업화가 진행되었기 때문일 것이다. 로스앤젤레스는 냉전 이래 군수산업의 중심 기지로 기능했으며 제조업체들이 이탈할 때에도 항공기 제조와 첨단 전자제품 생산 부문의 성장세는 견고히 유지되었다. 로스앤젤레스의 탈산업화는 제조업 부문을 중심으로 철저히 진행되었고 오히려 항공기와 무기 등 첨단 기술 산업 부문에서는 휴스턴 및 실리콘밸리 방식의 산업화가 추진되고 있었던 것이다. 〈폴링 다운〉의 주인공 디펜스의 해고에서 알 수 있듯이 군수산업을 중심으로 한 이러한 산업화는 1980년대 후반과 1990년대 초반 냉전 종식으로 인해 결국 파국을 맞게 된다.

한편 로스앤젤레스 지역에서는 상층부와 하층부의 두 가지 회로를 따라 재산업화가 진행되고 있었다. 상층부 회로에서는 외국 자본이 끊임없이 유입되었다. 다운타운과 코리아타운 그리고 웨스트 로스앤젤레스를 관통하는 윌셔 블러버드를 중심으로 일본과 한국 등 아시안 자본이 물밀 듯이 유입되면서 로스앤젤레스는 국제 자본을 통제하고 관리하는 "태평양 연안의 뉴욕"으로 부각하고 있었다. 1985년 발표된 로스앤젤레스의 청사진, 즉 다가오는 21세기에는 뉴욕, 런던, 파리처럼 로스앤젤레스가 "커뮤니케이션, 무역, 투자 및 문화의 번영하는 국제 중심지"로 변모할 것이라는 예측과 브래들리 행정부의 상층에서 구축된 다국적 연대는 이러한 트랜스내셔널한 자본의 이동을 고스란히 반영한다.[5] 하지만 트랜스내셔널한 이동은 자본에만 국한되지 않았다. 로스앤젤레스의 하층부에서는 트랜스내셔널한 노동력이 로스앤젤레스 국제공항(LAX)을 통해 합법적으로 혹은 미국-멕시코 국경을 통해 불법적으로 끊임없이 유입되고 있었다. 특히 국경을 넘은 라티노 이민 노동자들은 신분 불안정으로 말미암아 온갖 착취를 당했을 뿐만 아니라 일하고 있음에도 불구하고 빈곤한 상태를 면치 못하는 집단(the working poor)으로 전락하기 십상이었다. 전통적인 제조업체들은 대부분 타 지역으로 이탈했지만 봉제산업과 같은 로스앤젤레스의 비숙련 업체들은 재산업화의 하층부 회로에서 이들 저임금 라티노 이민 노동자들이 제공하는 풍부하면서도 통제가 매우 용이한 노동력을 기반으로 잉여가치를 축적하고 있었다.

디펜스가 모더니티와 아메리칸드림의 상징인 프리웨이와 자동차에서 이탈하고서 발을 디딘 곳은 이상에서 살펴본 도시 재구조화 과정에 의해 철저히 탈영토화되어 천사의 도시라는 모습은 찾아볼 수 없는 로스앤젤레스였다. 백인이 아닌 자들이 너무나 많고 심지어 제3세계를 닮을 정도로 유색인종화된 로스앤젤레스. 노먼 클라인이 지적하듯이, 앵글로색슨의 시각에서 볼 때 엄청난 속도로 비백인 이민이 증가하고 있는 도시들은 추락하고 있는 것으로 보이게 마련이었다.[6] 아시안과 라티노 인구의 폭증 그리고 "도시 주변화" 정책으로 말미암아 급증한 저소득층과 여기저기서 볼 수 있는 홈리스의 존재는 로스앤젤레스를, 데이비드 리프가 도발적으로 묘사했듯이, "제3세계의 수도"로 보이게 만들고도 남았다.[7] 철저히 인종과 계급에 기반한 공간들로 구성된 로스앤젤레스 탈영토화는 디펜스를 낯선 이방인으로 규정했으며 백인임에도 불구하고 그는 자신이 마이너리티로 전락했다고 느낄 수밖에 없었다. 군수 회사에 다니면서 미국을 지키기 위해 일했던 디펜스는 이제 탈영토화된 로스앤젤레스는 자신이 지키려 했던 미국이 아니고 이곳을 재영토화해야 할 필요성이 있다고 생각하게 된다.

백인 남성의 분노와 로스앤젤레스 재영토화

영화 〈폴링 다운〉은 디펜스가 해고 노동자라는 사실에 초점을 맞춤으로써 그의 계급적 정체성을 중심으로 하여 탈영토화된, 누아르 영화를 연상시키는 로스앤젤레스의 현실을 비판적으로 묘사할 가능성을 함축하고 있었다. 실제로 이러한 측면은 디펜스가 이혼한 아내와 딸이 살고 있는 베니스 비치로 가기 위해 로스앤젤레스를 횡단하는 오디세이 과정에서 골프장에 무단 침입하는 장면에서 잘 드러난다. 프리웨이를 벗어난 뒤 복장도 베트남 참전 용사를 연상케 하는 옷으로 갈아입고 라티노 갱들로부터 여러 종류의 무기까지 빼앗은 디펜스. 그는 베니스 비치로 가는 지름길을 택해 "회원만 출입—무단침입 금지(Members Only—No Trespassing)"라는 경고판이 달려 있는 개인 골프장의 담벼락을 넘어 필드로 들어간다. 골프를 치고 있던 유대계로 보이는 부자 노인 두 명이 디펜스를 발견하자 밖으로 나가라고 협박하면서 골프공을 날려 보낸다. 골프공을 피하기 위해 바닥에 납작 엎드렸다가 일어선 디펜스는 가방에서 샷건(shotgun)을 꺼내 들고 그들에게 다가가면서 이렇게 외친다.

> 이렇게 넓은 땅에서 골프를 치는 것도 부족해서 골프공으로 날 죽이려고? 여기는 아이들 놀이터도 될 수 있고 가족들 소풍도 오고 동물원도 될 수 있는데.

겁에 질린 두 골퍼 가운데 골프 회원권을 지닌 노인이 알겠다는 듯이 고개를 끄덕이자 디펜스는 "할 일 없는 노인네들이 전기차나 타고 다니잖아"라고 말하면서 그들이 이용하고 있던 골프차를 향해 샷건을 발사한다. 값비싸 보이는 골프차는 바퀴 부분이 망가지면서 언덕 아래에 있는 호수에 처박힌다. 알록달록한 색깔의 기이하게 생긴 모자를 쓴 노인 골퍼가 이를 보고 심장 발작으로 쓰러져 골프차에 넣어둔 심장병약을 찾자 디펜스는 그에게 가서 "부끄럽지도 않아?"라고 훈계한 뒤 "운이 안 좋으시군. 골프차는 물에 빠졌소. 날 지나가게 그냥 놔두지 그랬어"라는 말을 남기고 사라진다.

골프장 장면은 디펜스를 노동계급과 서민의 이익을 보호하려는 자로 묘사함으로써 관객들로 하여금 그를 지지하게 만드는 효과를 낸다. 영화는 디펜스의 캐릭터를 백인과 흑인, 남성과 여성 모두의 권리를 위해 분노하는 사람으로 구성함으로써 인종적 차이를 넘어서는 계급 적대에 렌즈의 초점을 맞춘다. 골프장 장면 이외에도 디펜스는 로스앤젤레스 오디세이 과정에서 한인 상점의 불친절과 통행세를 요구하는 폭력적인 라티노 갱, 햄버거 레스토랑의 허위 광고, 부패한 도로 건설 노동자 등에 맞섬으로써 성공적으로 관객들의 동일시를 이끌어낸다. 하지만 영화에서 디펜스가 호소했던 정의는 권력 행사를 위한 핑계로도 전환되어 계급적 정체성에 기반한 그의 분노는 곧 인종적 정체성에 의해 결정되는 백인 남성의 배타적이고 폭력적인 분노와 응징 행위로 대체되고 만다는 점에 주목해야 한다. 디펜스는 탈영토화된 "제3세계의 수도" 로스앤젤레스에서 발생하는 문제들을 도덕적으로 바로잡는다면서 마치 식민지를 여행하는 제국주의적 백인 주체처럼 저소득층 지역의 비백인 주민들에게 위계제에 입각한 권력을 휘두르는데 마이너리티로 전락한 백인 남성의 정체성은 바로 이러한 로스앤젤레스 재영토화를 통해 재확립된다. 이 과정은 미국의 문화 정치에서 지속적으로 수행되고 있는 시도, 즉 불규칙적이고 파괴적인 문화적 흐름들을 배제하고 억압함으로써 이른바 공적인 영역의 경계를 재구성하고 이를 통해 앵글로 아메리칸의 문화적·인종적 헤게모니를 재확립하려는 시도라고 볼 수 있다. 이런 측면에서 디펜스의 로스앤젤레스 오디세이는 철저하게 웨스턴 영화의 서사적 내러티브로 구성된다. 탈영토화된 로스앤젤레스는 악당들이 들끓는 일종의 황무지와 같은 "프론티어"로 제시되고 디펜스의 오디세이는 이들을 무찌르는 모험극으로 펼쳐지기 때문이다. 프리웨이에서 벗어난 디펜스가 전처에게 전화를 걸려고 하는데 동전이 필요해서 한인 상점에 들어간다. 이 장면을 통해 디펜스의 로스앤젤레스 재영토화를 살펴보도록 하자.

중국계 미국인 마이클 폴 첸(Michael Paul Chan)이 한인 상점주 역할을 맡은 가게를 보자. 가게의 외관은 로스앤젤레스 저소득층에서 많이 볼 수 있는 전형적인 주류 및 소매품 판매점 모습을 하고 있다. 디펜스는 동전이 필요해서 가게 안으로 들어가지만 담배를 입에 물고 동전함에 동전을 채워 넣던 한인 상점주는 동전을 바꿔줄 수 없다면서 물건을 사야만 한다고 말한다. 디펜스가 코카콜라 캔을 집어 계산대 위에 올려놓고 가격을 묻자 한인 상점주는 배를 득득 긁으면서 어눌한 영어로 "85센트"라고 대답한다. 터무니없는 가격 85센트를 주고 콜라 캔 하나를 사면 거스름돈이 충분하지 않아 전화를 걸 수 없기에 디펜스는 50센트에 콜라를 팔라고 요구한다. 그러자 한인 상점주는 "85센트 내고 콜라를 마시거나 아니면 나가세요(Drink. Eighty Five Cents. You Pay. Or Go)"라고 무뚝뚝하고 불친절하게 답하면서 입구를 손가락으로 가리킨다. 디펜스는 한인 상점주의 "Five" 발음을 알아들을 수 없다면서 중국인이냐고 묻자 가게 주인은 한국인이라고 답한다. 이에 대해 디펜스는 "당신, 내 나라에 와서 돈을 벌려고 하면서 이 나라 말도 안 배웠단 말이야?"라고 말하고선 가방을 들고 나가려다 다시 돌아와서 "당신, 한국인이라고 했지. 우리나라가 당신 나라에 얼마나 많은 돈을 줬는지 알아?"라고 묻는다. 한인 상점주는 디펜스의 이러한 행동에 인상을 쓰면서 "말썽 피우지 말고 나가시지(You Go Now. No Trouble)"라고 말하자 디펜스는 웃으면서 "여기 있겠소"라고 대답한다. 강도가 아닐까 싶어 수상함을 느낀 한인 상점주가 계산대 아래 놓아두었던 야구 방망이를 집어 들자 디펜스는 몸싸움 끝에 방망이를 빼앗아 "콜라 캔 하나에 85센트를 부르는 너야말로 강도야. 나는 소비자로서의 내 권리를 지키는 것이지"라고 말한 뒤 가게 안에 진열해놓은 물품들을 향해 마구 방망이를 휘두르기 시작한다.

한인 상점 장면은 우선 디펜스의 정체성을 소비자로 설정함으로써 관객들의 경험에 호소하는 측면이 강하다. 영화의 배경인 로스앤젤레스에서는 1980년대 중반부터 한인 상인과 흑인 고객 사이에 긴장감이 고조되고 있었다. 대부분 한국에서 고등교육을 받은 한인 이민자들은 언어 소통의 미흡함과 주류 노동시장의 차별 등으로 원하던 직업을 구하는 데 어려움이 많아 많은 경우 흑인 등 유색인종들의 거주 지역에서 주류 혹은 식료품/잡화 가게, 세탁소 등 소규모 자영업을 함으로써 생계를 해결했다. 이들 한인 상인들의 미숙한 영어, 문화적 차이 그리고 일부 상인들의 불친절에 대한 흑인 공동체의 반발은 사우스 센트럴 로스앤젤레스에서 일련의 보이콧으로 귀결되었으며 영화 〈폴링 다운〉이 제작 중이던 1991년 당시에는 한인 상인 두순자에 의한 라타샤 할린스 총기 살인 사건, 박태삼에 의한 리 아서 미첼 총기 살인 사건까지 일어나 한인 상인들과 흑인 소비자의 긴장이 팽배해 일촉즉발 상태였다. 따라서 한인 상점 장면은 한인 상인과 같은 게토 상인에 대한 소비자의 불만을 적극 활용함으로써 디펜스가 느꼈을 불만을 관객들의 직간접 경험과 중첩시키는 효과를 낳고 있다. 나아가 영화는 한인 상인과 백인 디펜스의 대립 장면을 통해 반(反)아시안 정서를 표현함으로써 흑인과 백인 사이에 "은밀한 연대"를 형성했고 이는 영화가 흑인과 백인 관객을 주요 대상으로 제작되었음을 넌지시 말해준다.

한편 한인 상점 장면에 등장하는 코카콜라는 로스앤젤레스 탈영토화와 재영토화를 상징적으로 보여주는 중요한 물품이다. 콜라는 "미국성(Americanness)과 미국 문화의 보편화"를 대표하며 미국의 글로벌 경제 지배에 "즐거운 얼굴(a happy face)"을 부여하는 상품이었다. 특히 제2차 세계대전 이후 코카콜라는 물질적 풍요를 뜻하는 "미국적 생활방식"의 상징으로서 미국이 "맛의 제국"을 건설하는 데 첨병 역할을 하기도 했다.[8] 하지만 한인 상점 장면은 이처럼 가장 미국적인 상품에 대한 외국인의 지배를 의미하며 이는 로스앤젤레스 탈영토화를 낳았던 요소들 가운데 하나인 이민자 유입과 외국 자본의 침투 그리고 이에 대한 미국인들의 토착주의적인 두려움과 반발을 영화화한 것이나 다름없다. 영화에서 디펜스는 가게 진열 물품들을 묵사발 낼 것처럼 한인 상인에게서 빼앗은 야구 방망이를 마구 휘두르면서 다음과 같이 묻는다. "1965년도의 가격으로 돌아가자. 어떻게 생각해?" 야구 방망이로 도넛, 아스피린 같은 상품들을 박살을 낸 후 디펜스가 다시 콜라를 손에 들고 가격을 묻자 한인 상점 주인은 그제야 "50센트"라고 답한다. 디펜스가 제안한 대로 물건 가격들은 1965년으로 돌아간다. 그렇다면 과연 디펜스와 미국인들에게 1965년이 상징하는 바는 무엇이고 왜 이 해가 중요한가. 1965년은 1924년 이래 유지되어온 제한된 이민 정책이 폐지된 해, 따라서 피부색이 낯설고 이해할 수 없는 언어를 구사하는 타자들이 물밀듯이 유입되기 시작한 해이기 때문이다. 1965년은 또한 로스앤젤레스의 도시 재구조화, 즉 탈산업화와 재산업화 회로가 본격 작동하기 전이며 디펜스와 같은 군수산업 종사자들이 냉전의 경제적 효과를 한껏 누린 시기이기도 하다. 그렇기에 디펜스가 "1965년도의 가격으로 돌아가자"고 제안한 것은 살기 좋았던 과거로, 로스앤젤레스가 탈영토화되기 이전의 시기로, 아시안과 라티노 같은 유색인종들이 드물었던 시절로, 따라서 백인들이 중심이었던 시점으로 역사의 시계를 거꾸로 되돌리겠다는, 즉 로스앤젤레스를 재영토화하겠다는 의지의 표현이라고 볼 수 있다.

위기에 처한 백인성

영화 〈폴링 다운〉은 일상적인 도시 생활에서 누구나 경험할 수 있는 보편적인 소재를 통해 백인 "조 노멀" 디펜스가 느꼈던 분노를 관객에게 전이시키는 구조를 갖고 있다. 꽉 막힌 프리웨이, 아시안이 운영하는 불친절한 게토 상점, 배타적인 개인 골프장 등은 주인공이 "보통사람"의 역할을 수행하기에 이상적인 환경을 구성했다. 한편 영화는 백인이 미국 사회에서 마이너리티로 전락했다는 두려움을 다루고 이러한 두려움에 관객들을 끌어들임으로써 1990년대 초반 미국인의 문화적·인종적 상상을 자극함으로써 흥행에도 성공을 거두었다. 물론 이 영화는 평론가들로부터 영화 내적인 측면에서 비평을 받기도 했는데 대표적인 평가는 일관된 내러티브가 없다는 것이었다. 이는 주인공 디펜스가 때로는 피해자 혹은 영웅으로 그려지지만 때로는 악당으로 묘사된다는 점에서 설득력이 있는 평가이다. 실제로 영화에서 디펜스는 노동계급과 서민을 대변하는 정체성도 보여주지만 많은 경우 과도할 정도로 폭력을 휘두름으로써 관객들의 비동일시를 낳기도 한다. 한인 상점 장면의 경우 디펜스는 소비자의 권리를 지키는 영웅으로 그려지지만 이와 동시에 이민자의 미숙한 영어 등을 트집 잡으면서 무자비한 폭력을 휘두르는 반(反)이민적이고 배타적인 모습도 보여준다. 영화의 내러티브 혼란은 디펜스를 쫓던 로스앤젤레스 경찰국(LAPD) 형사 프렌더개스트(로버트 듀발)가 영화 후반부로 갈수록 디펜스에 버금가는 주인공 역할을 맡게 된다는 점에서도 분명하게 드러난다. 프렌더개스트의 비중이 높아지면서 영화 〈폴링 다운〉은 웨스턴 장르에서 범인과 경찰이라는 수사극 장르로 변질됨으로써 영화의 모호함을 증폭시키기도 한다. 하지만 때로는 자체의 모순을 완전히 통제하지 못하는 뒤죽박죽인(messy) 영화가 관객들에게 "본능적인 시학(a visceral poetry)"을 제공할 수 있다는 점을 감안하면 〈폴링 다운〉은, 비록 일관된 내러티브를 보여주지는 않지만, 관객들, 특히 보수적인 백인 관객들이 마음 깊이 공감하게 하는 데 성공한 작품이라고 봐야 할 것이다.

1990년대 초반 백인들이 느끼던 두려움과 불만을 영화화한 〈폴링 다운〉은 도시의 변화 그리고 급증한 유색인종 타자들의 존재에 대한 백인 남성의 반격을 보여줌으로써 관객들에게 카타르시스를 제공했다. 관객들은 평범해 보이는 주인공 디펜스의 활극을 통해서 자신들의 폭력적인 충동을 해소할 수 있었기 때문이다. 이와 동시에 〈폴링 다운〉은 백인성의 의미 변화에 대해 많은 것을 보여준 영화이기도 하다. 모리스 버거에 의하면 백인성은 권력과 지위를 나타내는 사회적 기표로서 백인 미국인들에게, 그들이 부자이건 가난한 자들이건, 일정한 배당금을 제공해왔다.[9] 백인성은 나아가 인종 관계에서 하나의 규준으로 작동해왔다. 규준으로서의 백인성은 포함과 배제를 통해 "인간 차이를 조직화하는 패턴"을 구성함으로써 흑인 혹은 아시안과 같은 위계제적인 인종 주체 위치를 인류에게 부여해왔다. 규준으로서의 백인성은 또한 스스로를 정의할 필요도 없었다. 단순히 하나의 범주가 아니라 "서구 문화에서 표식이 없는 위대한 범주 혹은 디폴트 범주"로 존재해왔고 다른 범주들이 이러한 백인성과의 차이를 계산해야만 했다. 마치 앵글로색슨계가 미국인과 동의어로 사용된 것처럼 말이다. 하지만 20세기 후반부에 접어들면서 백인성은 이제 자신의 이름, 즉 WASP라는 이름을 갖게 되었다. 〈폴링 다운〉은 탈영토화된 로스앤젤레스에서 디펜스라는 백인 남자가 느끼는 "디폴트" 범주인 백인성에서 이탈 그리고 이를 바로잡기 위한 주인공의 로스앤젤레스 재영토화 시도를 잘 보여주는 영화이다.

부록

관련 연표

1965년 미국에서 1924년 이래 유지되었던 국적별 이민 쿼터제 폐지로 아시안과 라티노 이민자가 급증한다.

1973년 톰 브래들리가 로스앤젤레스 최초의 흑인 시장에 당선된다(재임: 1973~1993년).

1978~1982년 본격적인 탈산업화로 총 7만 개의 일자리가 사라진다.

1981년 레이건 행정부가 출범하고 신보수주의가 대두한다.

1986년 이민법 개정으로 라티노가 다수였던 서류 미비 불법체류자들에게 합법적 체류 신분을 부여한다.

1989년 냉전이 종식하면서 영화 〈폴링 다운〉의 주인공 디펜스(D-FENS)가 일했던 군수산업이 타격을 입는다.

1991년 로스앤젤레스경찰국 소속 백인 경찰들이 로드니 킹을 집단 구타한 사건이 일어난다.

1991년 두순자-라타샤 할린스 살인 사건, 박태삼-리 아서 미첼 살인 사건으로 로스앤젤레스 지역 한흑 갈등이 악화된다.

1992년 로스앤젤레스 폭동이 발생한다.

개념어 설명

러스트벨트(Rust Belt) 이 표현은 미국에서 1980년대 초반부터 사용되기 시작했으며 오대호 인근 도시의 쇠퇴, 제조업 공장 폐쇄, 그리고 여기에 따르는 사회적인 병리 현상 등과 연관이 있다. 한때 철강과 자동차 산업 등 제조업이 발달했던 클리블랜드, 피츠버그, 개리, 디트로이트 등이 러스트벨트의 대표적인 도시이다. 노후화된 산업 기반과 경기 침체를 특징으로 하는 러스트벨트는 캘리포니아처럼 역동적인 경제와 온화한 날씨를 자랑하는 선벨트(Sun Belt) 지역과 대조되곤 한다.

탈영토화(deterritorialization)**와 재영토화**(reterritorialization) 탈영토화와 재영토화는 들뢰즈와 가타리가 《천 개의 고원》에서 제시한 개념으로 서로 쌍을 이루고 있다. 그들에 따르면 탈영토화란 "도주선(line of flight)의 작동"으로서, "영토를 떠나는 운동"이다. 다시 말해 탈영토화는 주어진 영토 내지는 구조에서 벗어나는 운동을 의미한다. 반면에 재영토화란 이러한 "도주선의 작동"을 가로막는 것으로서 탈영토화된 영역을 덮어씌우는 운동이라고 할 수 있다.

더 읽을거리

Carol J. Clover, "'Falling Down' and the Rise of the Average White Male", Pam Cook and Philip Dodd, eds., *Women and Film: A Sight and Sound Reader*(Philadelphia: Temple University Press, 1993).

Edward Soja, Rebecca Morales and Goetz Wolff, "Urban Restructuring: An Analysis of Social and Spatial Change in Los Angeles", *Economic*

Geography 59 : 2(1983).

Elana Zilberg, "*Falling Down in El Norte:* A Cultural Politics and Spatial Poetics of the ReLatinization of Los Angeles", *Wide Angle* 20 : 3(1998).

Fred Pfeil, *White Guys: Studies in Postmodern Domination and Difference* (London: Verso, 1995).

Kalpana Seshadri-Crooks, *Desiring Whiteness: A Lacanian Analysis of Race*(New York: Routledge, 2000).

Liam Kennedy, *Race and Urban Space in Contemporary American Culture* (Edinburgh, United Kingdom: Edinburgh University Press, 2000).

Mike Davis, *City of Quartz: Excavating the Future in Los Angeles*(London: Verso, 1990).

Paul Gormley, *The New-Brutality Film: Race and Affect in Contemporary Hollywood Cinema*(Portland, Oregon: Intellect, 2005).

Sharon Willis, *High Contrast: Race and Gender in Contemporary Hollywood Film*(Durham: Duke University Press, 1997).

Vincent Brook, *Land of Smoke and Mirrors: A Cultural History of Los Angeles*(New Brunswick: Rutgers University Press, 2012).

주

1. Stephen Prince, "Political Film in the Nineties", Wheeler Winston Dixon, ed., *Film Genre 2000: New Critical Essays*(Albany, New York: SUNY Press, 2000), p. 73.
2. Mark Salisbury, "He's an 'Ordinary Man at War with the Everyday World'", *Empire*(July 1993), p. 77.
3. Thomas J. Sugrue, *The Origins of the Urban Crisis: Race and Inequality in Postwar Detroit*(Princeton: Princeton University Press, 1996), p. 4.
4. David Caplovitz, *The Poor Pay More: Consumer Practices of Low-Income Families*(New York: Free Press, 1963), pp. 28~30.
5. Los Angeles 2000 Committee, *LA 2000: A City for Future*(Los Angeles: Los Angeles 2000 Committee, 1988), p. 59.
6. Norman M. Klein, *The History of Forgetting: Los Angeles and the Erasure of Memory*(London: Verso, 1997), p. 109.
7. David Rieff, *Los Angeles: Capital of the Third World*(New York: Touchstone, 1991).
8. 김덕호, 《욕망의 코카콜라》(지호, 2014), 235쪽.
9. Maurice Berger, *White Lies: Race and the Myths of Whiteness*(New York: Farrar, Straus and Giroux, 1999), pp. 166~168.

5부

경계를 유랑하는 사람들

〈기품 있는 마리아〉

"마약노새", 모성 그리고 중남미 십대 여성의 미국 이주

10
권은혜

〈기품 있는 마리아〉

영화 〈기품 있는 마리아〉에서 17세 콜롬비아 여성 마리아 알바레스는 갑작스런 임신, 무책임한 아이 아버지인 남자친구와의 결별, 오로지 자신의 저임금 노동에 기대어 사는 가족, 이 모든 곤경을 타개하기 위한 임시방편으로 마약 밀매에 가담하게 된다. 마리아의 일은 포장된 마약 덩어리 수십 개를 삼킨 채 미국행 비행기를 타는 것이다. 소위 '마약노새(drug mules)'라고 불리는 이들은 주로 젊은 여성들이다. 곧 마리아는 마약운반책으로 미국에 다녀온 적이 있는 루시, 그리고 어릴 적부터 한 동네 친구였던 블랑카도 함께 미국으로 떠난다는 것을 알게 된다. 마리아는 공항 검색대에서 임의로 지목되지만 임신 초기라 엑스레이 검사를 면제받는다. 마리아, 블랑카, 그리고 루시는 공항을 빠져나와 기다리고 있던 현지의 갱들을 따라 뉴저지의 한 호텔로 옮겨져 몸 안의 마약 알갱이를 모두 토해내라는 명령을 받는다. 이미 여행 중 몸 안에 있던 마약 알갱이 하나가 터져 고생하던 루시는 호텔에서 결국 중태에 빠진다. 마리아는 갱들이 루시의 몸에서 마약 알갱이를 꺼내 과다출혈로 그녀를 죽음으로 몰고 갔음을 직감으로 알아채고 블랑카를 깨워 그들이 토해낸 마약을 들고 호텔에서 빠져 나온다. 이후 마리아는 뉴욕에 사는 루시의 언니를 찾아 루시의 소식을 알리고 그녀의 시신을 찾아 제대로 된 장례를 치러주기 위해 고군분투한다. 이 과정에서 마리아는 '리틀 콜롬비아'라고 불리는 뉴욕의 콜롬비아 이주민 공동체의 지도자 격에 해당하는 돈 페르노를 만나게 된다. 그의 도움을 받아 마리아는 루시의 시신을 갱들로부터 인수받아 콜롬비아로 돌려보내는 데 성공한다. 콜롬비아로 돌아가야 하는 날 마리아는 블랑카와 함께 JFK 공항 출국장에서 줄을 서서 기다리다가 갑자기 대열을 이탈하고 블랑카에게 손을 흔들어 이별을 고한 후 돌아선다. 마리아는 장차 태어날 아이의 미래를 미국에서 찾기로 결심한 것이다.

〈기품 있는 마리아〉는 미국과 남아메리카를 가로지르는 초국적 범죄 네트워크와 아동·여성 이주의 관계를 가상 인물인 마리아와 친구들을 통해 잘 보여주고 있다. 이 영화의 주요 등장인물은 교육 기회 및 일자리 부재에 시달리다 결국 마약 밀매에 가담하게 되는 콜롬비아의 평범한 십대 여성들이다. 범죄와 폭력에 연관되어 국경을 넘어 이주하는 주체가 주로 남성으로 상정되는데 반해 이 영화에서는 여성의 경험을 다루고 있다. 더욱 흥미로운 것은 마리아를 포함한 등장인물들이 마약노새가 목숨을 건 일이라는 점을 충분히 인지한 상태에서 위험 부담을 감수한다는 것이다. 범죄에 연루된 콜롬비아의 가난한 십대 여성의 이주는 얼핏 생소하고 그럴법하지 않은 현실이다. 감독 조슈아 마스턴(Joshua Marston)은 인터뷰에서 자신의 각본이 마약 밀매와 관련한 꼼꼼한 실사를 바탕으로 했으며 이 조사를 통해 "진실이 픽션보다 낯설다는 것을 증명하는 많은 이야기들을 접하게 되었다"[1]고 말한다. 이 영화의 장점 중 하나는 등장인물들을 범죄의 희생자나 소위 아메리칸드림을 좇아 미국 이주를 선택하는 저개발 국가의 불행한 십대로 일반화하지 않는다는 점이다. 마스턴은 마리아 및 주변 인물들의 특수성을 보여주면서도 동시에 이들이 각자 처한 환경 및 사회와 상호작용하는 방식을 보여주는 데 주력한다. 콜롬비아 사회에서 이들은 가난과 나이에 걸맞지 않는 경제적 책임감, 그리고 범죄 조직의 유혹을 경험한다. 미국에서 이들이 먼저 접하는 것은 보고타와 뉴욕을 넘나드는 초국적 갱의 폭력이다. 미국으로 건너간 마리아와 친구들 중 마리아만이 리틀 콜롬비아에서 자신의 모국어와 정체성을 유지한 채로 이민자로 살아갈 가능성을 모색한다.

콜롬비아 십대 여성의 이주 요소로 작용하는 빈곤과 범죄의 사슬

마리아가 이른바 마약노새가 되어 위험한 범죄행위에 가담하게 되는 이유는 앞서 언급한 대로 빈곤과 열악한 가정환경 때문이다. 할머니와 어머니, 미혼모 언니와 조카와 함께 사는 마리아는 사실상 가족의 생계를 책임지는 가장이다. 마리아와 친구 블랑카는 매일 새벽 버스를 타고 장미 플랜테이션으로 간다. 여기서는 중년 남성 관리자의 엄격한 감시 아래 100여 명의 젊은 여성들이 하루 종일 서서 고글과 장갑을 끼고 가시를 제거해 장미 다발로 정리해 상자에 담는 일을 한다. 장갑을 끼어도 날카로운 장미 가시에 찔리기 때문에 마리아의 손가락에는 반창고가 늘 덕지덕지 붙어 있다. 이 장미들은 북미의 화훼 시장으로 수출되어 중산층 소비자에게 팔릴 것들이다. 한편 임신 이후 마리아는 화장실 가는 것도 일일

이 허락을 받아야 하는 노동 조건을 감당하기 어려운 상황에 놓인다. 그러던 어느 날 장미를 손질하다 마리아는 구토를 참지 못한다. 냉정한 관리자는 그녀의 상태에는 전혀 관심이 없고 오히려 망가진 장미들을 다 씻어 원래대로 해놓으라는 말도 안 되는 명령을 내린다. 그 길로 마리아는 플랜테이션 일을 그만 두고 집으로 돌아온다. 임신 사실은 숨긴 채 마리아는 어머니와 언니에게 플랜테이션 일이 힘들어서 그만두었고 다른 일을 찾아보겠다고 말한다. 일할 생각이 없는 언니는 애가 아파 약값이 필요하다며 마리아보고 다시 돌아가라고 한다. 어머니는 장미 플랜테이션에서 꽃을 다루는 일이 젊은 여성에게 '적합'하고 '품위'있는 일이라고 우긴다. 자기와 태어날 아기의 미래를 고민하는 마리아는 당장 하루 살기에 급급한 어머니와 언니가 답답하기만 하다.

마리아가 처한 상황이 보여주는 것은 저개발 국가의 가난한 시민들이 제1세계의 중산층 젠더 규범에 역행하는 경제적 현실에 처해 있으면서도 역설적으로 이 규범을 내면화한다는 것이다. 제1세계의 일반적 중산층 가정에서라면 마리아는 교육을 받으면서 가족의 생계를 책임지는 아버지와 가정을 보살피는 어머니의 보호를 받을 것이다. 그러나 콜롬비아의 가난한 농촌 마을에서 남성 가장들이 경제적으로 자립할 수 있는 일자리를 찾기란 요원하다보니 아내와 자녀들이 공장이나 플랜테이션에서 노동을 해야 한다. 마리아는 일을 해서 가족의 생계를 해결하지만 가족 내에서 가장과 같은 지위를 인정받기는커녕 순종을 강요당할 뿐이다. 콜롬비아의 가난한 농촌 가정에서 소위 생산성으로 상징되는 남성 가장의 노동 혹은 가부장제적 권력이 부재하지만, 마리아가 다니던 장미 플랜테이션의 경우에서 드러나듯이 노동의 성별 분화와 노동 현장의 가부장제는 오히려 강화된다. 플랜테이션에서 마리아와 동료 여성 노동자들의 신체와 시간은 남성 감독관의 규율에 종속되어 있다. 마리아의 장시간 노동이 전통적 젠더 규범을 위반하고 있음에도 마리아의 어머니는 단지 장미를 다룬다는 이유로 장미 플랜테이션이 젊은 여성에게 적합한 일터라고 굳게 믿고 일자리를 떠나지 말라고 강요한다. 장미 플랜테이션에서 마리아와 동료 여성 노동자들의 신체와 정신은 피폐해진다. 그럼에도 불구하고 중산층 여성의 기품과 노동하지 않아도 되는 여유를 상징하는 장미를 다룬다는 이유만으로 장미 플랜테이션은 저개발 국가의 가난한 젊은 여성이 여성의 품위를 유지하고 돈도 약간 벌 수 있는 바람직한 노동 공간으로 간주되는 것이다.

장미 플랜테이션을 그만 둔 후 마리아는 남자친구이자 애 아버지인 후안과 함께 새로운 가정을 꾸릴 가능성을 모색하지만 상대는 자신이 기대하던 남편도 애 아버지도 될 생각이 없다는 것만 확인하게 된다. 후안에게 임신 사실을 털어놓으면서 마리아는 자기 언니처럼 애 아버지에게 버림받고 살 생각이 없다고 확실하게 강조한다. 후안이 청혼하기는 하지만 결혼 후 그의 가족이 사는 집으로 들어와야 한다고 고집한다. 식구가 10명이나 되고 남자 형제만 있으며 이미 사촌과 한 방을 쓰는 후안의 집으로 들어갈 순 없으니 마리아는 자기 집에 가서 살자고 한다. 그러자 후안은 여자만 있는 마리아의 집에 가고 싶지 않고 마리아의 어머니에게 잔소리 듣기 싫다고 투덜거린다. 결국 마리아는 후안의 청혼을 거절하고 재취업 전선에 나선다. 그녀의 노동에 기대고 있는 가족을 도와주면서 동시에 독립적인 공간을 마련하고 싶었던 마리아는 입주 가정부 자리를 알아보기 위해 보고타로 떠난다.

콜롬비아의 수도 보고타는 농촌에는 없는 취업 기회를 마리아에게 제공할 테고 마약 밀매도 '기회' 중 하나임을 그녀는 곧 깨닫게 된다. 마을에서 보고타로 가는 버스를 기다리던 중 마리아는 후안과 헤어진 후 블랑카와 함께 놀러 갔던 댄스홀에서 처음 알게 된 프랭크를 우연히 만난다. 사실 프랭크는 보고타의 마약 밀매 조직에서 일하고 있었고 마리아—그리고 블랑카에게도—에게 의도적으로 접근한 것이었다. 그는 자기 모터사이클로 마리아를 보고타까지 태워다 주면서 마리아에게 일종의 '배달부' 일이라며 마약 밀매에 가담할 것을 제안한다. 처음에 거절하던 마리아는 자기만 바라보는 가족과 혼자서 키워야 할 아이 생각에 일단 가보기로 한다. 보고타에 도착한 후 프랭크는 마리아를 당구장으로 데려가고 거기서 마리아는 마약 밀매 관리자를 만난다. 그녀를 유인하기 위해 관리자는 선금을 내민다.

마리아는 임신까지 한 몸으로 마약노새라는 불법적이고도 위험한 일에 가담해 가본 적 없는 낯선 미국행을 감수해야 할지를 고민하다가 그녀처럼 가족을 돕기 위해 같은 위험을 감수하려는 동년배 친구들을 만나게 된다. 보고타의 당구장에서 밀매 조직을 접선하고 나오는 길에 마리아는 또래 여성을 목격하고 그녀 역시 같은 제안을 받았다는 것을 눈치챈다. 그녀의 이름은 루시로, 알고 보니 마리아와 한 동네에 살고 있었으며 초보인 마리아와 달리 이미 두 번이나 마약 밀매에 가담해 미국에 다녀온 적이 있었다. 집에 돌아온 후 마리아는 루시네 집으로 찾아가 마약노새가 되기 위한 훈련을 받는다. 루시가 이 위험한 일을 반복하는 이유 중 하나는 뉴욕에서 결혼해서 사는 언니를 직접 만나고 가능하다면 자기도 미국에 남을 수 있을지 알아보려는 것이었다. 그러나 루시는 매번 언니네 집 앞까지 갔다가 마약 밀매로 미국에 오게 되었다고 사실대로 말할 용기가 없어 결국 돌아오고 말았던 것이다. "미국은 어떤 곳이냐"고 묻는 마리아의 질문에 루시는 "너무 완벽(too perfect)"하다고 힘없이 말한다. "너무 완벽한" 곳이라 감히 접근하기 어려운 곳이라는 듯이 말이다. 마리아는 블랑카도 프랭크의 제안을 받고 이를 수락했다는 사실을 알고 말리려고 한다. 한번 다녀오면 집 없이 사는 가족에게 집을 사줄 정도의 돈을 벌 수 있는 기회를 왜 놓치냐고 블랑카는 반문한다.

이민 정책 및 역사를 연구하는 연구자들이 제3세계 여성의 제1세계 이주를 설명하는 주요한 요소로 지목하는 것은 결혼이나 가사 업종에 취업하는 것이다.[2] 여기서 결혼 이주란 제1세계로 이미 노동 이주자로 정착한 제3세계 남성이 모국에서 배우자를 초청하는 것을 가리킨다. 범죄가 제3세계 여성의 이주를 유발하는 예로 주목받는 사례는 대개 이들 여성들이 인신매매의 희생자가 되는 경우일 것이다.[3] 결혼, 가사 업종 취업, 인신매매로 인한 여성의 초국적 이주에 관한 설명의 공통 전제는 다음과 같다. 남성과 달리 여성의 단독적이고 자발적인 이주가 제도적으로 실행되기 어렵기 때문에 여성 이주의 기본 성격은 수동적이거나 상황적이라는 것이다. 마리아, 루시, 블랑카의 경우는 제3세계 여성의 초국적 이주를 설명하는 기존 논의의 틀에서 크게 벗어난다고 볼 수 있다. 영화에서 이들은 마약 밀매에 자발적으로 참여하고 위험 부담을 감당하기로 각자 결심한다. 앞에서 묘사했듯이 이들이 불법 범죄행위에 가담한 여성임이 발각될 경우 비난받을 게 뻔하다. 하지만 이들은 마약 밀매가 빈곤을 일시적으로나마 해결할 방법이라는 현실을 담담히 받아들이며 묵묵히 위험한 선택을 한다.

마리아와 '리틀 콜롬비아'의 만남

콜롬비아에서 가난한 십대 여성으로 살면서 마리아는 아동으로서나 여성으로서 보호받기는커녕 정서적으로나 신체적으로 착취당하다가 마약 밀매에 연루된다. 미국에서 그녀의 국적, 연령, 젠더는 잠재적 불법이주자의 표식으로 인식된다. 마리아, 블랑카, 루시, 그리고 이들보다 좀더 나이가 들어 보이는 나머지 한 여성이 마약노새로 뉴욕행 비행기를 탄다. 뉴욕에 도착한 후 마리아와 나머지 한 여성은 공항 보안 경비대원에게 걸려 까다로운 취조를 받는다. 뉴욕의 공항 보안 경비대원들은 홀로 여행하는 콜롬비아 출신 십대 여성을 일단 범죄와 연루된 잠재적 불법이주자로 간주하는 것처럼 보인다. 이들은 누가 마리아의 여행 경비를 대고 콜롬비아에서 직업은 무엇이었는지, 미국에 왜 왔는지를 거듭 물어본다. 마리아는 침착하고 최대한 사실에 가깝게 상식적으로 답변한다. 마리아는 언니를 만나러 왔고 (비행기 안에서 입국 서류를 작성하다 호텔 주소를 잃어버린 마리아는 루시에게 주소를 물어보고 루시는 퀸즈에 사는 언니 주소를 알려준다) 남자친구가 여행 경비를 대주었으며 전 직업은 장미 플랜테이션에서 장미 가시를 제거하는 일이었다고 말한다. 마리아의 답변에서 표면적으로 트집 잡을 거리가 없자 경비원들은 엑스레이 검사를 실시하려 하지만 소변검사 결과 마리아의 임신 사실을 확인하고 그녀를 보내준다.

입국심사대를 통과한 후 마리아는 예기치 않던 갱 폭력으로부터 자신과 친구들을 구출해야 하는 상황에 놓인다. 마리아, 루시, 블랑카는 공항 밖에서 대기하던 차에 실려 뉴저지의 호텔로 끌려가고 거기서 몸 안에 있는 마약 덩어리를 다 토해내야만 약속받은 돈을 받을 수 있다. 이 과정에서 루시의 상태는 악화되고 마리아는 두 명의 감시자들에게 그녀를 의사에게 보내야 한다고 말하지만 무시당한다. 자다가 이상한 소리에 일어난 마리아는 피로 흥건한 욕조를 발견한다. 루시와 감시자들은 사라지고 없다. 루시가 죽었거나, 상태가 위험해지자 루시를 죽여 배를 가르고 마약 덩어리를 꺼낸 후 사체를 은닉하러 간 거라는 사실을 마리아는 알아차린다. 블랑카를 깨우고 상황을 설명한 후에 마약 덩어리들을 모두 챙겨 이들은 도망친다. 마리아는 루시가 미국에서 사망한 마약노새로 남는 오명을 벗겨주어야 한다고 생각하고 블랑카를 설득해 루시의 시신을 갱들로부터 되찾으려고 한다. 이를 위해 마리아는 먼저 루시의 언니 칼라가 사는 퀸즈로 블랑카와 함께 간다. 그러나 블랑카는 루시에게 일어난 일에 냉담하게 반응하며 갱에게 마약을 넘겨주고 돈만 받아내겠다며 마리아를 버리고 혼자 가버린다.

루시를 가족에게 돌려주겠다고 결심한 마리아는 갱 폭력에 대처하는 데 도움을 줄 수 있는 사람들을 찾아 나서고 이 과정에서 뉴욕의 콜롬비아 이민자 공동체를 접하게 된다. 먼저 칼라의 집으로 찾아간 마리아는 자신을 루시의 친구라고 소개한다. 지난 5년간 동생과 다른 가족을 만나지 못한 칼라는 반가워하며 마리아가 어떻게 뉴욕에 오게 되었냐고 물어본다. 하지만 곧 출산을 앞둔 칼라에게 충격을 줄까봐 마리아는 자신의 얘기도 루시의 얘기도 차마 사실대로 말하지 못한다. 마리아는 칼라에게 일자리를 찾으러 뉴욕에 왔고 루시는 콜롬비아에서 비서로 일하고 있다고 거짓말을 한다. 머물 곳을 찾을 때까지 칼라의 집에서 머물게 해달라는 마리아의 부탁을 칼라는 친절히 받아준다. 다음날 칼라는 콜롬비아 이민자들의 정착을 도와주는 중개업소로 마리아를 데려다 주고 자신은 일하러 떠난다. 마리아는 중개업자 돈 페르노에게 자신과 친구들이 처한 상황에 대해 사실대로 말하고 도움을 요청한다. 경찰에게 연락하겠다는 말에 마리아는 당황하나 돈 페르노는 마리아의 상황을 잘 알고 있다면서 안심시킨다. 돈 페르노 역을 맡은 배우는 올랜도 토본(Orlando Tobon)이다. 뉴욕 시내에서 콜롬비아 이주민들이 가장 많이 모여 살기 때문에 리틀 콜롬비아라고 불리는 퀸즈의 잭슨 하이츠에서 토본은 작은 여행사를 운영한다. 영화에 나오는 돈 페르노처럼 토본은 콜롬비아 이민자들의 정착을 도와주고 실제로 마약노새로 뉴욕과 뉴저지로 들어왔다가 사망한 사람의 시신 수백 구를 콜롬비아로 송환해왔다고 한다.[4]

영화에서 묘사된 콜롬비아 이민자 공동체는 실제로 존재하며 뉴욕의 콜롬비아 이민자들을 콜롬비아 사회와 연결하는 역할을 한다는 점에서 인류학자 린 스티븐이 말하는 일종의 "국경횡단 공동체(transborder communities)"라고 볼 수 있다.[5] 스티븐은 이주 및 이민 현상과 이로 인한 새로운 정체성 형성 과정의 복합성을 표현하기에 국경횡단이 트랜스내셔널보다 적합한 개념이라고 주장한다. 스티븐에 따르면, "이주와 이민의 과정은 국가적 경계뿐만 아니라 민족적, 인종적, 문화적, 식민적, 지역적 경계 가로지르기를 역사적으로 포함하기 때문에 국경횡단이라는 개념이 '초국적(transnational)'이라는 개념보다 더 포괄적"이다. 초국적이라는 용어는 "국가적이고 국가에 의해 통제되는 경계들을 강조하고 이주민들이 상호작용하는 우선적 존재로 국민국가를 중심에 두는" 경향이 있기 때문에 이주민들의 다양한 배경을 설명하기엔 한계가 있다는 것이다.[6]

뉴욕과 콜롬비아의 거리를 생각할 때 뉴욕의 리틀 콜롬비아를 국경횡단 공동체라고 부르는 게 타당한가라는 반문이 나올 수도 있다. 그러나 스티븐의 국경횡단 개념은 물리적으로 국경이 맞닿은 지대를 가리키는 것이 아니다. 이 개념은 "접경지대"를 "(지리적, 정치적, 사회적, 문화적, 그리고 경제적으로) 연결된 공간들을 표상하는 것으로 개념화"하는 최근 연구 경향에 기대고 있다.[7] 미국과 멕시코 접경지대에 관한 기존 연구가 양국 사이의 지리적 국경지대를 연구 대상으로 삼았다면 접경지대에 관한 최근 연구와 이론화 과정은 "미국과 멕시코 전체를 접경지대의 잠재적 일부로 확장"한다.[8] 대표적 예로 스티븐은 니컬러스 드 제노바의 "멕시칸 시카고" 개념을 드는데 이는 미국 내 남미 이주자가 주요 인구 집단으로 존재한다는 사실과 연관이 있다. 미국-멕시코 이주를 설명하는 기존의 시각이 "라틴아메리카를 '미국 외부에 있는 것'으로 보고 동화를 이주의 논리적이고 바람직한 결과로 본다"면, 드 제노바는 "멕시칸 시카고의 '멕시코'스러움이 멕시코의 전방이자 연장으로서 미국이라는 국민국가의 공간의 분열을 의미하며 진정으로 새롭고 근본적으로 다른 사회적 형성의 가능성을 형성한다"고 주장한다.[9]

스티븐은 국경횡단 공동체 개념을 통해 송출국과 수용국 정부가 이민자들의 일상과 정체성 형성에 미치는 영향을 탈중심화하고 재개념화하자고 제안하기도 한다. 이런 점에서 영화 속에서 리틀 콜롬비아는 일종의 국경횡단 공동체라고 봐도 무방할 것이다. 리틀 콜롬비아는 콜롬비아의 일부를 뉴욕에 옮겨놓은 것 같고 미국과 콜롬비아 정부나 지배집단의 영향권에 전적으로 놓여 있지는 않다. 여기서는 에스파냐어가 들리고 이 공동체에 거주하는 이들은 콜롬비아와 혈연적으로나 문화적으로 긴밀히 연결되어 있다. 영화 속에서 돈 페르노는 미국 경찰의 협조 아래 루시의 시신과 갱의 행방을 찾아낸다. 마스턴에 따르면, 돈 페르노의 모델인 토본은 처음에 미국 정부기관의 의심을 받았지만 이후에 콜롬비아인과 관련한 범죄 사건이 발생하면 기관에서 그에게 먼저 연락하는 관계가 되었다고 한다.[10] 미국의 이민 당국 및 기타 정부기관은 리틀 콜롬비아의 대표격인 토본과 긴밀히 협조하며 이 공동체에서 일어나는 범죄행위를 관리하고 있는 것이다. 리틀 콜롬비아와 주민들은 사실상 자치 공동체를 운영하고 있으며 여기서 미국과 콜롬비아 정부의 역할은 주변적이다.

영화 후반부와 결말은 자신이 처한 상황에서 최선의 길을 모색하려는 마리아의 결단이 이끌어간다. 돈 페르노의 사무실에 처음 들르던 날 칼라의 집으로 돌아가던 길에 마리아는 여성 클리닉을 보고 검사를 받는다. 낯설 줄만 알았던 뉴욕에서 마리아는 고국에서는 누리지 못했던 모성 보호의 혜택을 발견하게 된다. 마약 운반이라는 물리적이고 정신적인 위험을 겪었지만 초음파로 태아가 무사한 것을 확인하고 마리아는 환하게 웃는다. 마리아는 다음 진단 약속을 정해놓는다. 한편 칼라의 집에 와보니 달리 갈 곳이 없어진 블랑카가 마리아를 기다리고 있다. 블랑카까지 루시 친구라고 하며 숙박을 요청하자 칼라는 점점 마리아를 의심하게 된다. 돈 페르노는 경찰로부터 젊은 여성의 사체 사진을 받고 마리아에게 보여준다. 마리아는 사진 속의 그녀가 루시임을 확인해준다. 루시를 콜롬비아의 가족에게 돌려보내려면 2500달러가 필요하다. 이제 마리아는 갱들과 거래하기로 결심한다. 마리아가 돈 페르노를 만난 사실을 이미 알고 있는지 갱들은 마리아와 블랑카에게 엄포만 놓다가 결국 그들 몫의 현금을 넘겨준다. 마리아는 루시에게 제대로 된 장례를 치러주고 유가족에게 돈을 주어야 한다면서 갱들에게 루시의 몫도 요구한다. 경찰에게 연락하겠다는 마리아의 협박에 갱들은 코웃음을 치며 떠난다. 장례회관에서 칼라를 만난 마리아는 미리 말하지 못해 미안하다고 사과하고 칼라는 싸늘한 시체로 돌아온 여동생 앞에서 오열한다. 마리아는 루시를 콜롬비아로 보낼 비용을 자신이 치른다. 콜롬비아로 돌아가기 위해 블랑카와 공항으로 가던 중 마리아는 다음 날이 산부인과 진찰일이라는 것을 떠올린다. 출국장으로 들어가려고 줄을 서 있던 마리아는 갑자기 줄에서 이탈해 먼저 탑승

게이트로 가고 있는 블랑카를 부른다. 블랑카는 마리아를 잠시 응시하다 갈 길을 가고 마리아도 등을 돌려 제 갈 길을 간다.

영화에 반영된 콜롬비아와 뉴욕 콜롬비아 이민자 공동체의 현실

2004년에 나온 이 영화는 남미의 빈곤과 폭력으로 인해 마약노새가 되기로 결심한 십대들의 실상을 선정적이지 않고 사실적으로 그려냈다는 이유로 대중의 환영과 평단의 호평을 받았다. 마스턴에 따르면, 콜롬비아 상영 당시 청중은 십대 마약노새에 관해 상세한 내용을 새롭게 접해 흥미로워했으며 그의 영화 덕에 마약노새로 돈을 벌어보려던 한 십대가 생각을 접었다고도 한다.[11] 〈기품 있는 마리아〉의 많은 미덕 중 하나는 투철하고 성실한 리얼리즘이다. 콜롬비아인들과 뉴욕 퀸즈의 콜롬비아 공동체가 사실상 주인공인 이 영화에 사실성을 부여하기 위해 감독 마스턴은 콜롬비아 현지인들과 뉴욕의 콜롬비아 이민자들 중에서 배우를 선발하고 에스파냐어 각본과 콜롬비아 현지 촬영을 고집했다. 마스턴에 따르면 HBO가 제작에 참여하기 전까지 이 영화는 에스파냐어 영화라는 이유로 미국 내에서 제작자를 찾는 데 난항을 겪었고 제작만 4~5년이 걸렸다.

출연진의 언어, 민족 정체성이 캐릭터와 일치한다는 점만으로 영화의 진실성이 보장되지는 않는다. 마스턴의 각본에는 수년간에 걸친 현지 조사를 통해 축적한 콜롬비아의 사회적 현실들이 반영되어 있다. 그는 미국인이자, 에스파냐어가 모국어가 아닌 감독으로서 콜롬비아의 현실을 재현하는 데 한계가 있다고 생각하여 배우들의 실제 경험과 콜롬비아식 에스파냐어를 각본에 녹아나게 했다. 마스턴은 배우들 덕분에 자신의 각본과 캐릭터가 더 풍부해지고 사실성이 깊어졌다고 평가한다.[12] 이 영화에서 가장 눈에 띄는 것은 주연배우인 카탈리나 산디노 모레노(Catalina Sandino Moreno)의 연기이다. 콜롬비아에서 연기 지망생이던 모레노에게 이 영화는 데뷔작이다. 마스턴은 마리아를 찾기 위해 800명을 인터뷰했다. 모레노를 만나기 전까지 마스턴은 "17세 콜롬비아 소녀의 머릿속에 들어갈" 수 있을지 늘 회의적이었다고 고백한다. 마리아를 찾기 위해 실제로 콜롬비아의 작은 마을에서 십대들을 직접 만나보면서도 마스턴은 확신이 없었다고 한다. 모레노를 만나고 나서야 마스턴은 "그녀라면 내가 개인적으로 이해할 수 없을 것들을 모두 채워줄" 거라고 생각했다.[13]

모레노의 마리아 연기의 설득력을 필자의 부족한 언어로 표현하기란 요령부득이다. 마스턴과 모레노가 함께 만들어낸 마리아는 상식, 사실성, 솔직함과 진정성을 체화한 인물이다. 모레노의 연기가 가장 빛나는 장면 중 하나는 공항에서 취조당하는 신이다. 어떻게든 위기를 넘겨야 하는 절박함에서 마리아는 사실처럼 들리는 거짓말을 하고 보안 경비대원들도 이를 의심하지만 그녀의 일관되고 솔직한 태도와 표정에 어쩔 도리가 없다. 영화평론가 로저 에버트의 지적처럼 마리아는 "급박하게 돌아가는 세상을 있는 그대로 발견하고 살아남기 위해 상식을 활용하는" 인물이다.[14] 이 연기로 모레노는 데뷔작으로 아카데미 여우주연상 후보로 지명되었고 베를린영화제를 포함한 여러 국제 영화제에서 여우주연상을 수상했다.

서두에서 언급했듯이 〈기품 있는 마리아〉는 마리아와 친구들을 마약 밀매와 폭력의 희생자나 아메리칸드림의 추종자로 단순하게 그리지 않는다. 이들의 행동을 결정하는 요소라면 폭력적 상황에 연루된 순간에도 자기 자신, 가족, 그리고 친구들이 함께 생존해갈 방법을 모색하려는 순간적이고 현실적인 선택들일 것이다. 마리아는 돈 때문이라기보단 가난한 가족의 현실과 태어날 아기의 미래를 위해 위험한 선택을 한다. 그녀가 결국 미국에 남는 이유는 아이를 생각하여 더 나은 선택일 수도 있기 때문이다. 마리아와 대화하던 중 칼라는 콜롬비아의 가족이 그립긴 하지만 거기서 자기 아이를 기르는 것은 상상할 수 없고 태어날 아이가 미국에서 더 많은 기회를 가질 수 있을 거라고 말한다. 미래의 어머니로서 칼라와 마리아 모두 아이가 자신들보다는 나은 환경에서 자라길 바랄 뿐이다.

아동 및 청소년 이주의 과거와 현재

2000년대 초반에 기획된 〈기품 있는 마리아〉가 다루는 범죄 및 폭력과 연관된 남미 십대의 단독 이주는 일시적이거나 간헐적인 현상이 아니다. 최근 몇 년간 미국 남서부와 멕시코 및 중남미 3개국(과테말라, 온두라스, 엘살바도르)의 접경 지역에서 어른을 동반하지 않고 홀로 미국으로 들어오는 어린 십대들의 수가 해마다 증가하고 있다. 중남미 십대 이주자들에 대한 추적 보도에 따르면, 이들이 단독 이주를 결심한 주요 동기는 가난으로 인해 자녀를 돌볼 수 없는 부모들의 형편과 지역사회의 극심한 폭력이라고 한다. 저널리스트 이안 고든이 만난 과테말라에서 온 한 소년은 마약중독자 아버지와 무심한 어머니 사이에서 학교는 가보지도 못한 채 강도, 총격 등 다양한 거리의 폭력에 노출되어 살고 있었다고 한다. 그는 동성애자라는 이유로 더욱 위협의 표적이 되었다고 한다. 이 소년은 고든에게 "난 아메리칸드림을 찾아다닌 것이 아니라 그저 멀리 도망치고 싶었다"고 말했다.[15]

이민 제한을 주장하는 정치인들은 중남미의 십대 이주자들을 불법 이민 추방 대상으로 몰아붙이는 반면, 오바마 행정부와 남서부의 지역사회 공동체에서는 이들이 일단 어린이로서 보호받을 권리가 있다고 보고 보호 및 수용 시설을 설립하는 데 연방정부의 기금을 투입하고 있다. 라틴 아메리카로부터의 불법 이민 규제를 주장하는 정치인들의 입장에서 보자면, 영화 속의 마리아는 미국 시민이 될 아이—이민 제한론자들은 특히 남미 출신 비시민 어머니를 둔, 미국에서 태어난 아이를 "닻 내리기용 아이(anchor baby)"라고 경멸적으로 부른다—를 낳아 미국에 정착하려는 불법이민자일 뿐이다. 이민 규제를 지지하는 이민 정책 연구자들이나 입안자들이 소위 불법 이민의 문제를 논의하는 방식에서 불법 이주를 시도할 수밖에 없는 어린 이민자들을 인도적 차원에서 살피는 경우는 찾아보기 어렵다. 사실 아동 단독 이주의 역사는 100년 이상 거슬러 올라간다. 19세기 후반과 20세기 초반에 아일랜드, 남동 유럽에서 미국으로 들어오는 관문인 엘리스 아일랜드에 홀로 도착했던 아동들이 있었고 미국 정부는 이들을 추방하지 않고 지역사회나 개별 이민자 공동체에서 수용하게 했다고 한다.[16] 과거의 남동 유럽 아동 이주자들은 미국에서 새로운 삶을 시작하고 미국 내 유럽계 에스닉 집단의 구성원이 되어 미국과 유럽 사이의 초국적 이주의 역사를 형성하는 주도적 역할을 했다. 마찬가지로 영화 속의 마리아와 같은 남미의 십대 이주자들은 뉴욕의 리틀 콜롬비아와 같은 라티노 공동체에서 이전과는 다른 운명을 개척하고 미국과 남미 사이의 국경횡단 공동체의 형성이라는 새로운 현상에 참여하고 있다.

부록

관련 연표: 미국의 라틴아메리카 이민 정책

1921년 미국 의회에서 국적에 따라 차별적으로 이민 할당을 규정한 이민 할당법을 처음 도입하다. 서반구(라틴아메리카 국가들)의 경우 이민 할당법의 적용을 받지 않는다.

1924년 두 번째 국적별 이민할당법이 통과되다. 서반구는 여전히 이민할당법의 적용에서 면제되다.

1942년 멕시코 노동자의 한시적 계약 노동이주 프로그램(the bracero program)을 미국과 멕시코 정부가 수립하다.

1954년 미국 이민국의 지휘 아래 "멕시코인 불법이주자 작전(Operation Wetback)"이 실행되어 미국 남서부로부터 100만 명의 멕시코인들이 발견되어 일부가 멕시코로 송환되다.

1965년 국적별 이민할당법이 폐지되고 나라별로 동수의 비자를 발행하는 체제로 전환되다(당시 각 나라마다 1년에 비자 2만 개 발행). 서반구 이민에 처음으로 인원 제한이 설정되다(12만 명). 가족 재결합과 직업 초청 이민이라는 새로운 규정이 동반구(아시아, 아프리카, 유럽, 오스트레일리아) 이민의 경우에는 적용되었으나 서반구 이민에는 적용되지 않다.

1986년 이민 개혁과 통제를 위한 법이 통과되어 합법적으로 미국에 거주하지 않던 외국인들에 대한 사면 정책을 실시하고 이들의 지위를 합법화할 기회를 제공하다.

1990년 이민법 개정으로 1992년부터 연간 이민 인원이 기존의 50만 명에서 70만 명으로 상향 조정되다. 국경 강화를 위해 국경순찰 인력 교육 지원이 증가하다. 불법체류자의 고용주에 대한 처벌이 강화되다. 사면 정책으로 줄어들었던 불법체류자 수가 다시 증가하다.

2001년 일명 "드림 액트", 즉 "외국인 미성년자를 위한 발전, 구제 및 교육을 위한 법(the Development, Relief, and Education for Alien Minors Act, the DREAM Act)"이 처음 제안되다.

2007~2011년 "드림 액트" 수정안 및 개정안들이 제안되나 의회를 통과하지 못하다.

2012년 오바마 대통령이 외국인 미성년자를 위한 발전, 구제 및 교육을 위한 법안에 의해 구제되는 외국인들(즉 아동으로서 부모를 따라 미국에 들어온 사람들)의 추방 중단을 선언하다. 텍사스, 캘리포니아 등 12개 주에서 주 차원의 "드림 액트"를 통과시키다.

2013~2014년 멕시코 및 중남미로부터 어른을 동반하지 않은 아동이 미국 국경을 넘는 일이 급증하다.

개념어 설명

국경횡단 공동체(transborder communities) 20세기 중반 이후 이민과 이주로 형성된 공동체를 가리킨다. 이 개념은 이민과 이주를 국민국가들 사이의 지리적 경계를 넘어서는 행위로 단순화하기보다는 역사적으로 형성된 다양한 의미의 경계들, 즉 민족·인종·문화·식민·지역의 경계들을 넘나드는 행위라는 점을 부각시킨다. 주로 미국 안에 존재하는 라티노(라틴아메리카계) 이주자 공동체의 성격을 표현하는 용어로 인류학이나 사회학에서 주로 사용한다.

더 읽을거리

김연진, "멕시코계 미국인과 인종적 정체성, 그리고 딜레마", 《미국사 연구》 제38집(2013. 11).

로버트 N. 그윈·끄리스또발 까이, 《변화하는 라틴아메리카: 세계화의 근대성》, 박구병 옮김(창비, 2012).

서울대 라틴아메리카연구소 엮음, 《라틴아메리카의 전환: 변화와 갈등》(상)(한울, 2012).

서울대 라틴아메리카연구소 엮음, 《라틴아메리카의 전환: 변화와 갈등》(하)(한울, 2012).

서울대 라틴아메리카연구소 엮음, 《라틴아메리카의 형성: 교환과 혼종》(상)(한울, 2014).

서울대 라틴아메리카연구소 엮음, 《라틴아메리카의 형성: 교환과 혼종》(하)(한울, 2014).

에릭 허쉬버그·프레드 로젠 외, 《신자유주의 이후의 라틴아메리카》, 김종돈·강혜정 옮김(모티브북, 2008).

임상래, 《라티노와 아메리카: 라티노, 히스패닉, 치카노, 그들은 누구인가?》(이담, 2013).
젠 니퍼스 블랙, 《라틴아메리카: 문제와 전망》, 중남미지역원 번역팀 옮김(이담, 2012).

주

1. Rebecca Murray, "Interview with Joshua Marston", About.com Guide, http://movies.about.com/od/mariafullofgrace/a/maria070704_3.htm.(2014년 8월 17일 검색)
2. Caroline B. Brettell, "Gender, Family, and Migration", Marc R. Rosenblum and Daniel J. Tichenor, eds., *The Oxford Handbook of the Politics of International Migration*(Oxford: Oxford University Press, 2012), pp. 478~508.
3. 범죄와 테러리즘을 이민의 요소로 연결짓는 종합적 논의에 관해서는 다음을 참고하라. Rey Koslowski, "Immigration, Crime, and Terrorism", Marc R. Rosenblum and Daniel J. Tichenor, eds., *The Oxford Handbook of the Politics of International Migration*(Oxford: Oxford University Press, 2012), pp. 511~531.
4. Rebecca Murray, Interview with Joshua Marston.
5. Lynn Stephen, "Conceptualizing Transborder Communities", Marc R. Rosenblum and Daniel J. Tichenor, eds., *The Oxford Handbook of the Politics of International Migration*(Oxford: Oxford University Press, 2012), pp. 456~477.
6. Ibid., p. 456.
7. Ibid., p. 460.
8. Ibid., p. 460.
9. Nicolas De Genova, *Working the Boundaries: Race, Space, and "Illegality" in Mexican Chicago*(Durham, N.C.: Duke University Press, 2005), p. 190, quoted in Lynn Stephen, "Conceptualizing Transborder Communities", p. 460.
10. Rebecca Murray, Interview with Joshua Marston.
11. Ibid.
12. Ibid.
13. Ibid.
14. Roger Ebert, Maria Full of Grace, July 30, 2004. http://www.rogerebert.com/reviews/maria-full-of-grace-2004.(2013년 8월 17일 검색)
15. Ian Gordon, "70,000 Kids Will Show Up Alone at Our Border This Year. What Happens to Them?", *Mother Jones*, July/August 2014, http://www.

motherjones.com/politics/2014/06/child-migrants-surge-unaccompanied-central-america.(2014년 8월 2일 검색)

16. Tasneem Raja, "Child Migrants have Been Coming to America Alone Since Ellis Island," *Mother Jones*, Fri., Jul. 18, 2014. http://www.motherjones.com/politics/2014/07/child-migrant-ellis-island-history.(2014년 8월 2일 검색)

〈칠판〉

낡은 칠판에 맡겨진 쿠르드족의 미래

11

남옥정

경계 위를 떠도는 민족, 쿠르드

영화 〈칠판(Takhté siah)〉은 1980년부터 8년간 지속되었던 이란-이라크 전쟁으로 인해 고향을 떠나 피난길에 오른 이라크와 이란의 경계에서 방황하는 자들에 대한 이야기다. 영화는 깊은 산맥 아래 좁고 험준한 길이 맞닿은 곳에서 10여 명의 무리들이 나타나며 시작된다. 칠판을 둘러멘 괴상한 무리는 바로 교사들이다. 그들은 전쟁 통에 학교가 폐쇄되어 더 이상 학생들이 찾아오지 않자, 장돌뱅이가 봇짐을 지고 행상을 하듯 칠판 하나 등에 지고 직접 배움의 뜻이 있는 학생들을 찾아 나섰다. 그중 두 명의 교사가 무리에서 떨어져 나와 각자의 길을 나서며 이야기는 본격적으로 시작된다.

교사 리부아르는 험한 산길을 넘어 불법 밀수품을 실어 나르는 '노새' 일을 하는 어린 소년들과 우연히 만난다. 오랜만에 취학 연령의 어린이들을 만나 반가운 나머지 읽고 쓸 수 있는 방법을 가르쳐주겠다며 어린 무리를 좇아간다. 그렇지만 학교라곤 다녀본 적 없는 아이들에게 그의 존재는 달갑지만은 않다.

또 다른 교사 사이드는 고향인 이라크로 돌아가고 싶어 하는 노인들로 이루어진 피난 행렬과 조우한다. 쇠약한 노인들은 호두 40알을 대가로 젊은 청년 사이드에게 고향으로 돌아가는 길을 안내해달라고 청한다. 사이드는 이들을 인도하는 중 피난 행렬에 속해 있던 어린아이를 돌보는 한 여인과 운명적으로 스쳐가게 되었는데 결국 갑작스레 혼인을 하게 된다. 가진 것은 칠판뿐인 사이드는 전 재산인 칠판을 지참금으로 주기로 하고 백년가약을 맺는다. 하지만 저 멀리 안개가 걷히며 고향이 보이자 사이드와 새 신부는 이혼을 하고 각자의 길을 떠난다.

영화 속 피난민들은 바로 세계 최대의 소수민족으로 일컬어지는 쿠르드인들이다. 그들은 인도-유럽어족에 속하는 아리안족이 세운 메데스 왕조의 후손들로 알려져 있다. 그렇지만 역사는 정복자들에 의한 기록이라고 했던가? 쿠르드족에 대한 역사적 기록은 좀처럼 찾기 어렵다.[1] 그들은 정복자들의 패권 다툼 속에서 어떤 때는 중요한 지역 변수로서, 어떤 때는 참혹한 억압의 대상으로 존재해왔다. 터키, 시리아, 이란, 이라크, 아제르바이잔 등지에 흩어져 사는 쿠르드족은 7세기 이슬람을 받아들인 후 아랍인과 터키인 등 타 민족의 지배를 받아왔다. 제1차 세계대전이 끝나고 오스만제국이 해체되는 과정에서 쿠르드족은 우드로 윌슨의 민족자결주의에 고무되어 쿠르드 역사상 최초로 독립국가 수립을 꿈꾸게 되었다. 영국, 프랑스, 이탈리아는 세브르 조약으로 쿠르드의 독립을 약속했지만, 신생국가 터키와 영국의 주도하에 맺어진 로잔 조약에서 해당 조항이 삭제되며 터키, 이라크, 이란, 시리아 등지로 분할 흡수된다. 그리하여 세계 최대의 나라 없는 소수민족이 되고 말았다. 현재 전 세계적으로 약 3000만 명으로 추산되는 쿠르드인들은 통일된 국가를 '쿠르디스탄(Kurdistan)', 즉 쿠르드인의 나라라고 부른다.[2] 쿠르디스탄은 터키, 시리아, 이라크, 이란을 아우르는 쿠르드인 밀집 지역에 민족적, 정치적, 지리적 통일을 이루고 자신들의 국가 수립을 염원하는 이들이 설정한 가상의 국경이다. 쿠르드 지역을 방문하면 어느 곳에서든 쿠르디스탄이 그려진 지도를 볼 수 있으며, 그들은 자신의 국적을 쿠르디스탄이라고 소개한다. 그들의 마음은 보이지 않는 경계 위에 떠돌고 있는 것이다.

노인의 낡은 편지와 쿠르드어

사이드가 홀로 길을 나선 뒤 한 마을에 당도한다. 마을 사람들은 낯선 이를 경계한다. 창문으로 타인을 염탐할 뿐 누구 하나 분명히 먼 길을 왔을 방랑객에게 물 한잔 권하는 이가 없다. 환대를 큰 명예로 삼는 베두인의 전통과는 거리가 먼 행동들이다.[3] 8년간 지속된 전쟁이 그들의 심성마저 냉정하게 바꾸었는지도 모른다고 생각할 즈음, 황무지 밭에서 일군 낱알을 고르고 있는 한 노인이 보인다. 사이드는 글을 배울 만한 어린 학생이 있느냐고 노인에게 묻는다. 그러자 노인은 대답 대신 무작정 낡은 편지 한 통을 들이밀며 읽어달라고 요청한다. 사이드는 가던 길을 멈추고 불친절하기 짝이 없는 마을의 노인에게 호의를 베푼다. 이라크로 일하러 떠난 아들의 생사를 궁금해하던 노인의 목마름을 해소해준 것이다. 아랍어를 모르는 사이드는 띄엄띄엄 의미를 해독해 서로를 그리워하는 노인과 아들을 이어준다.

그런데 왜 노인의 아들이 보낸 편지는 아랍어로 되어 있었을까? 우선 쿠르드어와 아랍어는 다른 언어다. 문자는 아랍어 알파벳을 사용하지만 아랍어는 셈어 계통의 언어이고, 쿠르드어는 인도-유럽어족에 속한다. 그래서 같은 인도-유럽어족에 속하는 페르시아어와 비슷한 점이 많다. 그러나 페르시아어가 그러하듯이 같은 문화권에서 함께 영위하던 역사로 인하여 많은 단어들이 일치한다. 그렇기 때문에 사이드는 아랍어를 정확히 알지는 못하지만 아랍어로 된 편지를 대략 이해할 수 있었다. 이것이 편지가 아랍어로 쓰인 이유일지 모른다. 쿠르드족은 약 1400년간 동일한 문화권인 이슬람 세계에 편입되어 있었다. 쿠르드족과 이라크의 아랍족, 이란의 페르시아족은 동질의 문화를 영위해왔지만 한편으로는 구별되는 독특한 문화를 지켜왔고, 서로를 잘 알고는 있지만 정확히 이해하기 위해서는 마치 사이드가 편지를 이해하려고 그랬던 것처럼 서로 노력하고 집중해야 한다.

또 다른 차원에서 아들은 이라크에서 일을 하며, 차별과 편견을 피하기 위해 쿠르드족이란 사실을 감추고 아랍인 행세를 해왔을지도 모른다. 그래서 아랍어로 편지를 보냈을 것이다. 그렇지만 쿠르드족에게 글이란 단순한 소통 수단 이상의 의미가 있다. 여러 국가에 산재된 자신들의 정체성을 하나로 통일하고 민족의 문화와 염원을 이어나가는 중요한 매개체인 것이다. 글을 잃는다는 것은 곧 마음속에 존재하는 조국 쿠르디스탄이 사라지는 것을 의미한다.

쿠르드어는 북부 케르만지어, 소라니어, 파흘라와니어, 구라니어, 이상 4개의 방언군으로 나뉜다. 이 중 케르만지어와 소라니어가 많이 사용하는 언어다. 소라니어는 이라크 북부 지역에서 주로 사용하며 북부 케르만지어는 이라크와 이란 접경 지대에서 사용하는 대표적인 쿠르드어이다. 그러나 표준 쿠르드어는 없다. 왜냐하면 쿠르드어 방언의 분류 기준과 학명이 없을 뿐만 아니라 표준 쿠르드어를 정비할 국가 기구도 없기 때문이다. 예를 들어 필자가 쿠르드 지인에게 확인한 바에 따르면 영화 제목 "타크테 시아(Takhté siah)"는 이라크 쿠르드어로는 "타크타 라쉬(Takhta Rash)"라고 한다. 분할된 쿠르드족이 강제로 종속된 신생 국가들은 내부 분열을 막고 민족주의를 통해 국가 수립을 확고히 하게 위해 쿠르드족의 언어를 몰살하고 그들의 문화를 주류 사회에 동화시키려는 억압 정치를 주로 펼쳤다. 그렇기 때문에 쿠르드어를 유지한다는 것은 생존과 직결된 중대한 사안이었다. 쿠르드족이 산재된 국가별로 쿠르드인과 쿠르드어의 처우를 보자면 다음과 같다.

터키에는 약 1400만 명의 쿠르드인이 존재한다. 터키 인구의 20퍼센트를 차지하는 큰 집단이다. 터키는 세속주의에 바탕을 둔 무스타파 케말 대통령의 정교분리 정책과 서구화 정책을 추진해 전통 사회구조를 유지하려는 쿠르드족과 대립했다. 터키 당국은 1924년 쿠르드어 사용과 교육을 엄격히 금지했다. 집을 제외하고는 저술, 출판, 방송에서 쿠르드어는 사용할 수 없었다. 그러나 유럽연합 가입을 위한 협상을 하고 있는 시점에서 터키 내 쿠르드족의 인권 문제가 제기되었다. ECRI(The European Commission Against Racism and Intolerance)가 보고한 쿠르드족의 현실은 이러하다. "쿠르드어를 공공장소에서 사용하면 검찰에 기소되며, 쿠르드족을 비롯한 소수집단의 이익을 방어할 공개 재판 역시 형법에 의해 검찰에 의해 진행된다."(2010년 4월) 터키 〈라디칼(Radikal)〉지의 보도에 따르면 실제로 민주국민당(DEHAP) 레쉬트 야르듬즈 의원은 2003년 터키 우르파에서 열린 정당 연설회 중 쿠르드어로 인사를 건넨 죄목으로 6개월 실형과 1640리라(약 130만원)의 벌금형을 받았다. IHRLG(The International Huaman Rights Law Group)는 "터키 내 쿠르드족 문제와 관련된 헌법 조항은 아파르트헤이트법과 매우 유사하다"며 사안의 심각성을 보고했다. 터키는 쿠르드족의 인종적, 정체성을 인정하지 않고 그들을 통틀어 '산악 터키인'이라고 불렀다. 그리고 생활기반을 뒤흔들고 통합을 방해하기 위해 쿠르드인들을 아나톨리아 지역으로 강제 이주하는 정책을 실행했다.[4]

이란에는 약 600만 명의 쿠르드인이 산다. 이란의 경우 전체 쿠르드족 가운데 유일하게 독립국가를 수립한 경험이 있다. 1946년 잠시 동안 마하바드공화국을 수립했지만 이내 사라졌다. 1920~1930년대 쿠르드족이 중앙집권 체제에 반란을 일으키자 레자 샤는 쿠르드족을 비롯한 소수민족의 인종적 정체성과 문화 말살 정책을 추진했다. 특히 쿠르드족이 이란과 인종, 언어, 문화적으로 한 뿌리라는 점을 근거로 그들을 '순수 이란인'이라 부르고 종족 구분 없이 페르시아 문화권에 동화될 것을 요구했다. 1940년 라디오 방송, 교육 자료, 출판물, 대중 연설 등 모든 공적 부문에서 쿠르드어 사용을 금지하고 이란어만을 사용하도록 했다. 또한 쿠르드족 전통 복장을 금지했다. 팔레비 정권의 붕괴와 이란 이슬람혁명의 성공으로 이란 쿠르드족은 자치권을 얻으리라는 희망에 부풀었지만, 아야톨라 호메이니는 자치권 요구를 수용할 수 없다고 선언했다. 그리고 이란의 쿠르드 여성들에게 전통 복장을 버리고 차도르를 입도록 강제했다.

이라크의 경우, 전체 인구의 20퍼센트를 차지하는 약 410만 명의 쿠르드인이 산다. 2003년 미국의 이라크 침공 이후 여러 나라에 흩어져 있는 쿠르드족들 중 처우가 가장 개선되었다. 그렇지만 지금의 정치적 지위를 인정받기까지 수십 년간 핍박을 견뎌왔다. 정권이 교체될 때마다 채찍과 당근 정책으로 수모를 겪던 쿠르드족은 사담 후세인 정권이 들어선 후 강경일변도의 쿠르드 정책으로 더욱 모진 고초를 겪는다. 특히 후세인은 이라크 전체 석유 매장량의 20퍼센트를 차지하고 있는, 쿠르드족이 다수 거주하고 있는 키르쿠크의 인구 비율을 바꾸기 위해 바그다드와 남부 아랍인들을 대거 이주시키는 '아랍화' 정책을 추진했다. 이로 인해 수천 명의 쿠르드인이 집을 잃고 고향에서 추방당했다. 또한 후세인 정권은 쿠르드족 담당 부처를 없애고 정부 내 친쿠르드 인사를 숙청하고, 국정 교과서에서 쿠르드 역사와 지리를 삭제하는 등 이라크 내 쿠르드족을 말살하는 정책을 진행했다. 1988년에는 화학무기 공격으로 쿠르드 주민을 대량 학살했다. 1988년 쿠르드 자치주인 술레이마니아의 할랍자(Halabja) 마을에 자행된 사린가스 공격으로 10만 명의 쿠르드인이 사망하기도 했다.

걸프전 이후 이라크 쿠르드족은 국제사회의 도움으로 일부 자치를 허용 받았다. 그들은 쿠르드 공동체 내 '아랍색'을 지우기 위해 그동안 사용하던 아랍어 교과서를 점차 쿠르드어 교과서로 바꾸려 노력하고 라디오 및 텔레비전 방송에서 쿠르드어를 사용하기 시작했다. 그 결과 1990년대 이후 출생한 젊은 쿠르드인들은 아랍어를 잘 구사하지 못하지만 교과과정에서 아랍어를 선택해 배울 수 있으며, 대학 교재는 다수가 아랍어 교재이므로 고등교육을 받은 쿠르드인은 아랍어를 쓰는 이중언어 구사자(bilingual)들이다. 그렇지만 사석이나 공석에서 아랍어를 쓰지 않으려고 노력한다. 한편, 2003년 이라크 전쟁 이후, 근대 이라크 역사상 비아랍인으로는 최초로 이라크 대통령을 현재까지 두 명 배출했다. 2005년 이라크 신헌법은 국가 명칭을 '이라크쿠르디스탄공화국'으로, 공식 언어를 아랍어와 쿠르드어로 명기했다.[5]

시리아의 쿠르드인은 전체 시리아 인구의 약 10퍼센트로 시리아 내 최대의 소수민족이다. 시리아의 쿠르드인은 터키와 이라크 국경을 접한 북동부 하사카(al-Hasakah) 주에 밀집하여 거주한다. 이 지역의 주요 도시는 카미쉴리, 하사카 그리고 최근 IS가 진격한 터키 국경과 매우 가까운 코바니가 있다. 시리아 내 쿠르드족 역시 여타 국가의 쿠르드족과 마찬가지 방식으로 정부에 의해 억압과 차별을 당해왔다. 특히 1962년 시리아 정부는 인구조사에서 당시 전체 시리아 쿠르드인의 20퍼센트에 달하는 10만 명의 쿠르드인에게 시민권을 부여하지 않고 외국인으로 등록했다. 그들이 시리아 시민이 아닌 터키에서 불법으로 월경했다는 이유를 들었다. 현재 시민으로 인정받지 못한 나라 없는 쿠르드인은 20만~30만 명에 달하며 그들은 선거권, 교육권, 여행의 자유를 박탈당했다. 시리아의 쿠르드족은 공식적으로 쿠르드어의 사용이 금지되어 있으며, 쿠르드어 이름조차 등록을 거부당한다. 그러므로 아랍어 이름 없이는 사업도 구직도 할 수 없다. 그뿐만 아니라 쿠르드어로 된 교과서, 교재, 쿠르드어를 사용하는 사립학교 건립도 허가하지 않는다. 시리아 쿠르드족 역시 이라크 쿠르드 자치정부처럼 정치적 자치를 누리거나 아예 독립해 쿠르디스탄의 일부가 되고자 한다. 그래서 자신들의 거주 지역을 '서부 쿠르디스탄'이라고 부른다. 시리아 내전 이후 쿠르드 지역에 정치 공백 상태가 지속되자 이라크 쿠르드 자치정부 수립 과정에 고무되어 2003년 설립된 시리아 쿠르드족의 대표적 정치 세력인 쿠르드민주동맹(PYD)은 북부에서 자치를 획득하기 위해 노력하고 있다.[6]

지식이 곧 힘! 학생이 안 온다면 우리가 찾아간다

낡은 칠판을 둘러멘 남성들의 무리는 직접 신분을 밝히기 전에는 교사라고 짐작하기 어려운 모습이다. 그들이 피난길에 챙긴 것이라곤 달랑 칠판

하나이다. 성인 남성의 키만 한 큰 칠판을 메고 피난길에 나서다니, 처음에는 쉽사리 납득이 가지 않는다. 또한 목숨이 위태로워 보이는 벼랑 끝에서 길을 막고 만나는 사람들마다 글을 배울 생각이 없느냐고 묻고 설득하는 모습은 더더욱 그러하다. 하지만 칠판의 용도를 알고 나면 이거야말로 피난길의 필수 아이템임을 깨닫게 된다.

첫째, 칠판은 가르침을 생계로 삼은 교사들의 생존 수단이다. 장기간의 전쟁으로 집도 고향도 잃고 떠도는 이들이지만 머릿속에 있는 지식은 결코 빼앗지 못하는 중요한 자산이며, 칠판은 미래를 약속하는 교육 수단이다.

둘째, 다친 다리를 지탱하는 부목이 된다. 험준한 산을 오르내리며 물건을 실어 나르는 노역을 하는 아이들에게 두 다리는 무엇보다 중요하다. 칠판은 나뭇가지 하나 구하기 어려운 돌무지 산에서 다리를 접질린 아이에게 생명의 지탱목이 되어준다.

셋째, 위장막이다. 나무가 자라지 않는 회색빛 돌무지 사막에서 진흙을 바른 칠판은 위험한 상황에서 몸을 숨길 수 있도록 도와준다.

넷째, 방탄막이다. 국경수비대를 피해가던 피난 행렬은 갑작스러운 공격을 받게 된다. 이때도 칠판은 사방에서 날아드는 총알과 파편들로부터 생명을 보호해주는 방패막이가 되어준다.

다섯째, 응급구조차이다. 나이가 많은 데다 스트레스로 인해 소변을 보지 못하는 노인이 쓰러질 위기에 처할 때 칠판은 병든 이를 실어 나르는 들것으로 사용된다.

여섯째, 결혼의 증표이다. 쿠르드족의 약 97퍼센트는 무슬림이다. 이슬람 문화에서 결혼이 성립되기 위해서는 남성이 여성에게 주는 지참금이 필수 조건이다. 사이드는 결혼을 위해 전 재산인 칠판을 결혼지참금으로

내놓는다.[7]

일곱째, 신혼 방을 꾸며주는 가벽이 되어준다. 지붕도 없는 신혼 방은 세상에서 가장 전망 좋은 방이었을지도 모른다.

여덟째, 사랑을 고백하는 편지지가 된다. 사미르는 글을 가르쳐준다며 새 신부 할랄레에게 계속해서 '사랑합니다'를 읽어보도록 유도한다. 읽을 듯 말 듯한 할랄레의 표정과 행동에 사미르는 애가 닳고, 밀당의 승자는 단연 할랄레임을 이내 깨닫게 된다. 티격태격하는 신혼부부의 모습은 서로 교감이 있어야 가능한 행동이며, 둘의 만남을 그저 즉흥적인 결합으로 치부할 수 없음을 보여준다.

아홉째, 이혼 위자료로 사용된다. 새 신부와 가족이 고향땅에 다다르자 사미르와 할랄레는 결별하게 된다. 사미르와 칠판에 전혀 관심이 없어 보이던 할랄레는 헤어지며 결혼 계약 당시 걸었던 혼납금에 해당하는 칠판을 소중하게 챙긴다. 칠판은 이제 사미르가 아닌 그녀의 등으로 옮겨진다.[8]

그런데 여기에서 가장 궁금한 사실 한 가지, 왜 결혼이라는 설정이 필요했을까? 교사인 사미르는 부인과 사이가 좋지 않아 별거한 상태이다. 하지만 부인이 두고 간 어린 자식을 위해 100여 가옥을 돌아다니며 동냥젖을 배불리 먹이고, 일자리를 찾아 칠판을 둘러메고 어디든지 갈 정도로 생활력이 강한 사람이다. 학생을 찾아 헤매던 중 우연히 마주친 피난 행렬에는 온통 늙은 노인들뿐이다. 그들의 마지막 희망은 고향에서 생을 마치는 것이다. 피난민이 집으로 돌아가는 길은 오줌소태에 걸린 노인의 막혀버린 요도(尿道)처럼 나올 듯 나올 듯 나오지 않는다. 죽음에 가까운 노인들의 마지막 책임은 자신들이 영위했던 전통을 후세에게 물려주는 것인데 그들은 자손들의 삶이 무궁히 이어지기를 바랄 뿐이다. 어린 아들이

한 명 있는 젊은 미망인과 안내자가 된 교사 사미르의 결혼은 그래서 더욱 자연스럽고 당위에 가까운 무엇인지도 모른다.

한편, 리부아르는 벼랑길 끝에서 한 무리의 어린 소년들을 만난다. 이라크와 이란 접경 지역에 있는 험준한 자그로스 산맥을 넘나들며 밀수꾼의 짐을 날라주는 일을 하는 아이들이다. 험준한 자그로스 산맥과 같은 데는 길이 없다. 아니, 나아가는 곳이 곧 길이다. 이 산맥은 국경을 넘는 난민들에게는 피난처와 언제 어디서든 이동할 수 있는 길을 제공한다. 또 짐을 나르는 짐꾼 소년들에게는 국경수비대의 눈을 피하기에 더없이 적절한 곳이다. 수많은 길이 소년들 앞에 놓여 있다. 그렇지만 전쟁 통에 부모를 잃은 고아, 부모 대신 생계를 책임져야 하는 아이들에게 학교를 다니고 선생이 된다는 것은 비현실적인 희망이다. 오히려 돈을 벌수 있는 일을 찾는 쪽이 더 현실적이다. 아이들은 스스로 '노새'가 되는 현실을 택했다. 주로 밀수품을 실어 나르는 탓에 이란 국경수비대를 피하여 더 힘들고 어려운 길을 택해서 산을 넘는 아이들에게 칠판 하나 달랑 메고 빵과 글쓰기를 바꾸자는 선생의 제안은 전혀 와 닿지 않는다. 사람 한 명 지나가면 충분한 길을 칠판으로 가로막은 선생은 그저 소년 노새들의 등에 실린 짐의 무게를 더욱 무겁게 하는 '걸림돌'일 뿐이다. "글을 배우려면 멈추어야 하지만, 우리는 계속 나아가야 해요." 그들에게 멈춤은 죽음을 의미하며 그들은 매 시간 삶과 죽음의 경계를 넘나드는 잔혹한 현실에 맞닥뜨리고 있다. 리부아르와 함께 하는 시간이 길어지자 그제야 하나 둘 곁을 주는 아이들, 그중에도 우연히 리부아르 선생과 이름이 같은 아이가 먼저 이름 쓰는 법에 관심을 기울이며 다른 아이들도 하나둘씩 힘들었던 처지를 담담히 풀어낸다. 아직은 어른들의 보살핌이 필요한 아이들임이 드러난다.

아이들의 순수한 모습은 국경을 넘어가며 양떼들을 만났을 때 더욱 부각된다. 주로 유목과 농경 생활을 하는 쿠르드인답게 목초지를 찾아 이동하던 많은 양들이 아이들의 눈에 띈다. 변변한 요깃거리 하나 없는 객들에게 양은 자신의 젖을 기꺼이 선사하며, 아이들은 목을 축여 갈증을 해소하면 곧바로 다른 아이들에게 젖을 양보한다. 주인이 나타나 지팡이를 휘두를까 마음 졸인 사람은 필자뿐일까? 양떼의 주인 역시 아이들의 배고픔을 이해하여 못 본 척 눈을 감는지 도통 나타나질 않는다. 오직 그들의 휴식을 방해한 것은 밀수꾼이 다니는 길에 잠복해 있던 이란의 국경수비대뿐이다. 마침 나타난 국경수비대는 어린 노새 소년들에게 총을 난사하고, 어쩌면 소년들의 목숨보다 더 값이 나갈지도 모르는 양떼 사이로 총알을 피해 숨자 겨우 공격이 잦아든다.

그런데 중동 영화에 관심이 있는 사람이라면 노새 아이들을 보며 〈취한 말들을 위한 시간〉이라는 영화를 떠올릴 것이다. 이 영화를 연출한 바흐만 고바디 감독은 리부아르 선생을 직접 연기했다. 〈칠판〉보다 한 해 뒤에 발표된 〈취한 말들을 위한 시간〉은 마치 '노새 아이들'을 주인공으로 하여 만들어진 〈칠판〉의 번외판과 같은 영화다. 고바디 감독은 이란 영화계의 거장인 압바스 키아로스타미와 모흐센 마흐말바프 밑에서 조명 연출, 시나리오 작업 및 영화 제작을 익혔고 첫 장편 영화인 〈취한 말들을 위한 시간〉을 제작했다. 이 영화 속의 쿠르드 어린이들의 경우 훨씬 더 열악한 삶의 단편들이 적나라하게 드러난다. 춥고 긴 겨울, 눈으로 막힌 도로는 밀수로 근근이 살아가는 어린이들을 지뢰와 눈으로 막힌 위험한 길로 몰아넣는다. 말들조차 술을 먹여 넘게 해야 하는 힘들고 험난한 여정인데 그것도 모자라 물건을 넘겨준 뒤 운반비를 떼이기 일쑤다. 최소한의 생계조차 허용되지 않는 고달픈 쿠르드 어린이들의 모습을 보면

〈칠판〉의 '노새' 어린이들은 오히려 코믹하게 연출되었다고 느껴질 정도라 희극 속에 숨겨진 비극이 더 가슴 시리게 다가온다.

멈출 것인가, 나아갈 것인가?
여전히 가시지 않는 쿠르드족의 비애

학교라는 장소는 태풍, 쓰나미 같은 자연재해뿐 아니라 전쟁 이후 피해를 복구할 때 맨 먼저 도움의 손길이 닿는 곳이다. 공간적 의미로서 학교는 미래의 인재를 육성하고 희망을 키우는 장소이며, 멈추었던 공동체의 시계를 다시 작동시키는 곳이다. 아이들의 등하교 시간에 맞추어 사람들이 새로운 삶을 꾸리고 모임과 회합을 하는 데 학교만큼 적절한 장소가 없다. 8년간이나 이어진 전쟁의 피해로 쿠르드족은 언제쯤 다시 책상 앞에 앉을 수 있을지 전혀 알 수가 없다. 그런데 노새 소년의 말처럼 글을 배우려면 멈추어야만 하며, 학교는 바로 '멈춤'의 장소이다. 터키-이란-이라크-시리아라는 경계 위에 떠 있는 쿠르드인에게 멈춤이란 민족성을 잃고 해당 국가에 동화되는 것을 의미한다. 하지만 살기 위해서 계속 나아가야 하는 이들에게 칠판은 멈춤의 장소를 역동적인 장소로 전환시키는 매개물로 작용했다. 또한 교육열이 대단히 높은 쿠르드족에게 어려운 상황에서 칠판은 가장 효율적인 미래의 인재 육성 수단이 되었다. 길 위에 떨어진 탄피를 장난감 삼아 놀던 할랄레의 어린 아들이 이제는 칠판에 쿠르드어를 끄적이며 놀게 될 것이다. '노새'를 숙명으로 받아들이던 아이들은 글을 배운다는 '새로운 일거리'를 인지하게 되었고, 자신들을 노새로 부르는 대신 자기 이름을 되찾고 글로 쓰고 싶다는 '희망'을 품을 것이다.

그렇다면 이란-이라크 전쟁이 끝난 지 26년이 지난 오늘, 쿠르드족의 상황은 얼마나 바뀌었을까? 안타깝게도 쿠르드족의 비애는 그칠 새가 없다. 최근에는 시리아와 이라크에 걸친 꽤 넓은 지역에 '이슬람 국가' 수립을 선포한 급진 무장 세력 IS가 터키-시리아 국경 근처 시리아 쿠르드족이 밀집하여 거주하는 알 하사카(al-Hasakah) 주의 중심 도시 코바니를 공격하면서 쿠르드인 11명이 처형되었고, 15만 명이 피난길에 올랐다. 미처 피난을 떠나지 못한 800여 명은 집단 학살될 위기에 내몰렸다. 국제사회는 쿠르드족 계열인 야지디족에 대한 인권 유린과 학살을 자행한 IS에 맞서 시리아 쿠르드족의 위기를 알리고 있지만 터키는 자국 내 쿠르드족의 세력화를 두려워하여 개입을 꺼리며, 이라크 쿠르드족은 터키 국경 봉쇄를 핑계로 시리아 쿠르드족의 지원에 어정쩡한 입장을 보이고 있다. 숱한 세월 배반당하고 좌절해온 쿠르드족의 역사를 다시금 상기하게 되는 현실이다.

한 민족임을 자처하며 쿠르디스탄이라는 국가 건설에 나서고 있지만 독립으로 나아가는 길이 멀게만 보인다. 이유는 무엇일까?

첫째, 쿠르드족은 단일 정권, 단일 행정부를 수립한 적이 없다. 국가 수립과 통치 경험이 없다는 점은 쿠르드족에게 매우 불리하게 작용한다. 로잔 조약으로 민족국가 수립이 물거품이 된 직후부터 쿠르드족은 민족주의를 기반으로 한 결사적인 독립운동을 시작했다. 하지만 이런 노력들은 자국 통치 기반 확립을 위한 강력한 중앙집권화를 밀어붙이고 국가 통일이라는 명분을 내세운 지배 국가의 억압을 받았다. 국경 내 쿠르드 민족운동은 성장할 수 없는 환경에 놓였고, 해외 쿠르드 독립 활동 지원은 내정간섭으로 간주되어 불가능했다. 결국 쿠르드 독립운동은 각개전투나 다름없이 국지적으로 일어났고 독립을 추구할 통합 행정부나 위원회를 구성할 수도 없어 지지부진한 실정이다.

둘째, 타의에 따라 분열된 뒤 다른 민족국가에 오랫동안 속해 있었다. 쿠르드족은 본래 다양한 지역에 널리 분포되어 있었으며 제2차 세계대전 이후 여러 나라에 속해 뿔뿔이 흩어지게 되었다. 각국의 통치 집단은 국가 결속을 위해 쿠르드족에 대한 동화 정책을 추구했고 이에 불응할 경우 폭력으로 응징해왔다. 쿠르드족에게는 각국 내부에서 생존하는 것이 우선순위였으며 쿠르디스탄 독립은 다음 순위였다. 이렇게 70~80년의 시간이 흐르면서 같은 쿠르드족이라고 할지라도 시리아, 터키, 이라크, 이란 각국의 쿠르드족은 국제적 위상이 달라졌다. 이제는 시리아 쿠르드인과 이란 쿠르드인, 이라크 쿠르드인과 터키 쿠르드인으로 갈려 더욱 복잡해진 패러다임 속에서 그들을 바라보아야 한다.

셋째, 국제사회가 쿠르드족의 독립을 원하지 않는다. 로잔 조약으로 영국이 석유가 풍부한 모술 지역을 위임통치 지역에 포함하고 터키는 아나톨리아 반도 내에서 공화국을 수립하도록 하는 합의를 끌어내고 대신 쿠르드 지역의 독립 약속이 물거품이 되었다. 오스만 터키의 한 주였던 모술에 거주하던 대다수의 쿠르드 거주민은 강제로 신생 이라크에 편입되었다. 나머지도 강대국과 신생 아랍국 간의 이익에 따라 여러 나라에 흩어지게 되었다. 그후 각국은 철저한 동화 정책과 분리 정책을 통해 쿠르드족의 존재 자체를 부정하거나 통합을 방해했고 정권에 따라 당근과 채찍을 번갈아 휘두르는 일관성 없는 정책으로 쿠르드족을 대우했다. 걸프전 이후 1991년 유엔 안보리 결의안 688조 채택으로 이라크 북부에서 쿠르드족의 자치가 일부 가능해졌으며, 2003년 사담 후세인 정권의 붕괴 후 이라크 북부 쿠르드족은 이라크-쿠르드 자치정부를 수립했다. 과거 부시 정권의 네오콘들은 9·11과 같은 사건에 후세인 정권이 관련돼 있다고 보아 그의 정권을 '악의 축'으로 규정했으며 핵무기와 화학무기 등 대량살상무기를 보유하고 있다면서 이라크 침공에 나섰다. 당시 네오콘은 이라크에 친미 정부를 세우고, 미국에 대립하는 이란과 시리아를 무너뜨리는 '도미노식 민주주의' 확산이라는 거대한 계획을 세워두었다.[9] 그리하여 중동 지역의 패러다임을 바꾸어 석유 자원을 통제하고 나아가 중동 지역 전체의 패권을 차지한다는 야심을 품고 이라크를 침공했다. 그때 네오콘은 후세인 축출을 위해 이라크를 남부 시아 지역, 중부 수니 지역, 북부 쿠르드 지역으로 삼분할하는 시나리오를 짜두었으며, 이라크 내 쿠르드족의 지원을 얻었다. 그렇지만 후세인 정부가 대량살상무기를 보유하고 있다는 네오콘의 주장은 모두 거짓으로 판명됐으며, 애초의 시나리오 역시 중동 문제를 너무 단순화해서 편협하게 바라본 오판의 결과임이 드러났다.[10] 한편으론 쿠르드 지역의 독립에 대한 열망만을 증폭시킴으로써 전후 이라크의 혼란을 가중시켰다. 3년간 지속되는 시리아 사태와 아직도 끝나지 않은 이라크 전쟁 위기를 제대로 내다보지 못한 결과로 IS와 같은 극단 이슬람 무장 단체가 활개를 치게 되었으며, 이제 미국은 바그다드 중앙 정권보다 더 강한 군사력을 갖춘 이라크-쿠르드족의 도움을 받아 IS의 공세를 막고, 시아파 정권과 함께 온건 수니파가 참여한 안정된 통합 정부를 유지하려 하고 있다. 미국은 IS가 공세를 펼치는 틈을 타 독립을 이루려는 이라크-쿠르드족의 행보를 달가워하지 않는다. 해결의 실마리가 보이지 않는 중동 상황을 더욱 복잡하게 만들 것이기 때문이다. 시리아 내전으로 인한 정치적 공백 상태를 이용해 시리아 북부의 거점 지역을 장악하고 쿠르드 자치를 주장한 시리아쿠르드동맹(PYD)에 테러 집단이라고 비난을 퍼붓고, IS의 코바니 공격에도 지원을 허용하지 않는 터키처럼, 이웃 나라들도 쿠르드의 독립을 원하지 않는다.

산 외에 친구는 없다

쿠르드족에게는 “우리에겐 산 말고 친구가 없다”는 유명한 속담이 있다. 배반과 좌절의 근대사를 보자면 북서부 자그로스 산맥과 동부 타우루스 산맥에 둘러싸인 쿠르드족에게는 수천 년간 한자리에서 움직이지 않고 품어준 중후한 산이야말로 변치 않은 친구임에 분명하다. 하지만 달리 생각한다면 고통스런 역사적 경험으로 인해 아무도 믿지 못하는 배타성을 드러내는 말로도 오인받을 소지가 있다. 그렇다고 한들 어찌 쿠르드족의 조심스러운 태도를 탓할 수 있을까? 실제로 필자가 경험한 바에 따르면 쿠르드인들은 처음 만난 이에게 경계심을 감추지 않지만 상대가 모종의 잇속을 챙기려는 게 아니라 선의를 품었음을 느끼면 자신의 본 모습을 가감 없이 보여준다. 그리고 산 이외에 또 다른 친구가 생겼다며 기꺼이 친구로 불러준다.

논어에 인자요산(仁者樂山)이라는 말이 있다. 어진 자가 산을 좋아하는 이유는 산의 태연자약함 때문이며 그는 산과 같이 조용하며 오래 산다는 말일 것이다. 그렇지만 산이 깊을수록 메아리는 멀리 퍼지는 법이다. 모진 수모를 받아온 쿠르드인들의 저항의 목소리가 지금 메아리가 되어 귓전에 울리고 있는 듯하다. 산의 입장에서 본다면 쿠르드족이 감당해온 배반과 수모의 시간은 근대 이후에 펼쳐진 찰나의 시간에 불과할지도 모른다. 찰나의 순간이 지나면 새로운 장이 펼쳐질 것이다. 그때를 맞이하면 쿠르드인은 배반에 대한 앙갚음으로 또 다른 고통의 장을 열기보다는 산과 같은 인자의 덕을 베풂으로써 역사 속 악연의 고리를 끊을 수 있을 것이다. 그리고 산은 쿠르드족의 든든한 친구로 계속 남아 있을 것이다.

부록

관련 연표

BC 3000년	원래 쿠르드족이 속했던 것으로 여겨지는 아리안족이 현재의 이란-이라크 지역에서 거주하기 시작하다.
634~644년	제2대 칼리파 우마르(Umar) 재위 시 쿠르드족이 이슬람으로 개종했고 당시 최초로 '쿠르드'라고 불리기 시작하다. 쿠르드족은 9세기까지 완전히 이슬람 세계에 동화되었다.
1171년	쿠르드족 살라딘 장군이 십자군으로부터 예루살렘을 수복한 후 건설한 아유브 왕조에 소속되다. 그러나 16세기 전까지 별다른 역사적 위업을 남기지는 못했다.
1501년	사파비 왕조에 귀속되다. 오스만제국과 지역 패권을 다투는 가운데 쿠르드인이 봉기를 일으키고 지역 정치의 주요 변수로 등장하다.
1514년	오스만제국 술탄 셀림 1세가 사파비 왕조의 샤 이스마일에게 대항한 쿠르드족의 봉기를 지원하다. 오스만제국이 이란 서북부 찰디란 전투에서 쿠르드족의 도움으로 사파비 왕조에 승리하여 쿠르드 지역의 일부를 차지하다.

1639년	오스만-이란협정이 체결되다. 17~18세기 오스만제국 치하에서 쿠르드 지배 계급이 친페르시아-친오스만 분파로 분열하다. 쿠르디스탄이 양국의 각축장이 되며 쿠르드족의 정치적 자결권이 박탈당하다.
1844~1846년	아미르 바드르 칸이 쿠르드 민족주의를 다시 불러일으키고 메소포타미아, 모술 지역의 실질적 지배자로 군림하다. 이때 'Kurdistan' 개념이 생겨나다. 영국과 프랑스가 오스만제국 술탄에게 압력을 행사하여 칸을 체포하다. 그의 민족주의 운동은 20세기 쿠르드 독립운동으로 계승되었다.
1916년	사이크스-피코(Sykes-Picot) 협정을 통해 모술 지역이 프랑스에 귀속되는 문제가 협의되다.
1918년	미국 대통령 윌슨이 민족자결주의를 발표하다. 오스만제국 치하의 쿠르드족 등 소수민족 국가 창설이 기대되다.
1919년	샤리프 파샤 스웨덴 주재 터키 대사가 '쿠르드 애국 조직' 대표로 베르사유 평화회의에 참석하다. 쿠르드 문제가 국제 의제로 상정되다.
1920년	세브르 조약에 독립된 쿠르디스탄과 아르메니아 관련 조항이 명기되다.
1923년	로잔 조약으로 세브르 조약이 대체되다. 쿠르디스탄 독립을 언급한 조항이 배제되다.
1930년	영국이 1925년 모술 문제를 UN에 상정한 후 새로운 영국-이라크 조약을 체결하다. 이라크가 독립을 발표하다. 이때 쿠르드 소수민족 권리 보장 조항은 빠졌고, 1922년 터키, 1935년 이란, 1932년 이라크가 차례로 탄생하다. 쿠르드족은 뿔뿔이 흩어진다.

개념어 설명

IS(Islamic State, 2014. 6. 29~현재) 2014년 6월 29일 IS의 수장 '아부 바크르 알 바그다디'가 시리아와 이라크 일부 점령 지역에서 칼리파가 통치하는 이슬람 국가의 수립을 선포하며 등장했다. 이 단체의 전신은 ISIL(Islamic State of Iraq and Levant) 혹은 ISIS(Islamic State of Iraq and Sham)로 알카에다 이라크 지부(AQI)를 이끌던 알자르카위를 승계한 단체이다. IS는 인신매매, 은행 강도, 폭탄 테러, 인질 참수 등 극악무도한 행위를 일삼으며 중동 정세를 혼란으로 몰아가고 전 세계의 공포심을 조장하며 악명을 떨치고 있다.

이란-이라크 전쟁(1980. 9. 22~1988. 8. 20) 국경지대에 있는 샤트알아랍 수로의 영유권 문제가 발단이 되어, 이라크의 사담 후세인이 이란을 침공하면서 일어났다. 1979년 호메이니의 이슬람혁명 후 아랍 군주국들은 혁명의 파급에 불안감을 느껴 이라크를 지원했고, 서방국가들 역시 역내 영향력 감소와 반미 이슬람 정권의 등장 및 확산을 우려하여 후세인 정권에 무기를 판매하고, 후세인 정권의 화학무기 무차별 사용과 민간인 학살을 묵인했다. 이 전쟁은 결국 누구도 승리하지 못하고 100만여 명의 사망자를 내며 8년 만에 끝났다.

더 읽을거리

공지현, 〈쿠르드족 민족주의 운동: 기원과 전개 양상을 중심으로〉, 《중동 연구》, Vol. 18, No. 2(1999).

김종도, 〈쿠르드어 연구—소라니 방언을 중심으로〉, 《아랍어와 아랍 문학》, Vol. 9, No.1(2005).

남옥정, 〈이라크 전쟁 이후의 쿠르드족의 지위 변화 고찰: 이라크 대 쿠르드족 정책을 중심으로〉, 《호모 미그란스》, Vol. 2(2010).

남옥정, 〈키르쿠크 문제로 보는 이라크 쿠르드 독립 가능성 연구〉, 《중동 연구》, Vol. 33, No. 2(2014).

이태숙, 〈바그다드의 구심력과 쿠르드 지역의 원심력 사이—이라크 쿠르드족에 대한 20세기 전반 영국의 정책〉, 《중동 연구》 Vol. 24, No. 2(2006).

장병옥, 《쿠르드족 배반과 좌절의 역사 500년》(한국외국어대학교출판부, 2005).

정영기·김충현, 〈영화 〈취한 말들을 위한 시간〉에 나타난 쿠르디스탄의 독립과 자치 투쟁의 철학적 고찰〉, 《로컬리티 인문학》 No. 9(2013).

한국이슬람학회, 《이슬람 세계의 소수민족 분쟁—끝나지 않은 전쟁》(청아출판사, 2002).

주

1. 쿠르드족의 기원과 관련한 내용은 Mehrdad R. Izady, *The Kurds: A Concise Handbook*(Taylor & Francis, 1992) 참조.
2. 쿠르디스탄과 관련해서 Gerard Chaliand and Michael Pallis and David McDowel, *A People without a Country: The Kurds and Kurdistan*(New York: Interlink Pub Group Inc., 1993). 참조.
3. 이슬람 이전과 이후 베두인의 관습과 관련해서 R. A. 니콜슨, 《아랍문학사》, 사희만 옮김(민음사, 1995) 참조.
4. 터키 쿠르드족의 사회상과 관련해서 Cenk Saraçoglu, *Kurds of Modern Turkey: Migration, Neoliberalism and Exclusion in Turkish Society*(London: Tauris Academic Studies, 2010) 참조.
5. 이란과 이라크의 쿠르드족에 관해서는 Nader Entessar, *Kurdish Ethnonationalism* (Boulder, CO: Lynne Rienner Publishers. Inc., 1992) 참조.
6. 시리아-쿠르드족에 관해서는 Gerard Chaliand and Michael Pallis and David Mcdowell, *A People without a Country: The Kurds and Kurdistan*(New York: Interlink Pub Group Inc., 1993) 참조.
7. 이슬람과 결혼에 관해서 Haifaa A. Jawad, *The Rights of Women in Islam: An Authentic Approach*(New York: St. Martin's Press, 1998) 참조.
8. 이슬람과 이혼에 관해서 Asghar Ali Engineer, *The Rights of Women In Islam* (Elgin, IL: New Dawn Press; 2nd Edition, 2004) 참조.
9. 부시 행정부의 대중동 확대 구상과 중동 지역 민주주의 확산에 관해서는 Arend Lijphart, "Consociational Design for Divided Societies," *Journal of Democracy*, Vol. 15, No. 2 참조.
10. 네오콘의 중동 정책에 관해서는 Adam Shapiro and E. Faye Wiliams, *Neocon Middle East Policy: The Clean Break Plan Damage Assessment*(Washington D.C.: Institute for Research, 2005) 참조.

〈토끼 울타리〉

'도둑맞은 세대'에 대한 오스트레일리아 정부의 공식 인정 및 사과 그리고 원주민과의 화해 논의

12

문경희

영화 〈토끼 울타리〉 이야기

줄거리

이 영화는 실화를 토대로 만들었다. 1931년 오스트레일리아 서부 지가롱(Jigalong)에서 세 명의 여자아이들이 가족과 강제 이별해 2400킬로미터나 떨어진 무어 강 지역의 원주민수용소로 끌려간다. 여자아이들은 친자매인 몰리와 데이지, 그리고 사촌인 그레이시이다. 당시 그들은 오스트레일리아 서부 지역의 남과 북을 가로지르기 위해 쳐놓은 '토끼 울타리' 안에 거주하고 있었고 울타리 짓기에 동원된 백인 남성과 원주민 여성 사이에서 태어난 14세, 10세, 8세 된 혼혈 아동들이었다. 그들을 가족에게서 떼어내 수용소에 보낸 장본인은 서부 오스트레일리아 지역의 원주민 '보호자'인 네빌이라는 행정관이었다. 그는 원주민의 '백인화'를 위해 원주민 여성이 백인 남성의 아이를 출산하면 원주민의 피가 점차 희석되어 몇 대를 거치고 나면 자연스럽게 원주민 혈통이 소멸되리라 믿는 사람이었다.

영문도 모른 채 토끼 울타리 밖으로 끌려나와 가족들과 생이별을 해야 했던 세 여자아이들은 수용소에서 자신들처럼 강제로 끌려온 다른 아이들을 만나게 된다. 그들은 소위 원주민이라는 '원시성'을 없애고, 백인과 같이 '문명인'이 되기 위해 성경을 배우고, 기도를 하며, 백인의 역사를 공부하는 엄격한 훈육과 처벌에 직면하게 된다. 이후 아이들은 자신들이 선별적으로 백인 가정에 입양되거나, 만약 입양 가족이 나서지 않으면 백인 가정이나 농장에 하인으로 가게 될 거라는 사실을 알게 된다. 앞으로 가족들을 영영 보지 못할 거라는 위기감을 느낀 몰리는 어린 동생 그레이시와 데이지를 데리고 수용소 탈출을 감행한다. 남 몰래 수용소를 벗어나는 데는 성공했지만 추적자가 있다는 사실에 이들 소녀는 쉬지 않고 길을 걷기 시작한다. 어디로 가야 할지 모르는 막막한 상황에서 우연히 토끼 울타리를 만나게 된 몰리는 이 울타리가 자신의 집까지 연결되어 있다는 사실을 깨닫고 동생들과 2400킬로미터를 걷는 대장정에 오른다. 오스트레일리아의 원초적인 자연 속에서 추위와 배고픔, 동생들의 고통까지 나눠 지며 길을 걷던 몰리는 결국 네빌의 유인책에 속아 독자적인 길을 가기로 결정한 사촌동생 그레이시를 잃게 된다. 이후에도 몇 번이나 잡힐 뻔한 위기를 넘긴 몰리와 데이지는 9주에 걸친 대장정을 끝내고 엄마와 할머니의 품에 안기게 된다. 이후 몰리는 결혼을 해서 두 딸을 출산했지만, 딸과 함께 무어 강 수용소로 다시 끌려간다. 몰리는 둘째 딸을 업고 다시 토끼 울타리를 따라 걸어 가족 품으로 돌아왔지만, 세 살 난 어린 딸은 결국 네빌에 의해 다시 수용소로 보내졌고, 그후 영영 만나지 못했다는 내레이션이 흘러나오고 영화는 끝난다.

제목 '토끼 울타리'의 상징성

이 영화의 제목인 '토끼 울타리'는 웨스턴오스트레일리아(Western Australia)

주에서 1901년부터 1907년까지 약 7년에 걸쳐 완공된 울타리이다. 철사줄로 촘촘히 엮어 만든 이 울타리는 웨스턴오스트레일리아의 남과 북을 가로지르고 동과 서를 나누고 있다. 이 울타리는 이름이 의미하는 바처럼 토끼의 침입을 막기 위한 장애물로 설치되었다. 당시 오스트레일리아에서는 이주해온 백인들과 함께 들어온 토끼가 특유의 번식력을 자랑하며 개체수를 증가시켰고 수많은 토끼 떼가 동부에서 서부로 차츰 이동하기 시작했다. 그렇게 유입된 토끼 떼들이 백인들이 경영하는 농장의 농작물에 피해를 주기 시작했고 백인 이주자들은 토끼에게 해를 입히는 페스트 바이러스를 퍼뜨렸다. 그 결과 토끼의 약 90퍼센트가 죽었지만, 바이러스에 내성을 가지고 살아남은 약 10퍼센트의 토끼를 막을 길이 없었던 백인들은 토끼 떼를 막기 위해 무려 2400킬로미터에 달하는 긴 토끼 울타리를 설치하기에 이르렀다.

한편 이 토끼 울타리는 남아프리카공화국의 아파르트헤이트 정책과 같이 백인과 원주민을 구분 짓는 상징물이기도 하다. 실제 이 울타리를 지은 사람들은 백인이지만 그들은 울타리 바깥, 소위 '문명'이 존재하는 공간에 있다. 거기에는 백인들이 거주하는 집이 있고, 농사짓는 땅과 도로, 그들의 힘의 상징인 총이 있는 공간이다. 한편, 야생의 공간인 울타리 안에는 토끼는 보이지 않고 오히려 원주민, 그중에서도 나이 많은 여성들과 어린 여자아이들이 살고 있다. 그들에게 주어진 공간에는 제대로 지어진 집도 농사지을 땅도 없다. 그들은 오직 야생에 의존해서 주거를 해결했으며, 가끔 사냥이나 백인들이 나눠주는 배급 음식에 의존해서 먹을거리를 해결하고 있다. 그리고 언젠가 울타리 바깥의 백인 남성들이 들이닥쳐 아이들을 데려갈지도 모른다는 불안감이 울타리 안의 일상을 지배하고 있다.

그래서 이 영화에서 사용된 토끼 울타리는 실제 토끼를 막는 울타리라기보다는 백인과 원주민의 삶을 경계 짓는 장벽과도 같다. 네빌과 같은 백인 남성에게 울타리는 원주민들의 문화와 혈통이 확산되는 것을 막는 원주민막이 울타리인 것이다. 한편 영화의 이야기가 흘러갈수록 토끼 울타리는 집을 상징하기 시작한다. 울타리는 무어 강 수용소에 끌려간 몰리와 동생들이 멀고 먼 길을 걸어 집을 찾아올 수 있게 도와준 길잡이 역할을 한다. 멀리 잡혀간 그들과 가족 사이에는 길고 긴 토끼 울타리가 놓여 있었고, 결국 그 울타리는 탈출 후 어디로 가야 할지 막막했던 몰리에게 집으로 가는 길을 열어준 고마운 이정표였다. 울타리의 남쪽 끝에 선 몰리와 북쪽 끝에 선 엄마가 함께 울타리를 잡고 있는 장면은 모녀가 서로 멀리 떨어져 있어도 울타리를 통해 영적으로 연결되어 있음을 의미한다.

주요 인물 몰리, 데이지, 그레이시와 네빌

이 영화는 1996년 출판된 도리스 필킹턴 가리마라(Doris Pilkington Garimara)의 회고록 《토끼 울타리를 따라가라(Follow the Rabbit-Proof Fence)》를 영화화한 것이다. 지은이인 가리마라는 영화 속에서 14세 소녀로 등장한 몰리의 딸이다. 즉 그녀의 회고록에서 소개된 어머니 몰리의 경험이 이 영화에서 집중 조명되었다. 영화에 등장한 몰리와 그레이시는 원주민 어머니와 백인 아버지 사이에서 태어난 혼혈(half caste)이며, 데이지는 순수 원주민 혈통으로 원주민 보호자인 네빌에게는 시급히 백인에게 보내 '백인화'해야 하는 대상이다. 이들 세 아이뿐 아니라 수녀들이 운영하는 수용소에 모인 수십 명의 원주민 아동들은 피부색, 외모 등에 따라 네빌에 의해 선별되어 백인 가정이나 농장에 보내진다. 당시 이들 아동처럼 강제로 분리, 납치되어 '백인화' 교육을 위한 수용소를 거쳐 백인 가족이나 농장주와 함께 살게 된 원주민 아동을 '도둑맞은 세대'라고 부른다. 이는 백인에 의해 유린된, 빼앗긴 삶을 살아야만 했던 원주민 세대라는 뜻이다.

한편, 영화 속 원주민들의 삶을 통제하는 인물인 네빌은 실존 인물로서 공식 직함은 서부 오스트레일리아의 원주민 '보호자'이다. 그는 원주민들의 이동에 대한 결정권을 가질 뿐 아니라, 그들이 누구를 만나고, 무엇을 소비하고, 누구의 아이를 가져야 하는가를 최종 결정하는 인물이다. 1930년대 당시 오스트레일리아의 고위 공무원인 백인 남성을 대표하는 인물로, 그의 임무는 '아이'와 같은 원주민들을 백인의 피로 정화하고 백인 문화를 가르쳐 계몽된 '어른'으로 성장시키는 것이다. 백인우월주의자인 네빌은 다윈의 진화론에 따라 원주민들이 3대 이상 백인과 피가 지속적으로 섞이면 원주민 혈통이 자연스럽게 소멸되리라고 믿는다. 따라서 네빌은 원주민 아동과 가족을 강제로 분리, 납치하는 정책은 '나쁜' 정책이 아니라, 실제 문명의 혜택을 받지 못했던 원주민들을 잘 보살피고, '백인화'를 통해 훗날 백인과 같은 삶을 살아가도록 지원하는 '좋은' 정책이라는 신념을 가지고 있다. 때문에 네빌은 당시 오스트레일리아에서 백인우월주의로 무장하고 원주민 보호 정책을 펼친 정부의 대표적인 인물이라고 할 수 있다.

결과적으로, 〈토끼 울타리〉는 역사적으로 오스트레일리아 백인 이주자들의 원주민에 대한 인식과 태도를 보여주었을 뿐 아니라, 그동안 오스트레일리아 사회에서 소홀히 다루었던 '도둑맞은 세대(또는 '유린된 세대')를 집중 조명하는 계기가 된 영화이다. 이 영화가 소개된 2000년대 초반 오스트레일리아 사회에서는 '도둑맞은 세대'에 대한 오스트레일리아 백인들의 공식 인정과 사과를 요구하는 움직임이 확산되었다. 그뿐만 아니라,

진정한 사과와 용서를 통해 원주민과 백인의 화해를 이루려는 오스트레일리아인들의 열망이 컸다. 때문에 '도둑맞은 세대'의 경험을 보여준 〈토끼 울타리〉의 상영을 계기로 과거 오스트레일리아 백인들이 원주민들에게 자행한 도의적으로나 윤리적으로 '옳지 않은 행동'에 대한 정부의 반성과 사과를 촉구하는 목소리도 높아졌다. 더욱이 이 영화는 전 세계 영화계에서 심미적인 차원에서 찬사를 받았으며, 오스트레일리아의 '도둑맞은 세대'를 전 세계에 알리는 역할을 했다는 점에서도 호평을 받았다. 이 영화는 우리나라에서 별로 주목받지 못했지만, 오스트레일리아 원주민에 대한 인종차별주의 행태와 정부 정책을 알린 대표적인 영화라는 점에서 오스트레일리아의 원주민 이슈를 다루는 데 적절하다고 판단한다. 다음 절에서는 오스트레일리아 원주민, 특히 '도둑맞은 세대'는 누구인가, 그리고 그들에 대한 오스트레일리아 정부의 사과와 화해는 어떻게 진행되었는가를 논의한 후 남은 과제을 소개한다.

오스트레일리아의 원주민은 누구인가: 인구학적 특징과 시민권

원주민은 약 7만 년 전 아프리카 대륙에서 이동해 약 5만 년 전에 오스트레일리아 대륙으로 유입된 것으로 판단된다. 1788년 유럽인이 본격적으로 오스트레일리아에 들어왔을 때 원주민 인구는 30만~70만 명으로, 정확한 수치는 파악하기 어렵다. 유럽인(영국인)이 들어온 이후 원주민 인구는 대폭 줄어들기 시작했는데, 대표적으로 원주민이 유럽인과 접촉한 약 10여 년 후 인구의 절반가량이 천연두로 죽었다. 또한 전쟁, 대량 학살, 노예화 등을 통해 수많은 원주민들이 죽기도 했다. 태즈메이니아 주의 경우 거의 모든 원주민이 백인에 의해 몰살되었다. 2006년 인구조사 당시 자신을 원주민으로 밝힌 사람의 수는 45만 5000여 명이다. 이는 전체 인구의 2.3퍼센트에 해당한다. 이들 중 오직 10퍼센트만이 순수한 원주민 혈통이고, 나머지는 유럽계 오스트레일리아인과 피가 섞인 혼혈인이다. 이는 영화에서도 소개한 과거 오스트레일리아 정부의 '원주민 아동 강제 이주 정책'의 결과이기도 하다. 이와 함께, 최근 인종 간 결혼이 점점 증가하는 추세이다. 2001년 오스트레일리아 정부의 인구조사에 따르면, 원주민 중에 비원주민 오스트레일리아인과 결혼한 사람의 비중은 약 69퍼센트에 해당한다.

가디너와 버크(Greg Gardiner and Eleanor Bourke)는 2002년 연구에서, 원주민 혼혈 인구의 증가로 인해 실제 오스트레일리아에서 누가 원주민인가를 밝혀내기란 쉽지 않다고 지적했다. 1983년 오스트레일리아 대법원은 원주민은 '자신이 원주민의 후예라고 밝히는 사람'일 뿐 아니라 '원주민 공동체에 의해 원주민으로 인식되는 사람'으로 정의를 내렸다. 유전적 요인, 자아정체성 인식, 공동체의 증명 등의 3가지 요건이 충족되어야만 합법적으로 원주민임을 인정한다는 뜻이다. 하지만 위 3가지 요건 중에 공동체의 증명에 대한 논란이 끊이지 않았기 때문에 1995년에 오스트레일리아 대법원은 원주민성을 가리는 데 있어서 유전적 요인과 자아정체성 인식 2가지 요건만 충족하면 된다는 판결을 내렸다. 이로 인해 1996년 인구조사에서 밝혀진 원주민 인구는 1991년 때보다 약 31퍼센트 증가했다. 하지만 지속적으로 논란이 되었던 유전적 자격 또한 1998년 대법원 판결에 의해 삭제되었다. 따라서 오늘날엔 자신을 원주민으로 인식하는 자는 누구나 원주민 통계에 포함된다.

오스트레일리아의 원주민을 나타내는 단어는 '처음 또는 초기의'라는 뜻의 애보리지니(aborigine)에서 기원한다. 흔히 알고 있는 단어인 애보리지널스(Aboriginals)는 일부 공동체에서 부정적인 의미로 사용되고 있다는 점에서 애보리지널 오스트레일리아인(Aboriginal Australians) 또는 애보리진인(人)(Aboriginal people)이 더 거부감 없이 수용되는 표현이나, 이 또한 식민 역사와 연관되어 있기 때문에 꺼리는 사람들도 있다. 최근에는 인디저너스 오스트레일리아인(Indigenous Australians)이라는 표현이 많이 사용된다. 본 연구에서는 이들을 오스트레일리아 원주민(이후 원주민)으로 표기하며, 여기에는 전체 원주민 인구의 약 6퍼센트에 해당하는 퀸즐랜드 주 근방에 위치한 토레스 해협 섬(Torres Strait Islands) 출신 원주민도 포함된다. 한편, 처음 유럽인이 오스트레일리아에 유입되었을 때 원주민들의 언어는 250~300개였으며, 600여 개 정도의 방언이 사용된 것으로 전해진다. 지금은 200여 개의 방언이 사용되고 있다. 원주민들 간에 사용된 언어가 달랐으므로 그들을 동일한 인구 집단으로 간주할 수 없다. 오늘날 대부분의 원주민은 영어를 사용하고 있는데, 특히 영어에 원주민 단어를 섞어서 사용하는 오스트레일리아 원주민 영어를 구사한다.

원주민의 분포를 거주 지역별로 살펴보면, 2006년 인구조사에서 전체 원주민 중에 약 절반이 넘는 인구가 뉴사우스웨일스 주(29퍼센트), 퀸즐랜드 주(28퍼센트)에 살고 있다고 응답했다. 하지만 이들 주의 전체 인구 구성을 살펴보면, 원주민이 차지하는 비중은 각각 2퍼센트, 3.5퍼센트 정도로 매우 적다. 하지만 노던 준주의 경우 원주민 인구는 비교적 적지만, 전체 인구의 약 32퍼센트를 구성하고 있다. 그리고 원주민 중 다수는 도시에서 살고 있지만, 인구의 약 25퍼센트 정도는 여전히 사막이나 숲과 같은 외딴 지역에서 거주하고 있다.

한편, 원주민이 오스트레일리아의 인구조사에 포함되기 시작한 해는

표1 주와 준주에 따른 원주민들의 거주 지역(2006)

단위: 퍼센트

	NSW	Vic	Qld	SA	WA	Tas	NT	ACT
원주민 인구 비중	28.7	6.0	28.3	5.0	15	3.3	12.9	0.8
전체 인구 중 원주민 비중	2.2	0.6	3.6	1.7	3.8	3.4	31.6	1.2

출처: Australian Bureau of Statistics, 2004. "States and Territories", 2009.

1971년이다. 그 전까지는 오스트레일리아 헌법에서 시민으로 인정받지 못했기 때문에 가축 통계에 포함되는 수모를 겪었다. 이는 1901년에 처음 헌법이 만들어졌을 때 유럽계 오스트레일리아인들의 원주민에 대한 인식과 관련이 있다. 당시 공포된 헌법에는 원주민은 곧 사라질 열등한 인종이라고 표기되었다.[1] 또한 그들의 권리와 고유 문화 및 역사는 헌법에 전혀 명시되지 않았는데, 이는 유럽계 오스트레일리아인들이 원주민의 권리와 문화, 역사를 조금도 중시하지 않았음을 알려준다. 헌법에 원주민에 대해 어떤 식으로든 언급한다면, 훗날 원주민이 몰수당한 토지 반환을 요구할 가능성이 있다고 우려했다 한다. 결과적으로, 당시 헌법에는 "원주민은 오스트레일리아 시민이 아니며 투표할 수 없다"고 명시되었다.[2]

하지만 1967년 5월 27일에 실시된 국민투표(Referendum)에서 90퍼센트 이상의 찬성으로 원주민의 투표권을 인정했으며, 인구조사에도 포함하기로 결정했다(헌법 127조 수정). 또한 위 국민투표에서 헌법 51조를 수정하기로 하여 각 주의 법에 따라 관리되었던 원주민에 관한 모든 문제들이 연방정부에 의해 전적으로 관리되기 시작했다. 이에 따라 연방정부는 원주민 보호와 후생복지를 위해 적극적으로 법을 제정할 수 있게 되었다. 하지만 헌법에는 원주민이 인종 때문에 차별받을 수도 있는 여지가 여전히 남아 있다. 또한 헌법상 원주민과 관련된 정책 등을 연방정부가 만들 수 있다고 명시되어 있는데, 이는 원주민이 자결권 및 주권을 보장받고 있지 못하다는 점을 시사한다. 더욱이, 연방정부는 원주민의 토지권을 보장하기 위해 아무런 노력도 하고 있지 않다는 점에서, 1967년 국민투표의 성과는 원주민의 정치적 권리 및 토지권 보장에는 미치지 못하고 있음을 증명한다. 이런 점에서, 오스트레일리아에서 원주민과 비원주민 오스트레일리아인의 화해는 인종차별적이고 권리 침해 요소가 있는 헌법을 수정해야만 달성할 수 있다.

'다문화 오스트레일리아'의 대두와 '도둑맞은 세대'

영화의 배경이 된 1930년대에 오스트레일리아 사회에는 이민 정책이자 사회통합 정책의 근간으로 백호주의(White Australia)가 만연해 있었다. 오스트레일리아가 영연방 국가로 재탄생한 1901년대부터 원주민을 포함한 유색인종의 유입을 제한하고, 사회적 차별을 정당화하는 데 사용된 백호주의는 말 그대로 백인 우월적 인종주의 이념을 근간으로 삼고 있다. 하지만 오랜 기간 지속된 백호주의는 1970년대 초기 위틀램 노동당 정부에 의해 공식 폐기된다. 당시 위틀램 정부는 새로운 이민 정책이자 사회통합 정책의 근간으로 다문화주의를 채택했으며, 이에 따라 '다문화 오스트레일리아'라는 새로운 국가정체성을 세우기 위해 노력했다. 이러한 배경에는 1967년 국민투표 이후 원주민의 시민권이 인정된 점도 있지만, 무엇보다 제2차 세계대전 이후 증가한 비영국계 유럽인, 특히 동유럽 및 남유럽 출신 이민자가 증가한 점과 관련 있다. 언어나 문화적인 측면에서 영국계 유럽인과 확연히 달랐던 새로운 이민자들은 영국계 중심의 백호 동화주의 정책에 반발하며, 다양한 민족 집단의 다양성이 존중되는 정책을 요구하기에 이르렀다. 이와 함께, 1970년대 후반부터 베트남을 포함한 아시아 국가 출신의 이민자 증가로 인해 그동안 원주민과 함께 외면당했던 아시아계(대표적으로, 중국) 이민자의 사회통합 또한 새로운 화두로 떠올랐다.

1980년대로 들어서며, '다문화 오스트레일리아' 담론과 정책이 널리 확산되기에 이른다. 일례로, 이민자와 원주민 공동체 모두 공교육 차원에서 문화 다양성을 높이기 위한 다문화 교육 프로그램을 채택하라고 요구하기 시작했다.[3] 또한 이때부터 유럽계 오스트레일리아인 중심으로 원주민과 아시아인을 차별하고 소외시켰던 영국성 중심의 오스트레일리아 사회를 비판하고, 문화 다양성을 지지하기 시작한 사람들이 증가하기 시작했다. 이러한 추세에 따라, 영국인이 오스트레일리아에 도착한 지 200주년이 되던 1988년에 정부는 사회통합을 위한 슬로건으로 '함께 살기(Living Together)'를 발표했다. '함께 살기'는 '오스트레일리아인들의 풍부한 다양성을 기념'하며 모든 오스트레일리아인들이 자신들의 유산을 이해하고 보존하도록 독려하고자 고안된 슬로건이었다. 이와 함께, 연방정부는 1989년 7월에 '다문화 오스트레일리아를 위한 국가 아젠다(National Agenda for a Multicultural Australia)'를 수립했고, 오스트레일리아의 사회정의, 언어, 문화, 시민권 등의 다양한 이슈에 대한 정책 방향을 제시했다.[4] 1991년에 발표된 '오스트레일리아의 문화 다양성을 반영하기 위한 문화유산 기관을 위한 계획(Plan for Cultural Heritage Institutions to Reflect Australia's Cultural Diversity)'을 통해 정부의 갤러리, 박물관, 도서관 등에 원주민 및 이민자 문화와 역사를 보존하고 전시하기 위해 노력했다. 이런 맥락에서,

1980년 이후 1990년으로 접어들던 시기에 정부는 원주민이 오스트레일리아 대륙에 공존하고 있는 국가의 구성원이고 오스트레일리아의 다양한 문화 모자이크의 주요한 일부를 채우고 있다는 것을 인식하기 시작했다고 볼 수 있다.

하지만 원주민들은 자신들이 다양한 에스닉 공동체에 포함되어 다문화주의 틀 내에서 논의되는 데 반대했다.[5] 그들이 다른 이민자 공동체와는 달리 오스트레일리아 대륙/땅을 맨 먼저 점유했던 사람들이었고, 여전히 이 땅에 특별하고 깊은 관계를 맺고 있기 때문이라는 것이다. 다시 말해 유럽계 정착자들이 자신들의 토지를 강제로 몰수해 제도화함으로써 자신들의 문화와 친족관계가 가장 잔인한 방법으로 공격받았다고 주장했다. 이러한 원주민들의 토지와 관련된 문제는 다른 이민자와는 무관한 것으로, 원주민과 이민자 공동체 사이에서 가장 큰 간극을 드러낸다. 원주민의 토지권 요구는 실제 1990년대에 들어서 법정 투쟁을 통해 두 차례나 인정된 바 있으나, 실제로 토지를 되찾은 경우는 거의 없는 실정이다.

일부 학자들은 오스트레일리아 정부 및 일부 다문화주의 옹호자들이 원주민과 이주민을 동일한 유형의 소수 에스닉 집단으로 간주하는 데 문제를 제기했다. 일례로, 도커(John Docker)는 2000년에 발간된 연구에서 다음과 같이 언급했다. "'원주민'이 '이민자'가 된다면, '유럽' 또는 '서구'가 '오스트레일리아 사회'가 되는데, 이는 무엇인가 명백히 잘못되어 가는 것이다. 에스니서티, 특히 유럽계 이민자들과 관련된 비판적인 담론과 언어는 인종과 식민지인의 비판적 담론과 언어와 이상하게 교차하고 있다." 이러한 도커의 지적은 일부 오스트레일리아인들이 사이드(Edward W. Said)의 오리엔탈리즘 관점을 너무 단순하게 원주민과 이민자 공동체에 적용함으로써, '타자' 간의 차이를 외면하고 억압하는 결과를 초래했다는 설명으로 이어졌다. 이런 점에서, 헤이지(Ghassan Hage)는 《백인의 나라(White Nation)》에서 오스트레일리아에서 '피해자의 피해자성'을 논의할 때 양자가 아닌 삼자, 즉 앵글로 백인-이민자-원주민 공동체 삼자 간의 관계를 연구해야 한다고 주장했다.

다른 한편, 1991년에 노동당의 키팅 수상은 연방정부 지원하에 원주민과 비원주민 오스트레일리아인의 화해를 끌어내고 불평등을 줄이기 위한 열린 대화를 시작함으로써 1990년대에 원주민 문제를 커다란 사회적 화두로 부각시키게 되었다.[6] 이와 함께, 정부기관인 원주민화해위원회(The Council for Aboriginal Reconciliation, CAR)가 1991년에 설립되었다. 1990년대 초반에 들어 연방정부가 원주민에게 관심을 기울이게 된 이유는 당시 원주민들의 자살률 증가로 인한 원주민들의 소외 문제가 사회적 이슈로 부각되었기 때문이다. 이와 함께, 1991년은 오스트레일리아 연방정부 수립 100주년을 10년 앞둔 시점이었기 때문에 언론 및 학계에서 그동안 근대사를 활발히 성찰하기 시작한 시점이었고, 이때 미결 상태로 남아 있었던 원주민의 문제가 주요 성찰의 대상으로 주목받았다. 이러한 과정에서, CAR를 중심으로 한 원주민을 위한 활동가들은 원주민과 비원주민의 관계가 개선될 필요가 있다는 점을 강력하게 제기했다. 또한 비원주민 오스트레일리아인들이 원주민 공동체가 직면하고 있는 문제를 더 잘 이해하고 인식할 필요가 있을 뿐만 아니라 오스트레일리아 역사에 원주민의 역사가 포함되어야 마땅하다고 주장했다. 당시에 원주민과 비원주민 오스트레일리아인의 화해를 위해 활동하는 시민단체 수가 급증하기 시작했는데, 1997년에 '오스트레일리아 화해 컨벤션'이 개최되었을 때 전국에서 참여한 단체 수가 총 96개에 이르기도 했다.

더욱이, 1997년에는 오스트레일리아의 화해 운동에 한 획을 그은 정부의 보고서가 발표되었다. 《그들을 집으로 보내라(Bring Them Home)》는 과거 정부가 원주민 보호 정책이라는 명분으로 시행한 '원주민 아동 강제이주' 정책과 그로 인해 가족과 떨어져 백인 사회에 강제로 이주당해서 살아온 소위 '도둑맞은 세대'에 관한 보고서이다.[7] 앞서 소개했듯이, '도둑맞은 세대'는 강제로 가족과 격리되어 백인들이 운영하는 교회나 복지기관, 다른 공동체, 가정 등에 보내져 양육된 원주민 아동을 가리킨다. 이러한 '원주민 아동 강제이주'는 오스트레일리아 연방정부의 동의 아래 주정부 또는 시정부의 법제도에 따라 1800년대 중반에 시작되어 1970년까지 지속적으로 시행되었다. 이 정책의 궁극적 목표는 원주민 아동을 생물학적으로 하프 카스트, 즉 비순수 혈통 혼혈 원주민을 만듦으로써 순수 원주민 혈통을 소멸시키고, 이들 혼혈 원주민이 백인 사회에 자연스럽게 흡수 및 동화할 수 있게 하는 것이었다. 웨스턴오스트레일리아 주와 퀸즐랜드 주의 경우는 원주민 아동 전체를 정책 대상으로 삼았고, 이 두 주를 제외한 다른 주에서는 아동의 피부색을 토대로 강제이주 대상을 선정했다. 즉 가족 중에서 백인의 피가 약간이라도 섞인 듯한 혼혈(구체적으로 덜 검은) 피부색을 한 아동이 강제이주의 대상이었다. 한편, 검은 피부 아동은 가족과 함께 남겨져 격리된 보호구역 안에서 거주하도록 했다.

보고서 《그들을 집으로 보내라》에 따르면, 1910~1970년에 원주민 아동 중 약 30퍼센트가 강제로 격리 양육되었다. 하지만 위 보고서는 당시 주정부나 시정부의 공식 자료에 제대로 기록되어 있지 않기 때문에 이 정책에 의해 피해를 입은 아동이 정확히 몇 명인지 파악하기 어렵다고 설명했다. 한편, 보고서에 소개된 정책의 구체적 내용과, 아동 및 가족에게 미친 영향은 대부분 피해자들의 개인 진술에 의존했는데, 이 보고서에 참여한 인원만 해도 원주민(535명), 정부(7명), 교회 당국자와 전 선교사(49명),

그리고 위탁 또는 입양 부모, 의사, 학자, 경찰 등을 포함해 총 777명에 이른다. 또한, 위 보고서는 이 정책으로 인해 피해를 입은 원주민들이 대다수인데, 특히 부모에게서 강제로 격리되어 이주당한 아동들의 피해가 가장 심각하다고 전했다. 이들 '도둑맞은 세대'는 가족뿐 아니라 고향, 문화, 언어 등으로부터 단절된 생활을 하며, 종종 그들을 입양한 가족이나 기관에 의해 학대, 무시, 외면을 당했다. 구체적으로, 격리 이주된 아동 중 다섯 명에 한 명은 성적으로 착취당했고, 여섯 명에 한 명은 신체적 폭력, 열 명 중 한 명은 성폭력에 시달렸다고 한다. 이는 먼 과거에 일어난 일이 아니라 약 40년 전인 1970년까지 오스트레일리아에서 일어났고 지금도 생존해 있는 피해자들이 여전히 그때의 고통에 시달리고 있다는 점이 보고서에서 중요하게 언급되었다.

앞서 언급한 보고서는 이들의 치유를 위해 총 54개의 권고안을 만들었는데, 그중에서 가장 중요한 일은 바로 정부가 이런 사실을 공식 인정하고 사죄 및 배상을 해야 한다는 것이었다. 이 보고서의 출판으로 인해 '도둑맞은 세대'에 대한 오스트레일리아 사회의 관심이 집중된 만큼, 해당 정책 수립 및 집행에 가담한 개인과 조직이 사실을 인정하고 공식 사죄해야 한다는 여론이 거세어졌다. 결국, 이 보고서가 출판된 이후에 의회 및 교회, 시민단체, 판사, 공무원 등이 연이어 공식 사죄에 나섰다. 또한 전국에서 수천 명의 사람들이 '도둑맞은 세대'를 위해 출판된 '소리 북(Sorry Books)'에 서명함으로써 사죄 운동에 동참했다. 이와 함께, 화해위원회는 '사죄의 날(National Sorry Day)'를 지정하기도 했다. 이렇게 전국적으로 확산된 공식 사죄에 대한 관심은 개인 및 시민단체, 공공기관을 넘어 국민을 대표하는 최고 정부기관이자, '원주민 아동 강제이주' 정책을 지원했던 연방정부까지 확산되었다. 하지만 당시 보수연합의 하워드 수상이 이끈

연방정부는 '도둑맞은 세대'에 대한 직접적인 공식 사죄를 거부함으로써 화해를 위해 노력했던 많은 오스트레일리아인들에게 실망을 안겨주었다.[8]

공식 사죄와 화해를 거부한 보수 정부

위에서 살펴본 것처럼, 오스트레일리아 원주민은 빼앗기고 부당하게 학대받아왔다. 갈퉁(Johan Galtung)이 1996년 저서에서 소개한 '구조적 차별', 즉 경제적, 정치적 구조가 인간의 잠재력 성장을 제약한다는 개념을 오스트레일리아 원주민에게도 적용할 수 있다. 윈터(Deborah DuNann Winter)와 레이턴(Dana Leighton)은 2001년 저서에서 '구조적 폭력'은 거의 언제나 비가시적이고, 여러 사회구조에 내재되어 있으며, 안정된 제도와 규칙적인 경험에 의해 정상화된다고 설명한 바 있다. 그러므로 정치적, 법적, 경제적, 문화적 전통에 의해 사람들이 차별받을 때마다 구조적인 차별이 발생한다고 볼 수 있다. 한편, 구조적 불평등은 늘 그러한 방식으로 존재해왔기 때문에 자연스러운 것으로 보인다. 이런 맥락에서, 오스트레일리아 역사학자인 매퀸(Humphrey McQueen)은 1986년 연구에서 오스트레일리아 식민 정착자들은 "태어나면서부터 백인 오스트레일리아인"이었기 때문에, 자신들의 인종차별주의적 태도가 전혀 문제되지 않는다고 생각했다고 지적했다. 이렇게 자연스럽게 습득된 백인의 인종 우월적 태도로 인해 자신들보다 열등하다고 여겨진 인종을 적절히 가르치고 통치하면 자신들처럼 문명화될 수 있다는 관점을 갖게 된다. 브레더턴과 멜러(Di Bretherton and David Mellor)는 2006년 연구에서 인종에 대한 이러한 관점은 백인들의 원주민 집단 살해와 개개인에 대한 악랄한 행동을 정당화하고 나아가 그들이 원주민에 대한 통제력(또는 결정권)을 가지는 것은 "원주민에게도 좋다"고 인식하게 한다고 설명한다. 그리고 이러한 원주민에 대한 통제는 주로 국가 기구와 제도에 의거해 실행되는데, 오스트레일리아의 경우에 정부가 원주민의 토지, 재산, 결혼, 이동, 음주, 심지어 동거에 대한 권리까지 제도적으로 결정해서 통제했다고 언급했다. 이는 오스트레일리아의 백인 인종우월주의가 원주민 차별과 억압의 근원이었으며, 정부는 이를 통해 백인의 권력과 우선권을 유지할 수 있었음을 알려준다. 이런 점에서, 백인 인종우월주의를 토대로 한 국가정책의 잘못을 인정하고 원주민에게 사죄하는 행동은 그동안 누려왔던 백인의 권력과 우선권을 위협할지도 모른다. 이점이 바로 연방정부의 공식 사죄를 거부한 하워드 전 수상과 지지자들이 우려했던 바이기도 하다.

키팅 수상 이후 1997년에서 2007년까지 11년 동안 연방정부를 이끌었던 하워드 수상은 백인 우월주의 성향을 강하게 띤 오스트레일리아의 대표적인 정치인이다. 수상으로 당선되기 이전부터 '하나의 오스트레일리아(One Australia)'라는 구호 아래 외국인, 특히 아시아 이민자들의 유입과 원주민들의 토지 소유권 등을 대놓고 반대한 인물이다. 그는 수상 임기가 시작된 이후에 전임 키팅 정부가 펼쳐온 원주민 관련 조사 업무를 거의 지원하지 않았다. 또한 '원주민 아동 강제이주' 정책에 연방정부가 개입한 사실을 밝히는 보고서 작성 작업에 자료 제출을 거부하기도 했다. 한편, 한때 '원주민 아동 강제이주' 정책이 당시에 적어도 원주민 아동을 위해서는 최선이었다는 의견을 제시해서 논란을 불러일으키기도 했다.[9] 이후 임기 초기에 '도둑맞은 세대'의 생존자들을 통해 연방정부의 정책 개입 사실이 공공연히 밝혀지자, 그는 고통받고 있는 피해자들에게 개인적인 '유감(regret)'을 비공식으로 전달한 바 있다. 하워드 전 수상의 화해에 대한 생각은 1997년에 열린 '오스트레일리아 화해 컨벤션'에 전달된 연설에 반영되어 있다.

> …… 화해 과정은 가려질 수 없다. 건강과 주택, 교육, 고용과 같은 영역에서 원주민들의 실질적인 요구를 들어주기보다는, 상징적 제스처와 지나친 미래에 대한 허황된 약속에 더 높은 가치를 둔다면, 화해는 실현되지 않을 것이다. 전 국가적 죄책감과 수치심을 감추기 위해 화해를 시도한다면 그것은 실현되지 않을 것이다. 오히려 우리는 과거의 부정의를 인정하고, 우리의 에너지를 현재와 미래 원주민에게 불이익을 초래하고 있는 원인을 규명하는 데 집중해야 할 것이다.[10]

즉 하워드는 원주민에 대한 공식 사죄는 '상징적 제스처'에 불과할 뿐 원주민의 삶의 조건을 개선하는 데 기여할 실질적 화해에는 별 도움이 안 된다고 주장하는 것이다. 또한 연방정부의 원주민에 대한 공식 사죄 전달은 오스트레일리아인들 전체의 죄책감과 수치심을 불러일으키고, 이는 결과적으로, 화해를 통해 '국민적 일체성(national unity)'을 강화하려는 사람들의 노력을 무위로 돌릴 거라고 주장했다. 그뿐만 아니라, 당시 연방정부의 원주민부처 장관이었던 헤론(John Herron) 상원의원은 연방정부가 '도둑맞은 세대'에 공식 사죄한다는 것은 현재 세대가 전 세대의 행위, 특히 당시의 법에 의해 규정되었고, 당시 아동들을 위해 최선이라고 믿어졌던 행위에 대해 일정 부분 책임을 져야 한다는 점을 시사하기 때문에 적절하지 않다고 주장했다.[11] 실제로 과거 사건에 현 정부가 얼마나 연관돼 있는가 하는 것은 원주민과 비원주민 사이의 화해 논의에서 매우 중요하다. 원주민은 이러한 연관성을 바탕으로 자신들의 피해에 대해 정신적,

물질적 보상 및 권리 회복을 보장받아야 한다고 주장하는 반면에, 하워드 정부는 이를 부정함으로써 원주민의 요구를 회피하려 했기 때문이다.

하워드 정부는 11년 임기 동안 위와 같은 화해에 대한 인식을 바탕으로 보고서 《그들을 집으로 보내라》가 제안한 연방정부의 공식 사죄 및 보상, 원주민의 권리 회복 등의 요구를 외면했다. 이 기간에 하워드는 원주민에게 공식 사죄함으로써 화해하려는 수많은 국민들의 압력에 못 이겨 원주민에게 공식적으로 '유감'을 표하긴 했지만, 구체적으로 어떤 행동에 대해 또 누구에게 유감을 표하는지를 밝히지 않았으며, '미안(sorry)' 또는 '사죄(apology)' 등의 표현은 일체 언급하지 않았다. 한편, 하워드 정부가 추진한 원주민 정책은 애초 주장한 바처럼, 원주민의 사회경제적 문제 해결을 통해 그들과 비원주민 오스트레일리아인 사이에 '실질적' 화해를 이루는 데 크게 기여하지 못했다. 하워드는 오랜 기간 원주민들이 요구해왔던 토지소유권이 자신이 말하는 '하나의 오스트레일리아' 이념과 일치하지 않는다며 논의 자체를 거부했고, 정치적 자결권 문제의 경우에 원주민의 권리를 더욱 훼손시켰다는 평을 받고 있다.

다른 한편, 토지소유권 문제를 살펴보면, 처음 오스트레일리아에 도착했을 때 유럽인들은 5만 년 이상 살고 있던 원주민들의 토지소유권을 인정하지 않았고, 당연히 그 땅이 영국 국왕에게 귀속된다고 생각했다. 그들은 오스트레일리아를 '아무에게도 속하지 않은 땅(terra nullius)'으로 간주하며, 원주민들의 땅을 강제로 몰수했고 아무런 보상도 하지 않았다. 오래전부터 부족이 소유했던 토지에 대한 권리를 주장했던 원주민들은 1967년 국민투표 당시에 토지소유권을 보장받기를 기대했지만, 이는 이루어지지 않았다. 하지만 1992년에 일어난 '마보(Mabo) 사건'은 최초로 원주민 토지소유권이 법제화되는 계기가 되었다. 토레스 해협 미리엄 섬에 거주하는 원주민이 섬 전역에 걸친 토지소유권을 인정해달라며 제기한 재판에서 마보고등법원은 그들이 합법적인 절차에 의해 토지를 양도한 게 아니기 때문에 여전히 토지소유권을 보유하고 있다는 판결을 내렸다. 이는 오스트레일리아에서 원주민의 토지소유권을 처음으로 인정한 판결로 기록되며, 이후 연방정부의 '원주민 토지소유권법 1993(The Native Title Act 1993)의 근거가 되었다.[12] 이는 1994년 1월 1일부터 시행되었으며, 각 주와 준주도 국가 계획에 따라 관련된 자체 규정을 마련해서 원주민 토지소유권에 영향을 미치는 결정을 할 때 준수하도록 지시한다. 이 법은 윅(Wik) 원주민 부족과 퀸즐랜드 주 간의 소송에서 고등법원이 내린 판결(1998년)로 수정되었다 이 판례에서 고등법원은 소멸되지 않은 원주민 토지소유권과 목축임대권이 상존할 수 있다고 판결함으로써, 더 많은 원주민 토지소유권 문제가 오스트레일리아 전역에서 발생할 개연성이 생겼다.

한편, 원주민 토지소유권이 적용될 수 있는 토지는 영국 왕실 소유의 나대지, 주정부림, 국립공원, 공공보호지, 해양, 호수, 강 및 하천, 목축임대지 등 임대지 일부, 원주민이 관리하거나 소유한 토지 등이다. 이와는 달리, 사유지와 거주 및 상업 임대지 그리고 도로, 철도, 교량, 학교, 병원, 등 공공시설이 있는 지역에서는 인정되지 않는다. 하지만 이러한 원주민 토지소유권은 오스트레일리아 사회 구성원들의 인식 부족과 현실과의 괴리로 인해 효력을 제대로 발휘하지 못하고 있다. 실제로 원주민 토지소유권 청구 건수가 주마다 수백에서 수십 건에 이르지만 현실에서는 받아들여지지 않고 있다.

정부의 공식 사죄와 남은 과제

오스트레일리아 정부 수립 100주년을 기념한 해였던 2000년(5월 28일)에 오스트레일리아에서 가장 상징적인 공간이라고 할 수 있는 시드니의 하버브리지에 15만~25만 명에 이르는 인파가 모여 행진하며 원주민과의 화해를 위한 연방정부의 사죄를 요구했다. 이 행진은 바로 전날 원주민에게 사죄하고 관련 협약을 체결하는 것을 거부한 하워드 수상에 대한 저항으로 해석할 수 있다. 이날 행사는 원주민도 참여했으나 비원주민 백인이 다수를 차지했다. 이는 그동안 일반 대중들이 연방정부에 원주민에 대한 사죄를 요청한 수많은 행사 중 하나로, 오스트레일리아인들이 연방정부의 사죄가 원주민과 비원주민 오스트레일리아인 간의 화해에 결정적으로 중요하다고 생각했다는 점을 보여준 사례이다.

오스트레일리아 연방정부의 원주민에 대한 공식 사죄는 2008년에 하워드 수상 퇴진 후 집권한 노동당의 케빈 러드 수상이 집무를 개시한 첫날에 이뤄졌다. 2007년 하반기에 치러진 연방선거 캠페인에서 원주민에 대한 공식 사죄를 공약으로 내걸었고, 이를 실천한 러드 수상은 오스트레일리아에서 원주민에게 공식 사죄를 한 첫 수상이 되었다. 2월 13일에 수도인 캔버라의 국회의사당에서 수상이 직접 낭독한 원주민, 특히 '도둑맞은 세대'에 대한 공식 사과 결의문 전문은 다음과 같다.[13]

> 오늘 우리는 이 땅의 원주민들에게, 인류 역사상 가장 오래된 현존하는 문화의 주인공들에게 경의를 표합니다. 우리는 과거 그들에게 잘못된 처우를 한 데 반성합니다. 특히 우리나라 역사에서 오욕의 장에 해당하는 '도둑맞은 세대'에게 잘못된 처우를 한 데 반성합니다.

이제 국가가 과거의 잘못을 바로잡고, 그리하여 확신을 갖고 미래로 전진함으로써 오스트레일리아 역사의 새 페이지를 넘길 때가 되었습니다. 우리는 이 동료 오스트레일리아인들에게 깊은 슬픔과 고난 및 상실을 안겨준 역대 의회와 정부들의 법규와 정책들에 대해 사과합니다.

우리는 특히 애보리지니 및 토레스 해협 섬의 원주민 자녀들을 가족과 공동체와 고향으로부터 격리한 것을 사과합니다. 이들 도둑맞은 세대들과 자손들이 겪은 고통과 고난 그리고 상처에 대해, 뒤에 남겨진 가족들에 대해 우리는 미안하다고 말씀드립니다. 그 어머니와 아버지, 형제와 자매들에게, 가정과 공동체가 무너진 것에 대해 우리는 미안하다고 말씀드립니다. 또 그리하여 긍지 있는 사람들과 자랑스러운 문화를 모욕하고 품위를 훼손한 데 대하여 미안하다고 말씀드립니다.

우리 오스트레일리아 의회는 국가의 치유 과정의 일환으로 드리는 이 사과를 바로 그런 정신으로 받아들여주십사고 정중히 요청합니다. 미래를 위하여, 우리는 우리의 위대한 대륙의 역사에 이제 이 새로운 페이지가 쓰일 수 있음을 믿고 결의하며 마음을 다잡습니다. 오늘 우리는 과거를 인정하고 모든 오스트레일리아인을 끌어안는 미래를 주장함으로써 이 첫걸음을 내딛습니다.

과거의 불의가 결코 다시는 일어나서는 안 된다고 이 의회가 결의하는 미래, 예상 수명과 교육적 성취, 경제적 기회에서 우리 사이에 놓여 있는 격차를 메우기 위해 원주민, 비원주민 할 것 없이 모든 오스트레일리아인의 결의를 다지는 미래, 예전의 접근법으로 풀지 못한 지속적인 문제들에 대한 새로운 해법의 가능성을 품는 미래, 상호 존중과 상호 결의 그리고 상호 책임을 기반으로 하는 미래, 모든 오스트레일리아인이, 혈통이 무엇이건, 이 위대한 나라의 역사의 다음 장을 펼쳐감에 있어 동등한 기회와 동등한 몫을 누리는, 참으로 동등한 동반자가 되는 미래를 위하여.

전국에 송출된 방송을 통해 3분 동안 낭독된 위 사죄문에서 사죄(apology)와 미안(sorry)이라는 용어가 함께 사용되었으며, 구체적인 사죄의 대상은 '도둑맞은 세대'와 가족들이다. 앞서 머피가 지적했듯이, 위 사죄문은 연방정부의 수장인 수상이, 취임 첫날에, 국회의사당에서, 미리 문서로 작성한 사죄문을 국민들 앞에서 낭독함으로써, 사죄의 진정성이 전해질 수 있는 요건을 갖추었다. 무슨 내용을 전했는지 살펴보면, 전문에서 나타나듯이, 연방정부의 공식 사죄문에서는 과거의 부정의한 행위, 즉 '원주민 아동 강제이주' 정책에 대해 사죄하고 현재 원주민과 비원주민 간의 불평등을 언급했다. 이와 함께, 두 집단 간에 새로운 존중과 파트너십을 형성할 필요가 있다는 점 또한 강조되었다. 이러한 점은 원주민과 비원주민 간에 새로운 미래 관계를 형성하고 서로 화해하기 위해서는 상징적 사죄와 실질적 화해가 동반되어야 한다는 메시지를 전달한 것이다. 무엇보다 중요한 것은, 이 전문에서는 원주민이 현재 경험하고 있는 부당함과 불리함이 더 넓은 사회적, 역사적인 맥락에서 기인한다는 점이 부각되었다는 것이다. 이를 통해 연방정부는 비원주민들에게 그들과 원주민 사이에 발생하고 있는 불평등을 인식하고 이해해야 한다는 점을 강조했으며, 그것이 화해 과정의 핵심이라는 점을 알렸다. 이에 대해, 수바시치(Emina Subašić)와 레이널스(Katherine J. Reynolds)는 2009년 연구에서 오스트레일리아 노동당이 이끄는 연방정부는, 과거와 현재 공동체의 관계에 영향을 미치는 과거의 잔재를 가해자와 피해자의 화해로 일소할 수 있느냐가 새로운 미래 건설에 영향을 미칠 수 있다는 점을 인정했다고 지적했다.

오스트레일리아 연방정부의 원주민, 특히 '도둑맞은 세대'와 가족들에 대한 공식 사죄는 긍정과 부정 양면의 반응을 불러일으켰다. 이러한 반응은 공식 사죄에 대한 일반적인 찬반 의견과 크게 다르지 않았다. 무엇보다 공식 사과문에서 (또한 그후에도) 연방정부는 원주민 피해자에 대한 보상은 언급하지 않고 있다는 점 때문에 사죄를 통한 실질적 화해 달성 여부에 관심이 집중되었다. 이에 대해 일부 원주민 지도자는 공식 사과가 '도둑맞은 세대'에 대한 실제 보상 요구를 차단할지도 모른다는 우려를 나타내며, 향후 정부의 태도를 지켜보겠다는 입장을 유지했다. 이러한 입장은 공식 사죄가 정당화되기 위해서는 사과문에서 언급된 역사적 부정의에 대한 정부(비원주민)의 반성과 인정, 피해자에 대한 권리 회복, 치유 등이 실현되어야 한다는 의미가 담겨 있다.

한편, 공식 사죄 이후 정부는 전국적인 설문조사 연구를 통해 원주민과 비원주민 간의 오스트레일리아 화합 척도(Australian reconciliation barometer)를 측정한 바 있다. 화해오스트레일리아(Reconciliation Australia)라는 기구가 발표한 2010년 척도에 따르면, 두 집단의 대다수 응답자들이 원주민과 비원주민 오스트레일리아인의 관계가 국가적으로 중요한 이슈라고 답했다. 또한 응답자 중 원주민 60퍼센트, 비원주민 40퍼센트 정도가 2008년의 '도둑맞은 세대'에 대한 국가의 공식 사과가 두 집단의 관계 개선에 기여했다고 판단했다. 하지만 두 집단은 여전히 높은 수준의 편견의 장벽이 있다고 인식했다. 상호 이해에 대한 응답은 조금 달랐는데, 비원주민의 90퍼센트가 원주민들이 비원주민을 꽤 깊이 또는 매우 깊이 신뢰한다고 믿는다고 응답했다. 반대로 오직 12퍼센트의 원주민 응답자만이 비원주민이 자신들을 꽤 깊이 혹은 매우 깊이 신뢰한다고 믿는다고 답했다. 이는 원주민보다 비원주민이 상대 집단이 자신들을 깊이 신뢰한다고 생각하고 있다, 다시 말하자면 대다수 원주민은 여전히 비원주민 대다수가 자신들을 신뢰하지 않는다고 생각하고 있다는 것이다. 이는 이들 두 집단이 서로의 관계가 중요하다고 인식하고는 있지만, 평등한 관계를 형성하기 위해서는 더 많은 노력을 기울여야 한다는 점을 보여준다.

실질적 화해를 위하여

영화 〈토끼 울타리〉는 오스트레일리아의 식민지 개척 과정에서 드러난, 원주민에 대한 백인들의 인종적 우월 의식과 이에 토대를 둔 원주민 정책의 한 단면을 보여주었다. 원주민의 토지를 몰수했을 뿐만 아니라 원주민의 존재 자체를 부정하고 혈통을 소멸시키려는 백인들의 정책이 '도둑맞은 세대'를 만들어냈고 그들을 불행으로 몰아넣었다. 오랜 기간 침묵시켜 온 '도둑맞은 세대'에 대한 오스트레일리아 정부의 공식 인정과 사죄, 이를 통한 원주민과 비원주민 간의 화해는 동시대 오스트레일리아 정치의 중요한 현안이 되었지만, 이 과정에는 다양한 정치적 논쟁과 갈등 요소들이 내재해 있다는 점을 살펴보았다. 2008년 이전까지는 화해와 관련된 중요한 논쟁의 초점이 원주민에 대한 연방정부의 공식 사죄 여부에 맞춰져 있었다. 특히 다양한 원주민 이슈 중에서도 '원주민 아동 강제이주' 정책으로 피해를 입은 '도둑맞은 세대'와 가족들에게 정부 차원에서 공식 사죄를 하느냐가 핵심 논의 사안이었다. 사죄를 해야 한다고 주장하는 측에서는 화해를 위해서는 과거의 정의롭지 못한 국가 행동을 공식 사죄하는 것이 화해의 첫걸음이라는 입장을 보였다. 사죄는 미래 지향적인 행위이고 역사를 바로잡는 일이며 피해자의 심리 치유와 자존감 회복에 도움이 되는 조치라는 것이다.

반면에, 사죄를 거부한 측에서는 사죄를 하는 행위처럼 과거에 집착하는 일보다는 현재 원주민들이 당하고 있는 불이익과 차별을 해소하는 데 집중하는 '실질적 화해'가 더욱 중요하다는 입장을 보였다. 이러한 입장 이면에는, 사죄를 통해 역사적 부정의를 인정함으로써 현재 자신들이 누리는 기득권과 이익이 훼손될 수 있다는 우려가 반영되어 있다. 또한 과거에 실행된 국가 정책을 현재 세대가 옳으니 그르니 판단하는 것은 적절치 않다는 의견도 반영되어 있다. 이는 과거 오랜 기간 집행된 '원주민 아동 강제이주' 정책이 당시 아동을 위해서는 최선이었을 거라는 백인 인종우월주의가 기반이 된 믿음이 오늘날 오스트레일리아 정치권에 여전히 영향을 미치고 있고, 이를 지지하는 비원주민들의 수가 상당하다는 점을 시사한다. 공식 사죄에 대해서는 오스트레일리아 양대 정당의 입장에 따라 찬반으로 나뉘었다. 이로 인해 보수 정당이 거부한 사죄를 나중에 집권한 노동당이 공식 발표했다. 하지만 연방정부의 공식 사죄가 이루어진 현 시점에 오스트레일리아에서는 원주민들의 토지소유권 회복 및 자결권 보장, 피해 배상 등이 화해의 주요한 화두로 대두하고 있다. 이는 정부의 공식 사죄가 실질적 화해로 나아가지 못하고 있음을 알려준다. 이는 보수 정당이든 진보 정당이든 간에 원주민의 권리 회복 및 피해 배상 등을 통한 실질적 화해로 나아가는 데에는 상당히 미온적이라는 점을 시사한다.

오스트레일리아 학자 커토이스(Ann Curthoys)는 오스트레일리아에서는 식민과 탈식민이 동시에 일어나고 있다고 언급한 바 있다. 그녀는 오스트레일리아의 '탈식민화'는 그동안 오스트레일리아인들이 시행했던 원주민 정책을 거둬들인다는 것을 의미하고, 이는 곧 원주민들에게 빼앗은 토지를 돌려준다는 의미도 포함돼 있다고 설명했다. 결과적으로, 커토이스는 비원주민 오스트레일리아인들이 원주민에게 토지를 돌려주지 않고 있는 것 자체가 이들이 여전히 원주민을 식민통치하고 있는 거나 다를 바 없다는 점을 지적한다. 이런 관점에서, 현재까지 추진해온 원주민 화해 과정과 정책 결과를 살펴본다면, 오스트레일리아 정부는 곧 지구상에서 남은 유일한 (또는 몇 안 되는) 식민통치 국가라는 오명을 얻게 될지도 모른다. 앞서 살펴보았듯이, 식민화 개척을 거친 국가에서 탈식민 단계로 전환하는 과정에서 원주민과 비원주민 간의 화해는 매우 어렵고 더딘 과정을 거친다. 하지만 역사적 부정의를 인정하고 이에 대한 책임을 명시하는 것이 화해의 첫 단계라고 한다면, 오스트레일리아는 이미 첫걸음을 떼었다고 볼 수 있다. 하지만 다음 발걸음으로 나아가기 위해서는 오스트레일리아 사회가 역사적 부정의에 대한 사죄와 인정을 넘어선 실질적 화해의 노력을 지속적으로 기울여야 한다.

부록

관련 연표

1770년	제임스 쿡 선장이 보타니 베이(Botany Bay)에 상륙하여 오스트레일리아를 영국 영토로 선언하다.
1788~1868년	영국의 자유 이민자뿐 아니라 16만 명에 이르는 죄수를 호송하다.
1851년	뉴사우스웨일스 및 빅토리아 중부에서 금광이 발견되다.
1869년	원주민 아동 강제이주를 골자로 한 원주민보호법(Aboriginal Protection Act)이 발표되다.
1901년	1월 1일에 6개 식민지 연합으로 구성된 연방국가인 오스트레일리아가 탄생하다.
1967년	국민투표를 통해 원주민의 시민권을 보장하는 법을 개정하다.
1972년	고프 위틀램 노동당 정권이 백호주의 정책의 폐지를 선언하다.
1975년	다문화주의 이념을 사회통합 정책의 근간으로 채택함과 동시에 '다문화 오스트레일리아' 정체성 선언을 하다.
1993년	1992년 대법원의 '마보 사건' 판결 이후 원주민토지소유권법(The Native Title Act)이 제정되다.

1996년 전국 화해 주간(National Reconciliation Week)이 도입되다.

2000년 'Corroboree 2000'이 열리다. 5월 27~28일에 최대 25만 명가량의 오스트레일리아인이 하버 브리지에 집결하여 '도둑맞은 세대'에 대한 정부의 사죄를 촉구하는 평화 행진을 하다.

2008년 2월 13일에 노동당 정부가 '도둑맞은 세대'에 대해 공식 사과하다.

개념어 설명

백호주의 정책(White Australia Policy) 오스트레일리아가 영연방국으로 탄생한 1901년부터 1970년대 초반까지 실시한 인종차별적 이민 정책이다. 1850년대 뉴사우스웨일스 주와 빅토리아 주에서 금광이 발견된 이후 중국 및 태평양 연안 섬나라 사람들이 금광 노동자로 유입되었으나, 이후 더 많은 중국인들이 오스트레일리아로 유입되는 것을 막기 위해 1988년에 중국계 이민을 금지하는 결의안이 전(全) 오스트레일리아 회의에서 만들어졌다. 이후 1901년부터 중국인을 포함한 유색인종의 인구 유입을 막기 위해 노력했으나, 제2차 세계대전 이후부터 점차 완화되기 시작했고, 1973년부터 사실상 폐지되었다.

오스트레일리아 원주민(Indigenous Australians) 유럽인들이 오스트레일리아에 도착하기 이전부터 오스트레일리아에 거주했던 사람들인 애보리지널(Aboriginal)과 토레스 해협 섬 사람들을 일컫는 용어이다. 오스트레일리아에서 발견된 최초의 인류는 문고맨(Mungo Man)으로 약 4만 년 전부터 존재했던 것으로 추정되지만, 일부 연구자들은 원주민들이 약 12만 5000년 전에 오스트레일리아 땅에 도착한 것으로 추정한다.

화해(Reconciliation) 오스트레일리아의 원주민과 비원주민 간의 일체감과 존중을 나타내기 위한 용어로, 원주민들의 유산을 존중하고 모든 오스트레일리아인들에게 적용되는 정의와 동등에 가치를 부여한다는 의미가 있다. 오스트레일리아에서 화해 운동은 원주민의 시민권 인정을 요구함으로써 실시된 1967년 국민투표 때부터 시작되었다. 원주민들의 시민권 운동은 1957년부터 본격적으로 시작되어 1967년에 국민투표를 계기로 열매를 맺었다.

화해오스트레일리아재단(Reconciliation Australia) 1991년에 '원주민화해위원회법(Council for Aboriginal Reconciliation Act 1991)' 제정 이후 원주민화해위원회(The Council for Aboriginal Reconciliation)가 설립되었다. 위원회는 지방정부들과 긴밀하게 논의하며 지역 공동체 차원에서 다양한 화해 이슈를 다루었다. 2000년에 원주민화해위원회는 민간 단체인 화해오스트레일리아재단으로 바뀌었고, 현재 오스트레일리아에서 원주민과 비원주민 간의 화해 문제를 다루는 전 국가적 최고 기구 역할을 하고 있다.

더 읽을거리

문경희, 〈호주 다문화주의의 정치적 동학: 민족 정체성 형성과 인종·문화 갈등〉, 《국제정치 논총》, 48(1)(2008), 267~291쪽.

이석구, 〈《오스트레일리아》에 나타난 '인정'의 정치학: 원주민 재현과 다문화주의〉, 《문학과 영상》 10권 3호(2009), 709~730쪽.

이숙희, 〈호주 원주민의 생활과 식민지의 영향〉, 《실천 민속학 연구》 4(2002), 185~194쪽.

Chloe Hooper, *The Tall Man: Death and Life on Palm Island*(Melbourne:

Penguin Books, 2008).
Russell McGregor, *Indifferent Inclusion: Aboriginal People and the Australian Nation*(Canberra: Aboriginal Studies Press, 2011).

주

1. Reconciliation Australia, 2012e, "Indigenous Australians and the Constitution". http://www.reconciliation.org.au/home/resources/factsheets/q-a-factsheets/indigenous-australians-and-the-constitution.(2012년 2월 10일 검색)
2. National Archives of Australia, 2009, "Fact sheet 150—The 1967 Referendum". http://www.naa.gov.au/about-us/publications/fact-sheets/fs150.aspx.(2012년 2월 9일 검색)
3. A. Curthoys, "An uneasy conversation: the multicultural and the indigenous", *Race, colour and identity in Australia and new Zealand*(Sydney: University of New South Wales Press, 2000), p. 29.
4. 오스트레일리아의 다문화주의 정치 동학에 관해서는 다음 논문을 참조하라. 문경희, 〈호주 다문화주의의 정치적 동학: 민족 정체성 형성과 인종·문화 갈등〉, 《국제정치논총》 48(1)(2008), 267~291쪽.
5. A. Curthoys, op. cit., p. 30.
6. K. Smits, "Deliberation and Past Injustice: Recognition and the Reasonableness of Apology in the Australian Case", *Constellations* 15(2)(2008), pp. 237~248. 1991년 레드펀 연설에서 키팅 수상은 "우리가 부모로부터 아이들을 빼앗았고, 우리가 그들에게 술을 들려주었다"고 언급하기도 했다. 이숙희, 〈호주 원주민의 생활과 식민지의 영향〉, 《실천민속학 연구》 4(2002), 185~194쪽.
7. 이 보고서는 인권과 기회 평등 위원회(the Human Rights and Equal Opportunity Commission)에 의해 작성되었으며, '원주민 아동 가족 격리에 대한 조사(Inquiry into the Separation of Aborigional and Torres Strait Islander Children from their Families)'라고도 불린다.
8. K. Smits, "Deliberation and Past Injustice: Recognition and the Reasonableness of Apology in the Australian Case", *Constellations* 15(2)(2008), pp. 237~248.
9. K. Smits, "Deliberation and Past Injustice: Recognition and the Reasonableness of Apology in the Australian Case", *Constellations* 15(2)(2008), pp. 237~248.
10. E. Subašić, K. Reynolds, "Beyond 'Practical' Reconciliation: Intergroup Inequality and the Meaning of Non-Indigenous Identity", *Political Psychology* 30(2)

(2009), pp. 243~267.

11. K. Smits, op. cit., p. 240.

12. Reconciliation of Australia, 2012d. "Native Title." http://www.reconciliation.org.au/home/resources/factsheets/q-a-factsheets/native-title.(2012년 2월 10일 검색) '원주민 토지소유권법 1993'의 전문에 다음과 같이 표기되었다. "원주민들은 유럽인들이 정착하기 이전부터 오스트레일리아에 거주하고 있었다. 그들은 자신들의 토지를 점차 몰수당했다. 이러한 몰수는 보상 없이 실행됐으며, 후임 정부들은 원주민들과 그들의 토지 사용에 대한 지속성 있고 형평성에 맞는 합의를 전혀 끌어내지 못했다. 결과적으로, 원주민들은 오스트레일리아 사회에서 가장 심각하게 불이익을 당한 집단이 되었다." 원주민 토지소유권은 다음과 같은 개별 권리를 포함한다. 해당 토지에 거주할 권리, 캠핑이나 의례 등과 같은 전통적인 행사를 위해 토지를 사용할 수 있는 권리, 사냥, 낚시, 먹을거리 채취, 물·나무·흙 같은 자원을 보호하기 위해 방문할 수 있는 권리, 지역의 법과 관습을 가르칠 권리.

13. Sydney Morning Herald, 2008-2-13, "Kevin Rudd's National Apology to Stolen Generations". http://www.news.com.au/national/pm-moves-to-heal-the-nation/story-e6frfkw9-1111115539560.(2012년 2월 10일 검색)

6부

새로운 국민 되기

이민자의 정체성을 둘러싼 갈등

〈나는 중국인입니다〉
중국 당대 다큐멘터리 영화 속의 러시안 디아스포라

13
봉인영

"중국인"은 누구인가?: 러시아계 중국인의 정체성

〈나는 중국인입니다(我是中國人)〉, 이 당대 중국 다큐멘터리 영화의 주제는 제목에 한마디로 응축되어 있다. 나아가 이 제목에는 '나는 중국인이다'라는 주장 자체를 누가, 왜 제기해야 하는가에 대한 문제가 내포되어 있다. 또한 "이른바 현존하는 '나' 자신이 어떠한 사회적 · 역사적 상황에서 정체성을 찾고자 하는가"라는 실존적이고 근본적인 문제가 포함되어 있다.

중국 출신으로 오스트레일리아에 거주하는 설치 예술가 선샤오민(沈少民, Shen Shaomin, 1956, 헤이룽장성 출생)은 이 영화에서 중국과 러시아의 경계 지역인 헤이룽장성(黑龍江省), 헤이허시(黑河市), 쉰커현(遜克縣), 홍지앙촌(宏疆村)에 모여 살고 있는, 1917년 러시아혁명이 일어났을 때 망명해온 백군파(백계) 러시아인(White Russians)과 중국인 사이에서 태어난 이들의 처참하고 고단한 삶을 사실적으로 카메라에 담았다.[1] 이 영화의 주인공인 러시아계 중국인들은 왜 자신을 중국인이라고 주장해야만 하는, 사회적으로 소외된 주변인으로 전락했는가? 이들은 현재 작은 시골 마을에 거주하고 있다. 이 마을의 궁벽한 위치는 20세기 격변하는 세계사의 소용돌이 속에서 중국과 러시아 접경지대 가장자리에 내몰린 그들의 사회적 위치를 대변하고 있다. 이 영화는 러시아계 중국인들의 곤궁한 상태를 가감없이 묘사하고 있으며, 중국 사회의 중간자 집단 구성원의 정체성 위기를 상징적으로 보여주고 있다.

영화 제작 배경 및 러시아인의 중국 이주 배경

작가는 우연히 문화대혁명(1966~1976)을 피해 하얼빈에서 오스트레일리아로 이민 온 여성을 만났다.[2] 이 여성은 잊지 못할 정도로 좋은 어린 날의 추억을 가지고 있었다. 이 여성의 이야기에 감동을 받은 작가는 중국을 방문했을 때 친구를 통해 홍지앙촌의 존재를 알고는 이 마을을 방문하여 사진을 찍고 몇 사람을 인터뷰했다. 그후 중국 정부가 홍지앙촌 일대를 여행지로 개발하려 한다는 소식을 접했고, 이 소식에 충격을 받아 마을의 독특한 문화가 사라질까 염려하여 영화 장비를 구입해 촬영을 했다고 한다.[3]

작가는 인터뷰에서 영화 제작의 직접적인 동기를 밝혔을 뿐만 아니라 간접 동기가 된 시사 뉴스 두 가지를 끼워 넣었다. 이 뉴스는 프랑스에서 2005년 발생한 인종 갈등의 원인이 된 소요 사태와 열 명의 북한 난민이 태국에서 난민 신분을 획득한 사건을 말한다. 영화는 주로 마을 사람의 일상과 겨울 풍경을 보여준다. 하지만 영화의 외적 서사인 두 뉴스에 등장한 인물들과 사건의 성격은 본 서사의 주인공인 러시아계 중국인의 현재 상태와 유사하므로, 영화 안팎의 서사가 주제상 긴밀히 연결된다. 이러한 영화 장치를 통해서 작가는 자신이 왜 인종과 정체성이라는 주제에 매혹되었고 이를 부각시키려 했는지를 피력했다. 선샤오민은 인터뷰에서 다음과 같이 언급하고 있다.

> 이 두 뉴스는 외국 이민의 문제 및 아시아인들이 불공평하게 대우받는 문제를 다루고 있다. 프랑스의 경우 이슬람 이민자들이 오랫동안 쌓인 감정을 프랑스 사람들에게 쏟아냈다. 나는 이 예로부터 정반대의 경우, 유럽 사람들이 중국에서 어떠한 상황에 처했는지 보여주려 했다. 이 모든 것이 이주의 문제로 인해 그리고 상대 문화를 서로 배척한 데서 비롯되었다.

선 감독의 이 언급이 아이러니한 까닭은, 영화의 등장인물들이 중국 사람이라고 주장하고 또 그렇게 인식되기를 바라지만, 정작 작가 자신은 러시아계 중국인을 유럽 사람들로 간주하고 있기 때문이다. 이 영화는 서두에서 러시아인의 중국 이주의 역사적 배경을 간략하게 자막으로 보여주고, 아울러 러시아계 중국인이 여전히 중국인으로 받아들여질 수 없는 이유를 극명하게 제시하고 있다.

> 독일이 제1차 세계대전 때 러시아를 침략했을 때 중국의 국경지대에 살고 있던 러시아인들은 헤이룽강을 건너서 홍지앙촌으로 이주해야만 했다. 전쟁 통에 넘어온 이 망명자들은 주로 여자, 노인, 약자, 병자, 그리고 장애인들이었다. 1960년대에 중국과 소련이 대립하여 적국으로 돌변하자 소련에서 건너온 많은 난민들은 경멸과 불신의 대상으로 전락했다. 그런데 불신의 정도가 매우 심해 그들이 소련을 위해서 일하는 스파이 무리라는 의심을 받을 정도였다. 그 결과 이주자들은 현재까지도 중국 사회에 통합되기 위해 노력하고 있다. 그러나 인

종, 정체성, 신분 및 친척끼리 하는 동족 결혼 및 근친 결혼의 문제 때문에 〔다수자인 한족 중국인들은〕 이들을 중국인으로 받아들일 수 없다.[4]

이 자막은 작가의 전지적 시점으로 제시되어서 마치 러시아인의 중국 이민사에 대한 진실하고 믿을 만한 정보를 제공하는 듯하다. 서사 전략과 효과의 관점에서 보면, 전지적 작가 시점의 특징은 서술자가 보유한 전지적인 서사력이 곧 설득력을 의미하며, 더 나아가 전지적 능력에 부응하는 권위도 자동으로 보장되는 느낌을 준다. 다시 말해 서술자가 제시한 정보 자체가 독자에게는 매우 객관적이고 사실처럼 들려서 독자는 그의 발언을 자연스럽게 받아들이고 사실로 수긍하는 단계까지 이를 수 있다. 그러나 사실 이 정보는 홍지앙촌에 이민 온 러시아인에게만 초점을 맞추어, 중국 사회의 발전에 기여한 다른 지역의 다양한 러시아 이주자들의 면모를 가리고 있다. 특히 동청철로(東淸鐵路)의 기술자, 교사, 의사 등 만주 지역의 현대화에 기여한 이주자들에 대한 정보를 철저히 배제함으로써 러시아인의 중국 이주 문제에 대한 매우 편협한 시각을 보여주고 있다.[5] 따라서 이 영화는 러시아인의 중국 이주 문제의 복잡성에 다각적으로 접근하지 못한 한계를 드러낸다.[6]

대신 영화는 그들이 받은 집단적인 고난 및 지리적·사회적 환경의 궁벽함과 황폐함을 검은 스크린으로 드러내며 주제의 중요성과 심각성을 강하게 부각시켰다. 또한 이 검은 스크린을 통해, 통상적인 사건 중심의 스토리텔링보다 더 깊은 무게감을 영화에 더했다. 감독은 피사체를 다양한 각도에서 촬영한 후에 검은 스크린을 삽입했고, 그후에는 등장인물들의 대화가 이어진다. 선샤오민은 인터뷰에서 이 검은 스크린을 의도적으로 사용했으며, 편집 기술의 능숙도와 이를 '어떻게 잘 발휘하는가'가 자신의 영화 제작에서 가장 중요한 요소였다고 밝히고 있다.

그가 검은 스크린을 사용한 이유는 유·무형의 사회적·정치적 외압에서 이들을 보호하기 위해서다. 중국 당국은 예술에 대해 엄격한 검열과 통제를 가하고 있었으므로 이들을 직접 인터뷰하기는 불가능했고, 작가는 이를 검은 스크린으로 처리할 수밖에 없었다. 그들이 다큐멘터리 속에서 대화 형식으로 직접 말할 수 없었던 이유는 문화대혁명 때 스파이 마을이라고 낙인찍히고 심하게 억압받은 사건과 무관하지 않다. 이처럼 심각하고 치명적인 정치적 제약 및 문화에 대한 정부의 강권에도 불구하고, 작가는 이들이 자신의 존재와 사회적 처지를 어떻게 생각하는지 보여주고 싶었던 것으로 짐작된다. 따라서 작가는 영화 서두에 러시아인의 중국 이민사를 간결하면서도 설득력 있게 제시했고(다소 단면적인 시각을 보이긴 하지만), 영화 출연 및 촬영으로 인한 예기치 않은 파문과 미래에 발생할지도 모르는 불이익으로부터 등장인물을 보호할 수 있었다. 이는 어려운 사회적 여건 속에서 작품성과 예술성을 확보하고 이보다 더 중요한 소수자의 권익을 지키려 했던 작가의 현명한 기지가 엿보이는 대목이다.

이렇게 영화 대사의 요소를 검은 스크린을 통해 간접 처리함으로써 작가는 관객에게 인물들의 고난과 엄혹한 현실을 영화적, 예술적으로 상상해볼 수 있는 기회를 제공했다. 구체적으로 그들의 고난이란, 다수가 소수에 강요한 사회적 자리매김의 결과로서, 그들이 스파이나 비중국인으로 규정되는 곤경과 참혹한 시련을 견뎌야만 했던 일을 말한다. 이런 면에서 볼 때, 검은 스크린은 러시아계 중국인이 중국이라는 새 정착지로 이주해야만 했던 끔찍한 운명과 또 생존하기 위해 이를 극복해야만 했던 온갖 역경을 시각적으로 표현하는 상징 표지이다. 이렇게 함으로써 검은 스크린은 그들을 중·러 국경의 오지로 내몰았던 외부의 사회적·정치적 요인과 세력을 직간접으로 고발하고 성토하는 전략적인 영화 기술 장치이자 고도의 정치 행위가 되는 것이다. 검은색 배경 위에 흰 자막이라는 매우 단순하고 단조로운 형식의 이 영화 장치로서, 영화는 이들을 국경의 변방 오지로 내몰았던 가려진 역사를 통렬히 비판하고 있다. 나아가 감독의 영화적 주제에 대한 관심사와 러시아계 중국인들의 미래에 대한 심각한 우려를 효과적으로 전달하고 있다. 또한 이 검은 이미지는 영화 안팎의 요소와 본 서사를 형식에 설득력 있게 담아냈다. 그러므로 이 검기만 할 뿐 별 특징이 없어 보이는 형식 자체가 중국의 러시안 디아스포라에 깊이 내재된 어두움을 상징한다고 볼 수 있다. 더불어 지정학적 특수성과 외압 때문에 강요될 수밖에 없었던 사회적·물리적 곤궁 및 고통의 암영을 이 암울한 형식을 통해 가장 간단하면서도 인상 깊게 보여주고 있다.

서사적 시각에서 더 중요한 것은 이 검은 스크린이 영화적 시각을 통제한다는 점이다. 물론 이것은 러시아계 중국인들이 부득이하게 감내해야만 했던 집단적 역경을 상징하긴 하지만, 검은 스크린을 통해서 제시되는 내용은 감독의 시각과 다를 바 없이 매우 제한되고 다소 편파적이라고 볼 수 있다. 영화는 또 서두에서 영화 배경인 마을의 위도·고도·온도 등 지리적 정보를 매우 객관적이고 정확하게 전달하는 듯하지만, 막상 본 서사에서는 마을 주민들이 겨울에 일거리가 없어서 돼지와 물고기를 도살해서 먹는, 피가 튀기고 낭자한 영화적 구경거리(spectacles)를 곳곳에서 섬뜩하게 보여준다. 그리하여 이 검은 스크린을 통해 재현된 역사적·지리적 객관성은 작가가 카메라에 담아 보여주고자 했던 디아스포라 삶에 대한 주관적 의도에 대치되고, 영화는 중국의 다른 소수민족과 구별되는 독특하고 기이한 생활방식을 부각시키게 된다. 카메라의 객관적 시선과 작가의 주관적 시선이 경쟁하며 영화의 내적 초점이 흔들리고, 러시안 디아스포라에 대한 타자화를 초래한다. 이러한 경향은 감독이 포착한 인물들의 노래 부르기에서도 예외가 아니다. 요컨대 이들이 2퍼센트 부족한 중국어로 중국 국가 및 구소련의 국가를 부르는데, 이것은 중국 사회에 결코 통합될 수 없는, 절대 완전한 중국인이 될 수 없는 문화적 결함을 상징하는 듯하다. 그러나 본고에서는 이산된 그들의 몸이 현재 중국이라는 영토에 묶여 있기는 하나, 그들의 감정적 귀속감과 러시아 문화에 대한 향수는 나라와 나라의 경계를 가로지르며 상상의 날개를 달고 창조적으로 표현된다는 점에 주목하고자 한다.

중국 국가 부르기와 예술적 감화력

러시아인의 중국 이주에 관한 자막이 맨 먼저 검은 스크린 위에 제시된 후, 한 여성의 애절한 노랫소리가 흘러나오지만 막상 화면에 여성의 이미지는 나타나지 않는다. 조금 후에 카메라는 이 여성의 몸을 바닥에서부터 미디엄 클로즈업 샷으로 잡아 보여준다. 중국의 국가는 널리 알려진 대로 1935년에 티엔한(田漢, 1898~1968)이 작사하고 니에얼(聶耳, 1912~1935)이 작곡한 〈의용군 행진곡〉이다.[7] 이 노래는 원래 영화 〈격동의 시기에 선 중국인(風雲兒女)〉(1935, 許幸之 감독)의 주제곡으로서, 1937년 일본의 중국 침략 이후 항일투쟁을 고취하는 노래로 널리 사용되어 가사와 리듬 모두 중국인의 분투와 투쟁을 호소하는 전형적인 행진곡풍이다.[8]

이 장면에서 주목할 것은 이 여성이 부르는 중국 국가는 첫 소절부터 가사가 틀렸고, 더 충격적인 것은 축 처진 목소리가 마치 좌표를 잃은 것처럼 공중에 떠도는 느낌을 주며 뭔가를 파헤치는 듯 구슬프게 들린다는 점이다. 그녀가 노래를 부르는 스타일은 일반적인 행진곡풍의 국가를 부르는 방식과 현저히 대조되며, 열의가 전혀 배어 있지 않다. 그녀는 노래를 떠듬떠듬 부르는지 카메라와 관객의 시선 아래에서 당황해하는 것 같다. 더구나 어떤 부분에서는 노래 가사와 리듬이 부정확하게 뒤엉켜 거의 알아들을 수 없을 정도라서, 일반적으로 힘차고 당차게 부르는 행진곡풍인 중국 국가의 원곡과는 현격한 차이가 있다.

얼핏 노래를 부르는 이 여성은 중국 민족의 문화적 진실성과 온전성(cultural integrity)을 무심코 모독하는 것처럼 보인다. "나는 진짜 중국인이다"라고 주장하고 싶다면 최소한 국가 정도는 완벽하게 불러야 하는 것이 아니겠는가. 하지만 그녀의 입장에서 보면 중국 국가만이 중국인임을 증명하는 유일한 문화적 원천이 될 필요는 없다. 자신이 부르는 노래가 비록 원곡에서 파생된 조잡한 부스러기 같은 느낌을 주더라도, 자신만의 영혼이 담겨 독특한 음악이 되는 것이다. 중국 국가라는 문화적 원천은 원래 중국인에게 중국인이라는 의미를 부여하도록 고안되었지만, 이 여성의 노래 부르기는 이러한 원래 의도에 반하여 새로운 예술 형태를 띠게 된다. 그러므로 개인은 노래를 부르는 과정에서 자신만의 감정적 파토스를 부여할 수 있다. 이런 면에서 보면 국가라는 문화적 원천의 원래 의미와 권위를 폄하하는 듯한 그녀의 노래 부르기는 한 개인이 어떻게 자신만의 방식을 통해 개인적·문화적·국가적 정체성을 창의적으로 표현하는지를 보여준다. 따라서 이 노래 부르기가 시사하는 바는 원곡 텍스트에서 음표 기호로 지정된 형식의 틀이나 가사에 당위적으로 부과된 자명한 의미를 거부함으로써, '고국'에서 유리되어 떠도는 이들의 비참한 삶을 영적인 차원에서 표현하고 있다는 점이다.

그녀에게 노래 부르기는 공식적인 국가 가사가 전하고 있는, 국민으로서 품어야 할 당위적 애국심을 확인하는 도구가 아니라, 난민으로서 겪었던 슬픔과 참담한 감정을 표현하고 투영하는 개인적이고 문화적인 채널이 되는 것이다. 이 경우에 형식, 멜로디, 가사, 노래 등 개별 요소들이 하나가 되어 전체적 틀(mold), 즉 일종의 주형으로 기능한다. 이 주형에 내적인 감정을 즉흥적으로 담아냈고, 오랫동안 쌓인 슬픔과 고통의 그림자는 초췌한 얼굴 표정에 잘 반영되었다. 따라서 이 주형의 내용, 즉 그녀의 즉흥성과 얼굴 표현은 새로운 의미를 띠게 되므로, 더 이상 중국 국가에 내포된 당위적이고 공식적인 의미를 확인하여 표준화하지 않는다. 그녀의 노래는 자신의 깊은 감정과 영적인 울림을 전달하며, 이것이 초췌하고 지친 듯한 얼굴과 결합하여 새로운 형태와 의미를 생산하는 것이다.

그녀에게 노래는 (아무리 불완전하고 진짜 같지 않게 들릴지라도) 낙담한 삶에 활기를 불어넣을 수 있고, 감정적 충족감을 줄 수 있는 유의미한 매개이다. 또 소리로 표현하는 힘겨운 생존의 몸부림이지만 결국엔 감정적 치유를 끌어낼 수 있는 긍정의 에너지로 작용할 수 있다. 이런 면에서 보면, 노래 부르는 행위 자체는 하루하루를 버틸 수 있도록 정신적으로 위안을 주는 삶의 토대와도 같다. 그러므로 노래 부르기는 현재도 계속 진행 중인, 살아가는 과정을 상징한다고 볼 수 있다.

구소련 국가 부르기와 패러디

영화에서 러시아계 중국인 여성 한 명이 중국 국가를 힘없고 맥 빠지게 부르는데 이는 세 남성이 중국어로 구소련의 국가를 힘차고 의기양양하게 부르는 장면과 크게 대조를 이룬다. 러시아계 중국인 남성이 군복처럼 보이는 빨간 복장으로 차려입자, 또 다른 한 명은 그가 노란 술을 오른쪽 어깨에 매도록 도와준다. 이 노란 술은 마치 빨간 상의의 남루함을 가려 좀더 멋있어 보이게 하는 특별한 장식 같아 보인다. 먼저 이 빨간 제복을 입은 남성이 러시아 민요인 〈카추샤〉를 언급한다.[9] 하지만 장식용 노란 술 다는 것을 도와준 친구는 군복에 어울리는 군가 종류의 노래를 부르라고 제안하고, 콧노래를 부르기 시작한다. 그러자 제복을 입은 남성은 〈네 개의 무〉를 같이 부르자고 제안하며, 이 노래가 구소련의 국가라고 억지 주장을 한다.

그가 노래를 부르기 시작하자 이 둘은 노래의 가사와 멜로디 몇 마디를 두고 서로 맞느니 틀리느니 옥신각신하면서 노래를 이어간다. "네 개의 무, 무를 자르자, 무를 자르자, 양념이 없으면 안 되니, 식초를 좀 넣고, 신맛이 돌면 먹자." 이들은 노래의 완전성 및 진위 여부를 두고 계속 티격태격하는데, 노란 술 다는 것을 도와준 두 번째 남자는 첫 번째 가사는 맞지만 노래가 약간 느리고 피치(pitch: 음의 진동수 차)에 조금 더 변화를 주어야만 한다고 주장한다. 그러나 제복을 입은 남성은 이 견해에 반대하며 소련의 국가를 모욕해서는 안 된다고 말하고, 상대의 제안에 아랑곳하지 않고 처음 부르던 대로 부른다.

구소련 국가의 원곡을 잘 알거나 중국어 혹은 영어 자막을 읽을 수 있는 관객들은 그들이 부른 노래가 실제로 구소련의 국가가 아님을 금방 알아차릴 수 있다. 이 남성은 구소련 국가를 불렀다고 주장하지만 사실 제목, 가사, 멜로디, 리듬 등을 즉흥적으로 만들어냈다. 이 노래는 마치 그들이 원곡을 패러디함으로써 구소련 국가의 위엄과 권위에 도전하고, 이를 조롱하는 듯하다. 그러나 제복을 입은 남성은 이 새로 고안한 노래의 모든 요소들을 구소련의 문화적·민족적 유산과 연결한다. 그의 머릿

속에 있는 구소련은 위대한 민족국가이므로 이 노래는 그네들의 민요가 되는 것이다.

이들이 노래의 정통성을 두고 옥신각신하고 서로 자기 노래가 맞다고 우기는 일련의 과정은 넓은 의미에서 패러디로 간주할 수 있다. 이는 그들의 노래가 기존의 원곡을 바탕으로 했지만, 거기에 익살스러운 선율을 첨가함으로써 코믹함이 더해진 새로운 버전(version)을 만들어냈기 때문이다. 이처럼 러시아계 중국 남성들은 패러디를 통해서 기존 구소련 국가(國歌)에 지정된 국가(國家)의 경계, 그 속에 구축된 연방 민족의 정신 기풍(ethos)이라는 경계의 틀을 무너뜨린다. 이들의 노래는 신명나고 희극적인 재간에서 나온 것으로, 창의적인 음악성과 활력 넘치는 소리, 톡톡 튀며 활기 넘치는 선율이 전부 모인 집합체이다. 이 남성 가수들은 그들만의 노래를 창조해냄으로써 오리지널 국가에 담긴 의도, 즉 구소련 연방의 단결, 레닌주의와 공산주의의 영원불멸의 이상성 찬양, 승리를 향한 민족적 정신 기풍의 고취를 완전히 무시하는 듯하다.[10]

이런 면에서 볼 때, 앞의 여성이 중국 국가를 자기 스타일로 부른 것과 마찬가지로, 이 남성들이 계속해서 가사와 멜로디를 바꾸면서 부른 노래는 문화적 원천의 무한한 가소성을 단적으로 보여준다. 이 문화적 가소성은 공연자가 문화 원형에 활력을 불어넣을 수 있는 상태를 의미한다. 따라서 중요한 것은 공연자가 어떻게 문화적 원천과 원형을 창의적이고 해학적으로 응용하는가 하는 것이다. 본래 국가의 제작 목적은 국가라는 경계를 만들거나 유지하는 데 있지만, 이렇게 만들어진 노래는 국가의 원래 목적과 어긋날 뿐만 아니라 국가에 내포된 국체 이념이나 문화적 정수를 구현하지도 않는다. 가수가 이 노래를 민요 혹은 국가라고 다시 명명하는 것과 관계없이, 이 새로운 버전의 노래는 새 형식뿐만 아니라 새로운 의미를 띠게 된다. 여기에서 '새롭다'라는 의미는 모호한 상태를 의미하는데, 이 모호성은 카니발 같은 유희 및 공동체에서 여는 축제의 기분과 관련된 것으로, 노래 자체의 유머와 희극적 효과가 공연자와 관객 모두에게 미치는 것을 말한다.

이 노래 부르기 장면은 음식과 연관된 상상력으로 가득하며, 먹기와 마시기의 경계를 허무는 점이 인상적이다. 무에 식초를 더함으로써 요리를 마실 수 있는 액체 상태로 전환하는 이 행위는 음식과 관련된 디오니소스적인 이미지를 불러일으킨다. 실제로 영화에서는 마을 사람들이 함께 모여 술을 마시는 장면들을 보여준다. 노래를 부른 세 남성을 포함한 마을 사람들은 장례식 후에 한껏 부어라 마셔라 하며 주연을 즐기는데, 이는 공동체 생활의 정감 어린 면을 나타내는 또 다른 예이다.

사회적·역사적으로 러시아계 중국인들 다수는 만주국(1932~1945) 시기부터 무국적 상태에 처해 있었다. 그러나 이들의 무국적 상태와 상반되게, 인쇄 매체(만주국의 선전 선동용 포스터 등)나 영화에서는 이들을 마치 국적이 있는 독립된 민족처럼 시각적으로 재현했다. 만주국 시기 그들의 현실적인 사회적 지위는 이렇듯 법적으로는 제외되었지만 시각적으로는 통섭된 것이었다. 여기에 반대로 조응하듯 신중국 성립 이후에는 비록 법적으로는 러시아족이라는 소수민족으로 정의되었지만, 사회적으로는 여전히 중국인으로 받아들여지지 않고 있는 상태이다. 이처럼 비록 당대 중국에서 이들이 중국인으로 인식되고 받아들여지지는 않지만, 영화는 이들이 유쾌한 놀이를 통해 사회적 구성원이 될 수 있음을 역설적으로 시사해준다.

음식과는 전혀 관계 없는 구소련 국가를 그들은 먹고 마실 수 있는 맛깔스러운 미각적 에너지로 유쾌하게 전환했다. 이 음식은 액체성과 유연성이 특징이므로, 구소련 국가에 내포된 의미가 폐쇄적으로 고정·고착된 것과 크게 변별이 된다. 이 희극적인 웃음은 온화한 친밀감의 표시로, 모호하고 익살스러운 장난기가 모두 모여 열린 상태에서 관객들이 신구 버전 노래의 가사, 멜로디, 리듬, 톤 등의 차이를 다층적으로 들어볼 수 있게 한다.

러시아계 중국 남성이 구소련의 국가로 장난을 치는 것은 노래 부르기의 문화적 전복성을 보여준다. 원곡을 패러디하여 코믹함을 더함으로써, 이들의 노래 부르기는 기존의 국가에 내재된, 지정되고 정형화된 국가 경계를 거부한다. 그러므로 이 노래 부르기의 전복성은 패러디로 국가 경계를 불안정하게 하여 인종적·국가적 경계를 만드는 사회적 기제 자체를 해체할 수 있다는 데에 있다. 러시아계 중국 여성이 부른 중국 국가의 경우, 국가는 가변성 있는 주형으로 존재하여 국가의 형식과 내용이 모두 유연하게 주조될 수 있었다. 다시 말해 내용과 형식이 모두 가변성이 있어서, 노래 부르는 사람이 융통성 있게 조정할 수 있다는 것이다. 이 유연한 가변성과 주조성에 감화력이 더해져, 노래는 당대 중국에서 러시안 디아스포라 문화의 전복성을 구현해낸다. 이와 유사하게 구소련의 국가는 분명한 뜻이 없는 빈 기표로 작용하기 때문에, 가수는 자신만의 창조적 상상력으로 빈 공간을 새롭고 열린 의미로 채워 넣을 수 있다. 이렇게 즉흥적인 노래 공연만 가능하다면 공연자는 언제든지 새로운 버전의 노래를 흔쾌히 만들어낼 수 있는 것이다.

국가라는 이름표가 붙은 문화유산은 본래 민족적 정체성을 부여하는 도구로 사용되며, 이 문화유산의 존재 유무는 민족의 범주를 결정짓는 주요한 기준이 된다. 그러므로 국가성이 부여된 민족 문화유산의 기능은 사람들을 일정한 기준에 맞추어 분류하고 제한적으로 범주화하는 데에 있다. 하지만 노래 부르는 이는 문화유산의 이러한 범주화 기능에서 벗어나 자유로울 수 있고, 나아가 문화 전통을 새롭게 응용하고 활성화할 수도 있다. 이러한 면에서 중국 당대의 다큐멘터리 영화에 재현된 러시안 디아스포라는 하위 주체(the subaltern)가 어떻게 문화적·민족적 규범들을 전복적으로 재조정하고, 낯설지만 유쾌한 방식의 노래로 홍겹게 풀어내는지 보여주고 있다.

러시아계 중국인에게 문화적 원형이란 사람과 사람 사이의 경계를 만드는 소재로 기능하는 것이 아니다. 이들에게 노래 부르기는—파토스가 담긴 표현이든 원곡에 대한 유쾌한 패러디이든 간에—민족 문화의 본질을 표방하는 국가라는 틀에 내적 감정, 재미, 장난기 등을 창조적으로 담아내는 그릇으로 활용되며 매개체 기능을 하는 것이다. 그들의 노래는 하위 주체의 문화적 창조성을 상징하며, 이들은 국가의 경계가 분명한 문화 원형을 자신들만의 방식으로 활용함으로써, 공연자 자신이 공감하고 활기를 되찾고 있다. 이 감정적 에너지들은 그들이 진짜 중국인이 되거나 진짜 중국인으로 받아들여질 수 없는 암담한 사회적 현실의 여러 장벽을 조금이나마 누그러뜨릴 수 있는, 미약하지만 깊은 울림이 있는 완화 기제가 될 뿐만 아니라 나아가 자기 방어 및 자기 적응 기제가 될 것이다.

감화력을 통한 경계의 해체

요컨대, 당대 중국의 다큐멘터리 영화에 재현된 러시안 디아스포라는 인종적·민족적 경계를 만들어내는 사회적 기제의 문제를 문화적으로 다루고, 인종이 위계적으로 구성되는 사회적 논리를 거부하는 측면을 드러낸다. 나아가 이 영화는 하위 주체가 본디 행위성(agency)을 보유하고 있다는 사실뿐만 아니라 그들의 창의적인 예술성을 상징적으로 보여줌으로써, 다수자인 중국인이 그들을 임의로 사회적·인종적 질서 속에 배치하는 것이 왜 문제가 되는지 주의를 환기시키고 있다. 이처럼 영화는 감독과 영화 속의 공연자들이 인종적 질서 세우기 및 고착화를 경계하는 새로운 재현의 방식을 어떻게 만들어냈는지 보여주었다. 다시 말해 영화 속 러시안 디아스포라의 의미와 가치는, 민족과 인종을 구별하는 경계의 표지 및 사회적 논리를 감화적인 예술의 영역으로 전환하는 데 있다. 따라서 관객들은 경계적 질서의 구축 및 사회적인 구축 원리를 재고(再考)하여 '재현'에 내재된 문화 예술의 순기능과 역기능을 동시에 경험할 수 있게 된다. 결국 문화 재현과 노래 부르기의 다의적 의미망 속에서 독자들은 문화 원형을 좀더 창의적인 원천으로 활용하여, 경계를 만드는 기제를 해체할 수 있는 유의미한 계기를 만날 것이다. 그러므로 여기에서 문화적 원천은 "나는 중국인입니다!"라는 주장의 근거로 작용한다기보다는 개인에게 감정적 파토스와 유쾌한 재미, 활력을 주는 삶의 원동력으로 기능한다. 이러한 다의적인 문화 생산 및 소비의 행위 속에는 인종적·민족적 경계 및 배제의 논리에서 자유로우며 좀더 열린 사회 공간의 가능성이 깃들어 있어 우리가 "나는 나입니다, 혹은 나는 지구의 시민입니다!"라고 주장하는 사회를 향하여 나아가게 할 것이다.

부록

관련 연표

1896년	러시아 동청철로(東清鐵路, The Chinese Eastern Railway)가 설립되다.
1904~1905년	러일전쟁이 일어나다.
1906년	일본 남만주철도회사(南滿洲鐵道株式會社, 간칭 滿鐵)가 설립되다.
1914~1919년	제1차 세계대전이 일어나다.
1917년	러시아혁명이 일어나다(백군파 러시아인이 중국으로 이주하다).
1921년	중국공산당이 창당되다.
1932년	만주국(滿洲國) 수립되다. 특히 하얼빈에 다수의 러시아인이 거주하게 되다.
1934~1935년	마오쩌둥(毛澤東)이 홍군을 이끌고 대장정(大長征)에 오르다.
1937년	중일전쟁이 일어나다.
1945년	일본이 패망하다.
1949년	중화인민공화국이 수립되다. 이때 다수의 백군파 러시아인이 오스트레일리아 및 미주로 이주하다.
1966~1976년	문화대혁명(文化大革命)이 전개되다(이 시기에도 이주 이어짐).

1978년	개혁개방(改革開放)이 시작되다.
1989년	톈안먼(天安門) 사건이 일어나다.
1997년	영국이 홍콩을 중국에 반환하다.
2008년	베이징 올림픽이 열리다
2012~2013년	시진핑(習近平)이 공산당 총서기 및 국가주석으로 선출되다.

개념어 설명

러시아족(俄羅斯族) 중국은 다민족 국가로, 다수자인 한족(漢族)과 55개 소수민족으로 구성되었다. 러시아족은 러시아계 중국인에 대한 공식 명칭으로, 55개 소수민족의 한 구성원이다.

백군파(백계) **러시아인**(White Russians) 1917년 볼셰비키혁명에 반대하는 세력, 즉 왕정복고를 지지했던 세력 및 러시아혁명 후에 다른 나라로 망명하거나 이주한 러시아 사람이다.

더 읽을거리

슈테판 크라머, 《중국영화사》, 황진자 옮김(이산, 2000).

조너선 D. 스펜스, 《현대 중국을 찾아서》 1·2, 김희교 옮김(이산, 2011).

프래신짓트 두아라, 《주권과 순수성: 만주국과 동아시아적 근대》, 한석정 옮김(나남, 2008).

한국 중국현대문학학회 엮음, 《중국 영화의 이해》(동녘, 2008).

Bill Nicholas, *Introduction to Documentary*(Bloomington, IN: Indiana University Press, 2010).

주

1. 이들에 대한 중국어 공식 명칭은 러시아족(俄羅斯族, Eluosi zu)이며 신중국 성립(1949) 이후에 중국의 소수민족으로 정의되었다. 본고에서는 러시아계 중국인(Russian Chinese)으로 통일한다.
2. 만주로 망명해온 백군파 러시아인들은 중화인민공화국 수립 전후에 대부분 다른 나라로 이주했다. 주로 오스트레일리아, 미국, 캐나다, 남미로 이주했으며, 이들 중에 일부는 오스트레일리아를 거쳐 북미에 정착했다.
3. 선샤오민, 〈沈少民:鏡頭與責任〉(선샤오민: 촬영과 책임), Paola Iovene의 인터뷰. www.ionly.com.cn/nbo/news/info3/200810181/1413051.html.(2014년 7월 10일 검색)
4. 영화 서두. 진펑에 의하면, 홍지앙촌에는 전체 201가구 653명의 주민이 거주하고 있으며, 이 중에서 러시아계 중국인은 75가구 264명이다. 진펑(金鋒), 〈沈少民的作品—《我是中国人》〉(선샤오민의 작품, 〈나는 중국인입니다〉). http://blog.sina.com.cn/s/blog_4a12e31001009zff.html.(2014년 7월 10일 검색)
5. 러시아인의 만주 이주에 대한 좀더 자세한 논의는 王勝今, 《僞滿時期中國東北地區移民硏究: 兼論日本帝國主義實施的移民侵略》, (北京: 中國社會科學, 2005); 石方, 《哈爾濱俄僑史》, (哈爾濱: 黑龍江人民出版社, 2003) 참조.
6. 만주의 백군파 러시아인들은 1917년 러시아혁명에서 다수파인 볼셰비키에 패배하여 망명해온 경우이다.
7. 〈의용군 행진곡〉은 항일전쟁 당시에 널리 불리던 곡으로, 중화인민공화국 건국 이후 중국 국가로 선정되었다. 중국 국가의 영어 가사, 악보 및 실제 노래 연주는 중국의 중앙인민정부 홈페이지에서 볼 수 있다. http://www.gov.cn/english/2005-08/16/content_23523.htm.(2014년 7월 16일 검색)
8. 〈격동의 시기에 선 중국인〉에 삽입된 영화 OST, 〈의용군 행진곡〉은 여기에서 확인할 수 있다. http://www.youtube.com/watch?v=6icFnCSF2yA.(2014년 7월 16 검색)
9. 러시아의 대표적인 민요로 제2차 세계대전 중에 불렀다. 1938년에 마트베이 블란테르(Matvei Blanter)가 작곡하고 미하일 이사콥스키(Mikhail Isakovsky)가 작사했으며, 러시아 소녀가 전선에 나간 애인을 그리워하는 내용이다. http://en.wikipedia.org/wiki/Katyusha_(song).(2014년 11월 24일 검색)

노래 〈카추샤〉는 다음의 링크에서 들을 수 있다. http://www.youtube.com/watch?v=WNIlyUmSlDs.

10. 구소련의 국가는 1944년에 처음 연주되었고, 스탈린 사후, 1977년에 그를 언급한 후렴구를 빼고 개작되었다. 한국어 가사는 다음의 링크에 예시되었다. 소련의 국가: http://ko.wikipedia.org/wiki/%EC%86%8C%EB%A0%A8_%EA%B5%AD%EA%B0%80.(2014년 7월 28일 검색)

〈영광의 날들〉

제2차 세계대전과 북아프리카 출신 병사의 정체성

14
신동규

아프리카 출신 프랑스 병사를 위한 청원 운동

2005년 10월에서 11월 사이 21일간 프랑스 전국에서 총 9193대의 자동차가 방화로 파손되었다. 이 사건으로 전국에서 2921명이 연행되었으며, 수십 명의 경찰이 부상을 당했다. 이 폭력 사태는 매일 인종차별을 겪고 있었던 아프리카 출신 이민자 2세대 혹은 3세대들이 보여준 '부당한' 사회에 대한 저항이었다. 과거 프랑스의 식민지에서 이민을 온 부모나 조부모를 두었던 청소년들은 사회에 강한 불만을 표출했으며, 불타는 자동차는 이들의 분노를 상징하는 듯했다. 따라서 이 사건은 프랑스 식민통치의 현실을 보여주었을 뿐만 아니라 프랑스 제국주의와 식민지의 관계가 어떤 역사적 결과를 낳았는가라는 질문을 던졌다.[1]

이 사건의 열기가 여전히 남아 있었던 2006년, 프랑스에서는 한 편의 영화와 함께 식민지 시대의 과거를 떠올리게 하는 대중적인 청원 운동이 진행되었다. 이 운동은 프랑스를 위해 제2차 세계대전에 참전했던 식민지 출신 상이용사에게 그들의 공로를 인정하고 연금을 지급할 것을 요구하는 것이었다. 프랑스의 식민지들이 독립하기 이전까지 이들은 당연히 연금을 받아야 할 참전 용사들이었다. 그러나 식민지의 '해방'과 동시에 프랑스 정부는 이들에 대한 의무를 저버렸다. 1962년 알제리 독립을 계기로 아프리카 출신의 제2차 세계대전 참전 군인들은 권리를 박탈당했던 것이다. 이렇게 중지된 식민지 출신 참전 군인들의 연금 지급을 프랑스 정부에 촉구하는 것이 청원 운동의 목표였다. 당시 자크 시라크 대통령에게 보낸 청원서에는 '프랑스와 식민지 출신의 참전 용사들의 권리 평등을 위한 호소문'이라는 제목이 붙었다. 이 청원서는 "프랑스인 상이용사 1인당 세 명의 세네갈인, 열한 명의 모로코인, (……) 90일간 전투부대에 배치된 한 명의 프랑스인당 5.2명의 말리인, 7.3명의 알제리인 그리고 스물여섯 명의 캄보디아인"이 있었다는 사실을 상기시키면서 "전투 중 평등했던 이들에 대해 법 앞에 모두 평등하다는 선언을 구체화할 것을 요구"했다.[2] 식민지 시대 관행을 청산하고 공화주의적 평등주의의 확립을 강조하는 이 호소문은 이 영화가 사회적 약자의 권리 획득을 위한 정치적 요구를 담은 문화 매체의 성격을 강하게 띠고 있음을 웅변한다. 이 영화는 바로 2006년 9월 27일 프랑스에서 개봉한 라시드 부샤렙(Rachide Bouchareb) 감독의 영화 〈원주민들(Indigènes)〉로 우리나라에서는 영어 제목인 〈영광의 날들〉로 알려졌다.

프랑스어 원제 '앵디젠(Indigènes)'은 프랑스제국의 식민지 출신 군인들을 가리키는 용어로 '원주민'이라는 뜻이다. 2006년 칸영화제에서 남우주연상을 수상한 이 작품은 프랑스 군대 내의 이방인들을 연기한 북아프리카 출신 주연 배우들의 열연이 보여주는 예술성을 넘어서 파리 태생의 알제리계인 부샤렙 감독이 프랑스 사회에 던지는 정치적 메시지가 분명한 영화로, 프랑스인들의 감성을 자극하는 선동 매체의 역할을 했다. 백인 중심의 승리의 신화를 이야기하는 제2차 세계대전 관련 영화들이 홍수처럼 쏟아져 나오는 가운데 일종의 '기억하기 투쟁'을 벌이고 있는 감독은 전쟁에 참여한 프랑스군 소속의 식민지 출신 군인들의 이야기를 다루면서 종전 60여 년 후 거의 잊힌 '원주민'이라고 불렸던 이들의 역사적 경험을 다시 끄집어내고 있다. 특히 2005년 방리유 사태가 프랑스에서 북아프리카 출신 이민자들의 불평등한 사회적 지위를 고발했다면, 이 영화는 이 불평등이 식민지 시대의 유산임을 밝히고 있다.

전쟁에 대한 또 하나의 기억/기념 방식: 〈영광의 날들〉과 이방인들

1939년은 독일군이 거침없이 세력을 확장한 해였다. 독일은 3월 15일에 체코슬로바키아 지역을 보호령으로 삼은 후 독일인 거주 지역인 단치히 자유시와 서프로이센 지역에 대한 영향력을 강화하려 했다. 그러나 이 두 지역은 제1차 세계대전 이후 각각 중립 도시가 되거나, 폴란드 영토로 편입된 곳이었다. 결국 폴란드는 자국 영토를 지키기 위한 군사적 방어 태세를 취하게 되었으며, 영국과 프랑스는 뮌헨협정(1938)에도 불구하고 체코슬로바키아—보헤미아와 모라비아—를 병합한 독일을 맹비난하며 3월 31일 모든 침략 행위에 맞서 폴란드를 지지할 것을 공식 선언했다. 그러나 폴란드 침공을 준비하던 독일은 이미 8월 23일 폴란드 분할을 조건으로 소련과 불가침 조약을 맺었다. 이에 놀란 프랑스 정부는 8월 26일 공산당의 모든 활동을 금지했으며, 독일 정부를 향해 프랑스가 폴란드와 맺은 약속을 이행할 것임을 천명했다. 그러나 1939년 9월 1일 새벽, 독일이 폴란드를 공격하면서 제2차 세계대전이 시작되었다. 9월 3일 영국과 프랑스가 독일에 선전포고를 하는 동시에 두 제국의 식민지들도 전쟁 상태에 돌입하게 되었다. 하지만 1939~1940년 겨울은 교전이 없는 전쟁 기간이었다. 전투는 독일이 1940년 5월 10일 룩셈부르크와 벨기에를 지나 프랑스를 공격하면서 시작되었다. 많은 사람들이 제1차 세계대전을 상기하며 전쟁이 오래 끌 거라고 믿었음에도 불구하고 동년 6월 22일 프랑스가 항복하고 만다. 이에 독일은 북부와 서부 프랑스를 점령했으며, 이탈리아는 남동부 프랑스를 점령했다. 그리고 페탱이 이끄는 비시 정부는 프랑스 중남부 지방을 직접 통치하면서 히틀러에게 협력했다.

한편 1940년 6월 초부터 영국과 공동 작전을 모색하던 샤를 드골은 6월 18일 런던에서 BBC 방송을 통해 독일에 대한 저항을 호소하는 한편, 7월 1일 자유프랑스군을 창설하면서 레지스탕스 활동에 들어갔다. 드골 장군은 히틀러의 패전과 함께 1944년 8월에야 파리로 돌아갈 수 있었다. 1940년 6월 22일 항복 선언 이후 파리 수복은 프랑스인들에게 영광의 순간이었다. 1944년 8월 25일, 드골 장군은 파리 시청 앞에서 행한 연설에서 "파리! 능욕당한 파리! 파괴된 파리! 학대받은 파리! 그러나 해방된 파리! 스스로 해방된 〔파리〕, 프랑스 군대의 협력과 프랑스 전체의 협력과 지지와 함께, 싸우고 있는 프랑스, 단 하나의 프랑스, 진정한 프랑스, 영원한 프랑스의 협력과 지지 속에서 민중에 의해 해방된 〔파리〕!"라고 힘주어 외쳤다.[3] 이 파리 시청 연설은 파리가 프랑스군에 의해 해방되었다는 사실을 공식 선언하는 것이었다. '프랑스에 의해 해방된 파리'를 강조하는 드골의 연설문은 연합국의 일원으로 인정받아야 하는 현실적인 문제를 의식한 것으로 보인다. 이러한 이유로 드골은 연설문의 말미에서 "승자로서 자국의 영토에 들어가기"를 원했던 프랑스의 역할을 강조했다.

즉 "프랑스의 선봉대는 포화 속의 파리에 들어갔으며", 이를 위하여 "프랑스 군대는 프랑스 남부 미디(Midi)에 상륙했으며 빠르게 발레뒤론까지 올라갔다"는 사실을 강조하고 있다.[4] 이 연설문은 1944년 6월 6일에 있었던 노르망디 상륙작전보다는 1944년 8월 15일부터 시작된 프로방스 상륙작전을 언급하면서 프랑스가 수행한 역할을 강조한다. 이는 1944년 8월 25일 파리의 해방이 동년 6월 6일 노르망디 상륙작전의 결과물로 인식되면서 프랑스의 역할이 축소되는 것을 경계했던 프랑스인들의 인식을 반영한 것이다.

노르망디 상륙작전이 파리 해방의 길을 열었다는 논리가 일반화된 이유는 바로 이 작전에 참여했던 연합군이 파리 서쪽 브르타뉴 지방과 프랑스 북서 해안 지방을 해방시켰으며, 특히 미 보병 4사단과 필리프 르클레드 오트클로크(Philippe Leclrec de Hauteclocque) 장군 휘하의 프랑스 제2기갑사단이 상륙작전 이후 파리로 진격하면서 수도 탈환에 결정적인 역할을 했기 때문이다. '영광'의 노르망디 상륙작전-파리 수복-독일 항복으로 이어지는 도식에서는 미국을 중심으로 하는 연합국의 역할이 강조된다. 더욱이 개별 사건의 상징성은 제2차 세계대전을 이해하는 데 있어서 이 도식에 역사적 의미를 부여한다. 이러한 논리는 1962년 존 웨인, 헨리 폰다, 로버트 미첨 등이 주연한 〈지상 최대의 작전〉이나 1999년 스티븐 스필버그에게 두 번째 아카데미 감독상을 안겨준 〈라이언 일병 구하기〉를 통해 확대되었다. 즉 노르망디 상륙작전을 통해 제2차 세계대전 당시 대독 항전에서 미국의 역할을 강조하는 이미지가 지속적으로 만들어지고 있다.

그러나 미국의 역할을 강조하는 노르망디 상륙작전을 특히 기념하는 것과는 반대로, 1944년 드골은 프로방스 상륙작전 이후 지방의 주요 도시가 해방된 시점인 1944년 9월 12일에야 연합군의 노고를 공식 치하했다. 이는 미국의 역할보다는 연합국의 일원이었던 프랑스의 역할을 강조하기 위한 것으로, 샤이오 궁에서 행한 연설에서 드골은 첫째로 레닌그라드와 모스크바까지 진출했던 독일군을 '혹독한 전투'를 벌인 끝에 물리친 소련, 둘째로 '유럽을 구원해준' 미국, 셋째로 나치에 저항한 '용감한 국가들(vaillantes nations)'이라고 칭한 폴란드, 체코슬로바키아, 벨기에, 네덜란드, 룩셈부르크, 노르웨이, 유고슬라비아, 그리스 등 연합국에 감사를 표했다.[5] 그러나 노르망디 상륙작전을 직접 언급하진 않았다.

그렇다면 8월 25일 연설문에 언급된 프로방스 상륙작전은 어떤 의미가 있었을까? 노르망디 상륙작전 이후 연합군은 8월 7일 서부 해안 도시인 브레스트에 도착했으며, 8일에는 파리로 향하는 길목인 르망을 되찾았다. 그러나 파리가 프랑스의 북쪽 지역에 치우쳐 있다는 사실을 감안한다면 전 국토를 해방하기 위해서는 반드시 남쪽에서 군사작전을 펼쳐야 했다. 이는 8월 15일 프로방스 상륙작전과 함께 시작되었다. 즉 프랑스 남부로부터 북진하는 연합군은 8월 22일 그르노블, 8월 23일 툴롱, 8월 28일 마르세유와 니스, 9월 3일 리옹, 9월 11일 디종 등 지방의 주요 도시에서 독일군을 축출했으며 보르도를 위시한 서남부 지역 독일군은 완전히 고립될 수밖에 없었다. 미국, 영국, 캐나다가 주도한 노르망디 상륙작전에 비해 프로방스 상륙작전에서 프랑스의 역할은 더욱 주목받을 만했다. 영국의 윈스턴 처칠이 프로방스 상륙작전에 반대했기 때문에 프로방스 상륙작전은 프랑스군과 미군이 주축이 되었으며, 특히 미군의 두 배에 이르는 약 26만 명의 병력을 투입한 프랑스군의 비중은 절대적이었다.

프로방스 상륙작전을 통해 프랑스 남부 지역에 진출한 프랑스 군대의 90퍼센트가 북아프리카 출신이었다. 이 중 48퍼센트가 식민지에 정착한 유럽계 백인이었으며 나머지는 소위 '원주민'으로 분류되는 식민지 출신이었다. 이들은 이론적으로는 프랑스군의 일원이었다. 이러한 프랑스군의 구성으로 인해 드골은 1944년 6월 6일 런던에서 라디오를 통해 프랑스에 발표한 연설문에서 "프랑스의 전투가 시작되었습니다. 국가(nation)와 제국(empire)에 단지 하나의 같은 의지만이 있습니다. 단지 하나의 같은 희망이 있을 뿐입니다"[6]라고 강조하면서, 인종과 출신에 상관없이 대독 항전이라는 공동의 목표를 향한 식민지인들을 포함한 모든 프랑스인의 단일한 '의지'만이 존재한다고 강조했다.

그러나 대중 동원과 군대의 규율 아래 통제 가능한 통합의 기술이 존재했을 뿐 실제로는 식민지 출신의 군인들은 백인 군인들과 뒤섞일 수 없는 '이방인'이었다. 이방인들은 승리와 영광의 순간에는 배제되었다. 8월 25일 파리에 입성하는 연합군의 행진에서 식민지 출신 유색인 군인들의—특히 흑인—자리는 없었다. 드골은 프랑스 군인들이 파리 탈환 작전을 주도하기를 원했고, 영국군과 미국군의 지휘부는 백인으로만 편제된 부대가 파리에 입성하는 것을 전제로 드골의 요구를 받아들였다. 당시 미국은 전선에서 흑백 인종 분리를 엄격하게 지키고 있었다. 그러나 프랑스에 주둔한 기갑사단에는 세네갈 등의 식민지 출신의 흑인 병사가 40퍼센트가량을 차지하고 있었기 때문에 백인으로만 구성된 새로운 편제는 이룰 수 없는 상황이었다. 따라서 연합군은 우선 흑인 병사를 백인 병사로 대체하고 모자라는 인원은 백인처럼 보이는 북아프리카와 중동 출신의 병사들로 대체하는 타협안을 승인했다. 이렇게 프랑스는 파리를 스스로 해방시켰고, 미국과 영국은 백인들이 거둔 승리라는 이미지를 선전할 수 있었다. 그러나 개전부터 1940년 프랑스가 독일에게 항복 선언을 할 때까지 1만 7000여 명의 세네갈 병사들이 희생되었음에도 불구하고 그들은 승리의 영광을 누릴 자격을 박탈당했다.

부샤렙의 〈영광의 날들〉은 바로 이 프로방스 상륙작전을 배경으로 알자스 지방까지 진격하는 프랑스 군대의 북아프리카 출신 군인들의 이야기를 다루고 있다. 영화는 1943년 알제리의 시골 마을에서 "독일 점령으로부터 프랑스를 해방시키자. 프랑스 깃발을 우리의 피로 물들이자!"고 선동하는 노인을 따라 수많은 청년들이 자원입대하는 장면으로 시작된다. 같은 해 모로코에서 모집된 북아프리카인 부대와 알제리 동북부의 세티프에서 징집된 병사들이 1944년 이탈리아 전선에서 만나게 된다. 이들은 첫 전투를 이탈리아에서 치르며, 승리에 도취한 상태로 이들은 군함을 타고 프랑스로 이동하면서 〈라 마르세예즈〉를 부른다. 1944년 8월 프로방스에 도착한 후 프랑스 시민들의 열렬한 환영을 받은 아프리카 출신 군인들은 10월에 발레뒤론 지역에 이르고, 11월에는 로렌 지방의 보주에 도착해 영화 속 마지막 전투를 수행한다. 이러한 흐름은 드골이 1944년 8월 15일 연설에서 강조한 프로방스 상륙작전과 일치한다.

"영국인들과 미국인들이 이 시기〔제2차 세계대전〕에 관한 영화를 많이 만들었지만 1940년에서 1944년 사이 프랑스를 위해 싸운 60만 명의 병사의 존재, 아프리카인 부대의 존재는 아무도 언급하지 않는다"[7]고 단언하듯, 부샤렙은 신화화된 제2차 세계대전의 영웅을 거부하면서 '보잘 것 없는' 새로운 영웅을 통해 잊힌 이야기를 현재화했다. 1944년 드골이 프랑스가 주도하는 파리 해방을 위해 아프리카 출신 병사들을 배제하는 한편 연합군 내에서 프랑스의 역할을 부각시키기 위해 노르망디 상륙작전보다 프로방스 상륙작전을 강조했다면, 60여 년 후 부샤렙은 노르망디 상륙작전 성공에 이은 백인들의 승리 이야기를 하는 게 아니라 프로방스 상륙작전을 통해 아프리카 출신 군인들에 대한 기억을 끌어내고 있다. 드골은 제국에 속한 식민지인들의 정체성을 애국심에 기반을 둔 민족정체성과 일치시키기 위한 선동을 하면서 '배제된 자'들이 원초적으로 가질 수 밖에 없었던 '차이'와 '다름'을 은폐했으며, 끊임없이 애국심을 강요하면서 이 '배제된 자'들을 국가에 포섭했다. 반면에 부샤렙은 〈영광의 날들〉을 통해 북아프리카인들의 조국 프랑스의 허구성을 폭로하고 있다. 프로방스 상륙작전을 통해 부샤렙은 '배제된 자'들의 실체를 보여줌과 동시에 〈라이언 일병 구하기〉로 대표되는 미국식 역사 기억/기념 방식에 도전했다. 이는 역설적이게도 1944년 드골이 의도적으로 노르망디 상륙작전을 자기 언어에서 제외했던 행위와 일맥상통하는 것이 아닐까? 드골이 배제된 자들을 국가에 통합된 존재로 착각하게 만드는 선동 구호를 이용한 반면 부샤렙은 그 허구성을 드러냈다는 점이 다를 뿐이다.

식민지 출신 군인들의 갈등: 프랑스는 나의 조국인가

〈영광의 날들〉에 등장하는 인물들의 정체성 형성에 대한 이야기는 합리적 국가이성이 만들어낸 물적 토대와 사회적 구조에 대한 부단한 문제 제기와 의구심으로부터 출발한다. 이는 각자에게 내재된 식민지인의 정체성 확인 과정이라고 말할 수 있을 것이다. 즉 통치성이 구현되는 사적 영역에서 개인들이 통치 논리를 따르는 과정은 우선 내면의 갈등을 수반한다. 즉 부샤렙의 영화에서는 규율화 과정에서 심리적 갈등을 겪는 이들의 모습을 통해, 도덕 체계에 순응하고 질서에 편입되는 개인의 모습을 보여주되, 이 질서가 불안정한 상태임을 드러내준다.

2006년 제59회 칸영화제는 〈영광의 날들〉에 등장한 네 명의 북아프리카 병사와 한 명의 유럽계 북아프리카 정착민인 피에 누아르(pied noir) 중사 역할을 한 배우들에게 공동 남우주연상을 수여했다. 네 명의 북아프리카 병사로는 사이드 역의 자멜 드부즈(Jamel Debouze), 메사우 역의 로쉬디 젬(Roschdy Zem), 야시르 역의 사미 나세리(Samy Nacéri), 압델카데르 역의 사미 부아질라(Sami Bouajila)가 등장한다. 이들을 이끌 하사관 마르티네즈 역은 베르나르 블랑캉(Bernard Blancan)이 맡았다. 우선 사이드는 한쪽 팔이 없는 알제리의 가난한 목동으로 글을 읽지 못한다. 하지만 누구보다 프랑스에 대한 애국심으로 충만한 병사로 조국을 구할 수 있는 군인이 되고 싶어 한다. 사이드는 알제리의 '순진한' 자발적 지원병의 표상이다. 그러나 사이드가 입대를 선택한 이유 중의 하나는 사회경제적인 처지 때문이라는 사실이 영화 곳곳에서 드러난다. 그의 어머니는 전쟁에 참전했다가 돌아오지 않는 사이드의 할아버지를 언급하고 "너를 잃는 것보다는 가난하게 사는 것이 더 낫다"고 말하면서 참전을 만류해보지만 사이드는 조국을 지키겠다며 트럭에 몸을 싣는다. 그러나 무지해 보이는 사이드는 자신의 처지를 스스로 자각하고 있는 인물이었다. 그것은 이탈리아 전선에서 만난 알제리 출신의 하사 압델카데르와의 대화에 나타난다.

압델카데르 어디서 왔냐?

사이드 비참함의 밑바닥에서.

압델카데르 군복을 입었으니 이제 너는 나와 같은 처지야. 너는 우리와 같아. 우리는 한 가족이야. 군대……. 그건 평등이거든.

정치적 공간인 식민지가 아닌 사회경제적 조건인 '비참함의 밑바닥'에서 왔다고 말하는 사이드의 인식에는 프랑스가 자신의 조국이라는 강한 믿음이 자리 잡고 있다. 이는 하나의 제국 안에 두 개의 불평등한 세계가 존재한다는 것을 의미한다. 반면에 군대에서는 모두가 평등하다고 믿는 압델카데르의 언어는 군대 밖의 세상은 평등하지 않다는 인식을 전제로 한다. 압델카데르 또한 군복을 입고 전투에 참여하는 한 프랑스인과 같은 대우를 받을 것이라고 의심하지 않는다. 그러나 이들은 같은 군복을 입고 있을 뿐 결국 '이방인'이었다. 병영 내 일상에서 이들 북아프리카 출신 병사들은 아랍어를 사용하고 이슬람 문화를 향유하면서 조국 프랑스인들과는 다른 문화를 가지고 있다는 사실을 끊임없이 드러낸다. 이는 식민지에서 태어나고 자란 이들이 제국의 중심부의 문화와는 이질적인 삶을 영위하고 있음을 의미한다.

반면에 프랑스인들은 프랑스가 그들의 조국임을 끊임없이 주입한다. 특히 아프리카 식민지 출신 병사들의 군가인 〈아프리카인들의 노래(Le Chant des Africains)〉는 프랑스가 조국이라는 인식을 심어주고 있다.

〈아프리카인들의 노래〉

(1절)

우리는 아프리카의 밑바닥에 있다네.

우리의 피부색을 소중히 여기는 수호자들

아름다운 햇살 아래 있을 때

승리자의 외침이 울려 퍼진다네

전진! 전진! 전진!

(2절)

우리 제국의 안녕을 위해

우리는 모든 탐욕스러운 자들과 싸운다네
우리의 사랑을 위해 투쟁할 때
배고픔과 죽음은 우리를 웃게 만든다네
전진! 전진! 전진!

(후렴)
우리가 바로 멀리서 되돌아온 아프리카인들.
우리가 조국을 구하기 위해 식민지에서 왔다네.
우리는 모두 부모와 안식처와 가정을 떠나왔다네.
우리는 꺾이지 않을 열정을 심장에 담아
우리 모두의 프랑스의 아름다운 깃발을
높게, 자랑스럽게 들기를 원한다네.
누군가가 우리의 깃발을 건드린다면
우리는 죽음으로 맞설 것이라네.
북을 울려라 이 나라를 위해, 조국을 위해
멀리서 죽는 것
그것은 바로 우리, 아프리카인들이라네.

이 노래는 1915년 제1차 세계대전 당시 〈해병대가〉의 곡에 맞추어 부르던 모로코 사단의 노래에 1940년 펠릭스 부아예(Félix Boyer) 대위가 새로운 곡을 붙인 것이다. 이 노래 가사는 식민지의 역할을 조국을 구하는 것이라고 정의하면서, 조국을 위해 아프리카인들이 죽는 것은 당연하다고 말한다. 이 노래를 부르는 식민지 출신 병사들은 프랑스가 조국이라고 주입하는 장교들 앞에서 압델카데르가 말하듯 군대에서는 모두가 평등하다고 믿었을까? 적어도 영화 속에서 북아프리카 출신의 병사들은 군대에서 공동의 적인 독일을 위해 싸우는 한 자신들은 프랑스인들과 동등한 대우를 받을 수 있다고 생각하고 그래야 한다고 믿고 있다. 이러한 이유로 사이드는 드골의 말을 빌려 프랑스를 위해 참전한 자신의 결정을 정당화한다. 바로 이 명분이 마그레브 출신 용병이 프랑스인이 되기 위해, 프랑스인들과 동등한 대우를 받기 위해 스스로 규율에 따르게 만드는 장치의 핵심이다.

식민지 출신 군인들의 정체성: 프랑스인 vs. 식민지인

그러나 영화 속에 등장하는 여러 에피소드에서 모두가 평등하진 않으며 북아프리카 출신 병사들이 이미 그들이 살던 곳과 '조국' 프랑스는 다르다는 사실을 인지하고 있었다는 사실을 보여준다. 유럽계 북아프리카 정착민 중사인 마르티네즈에게 의지하면서 시골 목동에서 병사로 거듭난 사이드는 프로방스에 상륙한 직후 흙냄새를 맡아보면서 자신이 살던 곳의 흙과는 다르다는 사실을 깨닫는다. 한편 프랑스 여성 앞에서 영웅담을 늘어놓으면서 "나는 한 나라를 해방시켰다. 이 나라는 내 나라야. 비록 이전에 한 번도 본적이 없지만 …… 여기는 내 나라야"라고 비장하게 말한다. 그리고 "인샬라(Inch'Allah), 우리가 승리할 거야"라는 말을 남기고 자리를 떠난다. "단지 너의 나라만이 너를 들뜨게 하니?"라고 되묻는 이 여성의 반응은—비록 냉소적이지는 않지만—스스로 세뇌하여 프랑스가 조국이라고 믿어야 하는 사이드의 처지를 보여주면서 결국 프랑스는 '너의 조국이 아니다'라는 메시지를 전해주고 있다.

돈을 벌어 결혼하기 위해 입대를 결정한 야시르는 함께 참전한 동생 라르비와 함께 성당에 들어간다. 헌금함에서 동전을 훔치는 라르비를 향해 야시르는 "그들의 신은 많이 고통받고 있다"고 말하면서 동생의 행동을 제지한다. 그리고 십자가에 못 박힌 예수를 본다. 하지만 가장 적극적으로 프랑스가 자신의 조국이라는 사실을 부정하는 인물인 동생 라르비는 형을 이해할 수 없다. 그는 어릴 적 프랑스군에게 학살된 자신의 가족 이야기를 꺼내며 형에게 묻는다. 학살을 하면서 "그들이 뭐라고 그랬지?" 야시르의 대답은 "평화 회복(pacification)"이었다.

메사우는 프로방스에 상륙한 프랑스군을 환영하던 프랑스 여자와 사랑에 빠진다. 여성과 단둘이 방에 있던 메사우는 인기척 소리에 놀란다. 이 여성은 "독일군이 다시 돌아오지 않을 거야"라며 메사우를 안심시킨다. 그러나 메사우가 놀란 이유는 독일군 때문이 아니었다. "우리나라에서는 〔알제리 남자들이〕 프랑스 여자들과 함께 있지 않아." 바로 식민지 알제리 남성과 프랑스 여성 사이에 신분 장벽이 존재하고 있음을 인식하고 있는 장면이다. 이후 메사우는 그녀와 결혼해 프랑스에 정착할 꿈을 꾼다. 하지만 그녀가 보내는 편지는 메사우에게 전해지지 않으며 메사우가 보내는 편지는 모두 검열을 받아 파기되고 만다. 결국 휴가를 떠나는 프랑스인들에게 불만을 품은 메사우는 휴가증 없이 그녀를 만나러 가다가 체포되어 감옥에 갇혔다가 마지막 임무 수행을 위해 석방된다. 사이드가 막연하게 프랑스는 자신의 조국이라고 믿으며 프랑스군 소속 병사임을 자랑스럽게 여기는 데 반해 압델카데르는 프랑스 병사로서 프랑스인과 동등한 대우를 받아야 한다고 생각했다. 그는 제2차 세계대전에 참전함으로써 프랑스인으로 인정받을 수 있다는 확고한 신념을 가지고 있었다. 이탈리아에서 승리한 후 프랑스로 향하는 배에서 흑인 병사에게 토마토 급식을 하지 않자 압델카데르는 지휘관에게 다음과 같이 말한다. "우리는 같은 깃발 아래 같은 땅에서 같은 적을 상대해 싸우고 있습니다. 토마토 역시 함께 나누어 먹어야 합니다. 독일군의 총알은 우리를 차별하지 않습니다." 결국은 모두 공평하게 급식을 받았지만, 식민지 출신이라는 이유로 승진에서 차별을 받으면서 압델카데르는 자신의 처지를 깨닫게 된다. 11월 보주에서 미군을 지원하는 보급 임무를 수행하다가 소대장과, 자신을 제치고 중사로 승진한 프랑스인 르후를 비롯한 대부분의 소대원이 지뢰를 밟아 사망하고, 상사로 승진한 마르티네즈가 심한 부상을 당하자 압델카데르는 부대의 지휘를 맡게 된다. 싸울 수 있는 병사는 압델카데르, 메사우, 야시르, 그리고 한쪽 팔이 없는 사이드뿐이었다. 미군을 도와 독일군의 진격을 저지하고 전선을 유지하는 임무를 수행하기에는 턱없이 부족한 숫자였지만 압델카데르는 모두의 반대에도 불구하고 임무 수행을 결정한다. 압델카데르는 말한다. "우리는 알자스에 들어가는 첫 번째 프랑스인이 될 거야. 우리가 미군을 도와 전선을 유지할 수 있다면 단언컨데 이번에는 우리가 한 일에 대한 보상을 받게 될 거야." 생존자들은 임무 수행을 위해 전진하고 결국 독일군과 교전한 끝에 압델카데르만이 살아남게 된다. 위기의 순간 프랑스군의 총공세로 압델카데르는 살아남지만 프랑스군은 홀로 살아남아 독일군으로부터 마을을 지킨 그의 공로를 외면한다. 부대원 전원이 전사했다는 사실만을 확인할 뿐 그들이 왜, 어떻게 죽었는지 묻는 이는 없었다. 홀로 남은 압델카데르는 길에서 행군 중인 다른 소대에 아무 일도 없었다는 듯이 편입되었고 허탈하게 걸어가는 그를 몇몇 마을 노인들이 치하할 뿐이었다. 주인공들의 마지막 전투는 이렇게 잊히고 알자스에 들어가는 '첫 번째 프랑스인'이 되기를 원했던 압델카데르의 꿈은 산산히 부서지고 만다.

마르티네즈는 유럽계 북아프리카 정착민의 후손으로 병사들에게 규율을 강요하면서 차별에도 불구하고 명령에 복종해야 하는 식민지 출신 병사들과 갈등한다. 피에 누아르로서 프랑스인 백인과 식민지 병사 사이의 매개자 역할을 한다. 특히 아프리카 병사들은 마르티네즈를 통해서만 그들의 애국심을 프랑스인에게 확인받을 수 있었다. 한편 마르티네즈는 식민지 병사들을 단지 군인으로만 인식한다. 이는 프랑스인들과 마르티네즈 사이의 가장 큰 차이점이었다. 백인 병사들은 식민지 병사들을 비하하여 깜둥이(bougnoul)로 부르고, 지휘관들은 '원주민'이나 '이슬람교도'라고 비하해 부르지만 마르티네즈는 상관에게 그들을 그렇게 불러서는 안 된다고 단호히 말한다. 마르티네즈에게 그들은 프랑스인 군인들과 마찬가지로 대원들(les hommes)일 뿐이었다. 그러나 마르티네즈는 북아프리카 병사들과 적당히 거리를 두고 있다. 그는 알제리 출신 어머니가 있었지만 이런 사실을 숨기면서 자신과 식민지 병사들을 차별화한다. 늘 사이드의 아버지 같았으나 사이드가 이 사실을 알자 관계를 끊어버린다. 사이드는 자신들과 핏줄이 같은 마르티네즈가 이 사실을 부정하는 모습을 보고 그를 혐오하지만 결국 마지막 전투에서 부상당한 마르티네즈를 돕다가 전사하고 만다.

이들은 각기 다른 방식으로 프랑스인들과 다름을 인지하고 있었으며, 서로 다른 방식으로 프랑스인이 되기 위해 노력한다. 누구도 프랑스인이 되기를 강요하지 않았지만 주인공들은 프랑스인이 되기 위해 스스로 노력하고 있는 것이다. 사이드는 마르티네즈와의 관계를 통해 진정한 군인으로 거듭남으로써, 메사우는 프랑스 여성과 결혼함으로써, 압델카데르는 임무를 수행함으로써, 야시르는 다름을 인정하고 공존을 추구함으로써, 마르티네즈는 알제리 출신 어머니를 숨김으로써 프랑스인으로 인정받고자 했다. 그들은 모두 드골이 피식민지인들을 동원하기 위해 지어낸 명분의 포로가 되면서, 군사적 품행과 성과를 통해 프랑스인이 될 수 있다고 믿으며 규율적 개인이라는 코드(codes de l'individualité disciplinaire)를 만들었다.[8] 이는 모두 자신의 역할을 조국을 위해 싸우는 병사로 규정할 때만 가능한 일일 뿐 아니라 이마저도 전장에만 한정된 것이었다. 그러는 한편 이들은 프랑스인이 아니라는 자신의 정체성을 두고 끊임없이 갈등한다.

끝나지 않는 정체성 갈등

2002년 국가자문위원회(Conseil d'Etat)가 알제리 독립으로 지급이 중단된 연금을 식민지 출신 참전 용사에게 지급할 것을 권고했음에도 정부가 계속해서 이 조치를 연기하고 있다는 사실을 알리면서 영화가 끝난다. 사실 이 영화가 만들어졌을 당시 식민지 출신 병사들에게 부분적인 연금이 지급되고 있었다. 1959년 12월 26일 공식적으로 연금 지급이 중단된 이후 국가자문위원회의 권고에 따라 연금 지급이 재개되었으나 그들이 살고 있는 국가의 물가를 기준으로 지급했기 때문에 프랑스인들보다 적게는 10분의 1 수준에 불과했다. 그리고 2006년 9월 25일 프랑스의 국방부 장관은 식민지 출신 병사들에 대한 연금 재평가를 발표하고 약 8만 명에 해당하는 65세 이상의 23개국 식민지 출신 제대군인들이 점차 프랑스인들과 같은 수준의 연금을 받을 거라고 공표했다. 이것은 봄에 칸영화제에 소개되었던 부샤렙의 영화가 전국적으로 500여 개 상영관에서 개봉하기 이틀 전에 있었던 일이었다. 당시 자크 시라크 대통령과 정부는 "평등을 목표로 한다"고 명확하게 선언했다. 그러나 연금은 평등하게 지급되지 않았다. 이러한 상황에서 2008년 보르도의 행정재판소에서 1996년 2월 유로-지중해협정에 근거해 여섯 명의 모로코 출신 참전 용사들에게 연금 지급을 결정한 사건은 중요한 전환점이었다. 하지만 이 또한 제한된 결정이었다. 이 결정으로 모로코, 알제리, 튀니지 등 북아프리카 참전 용사는 연금 수혜 자격이 생겼지만 여전히 세네갈 출신들은 제외되었다. 부샤렙의 〈영광의 날들〉은 식민지 출신 참전 용사들의 기억을 다시 프랑스 사회에 떠올리게 하며 분명 중요한 정치적 성과를 거두었다. 그러나 영화 속 등장인물들이 겪는 정체성 갈등은 60여 년이 흐른 오늘날 프랑스 사회에서 여전히 발생하고 있다. 여전히 프랑스인이 되기 위해 노력하는 식민지 출신 이민 1세대와 2세대는 사회에 포함되었지만 온갖 차별로 배제된 삶을 살고 있다. 결국 현재 방리유는 〈영광의 날들〉의 주인공들이 놓였던 전쟁터와 같은, 정체성을 둘러싼 투쟁의 공간이 아닐까?

부록

관련 연표

1939년 9월 1일	독일이 폴란드를 침공함으로써 제2차 세계대전이 일어나다.
1940년 5월 10일	독일이 베네룩스 지역과 프랑스를 침공하다.
1940년 6월 18일	드골 장군이 BBC 방송에서 항독 저항운동을 호소하다.
1940년 6월 22일	프랑스가 항복을 선언하다. 페탱이 이끄는 비시 정부가 수립되다.
1942년 11월 8일	연합군이 프랑스령 북아프리카(알제리, 모로코)에 상륙하고 11월 16일 작전을 완료하다.
1944년 6월 6일	프랑스 북서부 해안인 노르망디에서 상륙작전이 펼쳐지고 미군을 주축으로 한 연합군은 파리를 향해 동쪽으로 진군하다.
1944년 8월 15일	프랑스 남부 프로방스에서 상륙작전이 펼쳐지고 프랑스군을 주축으로 한 연합군이 북쪽으로 진군하다.
1944년 8월 19일	파리 시가전이 시작되다.
1944년 8월~9월	프랑스 지방 도시인 그르노블(8월 22일), 툴롱(8월 23일), 마르세유와 니스(8월 28일), 리옹(9월 3일), 디종(9월 11일)이 차례로 해방되다.

1944년 8월 25일　　파리가 해방되고 드골 장군이 파리에서 연설하다.

개념어 설명

프랑스 식민제국(Empire colonial Français)　프랑스 본토를 비롯해 프랑스의 도(道)로 편입되는 알제리, 보호령인 모로코와 튀니지, 위임통치령인 레바논과 시리아, 프랑스령 인도차이나(베트남, 라오스, 캄보디아), 프랑스령 인도, 프랑스령 서아프리카(코트디부아르, 니제르, 세네갈, 부르키나파소, 기니 등), 그리고 프랑스령 적도아프리카(가봉, 콩고 등) 등을 포괄하는 식민지 제국을 말한다. 제2차 세계대전 직전 프랑스 식민지의 면적은 1184만 제곱킬로미터로 본토의 20배에 달했으며, 당시 전체 식민지 영토의 32퍼센트를 차지했다. 이 광활한 프랑스 식민지 제국에는 세계 인구 5.15퍼센트에 해당하는 1억 1000만 명이 살고 있었다. 20세기 초반까지 식민지는 원료 공급지이자 상품 시장의 역할을 담당했다. 프랑스의 경우 제2차 세계대전 직전 수출품의 29퍼센트를 식민제국 각지로 보냈으며, 수입품 26퍼센트를 식민지 교역에 의존했다. 드골은 1944년 1월 프랑스령 콩고의 수도 브라자빌에서 식민제국에서 자치 수립을 배제한다는 취지의 연설을 했다. 그러나 1949년 라오스를 시작으로 1953년 캄보디아가 독립했으며, 1954년 디엔비엔푸 전투에서 승리한 베트남이 식민통치를 청산했다. '아프리카의 해'로 기록된 1960년에는 카메룬, 콩고, 세네갈 등 모두 14개 프랑스령 식민지가 해방을 맞이했다. 1954년부터 민족해방전쟁을 통해 독립을 요구하던 알제리는 1962년 결국 주권 국가가 됐다.

피에 누아르(Pieds noirs)　'검은 발'이라는 뜻으로 20세기 초 프랑스에서 발간된 사전에는 석탄창고에서 맨발로 일하는 선원의 발을 의미한다고 쓰여 있다. 프랑스령이었던 알제리 출신의 프랑스인 또는 넓은 의미로 알제리 독립(1962) 이전 북아프리카 프랑스 식민지에 정착한 유럽인 또는 그들의 후손들을 일컫는다. 그러나 북아프리카에 정착한 유럽계 유대인들은 피에 누아르보다는 '베르베르 유대인'이라는 칭호를 선호했다. 이들은 주로 알제, 오랑, 콩스탕틴 등 대도시에 거주했다. 1962~1964년 총 80만 명가량의 피에 누아르가 알제리를 떠났으며, 약 20만 명이 그대로 남았다. 프랑스의 대표적인 마르크스주의 철학자 루이 알튀세르, 1957년 노벨문학상을 수상한 알베르 카뮈, 패션 디자이너 이브 생 로랑 등이 대표적인 피에 누아르이다.

더 읽을거리

샤를 드골, 《드골 희망의 기억》, 심상필 옮김(은행나무, 2013).
송충기 외, 《세계화 시대의 서양 현대사》(아카넷, 2009).
앤터니 비버, 《디데이: 1944년 6월 6일 노르망디 상륙작전》, 김병순 옮김(글항아리, 2011).
에릭 홉스봄, 《극단의 시대: 20세기 역사》, 이용우 옮김(까치, 1997).
이동훈, 《전쟁 영화로 마스터하는 제2차 세계대전: 유럽 전선》(가람기획, 2007).
이재원, 〈제1차 세계대전과 프랑스의 식민지인 병사〉, 《프랑스사 연구》 제31호(2014).
조원옥, 〈기억 균형 잡기의 불균형〉, 《코기토》 제64호(2008).
조윤경, 〈알제리를 다룬 영화에 나타난 혼종적 정체성: 〈추방된 사람들〉(2004)과 〈영광의 날들〉(2006)을 중심으로〉, 《프랑스 문화예술 연구》 제32집(2010).
프란츠 파농, 《대지의 저주받은 사람들》, 남경태 옮김(그린비, 2010).

주

1. 신동규, 〈프랑스 방리유 이민 2세대 청소년들의 사회적 저항과 국가의 대응, 1981~2005〉, 《역사와 담론》 60(2011), 149~187쪽 참조.
2. Appel pour l'Egalité des droits entre les anciens combattants français et coloniaux.
3. Discours de Charles de Gaulle, 25 août 1944.
4. Ibid.
5. Discours de Charles de Gaulle, 12 septembre 1944.
6. Discours radiodiffusé de Charles de Gaulle, 6 juin 1944.
7. R. Bouchareb, interview, TF1, 27 septembre 2006.
8. Michel Foucault, *Surveiller et punir*(Paris: Editions Galimard, 1975), p. 222.

7부

유대인, 영원한 이방인인가

〈불의 전차〉

해럴드 에이브러햄스는 무엇을 위해 뛰었는가

15

윤영휘

영화 〈불의 전차〉: 시사점들

2012년 런던 올림픽 개막식에서는 영화 〈불의 전차〉에 나오는 두 곡이 소개되었다. 첫째 멜로디는 한국의 시청자들도 잘 아는 반젤리스의 〈불의 전차〉 OST로서, '미스터 빈'으로 잘 알려진 영국 코미디언 로완 앳킨슨(Rowan Atkinson)이 영화의 오프닝 신인 국가대표들이 해변에서 달리기 하는 장면을 패러디했을 때 전파를 탔다. 둘째는 영화의 맨 마지막 장면을 장식한 찬송가 〈예루살렘(Jerusalem)〉으로, "연합왕국" 어린이들이 무대에 나와 자기 지방 대표곡을 부를 때 잉글랜드 어린이들에 의해 합창되었다. 윌리엄 블레이크(William Blake)가 작사한 이 노래는 많은 잉글랜드인들에게 '제2의 국가' 정도로 여겨지는 매우 영국적인 노래이다. 영화에서는 주인공 해럴드 에이브러햄스(Harold Abrahams)의 장례식에서 성가대가 "우리가 잉글랜드의 푸르고 복된 초원에 예루살렘을 건설할 때까지(Till we have built jerusalem, in england's green and pleasant land)"라는 유명한 가사로 끝나는 이 노래를 부르며 대미를 장식한다. 첫째 OST가 스포츠 영화인 이 영화의 특징을 보여준다면, 둘째 곡은 어쩌면 에이브러햄스가 평생 가지고 싶어 했으나 온전히 가지지 못했던 "영국성(Britishness)"을 반영하는 듯하다.

영화 〈불의 전차〉에는 해럴드 에이브러햄스라는 유대인이 나온다. 이 영화에 대한 해설서들은 대부분 에이브러햄스를 반유대주의가 만연한 당시 사회적 분위기에 저항하여 유대인의 우수성을 입증하기 위해 뛰는 선수로 묘사하고 있다. 이런 해설에서는 에이브러햄스의 올림픽 도전도 "주변화된 타자(Marginalized Other)"의 대표 격인 유대인이 자신의 유대인성(Jewishness)을 극복하려는 시도로 설명되곤 한다. 사실 '타자', '주변인', '소외' 같은 용어들은 유대인 정체성에 대한 이해에서 빼놓을 수 없는 요소였다. 하지만 에이브러햄스가 영화 속에서 그리고 역사 속에서 실제로 이런 용어들로만 설명될 수 있는 사람일까? 여기에는 의문의 여지가 있다. 거의 모든 역사 영화가 그렇듯 영화는 전체 사실의 일부만을 보여준다. 이 영화 또한 당시 영국 유대인의 이미지에 대해 보여주는 바가 있고 보여주지 못하는 것들도 있다. 둘의 긴장관계를 조명하고 분석함으로써 우리는 영화가 말하려 한 바를 종합해서 이해할 수 있을 뿐 아니라 나름의 한계를 가늠해볼 수 있다. 이런 점에서 영화 속 에이브러햄스가 당시 유대인 이미지에 대해 하는 말과 그의 실제 모습, 그리고 양자의 차이가 무엇을 반영하는가를 생각해보는 것도 의미 있는 시도일 터다.

영화 속의 해럴드 에이브러햄스

1981년 영국에서 처음 개봉된 영화 〈불의 전차〉는 개봉 당시부터 세계적인 주목을 끌었다. 이 영화가 유명한 이유는 여러 측면에서 살펴볼 수 있다.

첫째, 뛰어난 작품성. 〈불의 전차〉는 1982년 아카데미상 7개 부문 후보에 올라 작품상, 각본상, 음악상, 의상상을 수상했고, 칸 영화제에서 심사위원상과 조연상을, 골든글로브 시상식에서 최우수외국영화상 등을 수상했다. 이 영화는 1999년 영국영화협회가 선정한 최고의 100대 영국 영화 중 19위에 오르기도 했다.

둘째로, 영화의 내용이 여러 세대의 감성을 자극한다는 점을 들 수 있다. 실화에 바탕을 둔 이 영화는 구세대에게는 여전히 향수를 일으키는 역사 이야기이며, 신세대에게는 올림픽 정신이 가장 잘 드러나는 스포츠 영화의 전형으로 여겨진다. 여기에 지금도 세계적으로 유명한 반젤리스의 OST도 명성을 더해주었다. 그러나 이렇게 유명세를 치르게 된 데는 인종적 종교적 요인도 한몫했다. 〈불의 전차〉는 미국 기독교 공동체와 유대인 사회 양쪽에서 주목을 끈 독특한 영화인데, 이는 두 주인공 때문이었다. 한쪽에서는 신의 영광을 위해 뛰었던 선교사 출신의 에릭 리들 때문에 〈불의 전차〉가 기독교 영화로 취급되었고, 한편 유대인 공동체에서는 이 영화 때문에 유대인 육상 선수 에이브러햄스의 행보를 두고 논쟁이 일어나기도 했다.

이는 당시부터 지금까지 해럴드 에이브러햄스를 둘러싼 유대인 사회의 다양한 평가를 반영할 뿐 아니라, 영화 〈불의 전차〉 또한 이런 논쟁의 연장선에 있음을 보여준다. 영화에 나오는 해럴드 에이브러햄스는 동유럽에서 건너온 유대인 은행가 집안 출신으로, 명문 사립학교를 졸업하고 케임브리지에 입학한 유대인이다. 케임브리지의 친구들은 그와 비슷하게 사립학교 출신으로 옥스브리지 같은 명문 대학에 입학한 "주류" 영국인들이었지만, 그는 비슷한 외적 조건에도 불구하고 자신이 그들과는 다르다고 느낀다. 이런 "타자성"에 대한 인식은 종종 호전적 태도로 나타난다. 영화에서는 학교 기숙사에서 유대인성이 드러나는 자신의 이름을 물어보는 사감에게 공격적인 태도를 보이기도 하고, 이런 감정을 귀족 집안 출신 친구 오드리 몬타규(Aubrey Montague)에게 털어놓으며 "분노, 고통, 굴욕감 (……) 스스로 예민한 탓으로 돌린 적도 있지만 사람들의 냉대를 받을 때면 울분을 삼킬 수밖에 없다"고 말하기도 한다. 에이브러햄스는 나중에 아내가 되는 오페라 가수 시빌 고든(Sybil Gordon)과 처음 만났을 때 유대인으로서 느끼는 상대적 박탈감을 설명해주는데, 이것은 마치 "물가에 세워놓고 물은 못 마시게 하는 것"과 다름없는 일이었다. 이처럼 〈불의 전차〉에서는 자신이 유대인이라는 걸림돌을 극복하고 싶지만 현실에서는 그것이 불가능하다는 사실을 되씹을 수밖에 없는 에이브러햄스의 좌절감이 반복해서 표현된다. 에이브러햄스는 개인 코치를 고용하는 문제 때문에 학교와 국가의 명예를 실추시켰다며 비방하는 교수들 앞에서 "나는 처음부터 끝까지 케임브리지인이며, 처음부터 끝까지 영국인"이라고 소리친다. 교수들은 본래의 사안에 치중할 뿐 특별한 대답을 하지 않지만, 에이브러햄스는 방을 나와 좌절감에 몸부림친다. 이는 그 방에 있던 이들 중에 자신을 케임브리지인이자 영국인으로 받아들이는 사람이 아무도 없다는 사실을 잘 알기 때문일 것이다.

자신이 유대인이라는 사실로 인한 목마름을 채우려는 에이브러햄스에게는 육상이 중요했다. 영화 초반에 학교 합창단에 들어간 에이브러햄스가 〈그는 영국인(He is English man)〉이라는 노래를 열정적으로 부르는 장면과 열심히 육상 연습을 하는 장면이 오버랩되는데, 이는 자신의 유대인성을 극복의 대상으로 보는 유대인에게 달리기가 어떤 의미가 있었는지를 은연중에 드러낸다. 그에게 달리기는 자신을 향해 영국인들이 세운 벽을 넘을 수 있는 유일한 길이었다. 영화 초반에 에이브러햄스는 정오를 알리는 종소리가 다 끝나기 전에 대학 내 정원을 한 바퀴 뛰어오는 내기를 한다. 이는 700년 전에 누군가 마지막으로 성공했을 정도로 어려운 도전이었다. 처음엔 "이스라엘을 위해 뛰어봐라"고 누군가 놀려댔지만, 그가 실제로 이 일을 해냈을 때는 너나 할 것 없이 환호성을 보낼 수밖에 없었다. 동료 학생들의 환호성 속에 에이브러햄스는 종전의 놀림을 잠시나마 잊을 수 있었을 것이다. 같은 이유로 영화 속에서 에이브러햄스는 에릭 리들(Eric Liddell)과의 일전에서 패배했을 때 지나칠 정도로 낙담할 수밖에 없었다. 단순히 한 번의 경기에서 패한 것이 아니라 자신이 유대인이라는 사실을 극복하는 데 또다시 실패했음을 의미하기 때문이다. 이처럼 〈불의 전차〉에서 에이브러햄스의 유대인성은 그를 끊임없이 뛰게 만드는 동력이자, 동시에 계속해서 좌절시키는 요인이었다.

이런 에이브러햄스에게 1924년 파리 올림픽은 오랜 갈등과 도전에 종지부를 찍을 수 있는 무대로 여겨졌다. 이 장면에서 에이브러햄스는 올림픽 우승이라는 목표를 이루기 위해 수단과 방법을 가리지 않은 인물로 그려진다. 아직까지 아마추어리즘이 숭고한 가치로 받아들여지던 시대적 분위기에 맞지 않게 그는 프로 트레이너 샘 무사비니(Sam Mussabini)를 개인 코치로 고용하며 올림픽을 목표로 체계적인 훈련을 받는다. 무사비니가 아랍계 이탈리아인이라는 점 때문에 에이브러햄스의 담당 교수들은 거부감을 표하기도 하지만 그는 자신의 목적을 이루기 위해서 이런 비난쯤은 기꺼이 감내한다. 주변의 따가운 시선 속에서 파리까지 따라간 무사비니 코치의 전적인 지원 속에 에이브러햄스는 결국 올림픽의 꽃이라고 할 수 있는 육상 100미터 경기에서 우승하게 된다. 그는 메달을 획득해 평생 목표했던 바를 이루었을까? 지배 사회의 인정을 받기 위해 달렸지만, 결국은 자신이 유대인이라는 사실만 확인하던 전철은 마침내 막을 내리게 된 것인가? 명확한 답은 없지만 영화의 분위기는 분명 무언가 다른 것을 이야기한다. 슬로 모션과 함께 반젤리스의 OST가 울려 퍼져 숭고하게까지 보이는 리들의 우승 장면과 달리, 에이브러햄스가 결승선을 끊을 때는 단음의 기계음이 반복되어 긴장감이 더해진다. 우승 후 짧은 승리의 세레모니 이후 에이브러햄스는 친구들도 말을 못 걸 정도의 냉랭한 분위기를 풍기며 아무 말 없이 짐을 싸서 사라질 뿐이다. 경기 후 파리의 한 카페에서 밤늦도록 에이브러햄스와 술잔을 기울이는 사람도 또 다른 오해와 편견의 희생자였던 무사비니뿐이었다. 이런 장면이 더해져 영화에서 그의 우승은 분명 승리의 기쁨보다는 허탈감이 더 강조되어 있는 듯하다. 영화는 이런 분위기 속에서 올림픽 우승으로도 에이브러햄스가 평생의 도전에 종지부를 찍지 못했음을 암시한다.

영화에서 계속 성마름과 초조함을 드러내는 에이브러햄스와 달리 또 다른 주인공 에릭 리들은 훨씬 여유롭고 친절한 사람으로 그려진다. 두 사람은 여러 면에서 비교할 만한 인물들이다. 둘은 잉글랜드-스코틀랜드, 사립학교-선교지, 유대교-기독교 등 지역, 출신, 종교 면에서도 차이를 보이지만, 무엇보다 달려야 하는 이유가 달랐다. 에이브러햄스가 유대인에 대한 편견과 싸워야 했다면 리들은 자신을 빠르게 만든 신의 능력을 세상에 드러내 보이려 했다. 리들과 함께 선교사로 중국에 가기로 했던 누이는 달리기 같은 세속적인 일과 신의 영광이 연결될 리 없다며 선수 생활을 반대하지만, 리들은 세속적으로 보이는 일에도 신의 주권이 미친다는 사실을 보이고 싶어 한다. 리들을 지지하는 아버지가 하는 조언은 리들이 달리는 이유를 명확히 보여준다. "감자껍질 하나라도 제대로 벗긴다면 그것이 하나님께 영광이란다. 타협하지 말고 주를 위해 달려서 주님의 권능을 보여라!" 하지만, 바로 이 이유 때문에 리들은 그렇게 원하던 파리 올림픽 경기 출전을 포기하게 된다. 경기일이 '주님의 날(Lord's Day)'인 일요일이었기 때문이다. "일요일에 뛰어야 할 것인가?"라는 고민 때문에 국가대표가 출전을 고사한다는 뉴스는 본국에도 보도되어 비난과 칭찬을 동시에 불러일으키는 커다란 이슈가 되었다. 이런 고민 속에서 리들은 왕세자의 설득에도 불구하고 200미터 경기 출전을 결국 포기하게 된다. 하지만 리들의 뜻에 감동한 동료 선수가 자신은 이미 동메달을 땄다며 출전을 양보함으로써 리들은 극적으로 400미터 경기에 출전하게 된다. 단거리 선수였던 리들은 이 종목에서 주목받는 선수는 아니었지만, 당일 예선에서만 세계신기록이 2번 수립되었던 400미터 경기에서 미국의 세계기록 보유자 찰리 패덕(Charley Paddock)을 제치고 자신이 증명해 보이고 싶어 했던 일을 해낸다.

영화에서는 에이브러햄스가 육상을 통해 증명하고 싶어 했던 것도 중요하게 그려지나, 양자가 동일한 비중을 가지고 다뤄졌다고 보기는 어렵다. 결국 영화의 대미를 장식하는 것은 리들의 승리이고 이때의 감동은 에이브러햄스가 우승할 때의 허탈감과는 대조를 이룬다. 영화의 초점은 에이브러햄스의 반유대주의에 대한 도전보다는 리들의 종교적 신념에 더 맞추어져 있는 듯하며, 이런 점에서 에이브러햄스의 갈등과 도전은 결과적으로 리들이 달리는 이유를 더 명확히 비추어준다. 이 영화에 나오는 유대인은 열등감과 피해의식을 극복하려 달리는 존재일 뿐 이런 내적 갈등을 해소하고 지배 세계에 동화될 정도의 적극적인 인물일 필요는 없었다. 이런 점에서 영화 〈불의 전차〉에 나오는 유대인 육상 선수 에이브러햄스는 여전히 '주변인'이자 주연을 빛나게 해주는 조연에 불과하다.

역사 속의 해럴드 에이브러햄스

대부분의 역사 영화가 그렇듯 영화 〈불의 전차〉도 실존 인물의 모든 면모를 담지는 못한다. 사실 에이브러햄스를 억압과 차별에서 자유롭지 못했던 당시 영국 유대인들의 전형적인 인물로 보기는 어렵다. 이는 앞서 설명했듯이 상당 부분 아버지 아이작 에이브러햄스(Isaac Abrahams)의 재력 때문이었다. 아이작은 리투아니아에서 영국으로 이주한 후 고리대금업과 귀금속 매매를 통해 부를 축적했고, 이는 세 아들들이 일반적인 유대인들과 달리 영국 상류층 자제들과 같이 사립학교 교육을 받을 수 있는 기반이 되었다.[1] 해럴드는 렙턴스쿨(Repton Public School)에서 중등교육을 받고 1919년에 케임브리지대학 키스 칼리지에 입학하여 법학을 전공했다. 당시 영국 사회의 '주변인'으로 여겨지던 유대인들에게 명성 있는 사립학교와 옥스브리지(옥스퍼드 대학과 케임브리지 대학을 합쳐 만든 조어)에 입학하는 것은 신분 상승에 있어서 몇 안 되는 최선의 길이었을 것이다.

사립학교 교육이 자녀들을 지배 사회의 주류에 진입시키려는 이주자 아버지의 '동화'의 열망을 반영한다면 스포츠는 해럴드 에이브러햄스 자신의 동화 열망을 촉진하는 요소였다. 사실 이는 에이브러햄스 삼형제 모두에게서 드러나는 특징이다. 이들은 모두 의사, 변호사 같은 전문직 직업에 종사했지만 대학 시절에는 뛰어난 육상 선수였다. 에이브러햄스는 십대 때부터 스포츠에서 성공을 거두는 것이 주변의 영국 상류층 집안 자제들의 동료로 받아들여지는 데 도움이 된다는 사실을 느끼고 있었다. 에이브러햄스는 학창 시절에 공부보다 스포츠에 훨씬 더 많은 노력과 시간을 쏟았고 십대 후반부터 의미 있는 성과를 거두기 시작했다. 1918년에 퍼블릭 스쿨스 챔피언십에서 우승했고, 1921년에는 케임브리지대학 육상

클럽 회장이 되었으며, 옥스퍼드, 케임브리지와 예일, 하버드 대학 간에 열린 친선 육상 경기에서도 승리를 거두었다.[2] 이런 과정을 통해 에이브러햄스는 파리 올림픽 이전에 이미 영국 육상계에서 떠오르는 샛별이 되었고, 1924년 올림픽 우승 이후에는 이주민들에게 거의 문을 열지 않았던 영국 스포츠계에서도 거물급 인사가 되었다.

리처드 홀트(Richard Holt) 등이 설명한 것처럼 영국에서는 빅토리아시대에 이미 레저의 개념이 생겼고, 이는 곧 일반 대중에게 확대되면서 경보 같은 걷기 종목은 노동계급 사이에서도 큰 인기를 끌었다. 하지만 트랙에서 진행되는 육상 종목들은 여전히 배타적인 엘리트 스포츠로 남아 있었다. 노동계급 스포츠가 프로화되어 사행성 사업과 연계되던 것과 달리, 이들은 여전히 육상에서 아마추어리즘을 고수하고 있었던 것이다.[3] 사실 사립학교 교육은 유대인뿐만 아니라 영국인들에게도 일정 수준의 사회적 지위를 갖는 데 중요한 길이었을 것이다. 하지만 에이브러햄스의 경우는 육상에서 성공을 거둠으로써 이후 배타적인 지배계급의 영역으로 진입할 수 있었다.

많은 유대인들에게 그렇듯 에이브러햄스에게도 반유대주의는 인생에서, 특히 젊은 시절 육상 활동에서 역설적으로 중요한 동기가 되었다. 에이브러햄스는 십대 시절 자신이 유대인이라는 사실로 인해 강한 열등감을 느꼈고 그래서 좀더 진지하게 달렸다고 회상한 바 있다.[4] 하지만 이런 인종 정체성에 대한 공격이 에이브러햄스가 유대인성에 더 착념하는 결과를 낳았다고 볼 수만은 없다. 당시에도 인종 정체성에 대한 사회 전반의 공격에 직면하여 모든 유대인이 유대인성을 지키려 하진 않았으며, 일부 유대인은 자신의 유대인성이라는 갈등 요소 자체에서 벗어나 주류 사회에 동화되는 쪽을 택했다. 에이브러햄스도 반유대주의적 사회 분위기 속에서 육상을 시작했지만, 결과적으로는 스포츠 활동을 통해 영국 주류 사회의 일원으로 받아들여지게 되었다. 이를 반유대주의에 도전하는 과정에서 우연히 얻은 결과로 볼 이유는 없을 것이다. 사실 에이브러햄스가 스포츠에서 도전을 통해 다름 아닌 "영국화"를 추구했다는 것은 여러 정황이 보여준다.

우선 에이브러햄스 자신이 영국 사회에 동화되는 것을 정당화했다. 동료 유대인들에게 자신처럼 동화되기 위해 노력하는 게 엘리트 스포츠에서 성공하는 데 도움이 되는 반면 유대인의 종교와 문화에 지나치게 밀착하면 방해가 될 뿐이라고 여러 번 말한 바 있다.[5] 에이브러햄스는 올림픽 직전인 1923년에 한 유대인 집회에서 "엄격한 〔유대인의〕 종교적 원칙을 지키기 위해 스포츠에서 자신의 야망을 희생하지는 않을 것"이라고 선언했는데, 이는 "탁월한 선수가 되는 데 방해가 되기 때문"이었다.[6] 이런 언급은 흔히 유대인에 대한 편견에 도전하기 위해 뛰었다고 알려진 에이브러햄스에게 유대인의 종교와 관습이 실제로 얼마나 중요했는지 의구심을 불러일으킨다. 그가 남긴 다른 글들을 보면 이런 의구심은 더 짙어진다. 사실 시간이 흐를수록 에이브러햄스에게 유대인성은 달리는 이유라기보다는 달리기의 방해 요소에 가까워졌다. 1927년 〈유대인 세계(Jewish World)〉라는 잡지에 실린 〈육상계의 유대인들(The Jews in Athletics)〉이라는 글에서 에이브러햄스는 왜 더 많은 유대인들이 스포츠계에서 성공하지 못하는지 분석한 바 있다. 그가 보기에 유대인들은 "빠른 사고", "자신의 능력에 대한 높은 평가", "자기 확신" 같은 자질을 가지고 있었다. 하지만 스포츠 분야의 성공에 더 중요한 것은 "영국화" 열망과 자신의 종교에서 벗어날 수 있는 의지인데 불행히도 대부분의 유대인들에게는 이것이 부족했다.[7] 1925년 다리 골절로 현역에서 은퇴한 후, 에이브러햄스는 영국 육상협회의 임원으로 활동하면서 육상계의 저명인사가 되었고 오랫동안 영향력을 유지했다. 영국 육상계의 중요 인물이 되어가는 과정에서 그에게 스포츠는 분명 유대인성보다는 동화 과정과 더 연관이 있어 보인다.

당시 사람들도 에이브러햄스의 영국화된 자기 정체성과 스포츠 분야 성공을 연관 지었다. 영화 〈불의 전차〉에서 해럴드는 주류 사회에 진입하지 못하는 "주변인"으로 그려졌지만, 이는 당시 영국 언론에서 바라보는 에이브러햄스의 모습과는 다르다. 그는 엘리트 교육과 재력을 배경으로 성공한 잉글랜드 스포츠맨의 전형으로 그려지고 있었던 것이다. 〈데일리 미러〉지는 에이브러햄스를 "이 경기(100미터)에서 처음 우승한 영국인"으로 소개하면서, 이 "케임브리지 졸업생"의 노력에 찬사를 보냈을 뿐 유대인 배경은 전혀 언급하지 않았다.[8] 당시 영국 유대인 사회에서도 에이브러햄스는 영국 주류 사회에 성공적으로 동화된 "영국" 유대인으로 평가되었다. 뒤에 상술되겠지만 대륙의 유대인 사회와 달리 영국에서는 유대인들 사이에 오랜 영국화 전통이 존재했고, 이는 19세기 말부터 더 활발해졌다. 이때 동화를 주장하는 유대인들에게 에이브러햄스의 성공은 매우 설득력 있는 사례로 이용되었다.[9]

1936년 에이브러햄스는 베를린 올림픽에 영국 대표팀이 참가하는 것을 적극 지지했고 이는 그의 인생에서 동화된 정체성이 유대인성을 뛰어넘었음을 보여주는 상징적 사건이었다. 당시 영국뿐 아니라 서유럽 여러 나라에서 베를린 올림픽 보이콧 운동이 일어났고, 각국의 유대인 사회는 이런 반나치 움직임을 전적으로 지지하고 있었다. 이 문제에서도 에이브러햄스의 입장은 상당히 명확했다. 그는 정치가 스포츠에 간섭해서는 안 된다는 아마추어리즘을 견지했으며 그 연장선에서 올림픽 참가를 지지했던 것이다. 이는 당시 스포츠의 아마추어리즘과 정치 불간섭주의를 신봉하던 영국 스포츠 엘리트들의 생각과 일치하는 것이었다. 스포츠와 정치를 분리해야 한다는 사상은 1980년 모스크바 올림픽에 영국 대표팀이 참가했던 일로 알 수 있듯이 이때부터 오늘날까지 이어지는 영국 스포츠 엘리트들의 뿌리 깊은 전통이다. 따라서 에이브러햄스의 1936년의 결정이 유대인적 배경에서 나왔다고 보기는 어려울 것이다. 이후 유대인 사회에서 그를 바라보는 시각이 부정적으로 바뀌었고, 이는 지금까지 이어지는 논쟁의 시발점이 되었다. 에이브러햄스는 베를린 올림픽 이슈에 분명 유대인이 아닌 영국 스포츠맨 입장에서 접근했다. 그는 이론적으로만 올림픽 참가를 지지한 것이 아니라 영국 BBC 방송의 해설자로서 또한 영국 육상협회의 임원으로서 직접 베를린에 가서 적극적으로 활동했다. 에이브러햄스도 당시 독일 유대인의 상황을 알았고 훗날 이 결정을 내리기가 결코 쉽지 않았다고 회고했지만, 이때 그를 움직인 것은 분명 동화된 영국인의 정체성이었다.

영국의 유대인 이주와 동화의 역사

여기서 영국의 유대인 이주사를 살펴보는 게 에이브러햄스와 당시 영국 유대인들의 정체성 문제를 폭넓게 이해하는 데 도움이 될 것이다. 이는 영국의 유대인 공동체가 오랜 영국화 전통을 가지고 있었고, 19세기 말 20세기 초 에이브러햄스뿐 아니라 많은 유대인들이 반유대주의 흐름에 다양하게 대응했음을 시사한다.

영국에서 유대인들에 대한 공식 기록은 1066년 윌리엄 1세의 노르만 정복 시기에 나타난다. 윌리엄 1세는 이때 루벵에서 잉글랜드로 유대인들을 데려왔는데, 이는 정복 이후 세금 징수 및 재정 문제에 도움을 얻기 위해서였을 것이다.[10] 영국에서 공식적인 유대인 이주가 상대적으로 늦게 시작되었음에도 핍박과 박해의 대상이었던 점에서는 유럽 대륙과 큰 차이가 없었다. 1189~1190년에는 런던과 요크를 비롯한 큰 도시들에서 대규모 학살 사건이 일어났고, 1275년에는 유대인 관련 여러 법조항들이 제정되어 제약이 가해졌는데, 그중 핵심은 유대인들이 주로 종사하던 고리대금업을 금지해 재정적 타격을 가하는 것이었다. 이것은 유대인들의 토지 매매를 막는 효과도 있었다. 이런 사건들은 중세 유럽 전역에 팽배했던 유대인에 대한 편견과 반감이 영국에서도 예외가 아니었음을 보여준다. 이런 반유대주의 움직임은 1290년, 반유대주의 성향을 보였던 에드워드 1세의 유대인 추방령에서 정점을 보였다. 그는 유대인들이 궁극적으로 영국인들과 어울려 살 수 없다고 보았고, 특히나 고리대금업도 금지한 터라 유대인이 별 쓸모가 없어졌기 때문에 추방이 유일한 해결책이라고 보았다.[11] 이후 잉글랜드에서는 유대인 거주가 불법화되었고 1655년까지 유대인에 관한 공식 기록은 존재하지 않게 되었다.

17세기 중반 올리버 크롬웰의 통치 기간에 공식적이진 않았지만 다시 유대인들이 거주하기 시작했다. 1651년 항해조례를 발표하여 네덜란드의 해상 이익에 타격을 가했던 크롬웰은 암스테르담의 부유한 유대인들을 런던으로 이주시켜 재원을 유치하고 싶어 했다.[12] 여기에 네덜란드 유대인 공동체의 지도자였던 머넷서 벤 이스라엘(Menasseh Ben Israel)의 개인적 노력도 중요한 역할을 했다. 메시아주의를 신봉했던 벤 이스라엘은 각국의 유대인 공동체의 회복이 종말이 오기 전 흩어진 유대인들을 다시 모으겠다는 구약의 약속을 실현하는 길이라 믿었고 이런 차원에서 유대인의 잉글랜드 귀환을 크롬웰에게 제안했다. 이는 당시 잉글랜드 퓨리턴들 사이에서 유행했던 천년왕국적 종말론과 일맥상통했다. 이들은 유대인의 회복을 신약성서에서 언급한 종말의 중요한 징조로 해석하여 유대인들의 잉글랜드 귀환을 지지했다.[13] 이런 점에서 크롬웰이 벤 이스라엘의 제안을 받아들인 것은 일면 잉글랜드에 퍼진 새로운 종교적 분위기를 반영하는 조치이기도 했다. 이후 여전히 비공식적이었지만 유대인 이주민 수가 늘어나기 시작했다.

이렇게 권력의 호의로 시작된 유대인들의 재정착을 법으로 제도화하려는 시도가 있었다.[14] 대표적인 사례는 1753년 수상이었던 헨리 펠럼이 제출한 유대인동화법(Jewish Naturalization Bill)이었다. 일면 영국 유대인들의 높아진 위상을 보여주는 것 같았던 이 법은 시행된 지 1년도 못 되어 폐기되었다. 그리고 영국의 유대인들은 이 사건을 통해 반유대주의의 대중적 위력이 여전함을 실감하게 되었다. 이는 유대인 공동체의 반유대주의에 대한 대응 방식의 변화를 초래한 사건이 되었으며, 몇몇 대표적인 유대인 가문들은 전문 직종과 공직 진출을 위해 가문 구성원들의 개종을 허락하게 되었다.[15] 이를 기점으로 영국의 유대인 공동체 성원이 영국 사회에 동화되는 흐름이 탄력을 받게 되었다. 벤저민 디즈레일리의 경우가 보여주듯, 영국의 유대인들은 종교적 신념을 철회할 경우 인종성을 이유로 공식 차별을 받지는 않았다. 따라서 동화한 유대인들이 속속 공적 영역에 진출했다. 유럽 대륙 대부분의 국가와 달리 영국 유대인 공동체에서 영국화는 일찍부터 반유대주의에 대한 효과적인 대응 방식이었다.

19세기 들어 확산된 종교적 관용의 분위기는 유대인 지위 향상에 새로운 동력을 제공했다. 1830년, 영국 의회에 유대인해방법이 제출되었고 이를 기점으로 거의 30년 동안 유대인 해방을 위한 입법 투쟁이 시작되었다. 이 기간에 유대인들의 법적 지위는 점진적으로 향상되었다. 예를 들어 1835년의 주장관선서법(the Sheriffs' Declaration Bill)을 통해 유대인들은 주장관의 지위에 오를 수 있게 되었고, 1845년에는 유대인들이 그들의 신앙을 거부하지 않아도 시정부의 공직을 맡을 수 있게 되었다.[16] 1846년 종교견해자유법(Religious Opinions Relief Bill)으로 유대인을 포함한 비국교도들의 공직 취임에 대한 장애물이 상당히 제거됐다. 이런 사실들은 영국에서는 유대인들이 적어도 공적 영역에서 인종성만으로 차별을 받지 않았음을 보여준다. 사실 1858년 이전에 상당수의 유대인들은 실질적으로 해방되어 공적 영역에 진출해 있었다. 1837년, 빅토리아 여왕은 모지스 하임 몬테피오레와 아이작 라이언 골드스미스에게 작위를 수여했고, 1855년에는 데이비드 솔로몬스가 런던 시장이 되었다. 기독교로 개종하긴 했지만, 디즈레일리는 1837년 이미 하원에 진출해 있었다.

결국 1858년 유대인해방법이 의회를 최종 통과했다. 유대인들이 이미 의회를 제외한 대부분의 공직에 진출해 있었기 때문에, 이 법은 유대인 해방의 신호탄이라기보다 그것이 어느 정도 달성되었음을 보여주는 선언에 가까웠다. 해방법의 실질적인 효과는 기독교 신앙을 선언하지 않고도 하원의원 및 고위 공직에 진출할 수 있게 된 것이었다. 이로 인해 이미 1847년 하원의원으로 당선되었지만 기독교적 선서를 거부해 원내 진출에 실패했던 라이오넬 로스차일드가 정식으로 하원의원이 될 수 있었다. 그는 1884년에는 유대교 신앙을 고수한 유대인으로는 처음으로 상원의원이 되기도 했다.[17] 1871년에는 대학심사령(the University Test Act)이 통과되어 유대인들이 교수직과 같은 전문직종에 진출하는 것이 허용되었다. 1890년대가 되면 원론적으로 영제국 내의 모든 공직이 유대인들에게 개방되었다.

영국도 기본적으로 반유대주의 사회였지만, 이에 대한 도전이 지속적인 성과를 내었던 점에서 분명 유럽 대륙, 특히 동유럽의 역사와는 구별되었다. 이는 크게 2가지 이유 때문이었다. 우선 19세기 영국 자유주의의 발전이 영향을 주었다. W. D. 루빈스타인이 강조했듯이 존 로크, 찰스 제임스 폭스, 에드먼드 버크, 애덤 스미스, J. S. 밀 등 영국 자유주의 사상가들의 주류는 유대인과 다른 종교적 소수자들에 대한 박해가 자유주의의 관용 정신과 충돌한다고 생각했다. 상당수 자유주의자들에게 동유럽 유대인 박해는 '잉글랜드의 자유'와 대비되는 대표적인 사례로 여겨졌다.[18] 이런 자유주의 사조는 반유대주의에 반대하는 사상적 흐름이 영국 사회에 퍼지는 데 일조했다. 또한 영국에서 자본주의의 성장이 영국의 전통적인 신분 제도에 변혁을 일으킨 것도 유대인들의 지위 향상에 도움을 주었다. 세계 최초로 산업혁명을 일으킨 나라이자 자본주의사회 발전 단계에 진입한 영국은 다른 나라에 비해 빠르게 인종이나 가문 같은 요소들보다 부에 의해 사회적 지위와 위신이 결정되는 나라로 전환되고 있었다. 이전의 지배 계층과 달리 자본가들의 종교적 배경은 다양했으며, 당시 영국 경제에서 상당한 비중을 차지하던 유대인들도 자연스럽게 새롭게 형성되던 '부를 일군 귀족 계층'의 일원이 될 수 있었다.[19] 이런 점에서 영국 사회에는 유대인들이 상대적으로 쉽게 동화될 수 있는 환경이 자리 잡았다고 할 수 있다.

1880년대부터 동유럽, 특히 러시아에서 유대인들이 대거 이주하는데, 이로써 반유대주의에 대한 영국 유대인들의 반응은 더욱 복잡해졌다. 러시아에서 일어난 민간과 정부 차원의 유대인 박해로 인해 이 기간에 14만 명 정도의 유대인이 영국으로 건너오게 되었다. 새로운 유대인 유입으로 반유대주의에 대한 반응이 더 복잡해진 이유는 우선, 영국 내 유대인의 구성이 더 다양해졌기 때문이다. 오랜 동화 과정을 거친 영국의 유대인들은 상대적으로 부유하고 오랜 역사 속에서 유대인성을 탈피한 데 반해, 새 거주민들은 상대적으로 가난했고 이디시어 사용을 고수하며 유대인의 관습을 고집하는 성향이 있었다. 그러나 영국화 혹은 유대인성 고수라는 태도의 문제는 시간이 흐름에 따라 이주 집단에서 개인의 문제로 전환되며 더욱 복잡한 양상을 띠었다. 새 거주민들 중에서도 기존 유대인성에서 벗어나 영국에 동화되는 쪽을 택하는 사례가 생겨났고, 또한 반대의 경우도 존재했다. 사실 전자의 대표적인 예가 바로 에이브러햄스 집안이다. 이들은 리투아니아에서 온 신참 유대인 집안이었지만 동화된 유대인으로 변신하는 데 성공했다. 또한 에이브러햄스가 보여주듯 각 개인은 연령과 환경에 따라 때로는 유대인성을 띠기도 하고, 혹은 영국 사회에 동화되고 싶어 하는 열망을 보이기도 했다. 19세기 말 20세기 초 영국의 유대인들은 반유대주의에 대한 태도를 선택함에 있어 출신 지역과 이주 배경에서 완전히 자유로울 수는 없었겠지만, 이 시기 역사는 개인들이 이런 틀을 넘어 선택할 수 있었음을 보여준다. 이런 점에서 에이브러햄스가 보인 동화의 열정은 분명 영국 유대인이 오랜 이주 과정에서 보여주었던 선택 가능한 대응 방식들 중 하나였다.

에이브러햄스:
'유대주의자'인가, '주변인'인가, '영국화된 유대인'인가

영화 〈불의 전차〉만 해도 해럴드 에이브러햄스와 유대인을 바라보는 당시 영국 사회의 시각에 대해 상당히 많은 정보를 제공하지만, 역사 속의 에이브러햄스와 20세기 초반 영국 유대인들의 모습을 종합적으로 이해하기 위해서는 영화와 역사의 균형 잡힌 해석이 요구된다. 사실 반유대주의에 대한 반발과 영국 사회에 동화되려는 움직임은 동전의 양면과 같은 면이 있다. 반유대주의에 대한 도전 의식이 없었다면 영국화도 추구하지 않았을 것이다. 하지만 시작점은 동일하다 해도 이로 인해 자신이 유대주의자가 되는 것과 자신을 직간접으로 배척했던 사회에 동화되는 쪽을 택하는 것은 다른 의미가 있다.

영국의 유대인 이주사가 시사하듯이 20세기 초 영국 사회에서 인종차별을 경험하게 되었을 때 유대인들이 보일 수 있었던 반응은 생각보다 다양했다. 일부 유대인들은 오히려 유대인의 우수성을 증명하려 했고, 다른 이들은 유대인이란 사실에 몰입되지도 않았지만 주변에 완전히 동화되지도 않은 '주변인'으로 남을 수도 있었다. 또 유대인이란 사실을 벗어버리고 지배 사회에 동화되려고 적극적으로 노력한 이들도 있었다. 그동안 우리는 쉽게 대부분의 유대인들이 첫 번째 혹은 두 번째 반응을 보였으리라고 생각해온 면이 있다.

그러나 영국 육상계의 중요 인물이 된 에이브러햄스는 우리가 흔히 생각할 수 있는 유대인의 전형과 다른 세 번째 유형의 사람이었다. 아버지의 막강한 재력을 바탕으로 사립학교에서 공부해 신분 상승을 이루었을 뿐만 아니라, 스포츠에서 뛰어난 업적을 세워 배타적이었던 전통 엘리트 사회에 진입하고 나중에는 영국 스포츠계의 거물이 된, 매우 예외적인 영국화된 유대인이었다. 그의 언행과 행보로 판단해 보건대, 에이브러햄스는 분명 육상에서 뚜렷한 성과를 보이면서부터 더 적극적으로 영국화를 추구했고 적어도 1936년에 이르면 영국인 자아가 유대인 자아보다 더 강해진 인물이었다. 이런 점에서 그의 인생은 당시 반유대주의에 대한 유대인들의 반응이 매우 다양했고 동시에 인종차별과 억압에 대한 대응 방식이 한 인물 안에서도 시간에 따라 복잡하게 변할 수 있음을 보여준다. 이런 점에서 그의 인생은 유대인의 영국 이주사가 보여주는 바를 충실히 반영하고 있다. 따라서 영화 〈불의 전차〉는 에이브러햄스라는 인물의 복합적 정체성 가운데 아직 반유대주의라는 외적 압박에서 자유롭지 못했던 십대 말부터 이십 대 초반의 '주변인'적 면모만을 충실하게 그려냈다고 할 수 있다.

1924년 파리 올림픽 육상 100미터 경기에 나선 해럴드 에이브러햄스는 과연 무엇을 위해 뛰었을까? 사실 유대인성과 동화의 열망 중 이 시기에 무엇이 더 커다란 몫을 차지하고 있었는지는 누구도 똑 부러지게 말할 수 없을 것이다. 그럼에도 한 가지 확실한 것은 에이브러햄스가 자신의 유대인성을 지키기 위해서만 뛰었던 것은 아니라는 점이다. 에이브러햄스도 처음에는 경계인이었지만, 스포츠에서 성공을 거둠으로써 분명 영국인으로 받아들여졌고 자신도 그렇게 생각하고 있었다. 이런 점에서 파리 올림픽 100미터 결승전에서 그를 달리게 한 동기를 "주변인의 운명"만으로 파악하는 것은 너무 단편적인 해석일 것이다. 어쩌면 유대인이라는 숙명의 극복이라는 수동적 동기보다 영국인 되기라는 적극적 동기 때문에 달렸는지도 모른다. 아니면 이미 자신을 영국인으로 생각하고 뛰었을 수도 있다. 이런 점에서 영화 〈불의 전차〉 속의 에이브러햄스와 역사 속의 에이브러햄스의 간극은 이 시기 유대인들이 반유대주의에 어떻게 반응했는가에 대한 고정된 이미지를 깨뜨릴 필요성이 있음을 말해준다.

부록

관련 연표

1070년	윌리엄 1세의 조치에 따라 유대인이 공식적으로 이주를 시작하다.
1189~1190년	런던과 요크를 비롯한 대도시에서 유대인이 대규모로 학살당하다.
1290년	에드워드 1세의 유대인 추방령이 내려지다.
1655년	올리버 크롬웰이 유대인 재정착을 허가하다.
1753년	유대인동화법이 통과되다(1년 후 폐지).
1855년	데이비드 솔로몬스가 런던 시장이 되다.
1858년	유대인해방법이 통과되다.
19세기 말	동유럽 유대인들이 영국으로 대거 이주하다.
1924년	파리 올림픽이 열리다.

개념어 설명

유대인동화법(Jewish Naturalization Act of 1753) 유대인들이 의회에 대한 탄원 절차를 거쳐 동화되는 것을 허용하는 법으로 1753년 7월 7일 국왕의 승인을 받아 시행되었다. 1745년 재커바이트 반란(명예혁명으로 축출된 제임스 2세의 손자 찰스 에드워드 스튜어트의 잉글랜드 왕위 옹립을 시도한 반란) 때 유대인들은 하노버 왕가에 충성을 바치고 물질적 도움을 제공하였는데, 당시 수상 헨리 펠럼은 그 반대급부로 이 법안을 의회에 제출했다. 그러나 유대인동화법은 일반 대중 사이에서 반유대주의 감정을 폭발시켰으며, 의회는 이 압력에 굴복하여 1년 만에 법안을 철회했다.

유대인해방법(Jew Relief Act of 1858) 당시 영국 상원과 하원 의원들은 각종 선서를 할 때 "그리고 나는 이것을 진실한 기독교 신앙에 기초하여 선언합니다"라는 문구를 공표해야 했는데, 유대인해방법에 의해 유대교 신앙을 가진 사람은 이를 거부할 수 있게 되었다. 이는 유대인들이 자신의 신앙을 포기하지 않고도 영국의 최고위 선출직인 국회의원이 될 수 있음을 의미했다. 이후 1871년, 1922년, 1973년, 1980년, 1986년의 수정 과정을 거치며, 이 법안을 통해 영국에서는 유대인의 공직 진출에 대한 모든 규제가 폐지되었다.

더 읽을거리

러셀 W. 렘지, 《불의 전차, 그리고 그후: 에릭 리들 일대기》, 정진환 옮김(라이트하우스, 2004). 〈불의 전차〉의 또 다른 주인공 에릭 리들의 일대기를 다루고 있지만, 영화의 배경이 되는 시기와 역사적 배경을 이해하는 데 도움을 준다.

정성호, 《유대인》(살림, 2003). 전반적인 유대인 역사를 정리하는 데 도움을 준다.

W. D. Rubinstein, *A History of the Jews in the English-Speaking World: Great Britain*(New York: St. Martin's Press, 1996). 영국 유대인 이주사를 명확히 정리한 책이다.

주

1. 에이브러햄스의 가족 배경에 대해서는 다음을 주로 참조했다. Mark Ryan, *Running with Fire: The Harold Abrahams Story*(London: JR Books, 2011).
2. David Dee, "'Too Semitic' or 'Thoroughly 'Anglicised'? The Life and Career of Harold Abrahams," *The International Journal of the History of Sport*, 29: 6(2012), p. 874.
3. Richard Holt, *Sport and the British*(Oxford: Oxford University Press, 1989), chapter 2.
4. D. Dee, op. cit., p. 872.
5. Ibid., p. 876.
6. Ryan, *Running with Fire*, p. 82.
7. Jewish World, 10 February 1927.
8. Daily Mirror, 9 July 1924. Dee, "'Too Semitic' or 'Thoroughly 'Anglicised'?', p. 874에서 재인용.
9. D. Dee, op. cit., p. 875.
10. The Jewish Encyclopedia: A Descriptive Record of the History, Religion, Literature, and Customs of the Jewish People from the Earliest Times(12 vols., New York: Ktav Pub. House 1901-06) V, p. 161
11. Ibid., p. 167.
12. Ibid., p. 169.
13. Todd M. Endelman, *The Jews of Britain, 1656 to 2000*(Berkeley: University of California Press. 2002), p. 21.
14. 윌리엄 3세도 잉글랜드 정복 과정에서 유대인 금융가 안토니오 로페즈 수아소의 금전 지원을 받았고, 다수의 네덜란드 출신 유대인들과도 돈독한 우호관계를 맺었다.
15. 이런 가문으로는 버널(Bernal), 로페즈(Lopeze), 리카도(Ricardo), 디즈레일리(Disraeli), 아길라(Aguilar), 바서비(Bassevi), 사무더(Samuda) 등이 있었다. The Jewish Encyclopedia, p. 170.
16. Ibid., p. 167.
17. 디즈레일리는 이미 하원의원이었으나 12세 때 기독교 세례를 받았기 때문에 이 법

과는 상관이 없이 의회에 진출할 수 있었다. 또한 디즈레일리는 로스차일드가 의회에 들어가기 이전에 이미 상원에 진출해 있었다.

18. W. D. Rubinstein, *A History of the Jews in the English-Speaking World: Great Britain*(New York: St. Martin's Press, 1996), pp. 56~57.

19. Ibid., pp. 58, 68.

〈라운드업〉, 〈바시르와 왈츠를〉

인종 학살의 역사에서 두 유대인

16

박지현

현대 인종 학살과 제노포비아 현상

세계 곳곳에서 전쟁과 유혈 사태는 현재까지 지속되고 있으며, 이 과정에서 인종 학살까지 자행되고 있다. 특히 1986년부터 유럽의회 위원회가 제노포비아(xenophobia)라는 현상을 인종주의의 세트로 간주해 이에 반대하는 성명서를 발표했을 정도로, 제노포비아의 영향력은 현대 인종 학살의 역사에서 점점 커져가는 추세이다.

제노포비아는 문자 그대로 외국인을 뜻하는 xenos와 공포를 의미하는 phobia의 합성어이다. 인종 사전[1]에 따르면, 제노포비아는 애매모호한 심리적 개념, 즉 외부인으로 인지되는 개인이나 집단을 두려워하거나 혐오하는 성향을 말한다. 무엇보다 현대 유럽 사회의 제노포비아는 서유럽 국가로 이주한 이민자와 망명자에 대한 공격적 감정과 태도를 뜻한다. 이러한 제노포비아에는 유럽연합 국가뿐만 아니라 세계가 다문화를 지향하는 시점에서 훨씬 잔인한 폭력을 낳을 수 있는 잠재성을 가지고 있다. 제노포비아는 백인 국가에서만이 아니라 이주민이나 외국인이 존재하는 곳이라면 어디서나 발생할 수 있다고 본다.[2] 그러므로 제노포비아의 대두는 유럽 사회뿐만 아니라 전 세계로 폭력이 번져나갈 가능성을 예고하고 있다.

그렇다면 제노포비아는 앞으로 어떤 양상으로 진행될까? 인종 학살과 수반된 과거의 제노포비아 사건은 어떤 파급력을 가졌던 것일까?

20세기 전반 유럽 사회에서 대표적인 제노포비아의 대상을 살펴본다면, 제2차 세계대전 중에 학살된 유대인을 들 수 있다. 유럽 각국은 나치 독일과 협력하여 시민권을 가진 유대인까지 아우슈비츠〔Auschwitz, 아우슈비츠는 독어 지명이다. 이 도시는 폴란드 남부 지역에 있으며, 폴란드어 지명은 오슈비엥침(Oświęcim)이다. 폴란드어보다 독어 지명이 널리 알려져 있다. 여러 이유가 있겠지만, 폭력의 역사에서 피해자보다 가해자 중심의 단어가 사용되고 있는 사례다〕 강제수용소로 보냈다. 이 과정에서 먼저 외국인 유대인을 억압하고 체포했고, 이후 시민권자인 유대인을 본격적으로 검거했다.

한편, 제2차 세계대전 이후 유대인은 1948년 이스라엘 국가의 성립 이후에 한 국가의 시민이자 중동전쟁의 주체가 되었다. 1~4차 중동전쟁, 1968~1970년 벌어진 국지전, 1982년 이스라엘-레바논 전쟁을 통해 유대인은 국가의 명령 아래 무국적자인 팔레스타인 난민에 대한 학살에 직간접 개입했다. 제노포비아의 대상이었던 유대인이 한순간에 주체가 되어버린 것이다. 2014년 7월 이스라엘은 가자 지구에 대규모 공습을 시도했고, 25일 동안 팔레스타인 사람 1300여 명이 죽고 7200여 명 이상이 부상당했다. 심지어 UN 학교까지 폭격 대상이 될 정도로, 사망자 대부분이 아동을 포함한 민간인이라 이스라엘의 공격은 전쟁이 아닌 학살 수준이라는 비판이 제기되었다.[3]

소개할 영화, 〈라운드업(The Round Up)〉(원제: La Rafle, 2010)과 〈바시르와

왈츠를(Valse avec Bachir)〉(원제: רישאב עם סלאו, 2008)이라는 영화는 유럽 사회에서 인종 학살과 제노포비아의 대상이었던 유대인과, 그들이 이스라엘 국가의 성립 이후 어떻게 중동 팔레스타인인에 대한 제노포비아의 주체가 되었는지를 보여준다. 〈라운드업〉은 나치 독일에 협력했던 프랑스 비시 정부 치하에서 일어난 외국인 유대인 검거 작전인 1942년 벨디브(Vel'd'Hiv) 사건을 다루었고, 〈바시르와 왈츠를〉은 1982년 이스라엘-레바논 전쟁 중에 일어난 사브라(Sabra)와 샤틸라(Shatilla)의 팔레스타인 난민촌 학살 사건을 다루었다. 프랑스 사회나 이스라엘 사회 모두 잊고 싶었던 학살 사건들이었기에 상당 기간 동안 양쪽 사회에서 금기시되었던 사건이 영화로 제작되면서 대중성을 띠게 되었다.

이 사건들과 관련된 많은 영화들이 있지만 두 영화를 선택한 이유가 있다. 〈라운드업〉은 비시 정부에 대한 연구의 방향을 전환시킨 다큐멘터리 역사 영화 〈고통과 연민(Le Chagrin et la pitié)〉(1969)과 연관성이 있기 때문이다. 이 영화는 당시 유대인 학살 사건과 이를 기억하는 프랑스인의 태도를 다루었다. 특히 레지스탕스 운동에 참여했고, 프랑스 해방 이후 당시 유대인 학살 사건을 밝혔던 클로드 레비(Claud Lévy)와의 인터뷰를 통해 벨디브 사건이 구체적으로 드러났다. 레비는 이 사건이 나치 독일이 아니라 비시 정부에 의해 주도되었고 프랑스인들조차 이를 정확히 알려 하지 않았다는 사실을 밝혔다.[4] 결과적으로 이 영화는 프랑스인 모두가 레지스탕스 활동을 했다는 장밋빛 전설에서 벗어나 비시 프랑스에 대한 기억을 마주 대하게 하고 침묵하거나 은폐된 사건을 드러내주었다. 이 영화 이후 비시 정부 연구의 방향이 달라졌고, 역사적 사실을 밝힌 다큐멘터리 역사 영화가 주목받게 되었다. 영화가 역사와 기억의 가교 역할을 해줌으로써 새로운 역사적 사실을 알려준 것이다. 그래서 〈라운드업〉

은 다큐멘터리 역사 영화 〈고통과 연민〉의 내용을 다시 확인해주었고, 1995년 프랑스 정부가 벨디브 사건에 대한 책임을 인정한 이후에 제작되었으므로 이를 통해 프랑스인의 입장 변화를 살펴볼 수 있다.

〈바시르와 왈츠를〉은 1993년과 1996년 팔레스타인 문제를 만화로 그려 전 세계에 충격을 준 조 사코(Joe Sacco)의 만화 《팔레스타인(Palestine)》과 관련이 있다. 사코는 미국 기자 출신으로 걸프전(Gulf War)을 취재하면서 이스라엘 점령지 팔레스타인 문제를 정면으로 다루었다. 그는 미국 텔레비전에 나오는 팔레스타인의 이미지와 달랐던 팔레스타인인의 삶을 코믹 만화라는 형식을 취해 알려주었다. 이 만화에서 사코 스스로 주인공이 되어 팔레스타인인이 조상 대대로 살아온 삶의 터전을 잃어버리고 가자 지구와 요르단 강 서안에서 살아가는 모습, 이들을 억압·학살하는 이스라엘 정부의 모습, 그리고 팔레스타인 자치 기구의 부패와 무능 등을 다루었다. 이를 통해 아우슈비츠의 희생자인 유대인, 그리고 중동 유일의 민주 국가 대우를 받는 이스라엘에 대한 미국을 비롯한 서방 세계 시각에 대한 문제점을 지적했다.

〈바시르와 왈츠를〉 역시 만화라는 형식을 통해 팔레스타인 난민 학살 사건을 다루었고, 사코처럼 감독 스스로 자신의 기억을 찾아서 사건의 전모를 알려준 영화이다. 만화 《팔레스타인》과 달리, 이 영화는 팔레스타인 자치 기구 밖, 즉 다른 중동 국가에 있는 팔레스타인 난민촌의 삶과 학살을 다루었고, 이스라엘 국가의 입장이 아닌 이스라엘인의 눈에서 바라보았다. 팔레스타인 문제에 대한 기존 서방의 시각뿐만 아니라 이스라엘과 팔레스타인의 관계를 재조명해볼 수 있는 영화이다.

기억의 회피와 회귀: 벨디브 사건과 사브라·샤틸라 사건

1995년 7월 자크 시라크 대통령은 비시 정부에 의한 유대인 강제 수용과 체포, 특히 1942년 7월 16~17일 사건(벨디브)에 대해 공식 사과했다. 이 발표는 비시 정부가 나치 독일에 협력한 결과로 빚어진 유대인 강제 추방에 대한 책임이 있고, 비록 비시 정부가 나치 독일의 협력 정부라 해도 일정 시기 프랑스 정부였다는 사실을 인정한 셈이다. 2009년 2월 프랑스 최고 행정법원인 국사원(Conseil d'État)은 프랑스 국가가 유대인 강제 추방에 대한 법적 책임이 있음을 인정했다. 이는 제2차 세계대전 기간에 유대인 추방과 학살에 프랑스 경찰이 개입되었다는 뜻이다. 따라서 오늘날 제5공화국의 프랑스는 비시 정부의 홀로코스트에 대한 책임을 일정 부분 지게 되었다.

이러한 정치적 태도 변화와 맞물려 2009년 5월 영화 〈라운드업〉이 제작되기 시작했고, 2010년 상영되었다. 로젤린 보쉬〔Roselyne Bosch: 프랑스에서 로즈 보쉬(Rose Bosch)로 알려져 있다〕 감독은 1942년 7월 16~17일 벌어진 벨디브 사건을 다루었다. 남편과 함께 영화사, 레장드 프로덕션(Légende Production)을 설립했고, 〈라운드업〉에서 감독과 시나리오 작가로 일인이역을 맡았다. 보쉬 감독은 생존자, 안나 트로브(Anna Traube)와 조제프 바이스만(Joseph Weismann)의 증언과 홀로코스트 전문 역사가 세르주 클라르스펠드(Serge Klarsfeld)의 감수[5] 그리고 연구 성과를 통해 이 사건을 영상으로 재현해냈다. 트로브가 벨디브 사건으로 붙잡혔을 때 나이가 20세였다. 그녀의 아버지는 이미 자유 지역으로 내려갔고, 어머니와 동생은 파리에 함께 있다가 벨디브 사건을 겪게 되었다. 경찰에게서 도망치다 혼자 잡혀서 경기장에 감금되었다가 주변 프랑스인의 도움으로 탈출에 성공했는데 이 모습이 영화를 통해 재현되었다. 바이스만은 영화에서 '조(Jo)'로 불린 인물로, 11세에 벨디브 사건을 겪었고, 이로 인해 폴란드 출신 부모와 여동생들 모두 아우슈비츠에서 잃어버렸다.

이처럼 프랑스 정부가 긴 침묵을 깨고 벨디브 사건을 공식적으로 마주대하는 데 63년, 그리고 실존 인물의 증언을 토대로 영화로 제작하는 데 68년이라는 시간이 걸렸다.

영화 〈바시르와 왈츠를〉은 개인 차원에서 학살 사건을 기억하고 이에 대한 책임 소재를 밝힌 영화이다. 감독 아리 폴만(Ari Folman)은 1982년 레바논 전쟁에 참전해서 사브라와 샤틸라의 학살을 목격했다. 그는 이 체험을 토대로 애니메이션과 다큐멘터리의 조합이라는 특수 영화 장르(라이브액션 비디오 영상을 애니메이션으로 재창조하는 이중의 작업을 거쳐 제작되었다)를 탄생시켰고, 4년이라는 제작 기간을 걸쳐서 2008년 완성했다. 폴만 감독은 잃어버린 기억을 찾아가는 과정에서 친구이자 정신과 의사인 오리 시반(Ori Sivan), 그리고 외상후스트레스장애 전문가 자하바 솔로몬(Dr. Zahava Solomon)의 도움으로 레바논 전쟁을 겪었던 실존 친구 세 명, 전우와 이스라엘 지휘관 각 한 명, 그리고 이스라엘 언론인 한 명에 대한 기억들과 만났다. 친구 세 명은 보아즈 레인-부스킬라(Boaz Rein-Buskila), 카미 크난(Carmi Cna'an), 로니 데야즈(Ronny Dayag)이다. 보아즈는 참전으로 악몽에 시달렸고, 카미는 자동차에 탄 민간인 가족을 사살한 기억으로 전쟁의 상처를 안고 있었다. 로니는 탱크 부대에 배속되었다가 적의 게릴라 작전으로 동료들이 모두 사살된 후, 해변가로 도망가 혼자서 살아 돌아와 평생 죄책감을 안고 살았다. 전우 쉬무엘 프렌켈(Shmuel Frenkel)과 이스라엘 전차 부대 지휘관인 드롤 하라지(Dror Harazi)는 폴만 감독이 당시 레바논 전쟁에 참여했음을, 그리고 학살의 현장에 함께 있었음을 알려주었다.

이들의 기억을 바탕으로 폴만 감독은 학살 현장을 기록한 이스라엘 언론인 론 벤-이샤이(Ron Ben-Yishai)와 만나 인터뷰하면서 잃어버렸던 기억을 명확하게 찾는다. 그는 학살 당시 마을 밖에서 조명탄을 쏘아 올렸는데, 이는 어두운 밤에 행해진 학살을 돕기 위한 일이었던 것이다. 19세 때의 이 기억을 되살리는 데 26년이라는 시간이 걸렸다.

유대인은 국가 폭력의 피해자인가 프랑스에 동화된 자인가

영화 〈라운드업〉에서 사건의 주요 공간은 크게 3개로 나누어 볼 수 있다. 몽마르트르 구역, 벨디브 경기장, 본느-라 롤랑드 수용소이다. 특히 몽마르트르 지역 18구 공간의 장면들은 벨디브 검거 사건 직전까지 일상의 폭력이 유대인들에게 어떻게 가해졌는지를 알려준다.

몽마르트르 지역 18구는 주인공 유대인 가족의 거주지로서 그들이 벨디브 사건 직전까지 일상 폭력에 노출되었던 공간이다. 주변 이웃의 공격적 발언은 어른보다 아이들에게 상처를 준다. 어린 바이스만의 눈에는 회전목마를 타는 독일 군인이 여전히 낯설고, 바이스만의 가슴에 달린 노란 별을 보고 어색해하며 피하려는 병사의 눈길은 마치 전염병 환자를 대하는 듯하다. 바이스만은 그런 시선 때문에 노란 별을 달고 학교에 가기가 창피하다. 어른들은 유대인임을 자랑하라고 했지만 집 주변의 공원까지 공공연하게 유대인 금지라는 표지판이 걸려 있어 일상이 불편하기만 하다. 바이스만이 마음을 다잡고 몽마르트르 언덕 계단 길을 내려오는 도중에 만난 빵집 여주인은 비아냥거리듯 착한 아이들이지만 이제 더 이상 가까이 가면 안 된다고 거리낌 없이 말한다.

어른들의 생활도 마찬가지이다. 독일의 점령 아래서도 경마 경기는 계속되고, 여전히 바이스만의 아버지는 프랑스 노동자로서 일하러 다니지만 라디오에서 흘러나오는 반유대주의적 선전 멘트는 거북하기만 하다. "파리에 노란 별을 단 유대인들이 넘쳐난다", "유대인은 게으르다", "관용의 나라에 이주한 유대인" 같은 진행자의 폭력적인 표현은 라디오를 즐겨 듣는 일상의 즐거움까지 방해한다. 이러한 말은 가족들 간의 대화에서 유머로 승화되지만 고스란히 상처로 남는다.

모든 공공장소에 유대인 출입이 금지되면서 경찰의 감시와 폭언이 일상화된다. 아이들과 함께 산책하러 나온 유대인 어머니들은 공원을 순찰하던 경찰에게서 오후 8시 이후 공공장소 통행 금지며, 이를 어길 시, 드랑시(Drancy) 수용소로 보내질 것이라는 협박의 말을 듣는다. 경찰은 자신이 폭력적인 언사를 했음에도 이를 자각하지 못한다. 오히려 여름밤 오후 8시는 집에만 있기에 너무 이르다는 어머니의 말을 듣고 이 법을 자신이 만들지 않았다며 오히려 버럭 소리를 지른다.

일상생활에서 차이를 인정하지 않고 차별하는 것은 논리적으로 설명될 수가 없다. 어린 바이스만은 이에 대한 불합리성을 지적한다. "나치와 협력자가 모르는 게 있어", "예수도 유대인이라는 것", "오늘날 예수가 돌아오면 노란 별을 달아야 할걸"이라는 바이스만의 논리는 점점 강도가 높아지는 폭력 앞에서 빛을 잃는다.

검거가 시작되면서 인간의 기본권이 무너진다. 신체의 자유권, 소유권, 그리고 이주권이 용납되지 않는다. 경찰과 민병대가 들이닥치면서 그들은 더 이상 일상의 폭력이 아닌 프랑스 국가 폭력의 피해자가 된다. 벨디브 경기장은 임시 강제수용소라고 할 수 있다. 1만 700여 명 관중을 수용할 수 있는 공간이지만, 인간의 기본적 욕구, 의식주가 해결되지 않는 공간이다. 많은 노인과 아이들의 건강이 악화되는 곳이며, 갈증을 해소할 수 없을뿐더러 화장실이 없어 남녀노소가 그 자리에서 용변을 해결해야 하는 도축장 같은 공간이다. 아이들이 굶어도 도와주는 사람이 없고 감시하는 경찰만이 있는 곳이다. 그들은 인간으로 더 이상 존중받지 못하는 공간에 갇혀 강도 높은 국가의 폭력을 감수해야 한다.

본느-라 롤랑드 수용소에서는 가장 강력한 폭력이 행사된다. 바로 부모와 자녀들을 갈라놓는 일이다. 국가의 존중을 받지 못한 존재로 상처받지만, 그래도 가족과 함께 이 고통을 나눌 수 있다는 믿음으로 견뎠는데 이마저도 아우슈비츠 수용소로 향하는 길목에서 나치 독일의 수용소 시설 부족으로, 비시 프랑스의 사회복지 비용 문제로 더이상 허용되지 않고 가족은 뿔뿔이 헤어져 죽음을 맞이한다.

이처럼 일상의 폭력에서 국가의 폭력에 이르기까지 쉼없이 고통받았던 유대인의 모습이 〈라운드업〉에서 부각되었다고 볼 수 있다.

그런데 이 영화에는 유대인을 피해자로 부각시키는 것과 더불어 이들을 물심양면 도와주는 프랑스인의 모습이 강조된다. 유대인 의사 다비드는 벨디브 경기장에서 유대인을 진료하다가 그들과 함께 프랑스 강제수용소로 이동하고, 마침내 아우슈비츠로 가는 기차를 함께 탄 인물이다. 이처럼 살신성인하는 다비드의 곁에는 항상 프랑스 간호사 아네트가 있다. 몇 안 되는 지원 간호사로서 벨디브 경기장에서만 유대인을 돌볼 의무가 있었음에도 본느-라 롤랑드 수용소까지 자진해서 그들을 따라간다. 아네트의 존재는 국가의 명령으로 벨디브 경기장의 유대인을 지키는 경찰, 아니 궁극적으로 이 명령을 내린 비시 정부의 정치적 태도와 대비된다.

아네트 사직하세요. 어서 이를 폭로하세요. 당신들 가운데 아무도 그렇게 하지 않았어요. 단 한 명도요. 저기 안에서 일어난 일이 정상인가요? 아마 이것이 정의라고 생각하는 것이겠죠!

경찰 당신한테는 쉽겠죠? 나는 경찰이고 총을 쏠 수 있어요. 난 자식도 있어요.

아네트 저들도 마찬가지예요. 그들은 아무것도 없어요. 맞은편에 식료품 가게가 있는데도 왜 물건을 사게 해주지 않는 거죠?

경찰 저는 명령을 받았어요.

아네트 그 명령이 아이들을 굶기라는 건가요?

아네트는 마치 국가 권력과 폭력에 대항하는 프랑스 시민의 모습을 대표하는 듯하다. 아네트가 수용소의 빵 배급량 문제를 알리기 위해 경찰국장에게 편지를 쓰고, 답장이 없자 스스로 유대인과 같은 음식을 먹고 허약해진 상태로 직접 찾아가 경찰국장에게 이 사실을 알려준다. 비록 유대인을 체포하는 일은 비시 정부의 책임이지만 이들을 구원하는 자는 자유·평등·박애를 실천하는 프랑스 시민이라는 사실을 알려주는 것이다.

비시 정부와 달리, 영화에서는 아네트와 같은 프랑스 시민은 아우슈비츠 학살을 전혀 알지 못했다는 점을 강조하고 있다. 그녀는 본느-라 롤랑드 수용소에서 동료 간호사에게 유대인들을 동부 쪽(아우슈비츠)으로 보내려는 이유를 알 수 없다고 말한다. 또한 프랑스 수용소에서 자식들과 헤어져 동부로 떠난 부모들의 연락이 없자, 걱정이 된 아네트는 수용소 경찰 책임자에게 그들이 어디로 갔는지 묻는다. 경찰은 그들이 폴란드에 도착했을 테고, 그곳은 전화 연락조차 할 수 없다고 대답한다. 아네트는 경찰의 대답을 순순히 받아들이지만, 그의 표정은 이미 아우슈비츠의 학살을 알고 있음을 암시한다.

이처럼 영화 〈라운드업〉에서는 피해자인 유대인을 돌보고 구해주는 프랑스 시민, 그리고 아우슈비츠 학살을 알지 못했던 프랑스 시민의 모습이 강조된다. 벨디브 사건 직전, 아이들까지 체포한다는 소문을 들은 가족이 두려움에 떨 때, 바이스만의 아버지와 어머니는 폴란드에서 프랑스로 이주한 이유를 자녀들에게 설명해준다.

아버지 수천 명의 유대인이 우리처럼 여기로 피난을 왔어. 폴란드에서 프랑스를 뭐라는 줄 알아? 유대인의 구원자라고 해.

어머니 아빠는 군수 공장에서 일하잖아. 우릴 건드리지 않을 거야. 그리고 아빠는 참전 용사잖아. 루블린(폴란드 남동부 루벨스키에 주의 공업 도시이다)에 비하면 프랑스는 천국이지.

그들은 프랑스 시민이 되고자 했으며 충분한 자격을 갖추었다고 생각한 것이다. 폴란드보다 시민의 권리와 자유를 누릴 수 있는 공간으로 여긴 프랑스로 이민을 선택한 것이다. 그들은 이미 프랑스에 동화되고자 했으며, 이미 동화되었다고 생각한다. 그렇기 때문에 비록 벨디브 사건 전부터 일상 폭력이, 그리고 비시 정부의 국가 폭력이 유대인에게 가해졌음에도 불구하고, 동화된 유대인에게 프랑스 시민의 도움을 받았다는 사실이 중요한 것이다. 영화의 결말이 이를 설명해준다. 나치 독일과 비시 정부가 원래 2만 4000여 명을 체포할 계획을 세웠지만, 용감한 프랑스 시민의 도움으로 1만 명이 살아남았다는 자막이 뜨는 것이다.

이러한 제작 의도는 이스라엘 역사가 리모르 야질(Limore Yagil)의 연구 성과와 관련이 있다. 야질은 비시 정부의 정책으로 희생된 유대인보다 프랑스 시민의 도움으로 구출된 유대인 생존자가 많았다는 점에 주목했기 때문이다. 영화에서 나온 대로, 프랑스 사회에서 1930년부터 반유대주의가 일상의 공간에서 나타났고, 1940년부터 유대인의 차별과 억압을 국가 차원에서 실행했지만, 비시 정부 시기 프랑스 유대인 생존율은 70퍼센트로 다른 유럽 국가에 비해 매우 높았다는 것이다. 이는 프랑스 시민 개개인의 도움이 없었다면 불가능했다는 사실을 입증한다.[6]

사실 보쉬 감독이 이러한 역사적 관점에 기반을 둔 영화를 제작하는 데는 개인적인 배경이 한몫한다. 보쉬 감독의 남편 알랭 골드만(Alain Goldman)의 가족은 바이스만 가족처럼 몽마르트르 언덕에 살았고, 천운으로 1942년 벨디브 사건에서 벗어날 수 있었다고 한다. 이러한 경험이 〈라운드업〉을 제작하는 직접 동기가 되었다고 한다. 또한 간접 동기도 있는데, 보쉬 감독 자신이 이민 가족으로, 아버지는 프랑코 정권 아래 수용소에서 감금되었다가 망명했고, 어머니는 이탈리아 출신이다. 아비뇽에서 살다가 파리로 올라와 〈르푸앵(Le point)〉에서 기자 생활을 하면서 국경의 난민 수용소에 관심이 많아 이와 관련된 다큐멘터리를 제작했고, 결국 〈라운드업〉을 제작한 것이다. 보쉬 감독 자신이 이민자의 자녀이고 차별받았던 유대인의 아내이며 프랑스 시민이라는 정체성을 가졌고, 이러한 배경에서 우러난 제작 의도는 영화 속의 유대인상에 투영되었다고 볼 수 있다.

영화 〈라운드업〉에서 외국인 유대인은 국가 폭력의 피해자로만 묘사되지 않는다. 그들이 피해자 외국인이 아닌 현재는 프랑스 시민임을 강조하는 것이다. 전쟁이 끝난 후, 프랑스 간호사 아네트를 다시 만난 바이스만은 자신이 프랑스 부부에 의해 입양되었다는 사실을 알린다. 그리고 양부모와 함께 자신이 살던 몽마르트르 언덕을 다시 찾아 회전목마를 바라본다. 이 장면에서 바이스만은 더 이상 나치 독일과 비시 정부에 의해 체포되었던 폴란드계 외국인 유대인의 자녀가 아니다. 프랑스 시민의 입양아로서 프랑스인의 정체성을 갖게 된 것이다. 과거 제노포비아의 대상이 현재는 프랑스 시민 주체가 되었음을 보여주는 장면이다.

그러면 영화 〈바시르와 왈츠를〉에서 제노포비아의 주체로서 유대인은 어떤 모습으로 나타날까?

유대인은 이스라엘 국가의 피해 시민인가 국가 폭력의 가해자인가

영화 〈바시르와 왈츠를〉에서 유대인은 국가 폭력을 실행한 자들이다. 사브라와 샤틸라 학살 사건에 관련된 폴만 감독과 전우들 말고도, 대부분 이스라엘인은 이스라엘 북부 유대인의 안정을 위해 전후방 400킬로미터 지역을 확보해야 한다는 국가의 명령을 수행한다. 이로 인해 영화에서 폴만 감독과 같은 이스라엘인 하나하나는 국가 폭력에 의해 상처받는 대상으로 다루어진다. 이들은 국가의 명령을 받았으나 이러한 비인간적 상황에 동참했던 자신을 용서하지 못하고 기억을 삭제하거나, 기억으로부터 도망가거나 기억을 혼돈할 정도로 자학하는 모습을 보인다.[7] 폴만 감독 스스로 잃어버린 기억을 다시 찾아나서는 모습이나 세 친구들, 즉 보아즈, 카미, 로니 모두 참전의 기억 때문에 일상의 삶이 불편한 모습을 보여준다. 그들은 국가 폭력의 가해자라기보다 피해자로 등장한다.

먼저 보아즈를 살펴보면, 그는 폴만 감독에게 영화로 자신의 기억을 치유해줄 순 없느냐고 물으면서 자신의 꿈과 기억을 말한다. 보아즈는 꿈속에서 험악하게 달려들어 자신을 먹어치울 기세인 26마리의 개로 인해 고통을 받는다고 말한다. 실제로 꿈속의 내용과 현실은 반대이다. 꿈에 나온 개들이 보아즈 자신이 레바논 전쟁을 수행하는 과정에서 사살한 개들임을 고백한다. 당시 레바논 전쟁 때 수배된 팔레스타인인을 찾아 마을을 수색하던 중이었는데 대부분 마을 앞에는 개들이 지키고 있어서 짖을 경우 그들이 도주할 수 있기에 개들을 먼저 사살해야 했기 때문이다. 보아즈가 이 임무를 맡았다. 다른 동료들이 보기에 자신이 사람을 죽일 위인이 되지 못했기에 차라리 개라도 사살할 임무를 맡겼다는 것이다. 이러한 보아즈의 고백은 가해자의 모습이 아니라 개에 대한 사살조차 고통스러워하는 국가 폭력의 피해자라는 모습을 부각시킨다.

카미는 남자다움이 부족하다고 생각해 최고의 전투원이 되는 영웅의 꿈을 키웠다. 기습 공격을 시도하는 특공대 보트에 승선하는 것으로 그 기회를 삼았으나, 오히려 잔인한 전쟁을 경험한다. 그로 인해 그는 꿈속에서조차 고통받는다. 전쟁 이후 그는 네덜란드 암스테르담으로 이주해 물리학자 대신 사업가의 삶을 선택한다. 그러나 한 여인이 보트 안의 자신을 안아 바다로 끌어내자마자 특공대 보트가 터져버리는 꿈을 계속 꾼다. 그는 꿈을 통해 특공대 보트를 탔을 때 공포와 두려움으로 떨었던 자신을 기억하고, 전쟁에 뛰어들기로 했던 선택을 후회한다. 그는 전쟁 중에 어떤 대상과 싸워야 하는지도 모른 채 도착한 지역에서 불안감으로 미친 듯이 사격했으나, 사격 대상이 벤츠 차를 탄 이름 모를 가족임을 확인하고 충격을 받는다. 이처럼 카미는 국가 폭력의 가해자가 아니라 그로 인해 인생이 달라진 국가 폭력의 피해자로 그려진다.

로니는 레바논 전쟁에서 이중적 상처를 지닌 피해자로 나온다. 그는 작전을 수행하기 전 소풍 나온 것처럼 아름다운 전원 풍경을 동료들과 즐긴다. 그야말로 누군가를 사살할 준비가 전혀 되어 있지 않은 모습이다. 그 순간, 적의 기습 작전으로 탱크 지휘관을 잃고 그를 대신해 작전을 수행해야 하지만 당황하게 된다. 탱크마저 폭발하자 탈출해서 해변가를 향해 뛰어간다. 하지만 모두 사살되고 자신만 남는다. 이 상황에서 나머지 부대원들까지 후퇴하자 자신이 철저히 버려졌다는 사실을 자각한다. 그는 바위 뒤에 겨우 숨어 있다가 밤에 파도를 헤치고 도망간다. 이 장면에서 전쟁의 주체라기보다 자신의 군대에 의해 버려진, 그저 생명을 부지하려는 평범한 인간의 모습으로 그려진다. 그러나 자신만 살아남았다는 사실만이 부대원들 사이에서 부각되면서 다시 버림받는 존재가 된다. 전쟁터에서 도주하여 자기 목숨만 구한 군인으로 낙인찍혀 실상 자신을 버린 부대원들에게 외면당해 죄책감에 몸부림치는 존재가 된 것이다. 이처럼 세 명 모두 레바논 전쟁의 피해자로 등장한다. 그들은 사브라와 샤틸라 학살 사건에 직접 참여하지 않았지만 전쟁으로 고통받은 이스라엘 군인인 것이다.

그러나 보아즈, 카미, 로니는 공히 자신의 경험을 말할 때, 누가 적인지를 분명히 언급하지 않는다. 그 대상이 레바논 군인인지, 팔레스타인해방기구 군인인지가 명확하지 않다. 심지어 카미가 사살한 가족들조차 그들이 레바논 민간인인지, 아니면 팔레스타인인지도 드러나지 않는다. 오히려 전우 프렌켈의 기억에서 적군은 소년으로 나타난다. 정찰 중에 날아든 포격으로 부대원 모두가 두려워하나 이내 상대가 어린 소년임을 알아채자마자 총격을 가해 소년을 죽인다. 그 소년이 팔레스타인인이지, 레바논인인지도 알려주지 않은 채 사살되는 장면을 보여줄 뿐이다.

어째서 소년이 적군 이미지로 등장하는 것일까? 여기서 이스라엘 군대가 레바논을 침략한 궁극적 목적이 팔레스타인해방기구의 거점을 무너뜨리고, 이스라엘 북부 유대인의 안정을 위해 전후방 400킬로미터 지역을 확보하려는 데 있음을 상기할 필요가 있다. 소년을 적군 이미지로 사용할 때 2가지 차원의 상징적 의미를 내포할 수 있다. 첫째, 이스라엘의 적군은 소년처럼 미숙한 전투력을 가진 약한 대상임을 암시할 수 있다. 국가 없이, 영토 없이 정규군조차 훈련시킬 수 없는 팔레스타인해방기구, 혹은 다른 중동 국가로 떠돌아다니는 팔레스타인인의 모습이 겹칠 수 있다. 둘째, 무기를 든 소년은 테러단체로 규정된 팔레스타인해방기구를 상징할 수 있다. 팔레스타인해방기구는 이스라엘 군대를 상대로 당시 연이어 폭탄 테러 사건을 일으켰기 때문이다. 특히 군인이 아닌 민간인, 여성과 소년에 의해 자행된 자살 폭탄 테러 사건으로 이스라엘 국가가 팔레스타인해방기구를 테러리스트로 규정하고 이를 세계에 알리는 데 주력했기 때문이다. 이를 폴만 감독도 기억하고 있다.

폴만 당시 새 유행이 시작됐어. 바로 차량 폭탄.

보아즈 아직도 유행하지

폴만 강력하지

보아즈 정말 강력하지.

이 장면은 폴만 감독이 레바논 전쟁에 참여한 계기와 관련이 있다. 자살 폭탄 차량의 공격이 있으니 이를 저지하라는 명령을 받았으나 레바논 대통령 바시르가 폭탄 테러로 사망하자 상황이 달라졌다. 이 때문에 폴만 감독은 베이루트행 군용기를 타고 시내로 진격했고, 사브라와 샤틸라 학살 사건을 목격하게 된 것이다.

이스라엘군이 레바논을 침공한 것은 분명한 사실임에도 불구하고, 이 영화에서는 그들의 적이 명확하게 드러나지 않는다. 가해자와 피해자가 분명해서 유대인이 피해자임이 부각되는 〈라운드업〉과는 다르다. 영화 〈바시르와 왈츠를〉에서는 가해자와 피해자의 대상이 혼재된 채로 이스라엘 군인은 레바논 전쟁의 피해자로, 사브라와 샤틸라 학살 사건의 방관자로 나타난다. 오히려 이스라엘 군인이 아니라 레바논의 팔랑헤 당원들이 팔레스타인인을 비인간적으로 학살하는 폭력의 주체로 나타난다.

카미 팔랑헤 당원들이 그 학살을 저질렀다는 사실을 난 내내 알고 있었거든. 그들은 얼마나 무자비한지! 베이루트 침공 동안 우린 도살장에 있었어.

폴만 어디?

카미 도살장, 쓰레기장 말이야. 그곳에 팔레스타인인들을 잡아다 고문하고 처형했지. 그들은 시체들을 클로로포름 항아리에 넣었지. 그 안에 손가락, 눈들, 뭐든 다 있었어.

그러나 팔랑헤 당원들은 친이스라엘파이고, 이들을 통해 이스라엘 국가는 팔레스타인해방기구를 해체해 레바논까지 통제하려 했기에 아무리 이스라엘 군인이 팔랑헤 당원들과 달리 직접 학살하지 않았다고 주장해도 이스라엘 국가의 개입이 없었다면 불가능한 일이다. 그럼에도 이 영화에서 폴만 감독과 같은 이스라엘 군인은 팔랑헤 당원들이 저지른 사브라와 샤틸라 학살 사건을 경험하고 이로 인해 상처받은 인물로 그려지고 있다.

폴만 감독이 이 영화를 애니메이션 다큐멘터리로 제작할 때 관객이 이를 사실로 받아들이길 바랐다고 한다. 감독은 사브라와 샤틸라 학살 사건을 알리려 했을 뿐만 아니라 이 사건의 주체가 팔랑헤 당원임을 밝히려 했던 것이다. 독일, 프랑스와 함께 이스라엘이 제작에 참여했기에 그들의 관점을 완전히 배제한 영화는 제작할 수 없었을 것이다. 실제로 이 영화는 레바논에서는 상영 금지됐지만 이스라엘에서는 오히려 정반대였다는 사실이 이를 방증한다. 이스라엘 국가가 수용할 수 있는 범위 안에서 영화가 제작될 수 있었던 것이다. 폴만 감독이 잡지 인터뷰에서 이스라엘 정부가 영화에 어떤 반응을 보였는지를 묻는 질문에 다음과 같이 답했다. "예외적이었다. 나는 커다란 논쟁을 예상했지만 아무 일도 일어나지 않았다. 나도 모른다. 그들이 이 영화를 전 세계로 내보냈다. 기이한 일이 이어지고 있다. 정부에 의해 시달리지 않았다. 나는 〔오히려〕 좌파 진영 때문에 고생했다. 왜냐하면 이 영화가 충분히 비판적이지 않았기 때문이다. 〔다시 말해〕 국가적 차원의 비판(이스라엘 정부가 학살에 참여했다는 사실)이 충분히 이루어지지 않았다는 것이다."[8] 이것이 영화 〈바시르와 왈츠를〉에서 보여준 유대인의 모습이며, 그 자체가 한계를 안고 있는 것이다. 즉 영화에서는 제노포비아의 주체가 부각되지 못하고 오히려 해당 이미지가 사라진 채, 다른 차원에서 일어난 제노포비아의 피해자 이미지가 강조된다.

영화의 장면 장면에서 폴만 감독이 학살의 기억을 회피하려 할 때 친구인 오리 시반은 다음과 같이 말한 적이 있다.

> 넌 〔제2차 세계대전 때〕 대학살을 겪고 난민촌 생활을 하며 살았어. 네 유일한 해결책은 진짜 일어난 것을 알아내는 거야. 사브라와 샤틸라에서 사람들을 찾아봐, 진짜 벌어진 일을 알아내 물어봐. 거기 있던 사람에게, 자세히 더 자세히 말이야. 그러면 아마 알게 될 거야. 네가 정확히 어디에 있었는지, 네가 어떤 역할을 했는지 말야.

폭력의 피해자가 다시 폭력의 가해자가 되지 않기 위해서는 시반이 말한 대로 개인 차원뿐만 아니라 이스라엘이라는 국가 차원에서 학살의 기억과 마주설 필요가 있다. 그러지 않으면 폴만과 같은 유대인이 계속 생겨나서 이스라엘이 국가 폭력의 가해자임을 망각하고, 피해자임을 강조하는 또 다른 아우슈비츠, 즉 가해자의 아우슈비츠를 만들어내고 말 것이다.

인종 정치 넘어서기: 역지사지 태도의 필요성

홀로코스트를 겪었던 유대인, 이스라엘 국가를 세운 유대인, 그리고 오늘날까지 팔레스타인인들에게 일상의 폭력과 학살을 가한 유대인, 이들을 동일선상에서 비교하기는 어렵다. 제2차 세계대전 전후로 유럽 사회나 중동 사회가 각기 다른 역사적 배경을 갖고 있었기 때문에 두 사회의 유대인 공동체도 다를 수밖에 없다.

하지만 홀로코스트 사건이 두 사회의 유대인 공동체에 충격을 안겨주었고, 급기야 이스라엘 국가의 성립에 직접 영향력을 행사했음은 부인할 수 없는 사실이다. 직접이든 간접이든 두 사회의 유대인 공동체가 유럽 사회에서 벌어진 일상의 폭력에서, 유럽 국가에 의해 죽음을 강요당하는 폭력에서 고통스러워했음에도 불구하고, 유대인의 국가를 만들고 지킨다는 명목 아래 팔레스타인 난민에 대한 학살을 자행했음은 놀라운 일이다.

두 영화 〈라운드업〉과 〈바시르와 왈츠를〉을 통해 폭력의 역사에서 유대인의 야누스적 모습이 드러났다고 해도, 폭력의 가해자로서 유대인의 모습은 여전히 숨겨질 수밖에 없다. 그것은 여전히 해결되지 않는 팔레스타인 사람들의 삶에서 찾아볼 수 있기 때문이다. 이러한 면에서 〈바시르와 왈츠를〉이 이스라엘 국가를 비판하지 못한 채 샤론과 같은 일부 이스라엘 정치인이나 군인들에 대한 책임을 상징적 차원에서 부각시켰지, 폭력의 주체를 명확히 규명하지 못한 이유이기도 하다. 그래서 〈라운드업〉처럼 피해자 유대인의 모습이 강하게 부각될 수밖에 없다. 이러한 현상이 커질수록, 과도한 유대주의와 반유대주의가 발생할 수 있고, 이로 인해 학문의 객관성을 가로막는 굴레가 될 수 있을 것이다. 이 과정에서 제노포비아의 대상이자 피해자로서의 유대인과 제노포비아의 주체이자 가해자로서의 유대인이 모두 미화될 수밖에 없다.

인류 문화 연구가인 르네 지라르(René Girard)에 따르면, 인간은 완전히 소유하기 위해 폭력을 가하는 동시에 폭력에서 벗어나기 위해 폭력을 쓴다. 인간은 욕망의 주체로서 폭력을 사용하지만 폭력을 당한 주체가 자신의 욕망을 다시 채우려 할 때 전보다 더 큰 폭력을 쓴다는 논리이다.[9] 인간의 모방이라는 성향은 긍정적으로 문화를 구성하고, 보존하고 유지하는 데 도움이 되지만, 부정적으로 작용할 때 커다란 폭력과 갈등의 반복을 가져올 수 있는 것이다. 폭력의 피해자가 제노포비아의 주체가 되었을 때 더 강력한 학살이 수반되는 현상이 두 사회의 유대인 공동체가 겪은 역사적 경험에 투영되어 있다.

앞으로의 문제는 이러한 모방 경쟁의 폭력이 다시 제3자에게 전달된다는 사실이다. 이는 비단 유대인과 팔레스타인인의 문제일 뿐만 아니라 중동 지역 전체, 나아가 전 세계로 파급될 수 있는 사안이다. 이미 둘 사이의 갈등 문제가 레바논, 시리아, 요르단, 이집트 내 팔레스타인 난민에 대한 제노포비아를 낳았고, 또 낳고 있음을 상기할 필요가 있다. 학문적 용어나 이론을 빌리지 않더라도 폭력이 폭력을 낳는다는 진리는 인간사의 자명한 이치가 아닌가.

영화 〈라운드업〉에 등장하는 아이들은 포로수용소라는 감금된 공간에서도 체포 놀이를 한다. 가장 어린 꼬마 지글러가 형들에게 "맨날 유대인 역할만 하는 것 싫어"라고 반항하니까 형들이 "경찰관 시켜줄게"라고 말하며 달랜다. 이 장면은 유대인 공동체만이 아니라 전체 인간 공동체에, 무의식적으로 습득하는 폭력의 모방이 초래되는 미래의 위험성을 경고하는 것이다.

부록

관련 연표

벨디브 사건

1940년 6월 22일	프랑스 페탱, 나치 독일과 휴전협정에 서명하다. 이로써 프랑스 영토가 나치 독일의 점령 지역과 프랑스 정부의 자유 지역으로 크게 분할되었다.
1940년 7월 11일	프랑스 비시 정부(비시 프랑스)가 수립되다.
1940년 8월 7일	영국의 처칠, 자유 프랑스의 드골과 협정을 체결하다.
1940년 10월 3일	비시 정부가 유대인제재법을 제정하다.
1941년 3월 23일	전국유대인문제위원회가 창설되다.
1941년 12월 12일	나치 독일, 파리에서 프랑스 유대인을 검거하기 시작하다.
1942년 5월 29일	나치 독일, 점령 지역에서 유대인을 대거 검거하다.
1942년 7월 16~17일	벨디브 사건이 일어나다. 나치 독일과 비시 정부 경찰이 협력해서 파리의 유대인을 대거 검거하다.
1942년 8월 26~28일	비시 정부, 자유 지역의 유대인을 대거 검거하다.
1942년 11월 11일	나치 독일, 프랑스 자유 지역(비시 정부의 영역)을 점령하다.
1943년 6월 3일	드골이 프랑스민족해방위원회를 창설하다

1944년 6월 6일	연합군이 노르망디에 상륙하다.
1944년 7월 12일	비시 정부의 마지막 내각 회의가 열리다.
1944년 9월 9일	드골이 프랑스공화국 임시정부 내각을 수립하다.

사브라·샤틸라 학살 사건

1947년	영국 내각, 팔레스타인 문제를 유엔에 위임하다. 팔레스타인을 유대 국가와 팔레스타인 국가로 분할할 것을 제안하다.
1948년	이스라엘 국가 수립을 선포하다. 팔레스타인 주민이 추방되기 시작하다. 아랍 국가 군대가 팔레스타인에 진입하다.
1956년	수에즈 운하를 둘러싼 전쟁이 일어나다.
1964년	팔레스타인해방기구가 창설되다.
1967년	일명 6일전쟁이 일어나다. 이스라엘이 요르단 강 서안 지구, 시나이 반도 등을 점령하다.
1970년	요르단과 팔레스타인해방기구 사이에 내전이 일어나다. 팔레스타인해방기구의 주요 게릴라 다수가 레바논으로 추방되다.
1973년	이집트, 시리아, 이스라엘의 10월전쟁이 일어나다. 난민 문제에 대한 유엔안전보장이사회 결의안이 채택되다.
1974년	유엔이 팔레스타인해방기구를 팔레스타인인들의 유일한 정당 대표자로 인정하다.
1975년	레바논 내전이 일어나다. 이스라엘이 팔레스타인에서 부분 철수를 단행하다.
1982년	이스라엘이 시나이 반도의 나머지 지역을 이집트에 반환

	하고, 레바논을 침공하다.
1982년 9월 16~18일	사브라·샤틸라 학살 사건이 일어나다.
1985년	이스라엘이 남부를 제외한 레바논에서 철수하다.
1989년	소련 붕괴로 소련과 동구권의 유대인이 이스라엘로 대거 이주하다.

개념어 설명

벨디브 사건(rafle du Vélodrome d'Hiver) 나치 독일은 1940년 비시 프랑스와 나치 독일 간의 휴전협정조약 제19항에 따라 1941년 비시 정부에게 점령 지역 유대인에 대한 강제 추방 이행을 요구했다. 1941년 5월 14일 첫 번째 유대인 검거가 일어났다. 파리에 거주하는 폴란드, 체코, 그리고 전 오스트리아(1938년 나치 독일이 오스트리아를 합병하여 이주해 온 오스트리아 국적 출신의 유대인을 의미한다) 출신인 18~40세, 연이어 18~60세 유대인이 검거되었다. 1942년 7월 16~17일 나치 독일과 협력해서 비시 정부가 자유 지역(zone libre)의 프랑스 경찰과 헌병을 동원하여 파리에 체류한 외국인이나 무국적자인 유대인 1만 3000여 명을 체포했다. 여기에는 남자, 여자, 아동들이 포함되었다. 1942년 8월 26~28일 비시 정부가 자유 지역의 외국인 유대인까지 검거했다. 1936년 인민전선 정부 시기에 이주한 유대인까지도 외국인으로 간주해 리옹, 리모주, 마르세유, 니스, 몽펠리에, 클레르몽-페랑, 툴루즈 등 지방 주요 도시에 거주하는 유대인 1만 1000여 명을 체포했다. 이들 대부분이 프랑스 수용소에 임시로 머물다가 아우슈비츠 수용소로 이송되어 결국 가스실에서 죽었다.

사브라·샤틸라 학살 사건(massacre de Sabra et Chatila) 이스라엘이 레바논과 전쟁을 벌인 직접 배경에는 3차 중동전쟁 시기인 1964년에 설립된 팔레스타인해방기구(Palestine Liberation Organization, PLO)가 존재한다. 1970년에서 1981년까지 이 기구는 레바논으로 이주했으며 수도 베이루트와 팔레스타인 난민촌에 근거를 두었다. 그동안 레바논 남부는 이스라엘과 팔레스타인해방기구의 갈등이 증폭되는 공간으로 전환되었다. 1975년 레바논 내전(무슬림과 기독교도 간의 내전)에 팔레스타인해방기구가 개입하면서 시리아, 레바논에서 거주하는 팔레스타인인들에 대한 학살이 자행되었다. 레바논이 점차 무슬림에 의해 장악되면서(팔레스타인해방기구를 지지하는 세력이 넓어진다는 의미) 이스라엘은 1982년 6월 레바논 전쟁을 시작했다.

1982년 9월 16~18일 이스라엘 지도부와 군부의 지지 아래 레바논 마론파 민병대가 베이루트 남부에 있는 사브라와 샤틸라의 난민촌 주민들을 학살했다. 이 민병대는 레바논의 친이스라엘파 기독교도 팔랑헤 당원에 의해 주도되었다. 레바논은 종래 다양한 종파가 존재했는데 레바논 내전 이후 무슬림파와 기독교파의 갈등이 고조되면서 레바논 전쟁에서 팔레스타인 난민을 학살하는 결과를 초래했다. 당시 이스라엘 국방부장관인 아리엘 샤론(Ariel Sharon)은 마론파의 지도자 바시르 제마엘(Bachir Gemayel)을 레바논 대통령으로 만들어 팔레스타인해방기구를 해체하려고 했다. 8월 23일 제마엘이 레바논공화국의 대통령으로 선출되었지만 9월 14일 시리아 진영 쪽의 폭탄 공격으로 폭사했다. 이에 대한 복수의 대상이 팔레스타인 난민촌이었고, 이스라엘 군대의 협력과 지시 아래 레바논 팔랑헤 당원이 적어도 3000여 명의 팔레스타인 민간인을 학살했다.

이 사건에 대해 샤론이 간접 책임을 지고 사임했다. 이는 이스라엘 국가가 아닌 샤론이라는 개인의 책임으로 돌리겠다는 뜻이다. 그러나 샤론은 이듬해 1984년 주택부장관이 되었을 뿐 아니라 계속 이스라엘 정부의 장관을 역임했으며

2001년 총리가 되었다. 샤론은 2006년 1월 1월 뇌졸중으로 쓰러진 후 혼수상태에 빠져 그해 4월 총리직 수행이 정지되었고, 2014년 1월 11일 사망했다.

더 읽을거리

박지현, 《비시 프랑스, 잃어버린 역사는 없다》(서강대출판부, 2013).

박진, 〈디지털 시대 다큐멘터리의 자기 반영성과 윤리적 진실: 애니메이션 다큐멘터리 〈바시르와 왈츠를〉을 중심으로〉, 《문학과 영상》 11권 1호(2010. 4), 33~50쪽.

〈사라의 열쇠〉(영화 원제: Elle s'appelait Sarah, 2010).

알란 파페, 《팔레스타인 현대사: 하나의 땅, 두 민족》, 유강은 옮김(후마니타스, 2009).

황진미, 〈〈뮌헨〉, 〈바시르와 왈츠를〉, 〈천국을 향하여〉, 〈레몬트리〉를 통해 본 전쟁 국가 이스라엘〉, 《작가세계》 2010년 겨울호, 통권 제87호, 366~367쪽.

André Kaspi, *Les Juifs pendant l'Occupation*(Paris: Seuil, 1997).

Anna Traube, *Évadée du Vél d'Hiv*(Paris: Le Manuscrit, 2006).

Bayan Nuwayhed al-Hout, *Sabra and Shatila*, September 1982(London: Pluto Press, 2004).

Claude Lévy et Paul Thillard, *La Grande Rafle du Vél d'Hiv*(Paris: Laffont, 1967).

Joe Sacco, *Palestine: A Nation Occupied*(Seattle, Washington: Fantagraphics Books, 1993).

Joseph Weismann, *Après la rafle*(Neuilly-sur-Seine: Michel Lafon, 2011).

주

1. Michael Banton, "Xenophobia," Ellis Cashmore, ed., *Dictionary of Race and Ethnic Relations*(London and New York: Routledge, 1996), pp. 382~383.
2. 김세균, 〈유럽의 제노포비아(Xenophobia) 현상, 어떻게 연구할 것인가?〉, 《유럽의 제노포비아》(문화과학사, 2006), 15~16쪽.
3. Pierre Barbancey, "Les vraies raisons de la guerre israélienne contre Gaza", *L'Humanité*, 1 août, 2014.
4. 박지현, 〈역사와 기억의 새로운 관계—영화로 본 '비시 프랑스'에 대한 기억〉, 《서양사론》 88호(2006), 142쪽.
5. Serge Klarsfeld, *Le mémorial des enfants juifs déportés de France*(Paris: Les fils et filles des déportés juifs de France, Beate Klarsfeld Foundation, 1995). *La Shoah en France, tome 4: Le Mémorial des enfants juifs déportés de France*(Paris: Fayard, 2001).
6. 박지현, 〈책을 읽고: *Chrétiens et Juifs sous Vichy(1940~1944): sauvetage et désobéissance civile*〉, 《호모 미그란스》, Vol. 5, 6(July 2012), 85~87쪽.
7. 한상정, 〈아리 폴만의 〈바시르와 왈츠를〉에 대한 연구: 현실·역사·시의 종합으로서의 애니메이션〉, 《애니메이션 연구》 5권 3호(2009.12), 269쪽.
8. Russell Davidson, "A Waltz and an interview: Speaking with Waltz with Bashir creator Ari Folman," *CC2K*(20 January 2009). http://www.cc2konline.com/component/k2/item/1654-a-waltz-and-an-interview-speaking-with-waltz-with-bashir-creator-ari-folman.(2016년 10월 20일 검색)
9. Réne Girard, *La Violence et le sacré*(Paris: Grasset & Fasquelle, 1972)〔르네 지라르, 《폭력과 성스러움》, 김진식·박무호 옮김(민음사, 2004), 215~223쪽〕.

찾아보기